Groß- oder Kleinschreibung?

Satzanfang oder Artikelprobe möglich (z. B. Nomen)?

Großschreiben ▸ S. 262–277, 310

Kein Satzanfang oder Artikelprobe nicht möglich?

Kleinschreiben ▸ S. 265, 310

Rechtschreibung: genau hinhören

Du hörst einen **kurzen Vokal?** Danach mindestens **zwei Konsonanten** schreiben.

▸ S. 268 f., 275–277, 310 f.

Du hörst einen **langen Vokal?**

▸ S. 270–277, 311

Wortarten bestimmen

Ein **Wort** ist veränderbar?

Wortart Nomen ▸ S. 206–210, 302

Wortart Artikel ▸ 211, 303

Wortart Adjektiv ▸ 212 f., 303

Wortart Pronomen ▸ S. 215–218, 304 f.

Wortart Verb ▸ 220–225, 305 f.

Ein **Wort** lässt sich nicht verändern?

z. B. **Wortart Konjunktion** *wie weil, obwohl* ▸ S. 242, 303

Sätze bestimmen

Ein **Satz** kann allein stehen?

Hauptsatz ▸ S. 242, 308

Ein **Satz** kann nicht allein stehen? Personalform des Verbs steht an letzter Satzgliedstelle?

Nebensatz ▸ S. 243–246, 308

Satzglieder erkennen

Welche Wörter gehören zu einem **Satzglied?**

Umstellprobe ▸ S. 230 f., 306

Welche Art von **Satzglied** ist das?

Erfragen/Frageprobe ▸ S. 232–238, 307

Realschule Bayern

Deutschbuch

Sprach- und Lesebuch

5

Herausgegeben von
Bernd Schurf und Sylvia Wüst

Erarbeitet von
Gertraud Bildl (Waldbüttelbrunn),
Franziska Klingelhöfer (Viechtach),
Herbert Hieke (Hersbruck),
Timo Koppitz (Höchberg),
Marlene Krause (Erlangen),
Renate Kroiß (Neumarkt),
Katrin Peschl (Freyung),
Katrin Pfeuffer (Würzburg),
Karl Hans Reichl (Weiden/Oberpfalz),
Birgit Reindlmeier (Bogen),
Karin Riermeier (Altötting),
Petra Stich (Burglengenfeld),
Yvonne Treml (Regensburg),
Sonja Wiesiollek (Baldham),
Gunder Wießmann (Neumarkt) und
Sylvia Wüst (Landshut)

Cornelsen

Zu diesem Buch gibt es:
– ein passendes Arbeitsheft (mit Übungssoftware ISBN 978-3-06-062443-0, ohne Übungssoftware ISBN 978-3-06-062425-6)
– einen Schulaufgabentrainer (ISBN 978-3-06-062437-9)

Teile einiger Kapitel dieses Bandes wurden erarbeitet von
Christoph Berghaus, Günther Biermann, Annette Brosi, Wolfgang Butz, Andrea Carl, Friedrich Dick, Christel Ellerich, Dietrich Erlach, Josi Ferrante-Heidl, Dorothea Fogt, Gertraud Fuchsberger-Zirbs, Angelika v. Hochmeister, Marlene Koppers, Markus Langner, Anna Löwen, Sabine Matthäus, Wilhelm Matthiessen, Norbert Pabelick, Katja Reinhardt, Gerhard Ruhland, Christine Steinmüller.

Redaktion: Amelie Ihering, Stefan Windte
Bildrecherche: Gabi Sprickerhof

Illustrationen:
Uta Bettzieche, Leipzig (S. 145–158)
Nils Fliegner, Hamburg (Vorsätze, S. 41–49; 205–245)
Christiane Grauert, Milwaukee (USA) (S. 74–88)
Isabel Große Holtforth, Maisach (S. 90; 130–144; 163–171)
Kai Hofmann und Jutta Melsheimer, Berlin (S. 14–19; 51; 96–107; 181; 188–201; 282–292)
Constanze v. Kitzing, Köln (S. 109–125; 252–271)
Friederike Rave, Wuppertal (S. 31–35; 56–66)

Gesamtgestaltung und technische Umsetzung: werkstatt für gebrauchsgrafik, Berlin

www.cornelsen.de

Dieses Werk berücksichtigt die Regeln der reformierten Rechtschreibung und Zeichensetzung.
Bei den mit [R] gekennzeichneten Texten haben die Rechteinhaber einer Anpassung widersprochen.

1. Auflage, 1. Druck 2011

Alle Drucke dieser Auflage sind inhaltlich unverändert
und können im Unterricht nebeneinander verwendet werden.

Druck: CS-Druck CornelsenStürtz, Berlin

ISBN 978-3-06-062419-5

Inhalt gedruckt auf säurefreiem Papier aus nachhaltiger Forstwirtschaft.

Inhaltsverzeichnis

3 „Wie geht es dir?“ – Persönliche Briefe schreiben 37

4 Erlebnisse lebendig erzählen 55

Sprechen, zuhören und schreiben

Kompetenzschwerpunkt

5 Geschichten nach Vorgaben erzählen 73

Mit Texten und Medien umgehen

Kompetenzschwerpunkt

6 Jugendbücher – Aussuchen, lesen, vorstellen 93

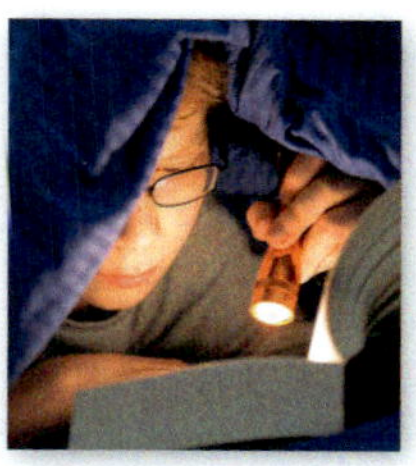

Mit Texten und Medien umgehen

Kompetenzschwerpunkt

7 Es war einmal – Auf Märchen trifft man überall 109

Mit Texten und Medien umgehen

Kompetenzschwerpunkt

8 Schwänke vorlesen und nacherzählen 129

Mit Texten und Medien umgehen

Kompetenzschwerpunkt

9 Spaß an Gedichten – Vortragen und gestalten 145

Mit Texten und Medien umgehen

Kompetenzschwerpunkt

10 Vorhang auf! – Szenen spielen 161

- Mit Gestik, Mimik und richtigem Sprechen sowie dem Improvisieren vertraut machen
- Den Einsatz außersprachlicher Gestaltungsmittel erproben

- Im Spiel Rollen übernehmen

Mit Texten und Medien umgehen

Kompetenzschwerpunkt

11 Fernsehwelt – Ein Medium bewusst nutzen 173

- Sendungen auswerten

- Sendungen auswerten
- Sich und andere informieren
- Sendungen gezielt auswählen; persönliche Kriterien für die Auswahl von Fernsehsendungen diskutieren

- Über den eigenen Medienkonsum nachdenken
- Gebräuchliche Fremdwörter aus dem Englischen

Mit Texten und Medien umgehen

Kompetenzschwerpunkt

12 Tiere beobachten – Mit Sachtexten umgehen 185

▶ Sachtexte erschließen
▶ Unverstandene Textstellen klären
▶ Schlüsselstellen markieren
▶ Den Inhalt zusammenfassen/wiedergeben

▶ Ausgewählte Merkmale von Sachtexten beschreiben

Über Sprache nachdenken

Kompetenzschwerpunkt

13 Grammatiktraining: Wörter und Wortarten 205

▶ Kennzeichen, Funktion und syntaktische Wirkung einzelner Wortarten erkennen
▶ Die Flexionsformen richtig anwenden

Kompetenzschwerpunkt

- Formen des Verbs bilden und anwenden
- Finite und infinite Formen des Verbs unterscheiden
- Die Tempora bilden und anwenden

Über Sprache nachdenken

Kompetenzschwerpunkt

14 Grammatiktraining: Satzglieder und Sätze 229

- Satzglieder und deren Aufgabe im Satz untersuchen, bestimmen und richtig anwenden
- Erkennen, dass das Verb Einfluss auf weitere Satzelemente hat

- Satzarten untersuchen, bestimmen und richtig anwenden

15 Rechtschreibtraining 251

16 Lernen mit Methode 281

Grundwissen 294

Folgende Kennzeichnungen werdet ihr im Buch entdecken:

●○○ Diese Aufgabe ist eher leicht.
●●○ Diese Aufgabe ist schon etwas kniffeliger.
●●● Diese Aufgabe ist etwas für Profis.
4 Zusatzaufgabe
Partnerarbeit
Gruppenarbeit
Rollenspiel

► Der Pfeil sagt euch, auf welcher Seite ihr etwas nachschlagen könnt.

Wissen und Können Das Grundwissen erkennt ihr an diesem Symbol. Am Ende des Buchs ist das Grundwissen aller Kapitel übersichtlich zusammengefasst (► S. 294–314).

1 Wir und unsere Schule –
Sich und andere informieren

1 a Worüber könnten sich die Kinder auf dem Bild unterhalten?
b Formuliert mündlich ein Gespräch zwischen den Schülern (= Dialog).

2 a Erzählt von euren Erlebnissen in den ersten Schultagen.
b Malt eure Schule auf ein Plakat und schreibt eure Eindrücke und Erlebnisse hinein.

1.1 Wir lernen uns und die neue Schule kennen

Wir machen uns miteinander bekannt

1 a Schreibt eure Vor- und Nachnamen auf ein großes Plakat. Dabei dürft ihr selbst entscheiden, ob ihr euren Namen senkrecht oder waagrecht anordnet. Achtet darauf, dass alle Namen miteinander verschachtelt sind wie bei einem Kreuzworträtsel.

b Betrachtet das Plakat. Erklärt, was die Verschachtelung der Namen über euer Zusammensein als Klassengemeinschaft aussagt.

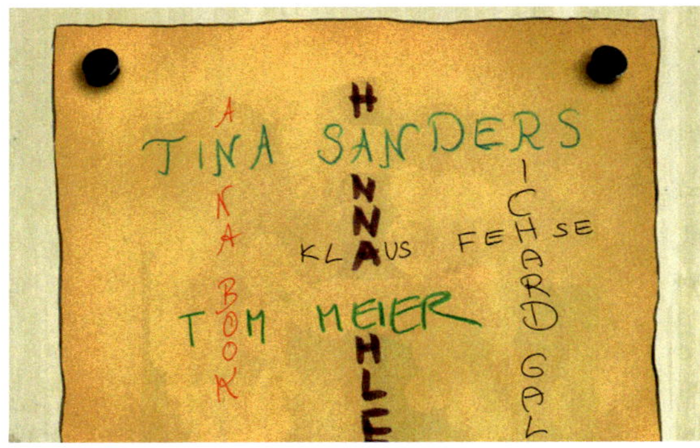

2 Bildet in eurer Klasse einen Kreis. Einer von euch beginnt nun, ein Wollknäuel zu einem Mitschüler, der ebenfalls im Kreis steht, zu werfen, hält aber den Faden dabei fest. Der, der die Wolle gefangen hat, wirft anschließend zu einem weiteren Mitschüler usw., bis jeder einmal an der Reihe war. Wer gerade an der Reihe ist, sollte seinen Mitschülern Näheres von sich verraten, z. B.:

Name | Hobby | Schuhgröße | Lieblingsgericht | Wohnort | Sternzeichen

Mit Hilfe folgender Spiele könnt ihr euch genauer „unter die Lupe nehmen" und besser kennen lernen. Wählt die Möglichkeiten aus, die euch gefallen, und probiert sie aus:

3 **„Sprechende Gegenstände"**

a Jeder von euch bringt von zu Hause einen für ihn wirklich wichtigen Gegenstand mit in die Schule. Achtung: Er soll zum Transport geeignet sein!

b Der Besitzer erklärt, warum er gerade diesen Gegenstand ausgewählt hat, und legt ihn sogleich auf der Fensterbank ab. Dann ist der oder die Nächste an der Reihe.

c Versucht, am Ende zu klären, welcher Gegenstand zu wem gehört und weshalb der Gegenstand bedeutsam ist.

4 **„Personensuche"**

Macht euch auf die Suche nach Mitschülern, auf die die folgenden Aussagen zutreffen. Sammelt auf einem Blatt möglichst viele verschiedene Namen.

- ? *hat schon in einem anderen Ort gelebt.*
- ? *hat schon einmal im Ausland gelebt.*
- ? *mag Mathematik.*
- ? *hat ein Haustier.*
- ? *spielt ein Musikinstrument.*
- ? *treibt gerne Sport.*
- ? *ist so groß wie du.*
- ? *kann schön schreiben.*
- ? *liest gerne Bücher.*
- ? *isst gerne Gemüse.*
- ? *findet die Pause langweilig.*
- ? *spielt in einem Fußballverein.*

5 **„Die heiße Kartoffel“**

a Bildet einen Stuhlkreis, in dem ein Stuhl fehlt.
b Ein Schüler steht in der Mitte und versucht, beim folgenden Stuhltausch einen Platz zu ergattern.
c Auf Zuruf müssen alle, auf die Aussagen wie z. B. „Alle, die Fußball spielen!“ zutreffen, aufstehen und die Plätze tauschen.
d Wer keinen Platz findet, stellt sich nun in die Mitte des Kreises und macht die nächste Ansage.

Ihr könnt das Spiel so lange fortsetzen, bis ihr aus der Puste seid!

Testet euer Wissen!

Steckbriefe zuordnen

In den vorhergehenden Übungen habt ihr viel voneinander erfahren. Hier könnt ihr testen, ob ihr eure Klassenkameraden nun schon (er)kennt.

1 Sicher kennt ihr Freundschaftsbücher. Mit den Angaben, die ihr dort eingetragen habt, könnt ihr auch einen Steckbrief über euch selbst verfassen.

a Übertragt die Beispielseite aus dem Freundschaftsbuch auf ein Blatt und ergänzt eure Angaben ehrlich und vollständig. Verzierungen machen den Steckbrief noch ansprechender.
b Legt die fertigen Steckbriefe verdeckt in die Mitte eines Stuhlkreises. Zieht nacheinander je ein Blatt und lest die Angaben laut vor, ohne aber den Namen des zugehörigen Mitschülers zu nennen.
c Nun könnt ihr euch testen:
  – Wer von den Zuhörern errät als erster den Namen?
  – Wie viele Informationen waren dafür nötig?

Ihr könnt die Steckbriefe aber auch erstellen, indem ihr euch jeweils zu zweit die Fragen stellt, also gegenseitig ein Interview führt.

Wir erkunden unsere Schule

Wege beschreiben

1 Beschreibt eurer Klasse jeweils den kürzesten Weg vom Klassenraum/Fachraum Deutsch
– zum Musiksaal,
– zum Lehrerzimmer,
– zum Sekretariat.

So könnt ihr z. B. beginnen: *Wenn ihr von unserem Klassenzimmer aus zum Musiksaal gelangen wollt, müsst ihr unseren Gang nach rechts zum großen Treppenhaus hinuntergehen. Dort haltet ihr euch ...*

Wissen und Können **Wege beschreiben**

Wege beschreiben wir für jemanden, der den Weg nicht kennt, ihn aber leicht finden soll. Beschreibt deshalb den Weg **in der Reihenfolge, in der man ihn geht:**
Beginnt am Ausgangspunkt und listet Schritt für Schritt den weiteren Weg genau auf.
Denkt daran, auf markante, auffällige Stellen hinzuweisen, z. B.: das Treppenhaus oder die Turnhalle der Schule, draußen z. B. Kreuzungen, besondere Gebäude oder Bäume. Diese markanten Stellen müssen unbeweglich sein, also: *der Parkplatz vor dem Supermarkt,* nicht *der große rote Lieferwagen,* denn der Lieferwagen ist vielleicht schon längst weitergefahren.

2 Helft euren Eltern, sich in der neuen Schule zurechtzufinden.

●●○ **a** Beschreibt für eure Eltern den Weg vom Haupteingang der Schule
– bis zu eurem Klassenzimmer/Fachraum Deutsch und
– bis zum Sekretariat.

●○○ Folgende Ausdrücke können euch helfen:

zuerst gehen dann überqueren abbiegen schließlich
sich wenden zuletzt hinuntergehen hinaufgehen rechts links

b Stellt eure Beschreibungen vor und wählt bei einem **„Gallery Walk"** den besten Vorschlag für den nächsten Elternbrief. Welcher Vorschlag ist eindeutig, knapp und leicht verständlich?

Wissen und Können **„Gallery Walk"**

Arbeiten, die bewertet werden sollen, werden gut sichtbar im Klassenzimmer aufgehängt. Dann geht ihr durchs Klassenzimmer und lest die Arbeiten gründlich durch. Mit Klebepunkten gebt ihr eure Stimme für die beste Arbeit ab.

3 **a** Informiert euch über wichtige Einrichtungen in der Nähe eurer Schule (z. B. Bücherei, Sporthalle, Hallenbad ...) und wie man sie am sichersten erreichen kann.
b Formuliert Wegbeschreibungen, ohne das Ziel zu nennen.
c Lest euch eure Wegbeschreibungen gegenseitig vor. Die Zuhörer können den Weg auch mitskizzieren. Wer errät als Erster das Ziel?

Menschen an der Schule interviewen

1 Bestimmt habt ihr an eurer neuen Schule auch schon einige Personen kennen gelernt: Schulleiter/-in, Sekretär/-in, Hausmeister/-in, Klassentutor/-in ...

a Schreibt ihre Namen auf ein Plakat und tragt zusammen, was ihr inzwischen über sie wisst.

b Über wen möchtet ihr noch mehr erfahren?

2 Bereitet Fragen für die Interviews vor.

a Bildet Gruppen und sucht euch jeweils eine der oben aufgeführten Personen aus, die ihr befragen möchtet.

b Notiert euch Fragen, die ihr stellen wollt. Ihr könnt folgende Formulierungen verwenden:

Welche Aufgaben haben Sie?
Seit wann üben Sie die Tätigkeit aus?
Warum wollten Sie ? werden?
...

Achtet beim Aufschreiben der Fragen und des Interviews auf die korrekte Schreibung der Höflichkeitsanrede, z. B.:
Worüber ärgern Sie sich am meisten?
Was gefällt Ihnen am besten an Ihrem Beruf?

c Überlegt euch außerdem, in welcher Reihenfolge ihr die Fragen stellen und wie ihr die Fragen und das Interview festhalten wollt (Notizen, Aufnahmegerät). Bedenkt, dass die Personen nicht immer erreichbar sind!

Welche Aufgaben haben Sie, wenn ein Schulfest vorbereitet wird?

Sie haben sicherlich viel zu tun. Schildern Sie uns doch bitte Ihren Tagesablauf.

Haben Sie schon einmal etwas besonders Lustiges an unserer Schule erlebt?

Helfen Ihnen manchmal andere Handwerker, wenn eine Arbeit schwer ist?

3 a Sortiert die Beispiele von S. 17 nach offenen Fragen, geschlossenen Fragen und Aufforderungen. Der folgende Kasten hilft euch.
b Wandelt die geschlossenen Fragen in offene Fragen um, z. B.:
Gefällt Jhnen der Beruf als Hausmeister? → Was gefällt Jhnen an Jhrem Beruf?
c Untersucht die Fragen, die ihr vorbereitet habt, und formuliert auch hier die geschlossenen um.

Wissen und Können **Fragen und Aufforderungen für ein Interview formulieren**

Achtet in Interviews stets darauf, dass eure **Fragen offen formuliert** sind, damit euer Interviewpartner möglichst viel erzählt. Beispiel:
„Warum wollten Sie Lehrer werden?" → „Ich wollte schon immer Lehrer werden, weil mir die Arbeit mit Kindern große Freude bereitet."

Wenn ihr überwiegend **geschlossene** Fragen stellt, bekommt ihr nur eine **knappe Antwort** und das Interview wird sehr kurz und eintönig. Beispiel:
„Wollten Sie schon immer Lehrer werden?" → „Ja."

Mit **Aufforderungen** könnt ihr euren Gesprächspartner dazu bringen, euch **noch mehr zu erzählen.** Beispiel:
„Erzählen Sie uns doch von einem besonders lustigen Erlebnis mit Ihren Schülern."

4 Überlegt euch auch, wie ihr euren Interviewpartner ansprecht und wie ihr das Interview beendet. Welche der folgenden Formulierungen sind z. B. angemessen, wenn ihr den Schulleiter oder die Schulleiterin befragt?

Anrede	Beenden des Interviews
Sehr geehrte Frau ? Sehr geehrter Herr ?	Vielen Dank für das Gespräch.
Hallo	Fanden Sie die Fragen schlimm?
Grüß Gott	So, das war's!
Servus	Wir wünschen Ihnen noch einen schönen Tag.

5 Probt die Interviews zunächst vor der Klasse. Dabei spielt einer aus eurer Gruppe den Interviewpartner (Hausmeister/-in, Schulleiter/-in, Klassentutor/-in ...).

6 a Jetzt geht's los. Führt das Interview durch.
b Berichtet der Klasse, was ihr im Interview über eure Gesprächspartner erfahren habt. Wie wirken die Antworten auf euch?
- überraschend
- erwartet
- neu ...

1.2 Schule hier und anderswo – Aus Texten Informationen entnehmen

Ursula Wölfel

Hannes fehlt

Sie hatten einen Schulausflug gemacht. Jetzt war es Abend, und sie wollten mit dem Autobus zur Stadt zurückfahren. Aber einer fehlte noch. Hannes fehlte. Der Lehrer merkte es, als er die Kinder zählte.

„Weiß einer etwas von Hannes?“, fragte der Lehrer.

Aber keiner wusste etwas.

Sie sagten: „Der kommt noch.“

Sie stiegen in den Bus und setzten sich auf ihre Plätze.

„Wo habt ihr ihn zuletzt gesehen?“, fragte der Lehrer.

„Wen?“, fragten sie. „Den Hannes? Keine Ahnung. Irgendwo. Der wird schon kommen.“

Draußen war es jetzt kühl und windig, aber hier im Bus hatten sie es warm. Sie packten ihre letzten Butterbrote aus.

Der Lehrer und der Busfahrer gingen die Straße zurück.

Einer im Bus fragte: „War der Hannes überhaupt dabei? Den hab ich gar nicht gesehen.“

„Ich auch nicht“, sagte ein anderer.

Aber morgens, als sie hier ausstiegen, hatte der Lehrer sie gezählt, und beim Mittagessen im Gasthaus hatte er sie wieder gezählt und dann noch einmal nach dem Geländespiel. Da war Hannes also noch bei ihnen.

„Der ist immer so still“, sagte einer. „Von dem merkt man gar nichts.“

„Komisch, dass er keinen Freund hat“, sagte ein anderer, „ich weiß noch nicht einmal, wo er wohnt.“

Auch die anderen wussten das nicht.

„Ist doch egal“, sagten sie.

Der Lehrer und der Busfahrer gingen jetzt den Waldweg hinauf.

Die Kinder sahen ihnen nach.

„Wenn dem Hannes jetzt etwas passiert ist?“, sagte einer.

„Was soll dem passiert sein?“, rief ein anderer. „Meinst du, den hätte die Wildsau gefressen?“

Sie lachten. Sie fingen an, sich über die Angler am Fluss zu unterhalten, über den lustigen alten Mann auf dem Aussichtsturm und über das Geländespiel.

Mitten hinein fragte einer: „Vielleicht hat er sich verlaufen? Oder er hat sich den Fuß verstaucht und kann nicht weiter. Oder er ist bei den Kletterfelsen abgestürzt!“

„Was du dir ausdenkst!“, sagten die anderen.

Aber jetzt wurden sie unruhig. Einige stiegen aus und liefen bis zum Waldrand und riefen nach Hannes. Unter den Bäumen war es schon ganz dunkel. Sie sahen auch die beiden Männer nicht mehr. Sie froren und gingen zum Bus zurück. Keiner redete mehr. Sie sahen aus den Fenstern und warteten. In der Dämmerung war der Waldrand kaum noch zu erkennen.

Dann kamen die Männer mit Hannes. Nichts war geschehen. Hannes hatte sich einen Stock geschnitten, und dabei war er hinter den anderen zurückgeblieben. Dann hatte er sich etwas verlaufen.

Aber nun war er wieder da, nun saß er auf seinem Platz und kramte im Rucksack.
Plötzlich sah er auf und fragte: „Warum seht ihr mich alle so an?"
„Wir? Nur so", sagten sie.
Und einer rief: „Du hast ganz viele Sommersprossen auf der Nase!" Sie lachten alle, auch Hannes.
Er sagte: „Die hab ich doch schon immer."

1 a „Hannes fehlt." Wem fällt das zuerst auf? Sucht die entsprechende Textstelle.
b Die Klasse bemerkt das Fehlen von Hannes erst sehr spät. Stellt Vermutungen darüber an, woran das liegen könnte.

2 Untersucht am Text, wie sich die Stimmung der Klasse von dem Moment, an dem bemerkt wird, dass Hannes fehlt, bis hin zu seinem Auftauchen wandelt. Belegt eure Aussagen mit geeigneten Textstellen.

3 Stellt euch vor, ihr seid Mitschüler von Hannes. Abends erzählt ihr euren Großeltern in einem Brief von eurem Erlebnis. Schreibt diesen Brief. So könnt ihr anfangen:

Ichenhausen, den 20.09.20XX

Liebe Oma, lieber Opa!
Heute habe ich mit meiner neuen Klasse einen Schulausflug gemacht, von dem ich euch gern erzählen möchte. Ihr wisst ja, dass für diesen Tag einiges geplant war.
Es fing ganz lustig an, dann aber ist etwas passiert, was uns allen ganz schöne Sorgen gemacht hat. Den ganzen Tag über ...

Nasrin Siege

Sombo in der neuen Schule

Sombo hat ihr kleines afrikanisches Dorf in Sambia noch nie verlassen. Eines Tages bricht sie auf, um in der großen Stadt zur weiterführenden Schule zu gehen. Einige der anderen Kinder machen ihr den Anfang nicht leicht, weil sie nicht weiß, wie man das elektrische Licht im Schlafsaal löscht. Als sie zum ersten Mal eine Dusche sieht, staunt sie über das Wasser, das aus der Decke fällt. Bald trifft sie Kinder, die es gut mit ihr meinen, und auch der Lehrer ist freundlich.

Der Lehrer fragt uns, wie wir den Anfang hier erlebt haben.
„Ich finde es nicht schön, dass die älteren Schüler uns immer aufziehen", sagt ein Mädchen. Ihre Stimme ist so leise, dass der Lehrer ganz nah herantreten muss, um sie zu verstehen.
„Willst du mir erzählen, was los war?", fragt er. Das Mädchen schluckt ein paar Mal, guckt verlegen nach unten und kriegt keinen Ton mehr heraus.
„Vielleicht kann ihr einer von euch helfen", sagt der Lehrer und schaut sich im Klassenraum um.
Es wird still, keiner traut sich, etwas dazu zu sagen. Ich melde mich und berichte von gestern Abend und heute Morgen. Als ich die Geschichte mit dem Licht erzähle, müssen wir alle lachen. „Natürlich kennst du aus dem Dorf keine Elektrizität und keine Dusche", sagt der Lehrer,

„und vielleicht hat das Mädchen, das dich ärgern wollte, dasselbe erlebt, als sie neu hierhergekommen ist.“

„Ja, und wenn wir dann in den höheren Klassen sind, machen wir das genauso!“, ruft einer der Jungen und alle lachen laut.

„Das finde ich dumm“, sagt der Lehrer, „dann hört das ja nie auf!“

[...]

Unser Klassenlehrer ist wieder einmal krank und wir versuchen heute Morgen selber den Unterrichtsstoff durchzunehmen. Das haben wir inzwischen schon häufiger gemacht. Immer fehlt irgendein Lehrer und weil viel zu wenige da sind, fallen ständig Stunden aus. Dann haben wir aber nicht frei, sondern wir müssen die Zeit im Klassenraum absitzen und uns selbst beschäftigen. Das macht uns böse, müde und traurig.

In den ersten zwei Stunden hätten wir Erdkunde und Kavimbi liest uns aus dem einzigen Erdkundebuch, das wir haben, das Kapitel über Südamerika vor. Ich höre ihm zu und mache mir Notizen. Als aber die anderen in der Klasse zu laut werden, klappt er das Buch zu und sagt, dass wir alle blöd sind. Ich finde es schwierig, ohne Lehrer zu lernen. Vor allem, wenn wir nur ein Buch haben.

„Wozu sind wir denn überhaupt hier?“, stöhnt Misozi laut.

„Ich schreibe meinen Eltern, dass sie mich hier rausnehmen sollen! Wir lernen doch sowieso nichts!“

Wenn Misozi von Lusaka[1] und ihrem Leben dort erzählt, kommt es mir vor, als ob sie aus einem anderen Sambia kommt. Ihr Vater arbeitet bei einer Bank und sie leben in einem großen Steinhaus. „Ich bin es nicht gewohnt, jeden Tag Maisbrei zu essen!“, beschwert sie sich oft über die Verpflegung hier.

„Und bei mir zu Hause ist eine Mahlzeit ohne Maisbrei keine richtige Mahlzeit“, sage ich.

Ich erzähle ihr von meinem Dorf und sie mir von ihrer Stadt. Wir beide können uns das Leben der anderen gar nicht richtig vorstellen.

Vor ein paar Tagen haben wir zusammen vom Hügel hinter den großen Schulgebäuden hinunter auf den Sambesi geschaut. „Genauso sieht der Fluss zu Hause aus“, habe ich ihr erzählt, „nicht weit von seinem Ufer liegt mein Dorf.“

„Wie könnt ihr dann immer noch im Fluss baden oder fischen?“, hat sie entsetzt gefragt, nachdem sie von den Krokodilen erfahren hat.

„Manchmal, wenn ich an die Krokodile denke, kriege ich auch Angst. Aber wir leben am Fluss und wir brauchen ihn jeden Tag. Der Fluss gehört einfach zu uns. Wir müssen aus ihm Wasser zum Trinken, Kochen und Waschen holen. Und wenn wir nichts zu essen haben, gibt uns der Fluss Fische“, habe ich versucht ihr zu erklären. „Und wenn ich dann bade oder fische, vergesse ich immer die Krokodile!“

---

1 Lusaka ist die Hauptstadt von Sambia und hat weit über eine Million Einwohner.

1 Berichtet über Sombos erste Erfahrungen an ihrer neuen Schule.

2 Tragt zusammen, wie ihre Klasse lernt.

3 Was erfahrt ihr über das Leben auf dem Land und in der Stadt in Sambia? Nennt Beispiele, die im Text angeführt werden.

4 Wie habt ihr den Anfang in eurer neuen Schule erlebt? Schreibt Sombo darüber einen Brief, damit sie erfährt, wie es einem Kind in Deutschland an seiner neuen Schule ergeht.

5 Sucht Sambia im Atlas, in einem Lexikon oder im Internet. Tragt Interessantes und Wissenswertes zusammen (Städte, Flüsse, Größe, Nachbarländer ...). Berichtet in der Klasse darüber.

1.3 Unsere Fußspuren – Ein Klassenkunstwerk

Eine Klasse ist eine festgelegte Gruppe von Schülern, die gemeinsam den Unterricht in einer Jahrgangsstufe besucht. Wenn alle Mitglieder der Gemeinschaft durch ein Zusammengehörigkeitsgefühl (Wir-Gefühl) verbunden werden, bilden sie eine **Klassengemeinschaft.**

In einer Kette fühlt sich keiner einsam. (Waltraud Puzicha)

Einer für alle, alle für einen. (Die drei Musketiere)

Wer sich mit anderen zusammentut, kann alles erreichen. (unbekannter Verfasser)

Einer allein kann kein Dach tragen. (Weisheit aus Afrika)

1
a Lest die Zitate und Sprichwörter zum Thema „Zusammenhalt".
b Wie versteht ihr diese Sprüche? Versucht auch zu erklären, was sie für eine Klassengemeinschaft bedeuten können.

2 Ein wichtiges Ziel in der 5. Klasse ist es, zu einer guten Klassengemeinschaft zusammenzuwachsen. Sicher habt ihr noch weitere Erwartungen, Hoffnungen und Wünsche für das neue Schuljahr in der neuen Klasse. Gestaltet dazu ein Klassenkunstwerk.
a Zeichnet die Umrisse eures Fußes auf ein Zeichenblatt und schreibt eure Erwartungen, Hoffnungen oder auch Wünsche hinein. Durch Farbe oder kleine Zeichnungen könnt ihr eure Fußabdrücke noch schöner gestalten.
b Schneidet den Umriss nun exakt aus.
c Klebt alle Füße der Klasse auf ein Plakat oder eine Tapete und hängt sie an eine Wand im Klassenzimmer.

Die Fußspuren zeigen euch einen guten gemeinsamen Weg durch dieses Schuljahr auf.

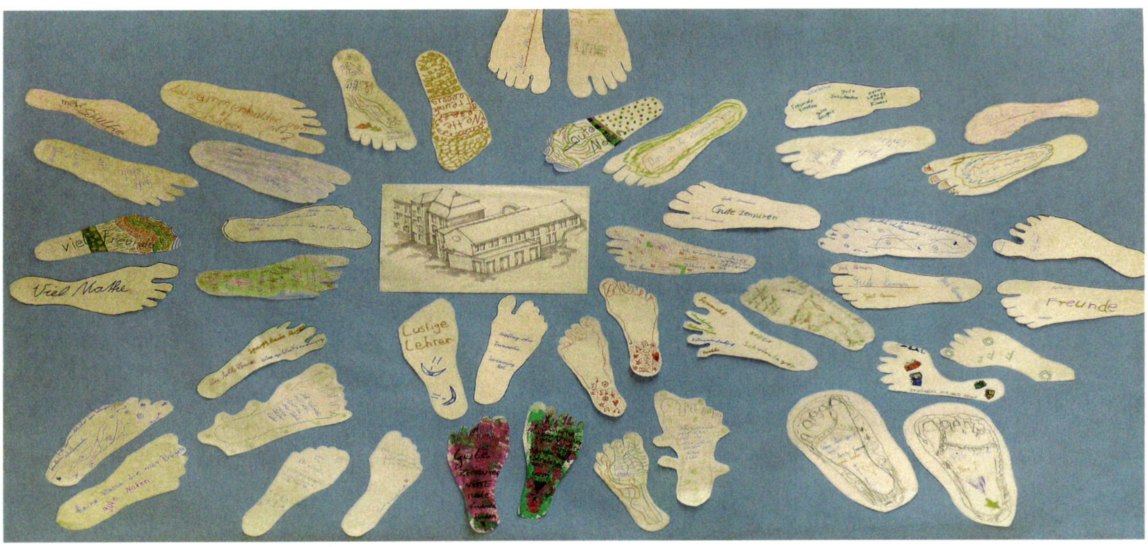

2 Miteinander sprechen – Gesprächsverhalten unter der Lupe

1 Gibt es in eurer Klasse ähnliche Vorschläge und Ideen, wie ihr die Pause verbringen möchtet?
- **a** Schreibt sie auf.
- **b** Einigt euch in einem Klassengespräch darauf, welche Vorschläge euch am wichtigsten sind und welche auch durchführbar wären.
- **c** Gestaltet ein Plakat mit euren Wünschen, das ihr dem Schulleiter überreichen könntet.

2 Ihr könnt auch über weitere Themen in der Klasse sprechen. Tragt zusammen, was euch besonders wichtig erscheint.

2.1 Klassengespräche führen

Gesprächsregeln

1 a Wählt einen der folgenden Vorschläge für Diskussionsthemen aus:
- Gestaltung des Pausenhofs
- Organisation eines besonderen Wandertags
- Klassenbücherei im eigenen Klassenzimmer (▶ S. 104)
- Hausaufgaben – sinnvoll oder lästig?
- Wahlfächer an unserer Schule

b Führt über das Thema eurer Wahl eine Diskussion in der Klasse.

2 a Was hat euch an eurem Klassengespräch gefallen? Was hat euch gestört? Was könnte beim nächsten Mal besser laufen? Schreibt an die Tafel.

Gefallen hat mir:	*Gestört hat mich:*	*Wünsche für zukünftige Diskussionen:*
– Jeder hat etwas gesagt.	*– Einige haben laut in die Klasse gerufen.*	*– …*

b Berichtet darüber, welche Gesprächsregeln ihr außerdem kennt.

c Vereinbart Gesprächsregeln für eure Klasse. Führt dazu eine **Kartenabfrage** durch.

Wissen und Können | **Kartenabfrage**

- Bildet Vierer- oder Fünfergruppen.
- Jedes Gruppenmitglied schreibt drei Regeln in sein Heft, die es für besonders wichtig hält.
- Stellt die Regeln in der Gruppe vor.
- Einigt euch auf fünf Gesprächsregeln. Schreibt sie auf fünf Karteikarten.
- Jede Gruppe heftet ihre Regelkarten an die Tafel.
- Welche Regeln werden am häufigsten genannt? Heftet sie nebeneinander.
- Vergleicht die verschiedenen Formulierungen und entscheidet euch für eine.
- Gestaltet mit den am häufigsten genannten Regeln ein Plakat, das ihr für alle gut sichtbar im Klassenraum aufhängt.

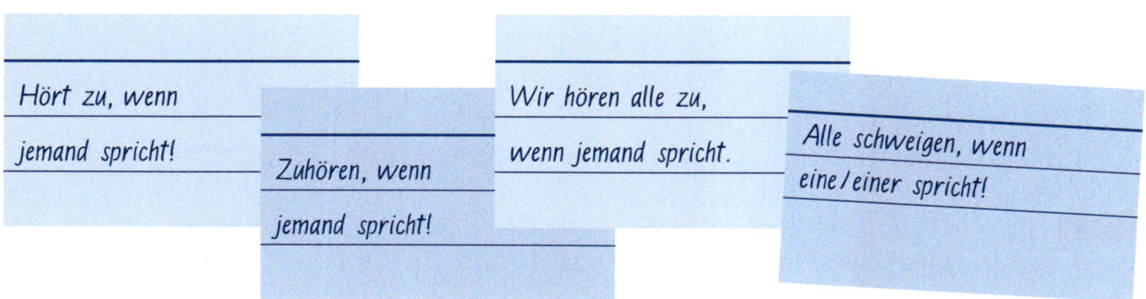

Der Klassenrat

1 Die Kinder auf dem Foto besprechen Themen, die für ihre Klasse wichtig sind, in einem Klassenrat. Welche Aufgaben hat dabei der Moderator? Die Sprechblasen geben Hinweise.

Wissen und Können **Der Klassenrat**

In einem Klassenrat in der Klassenleiterstunde oder in der Stunde „Zeit für uns" (ZFU) könnt ihr Vorschläge oder Probleme diskutieren und Konflikte besprechen.
Themen könnt ihr schon vorher in einer Schachtel im Klassenschrank sammeln.
- Schiebt die Tische in der Mitte des Klassenraumes zusammen und setzt euch darum herum.
- Bestimmt einen Moderator, der die einzelnen Wünsche und Probleme vorliest und die anschließende Diskussion leitet. Am besten ist das am Anfang die Lehrerin oder der Lehrer.
- Beachtet bei der Diskussion die Gesprächsregeln.
- Die Beschlüsse, die ihr im Klassenrat fasst, gelten für alle Klassenkameraden. Ein Klassenrat darf aber keine Strafen über Mitschüler verhängen.

2 Eine gute Übung für den Klassenrat ist das Echo-Spiel. Probiert es während der nächsten Diskussion einmal aus:
Jeder Gesprächsteilnehmer muss, bevor er mit seinen Ideen an der Reihe ist, zuerst möglichst genau wiederholen, was das Kind vor ihm gesagt hat.
So kann man feststellen, ob man aufgepasst hat, was der andere zum Gespräch beigetragen hat.
Erst danach darf eine eigene Meinung geäußert werden.

Ein Gespräch auswerten – Situationsgerecht sprechen

Im neuen Klassenzimmer

Anna oder Anton: Unser neis Klassnzimmer schaugt ja furchtbar aus!

Christina/Christian: Greislich, echt!

Bea/Benno: Genau! Total ungemütlich! Wie beim Zahnarzt!

Christina/Christian: I geh glei wieder hoam! Da gfallts mia net!

Doris/Dirk: So ätzend isses auch wieder nich!

Christina/Christian: Koa Mensch mag da lernen!

Bea/Benno: Wer mag schon gern lernen? Das ist doch uncool!

Doris/Dirk: Dafür sind wir aber in die Realschule gegangen! Und drum wolln wir's hier auch schön haben beim Lernen.

Bea/Benno: Ey, oder ich geh wieder an die Grundschule! Da war's schöner!

Doris/Dirk: Baby! Geh doch gleich wieder in den Kindergarten!

Bea/Benno: Halt deinen Mund, du blöde Gans (du Depp)! Sonst kriegst du Ärger!

Christina/Christian: Des konn doch dir wurscht sei, wenn si de zwoa streitn! Misch di du net überoi ei! Sonst …

Bea/Benno: Was „sonst …"? Soll das vielleicht eine Drohung sein?

Anna/Anton: Ruhe! Jetzt streits doch net de ganze Zeit! Des bringt doch nix! Vielleicht kannt ma ja mit unserer neien Klassnleiterin drüber redn!

Bea/Benno: Über was? Über diese Streiterei?

Anna/Anton: Da dat ma glei an guatn Eindruck macha! Naa, über unsa Klassnzimmer!

Doris/Dirk: Genau! Vielleicht könnten wir es 'n bisschen bunter gestalten! Wenn da jeder mitmacht, das wär's doch, oder?

Anna/Anton: Wenn ma de Wänd zum Beispiel gackerlgelb omoin datn oder mit farbige Sachan vaziern … Dschungelmotive oder so was …

Christina/Christian: Des glaubst doch du selber net, dass mia do wos himoin derfan!

Anna/Anton: Maln net, aber vielleicht was neistelln! Da umi zum Beispui!

Bea/Benno: Was möchtest du denn da hinstellen?

Anna/Anton: Darüber kannt ma ja heit im Klassnrat diskutiern! Machts doch amoi a paar Vorschläg!

Christina/Christian: A so a Schmarrn! Diskutiern!

1 Lest dieses Gespräch mit verteilten Rollen. Ihr braucht vier Sprecher oder Sprecherinnen. Besprecht, was ihr nicht versteht.

2 Untersucht die Ausdrucksweise, die Sprache der Gesprächsteilnehmer.
a Welche Unterschiede könnt ihr feststellen?
b Lest die Hinweise im Kasten. Wer von den Kindern verwendet in dem Klassengespräch die Standardsprache, wer spricht Dialekt, wer Umgangssprache?

Wissen und Können **Standardsprache – Umgangssprache – Jugendsprache – Dialekt**

Fast alle Menschen verwenden unterschiedliche **Sprachebenen.** Es kommt darauf an, mit wem und worüber sie sprechen.

Es gibt:
– gutes, sprachlich richtiges Deutsch mit abwechslungsreichem Wortschatz (wird im Aufsatz verwendet, steht in Büchern). Das nennen wir **Standardsprache** (Hochsprache).
– eine einfachere Ausdrucksweise: *kriegen* statt *bekommen, rumhängen* statt *faulenzen.* Manches wird abgekürzt, zum Beispiel *rauf* statt *hinauf, mal* statt *einmal, rüber* statt *hinüber* usw. Das nennen wir **Umgangssprache** (Alltagssprache). In SMS verwenden viele Menschen nur Umgangssprache und Abkürzungen. Im Aufsatz sollte Umgangssprache nicht verwendet werden.
– die **Jugendsprache,** die besondere Ausdrücke enthält. Sie ist sehr der Mode unterworfen und die Ausdrücke stammen häufig aus dem Englischen, zum Beispiel „cool", „chillen" oder „checken".
– verschiedene Mundarten (ortsgebundene Sprachen). In Bayern sind das v. a. bairische, schwäbisch-alemannische und fränkische Mundarten. Manche Ausdrücke werden sogar in einzelnen Orten unterschiedlich verwendet und ausgesprochen. Diese ortsgebundene Sprache nennt man auch **Dialekt.**

3 Untersucht, was die Gesprächsteilnehmer sagen und ob sie aufeinander eingehen.
a Tragt zusammen, welche Meinungen geäußert werden.
b Was läuft dabei nicht gut? Benennt Stellen und Äußerungen, die das Gespräch stören.
c Wertet das Verhalten der Kinder aus: Warum verläuft das Gespräch nicht gut?
d Wie könnte das Gespräch weitergehen? Sprecht über einen guten und einen weniger guten Verlauf.

4 Wir verwenden je nach Situation Sprachebenen wie Dialekt, Standardsprache und Umgangssprache.
a Diskutiert darüber, bei welchen Anlässen welche Sprachebenen geeignet und passend sind.
b Überlegt, welche Sprachebenen für ein Gespräch im Klassenrat angemessen sind.

5 a Gestaltet den Dialog so um, dass er in der Standardsprache verfasst ist. Überarbeitet oder streicht auch die Äußerungen, die das Gespräch nicht weiterbringen oder gar stören.
b Erarbeitet auch eine Variante in eurem Dialekt.
c Spielt je zwei Varianten im Rollenspiel vor der Klasse und vergleicht die Wirkung.

Weil, denn, da – Meinungen begründen

Fahren wir doch am Wandertag in den Tierpark!

Nein, da bin ich dagegen!

Fahren wir doch am Wandertag in den Tierpark! Da ist nämlich ein neues Raubtierhaus eröffnet worden.

Ich bin dagegen, weil ich es nicht gut finde, wenn Tiere eingesperrt werden! Das sollten wir nicht unterstützen.

1 a Vergleicht diese beiden Gesprächsausschnitte: Was ist ähnlich? Worin unterscheiden sie sich?
b Welche Beiträge findet ihr besser? Begründet.

Wissen und Können **Meinungen begründen**

Gut ist es, wenn man seine Meinung klar und sachlich äußert: *Ich finde das richtig!*
Besser ist es aber, seine **Meinung auch zu begründen:** *Ich bin dagegen, weil ...*

Sprachlich drückt man diese Begründung oft in einem Nebensatz (► S. 243) aus, der mit einem Verknüpfungswort wie *weil, denn, da* eingeleitet wird.
Die Personalform des Verbs muss im Nebensatz am Ende des Satzes stehen:
Ich möchte nicht in den Tierpark fahren, weil der so weit weg ist.
Ich möchte nicht mitfahren, da es mir zu teuer ist.
Achtung: Gerade in der Umgangssprache und im Dialekt sagen manche:
Ich möcht nicht in den Tierpark fahrn, weil der is so weit weg!
I mog net mit, weil des is mir z' daier! (z' daier = bayerisch für *zu teuer)*
In der Standardsprache und auch im Aufsatz gilt das aber als **falsch.**

Wenn man statt *weil* das Verknüpfungswort *denn* verwendet, ist der zweite Teil des Satzes kein Nebensatz, sondern ebenfalls ein Hauptsatz. Deshalb steht die Personalform des Verbs nicht am Ende des Satzes:
Ich möchte nicht in den Tierpark fahren, denn der ist so weit weg.
Ich möchte nicht mitfahren, denn das ist mir zu teuer.

2 Untersucht die folgenden Schüleraussagen:
a Welche sind sprachlich korrekt? Schreibt sie in euer Heft.
b Überarbeitet die Aussagen, die fehlerhaft formuliert sind, und schreibt auch sie auf.

VORSICHT FEHLER!

> *Laura: „Meine Lieblingstiere sind die Erdmännchen, da sie so lustig aussehen."*
> *Max: „Die Pinguine sind meine Lieblinge, weil sie watscheln so tollpatschig."*
> *Michael: „Ich bleibe bei den Löwen stehen, denn ich bewundere gerne die prächtigen Mähnen."*
> *Diana: „Ich liebe die Zebras, weil die haben so tolle Streifen."*
> *Lars: „Meiner Meinung nach sind die Krokodile am spannendsten, weil die können eure Zebras mit einem Bissen verschlingen."*

3 *Denn* oder *weil*? Entscheidet euch für die passende Konjunktion (Bindewort).
●●○ a Bildet sinnvolle Satzreihen und Satzgefüge (►S. 308).

Hauptsatz	Neben- oder Hauptsatz
Ich mag die Giraffen,	*ihr Gefieder ist so bunt.*
Die Papageien sind schön,	*ich keine Lust auf den Zoo habe.*
Ich möchte in den Streichelzoo,	*sie so wild herumtollen.*
Fledermäuse sind faszinierend,	*ich bekomme mittags immer einen Bärenhunger.*
Ich hoffe, dass der Tag schnell vorbeigeht,	*sie Ultraschalllaute empfangen und abgeben können.*
Die Affen sind lustig,	*sie so einen langen Hals haben.*
Ich nehme mir viel Essen mit,	*ich füttere die Tiere so gern.*

●○○ Achtet auf die unterschiedliche Stellung des Verbs! Beispiel:
Ich mag die Giraffen, weil sie so einen langen Hals haben.
Die Papageien sind schön, denn ihr Gefieder ist so bunt.

●●● b Stellt eure *denn*- oder *weil*-Sätze an den Anfang. Was müsst ihr jeweils verändern, damit die Aussage logisch bleibt?

4 Bildet Sätze mit vorangestellten und eingeschobenen Nebensätzen. Benutzt die folgenden Textbausteine und die Konjunktionen *weil* und *da*. Schreibt die Sätze in euer Heft.
Beispiel: *Der Tiger ist in freier Wildbahn beinahe ausgestorben. Man findet ihn fast nur noch in Zoos.*
Weil der Tiger in freier Wildbahn beinahe ausgestorben ist, findet man ihn fast nur noch in Zoos.
Den Tiger findet man, da er in freier Wildbahn beinahe ausgestorben ist, fast nur noch in Zoos.

Erdmännchen sind sehr gesellig. Sie leben in Familien mit bis zu 30 Mitgliedern.

Der Körper des Orang-Utans ist für das Leben auf Bäumen ausgelegt.
Der Orang-Utan betritt nur ungern festen Boden.

Kängurus können bis zu zehn Meter weit springen. Sie haben sehr kräftige Hinterbeine.

Testet euer Wissen!

Meinungen sachlich begründen

Lehrerin: So, das wäre ausgemacht! Wir fahren am Wandertag in den Tierpark!

Benedikt: So ein Blödsinn, ausgemacht!

Georg: Aba i mecht net hi, weil de Viecha mi net intressiern!

Ines: Ausg'macht is ausg'macht, weil des is wichtig, dass ma sich verlassn ko!

Rike: Also, ich bin für den Tierpark, denn da ist ein neuer Streichelzoo eröffnet worden.

Xenia: Streichelzoo? Meinst du, ich will stinkende Ziegen streicheln? Igitt!

Simon: Fürchtst wohl, dass di so a Goaßbock auf d'Hörndl nimmt?

Xenia: Selber Geißbock!

Albrecht: I mog trotzdem net in' Tierpark, weil de Viecha soin net eigschperrt wern!

Florian: Grad drum muss man doch hinfahren, denn sonst merkt's ja keiner, wenn's denen nich gut geht im Tierpark.

Franziska: Aber es heißt doch Wandertag. Ich würde lieber echt wandern gehen, denn das kostet nicht so viel wie der Tierpark.

Emil: Stimmt, drum will ich ja auch nicht mit, weil der Eintritt ist so hoch!

Simon: Des kann dir doch wurscht sei, des zahln doch die Eltern!

Nadine: Bei mir nicht. Ich muss das vom Taschengeld bezahlen. Deshalb will ich auch nicht mit.

Vroni: Du schmeißt doch so oft dei Geld sonst a zum Fenster naus, weil du kaufst pfundweis Gummibärl!

Xenia: Halt doch du deine Klappe, dir passt doch nie etwas!

Lehrerin: Jetzt ist aber Ruhe. Wir sammeln noch einmal alle Meinungen an der Tafel.

1 In diesem Gespräch gibt es viele unsachliche und störende Äußerungen.
Überarbeitet es so, dass ein sachliches Gespräch herauskommt, wie man es auch im Klassenrat führen würde.

- **a** Schreibt die Namen der Kinder, die ihre Meinungen sachlich vorbringen und begründen, untereinander in euer Heft. Lasst zwischen den Namen je zwei bis drei Zeilen frei.
- **b** Prüft, ob ihr die richtigen Namen aufgeschrieben habt: Die Anfangsbuchstaben ergeben, von oben nach unten gelesen, ein Lösungswort.
- **c** Die meisten Kinder sprechen in diesem Gespräch Umgangssprache oder Dialekt. Schreibt alle sachlichen Äußerungen in Standardsprache zu den Namen. Achtet besonders auf die richtige Satzgliedstellung bei *weil*-Sätzen.

2.2 Sich streiten und sich verständigen – Konfliktlösung im Rollenspiel üben

Paul Maar

In der neuen Klasse

Paul Maar, 1937 in Schweinfurt geboren, hat zahlreiche Erzählungen und Theaterstücke für Kinder und Jugendliche verfasst. Am bekanntesten sind seine Geschichten vom Sams, die auch verfilmt wurden. Der folgende Auszug stammt aus dem Roman „Robert und Trebor“.

Nun ist Robert schon drei Wochen in der neuen Klasse. Aber Freunde hat er immer noch nicht. Manche aus seiner Klasse kann er gut leiden. Aber die haben schon alle einen Freund.
Am besten gefällt ihm die Simone aus der zweiten Bank. Simone hat kurze, dunkle Haare. Wenn Simone lacht, werden ihre Augen ganz schmal. Wie bei einer Eskimofrau. Simone lacht oft. Das gefällt Robert so gut an ihr. Ihm hat sie auch schon einmal zugelacht.
Aber Simone ist ausgerechnet mit Frank befreundet. Und den kann Robert überhaupt nicht leiden. Frank ist der Stärkste aus der Klasse. Das will er jeden Tag beweisen. Außerdem ist er ein Angeber.
Robert kann gar nicht verstehen, was Simone an Frank findet.
In der großen Pause, als Frank gerade mit Jürgen rauft, geht Robert zu Simone. Sie steht am Zaun und isst ihr Pausenbrot.
„Was meinst du, wer gewinnt?“, fragt Robert. „Frank oder Jürgen?“
„Das ist mir doch egal“, sagt Simone.
„Das ist dir egal?“, fragt Robert erstaunt. „Frank ist doch dein Freund. Willst du nicht, dass er gewinnt?“
„Wer sagt denn, dass Frank mein Freund ist? Außerdem kann ich Schlägereien sowieso nicht leiden.“
„Ach so“, sagt Robert. Er kramt in seiner Jackentasche und holt eine Dose heraus. Er öffnet sie. Sie ist bis an den Rand gefüllt mit lauter weißen Kügelchen. „Magst du ein Bonbon?“, fragt Robert und hält Simone die Dose hin.
„Das sind Bonbons? Die sehen aus wie Kopfschmerztabletten“, sagt Simone.
„Das sind Pfefferminzbonbons. Probier doch mal! Sie schmecken gut“, sagt Robert.

Als Simone gerade in die Dose greifen will, kommt Frank zurück.
Er schlägt von unten gegen die Dose. Alle Bonbons fliegen heraus und liegen auf dem Schulhof.

„Schaut mal: ein Wunder! Es hat geschneit!“, ruft Frank. „In diesem Jahr kommt der Winter schon im September. Eine Sensation! Das müssen wir gleich dem Fernsehen melden!“

Alle, die herumstehen, lachen. Sogar Simone muss unwillkürlich lachen. Dabei will sie es eigentlich gar nicht. Aber die weißen Bonbons auf dem Boden sehen wirklich wie Schnee aus. Robert könnte heulen vor Wut. Er steckt die leere Dose in die Tasche und geht.
Die Bonbons lässt er liegen. Er geht ganz schnell. Die anderen sollen nicht sehen, dass ihm die Tränen in die Augen steigen. Sogar Simone hat gelacht über ihn! So eine Gemeinheit. „Die sind alle gemein", murmelt Robert vor sich hin. „Ich will keinen von denen als Freund. Ich spiele nur noch mit Trebor!"
Simone schaut hinter Robert her. „Jetzt ist er beleidigt", sagt sie zu Frank. „Du bist schuld daran!"
„Na und?", sagt Frank und lacht. „Was kann ich dafür, wenn er so schnell beleidigt ist und keinen Spaß versteht?"
„Ich finde es trotzdem doof von dir, dass du die Bonbons ausgeschüttet hast", sagt Simone.
„Du findest mich doof? Sag das noch einmal!", sagt Frank drohend.
„Ja, ich finde dich doof!", sagt Simone mutig und dreht Frank den Rücken zu. Aber das hat Robert nicht gehört, weil er ja so schnell weggegangen ist.

1 Untersucht, wie sich der Konflikt zwischen Robert und Frank aufschaukelt. Ihr könnt dazu eine „Streit-Schaukel" anlegen:

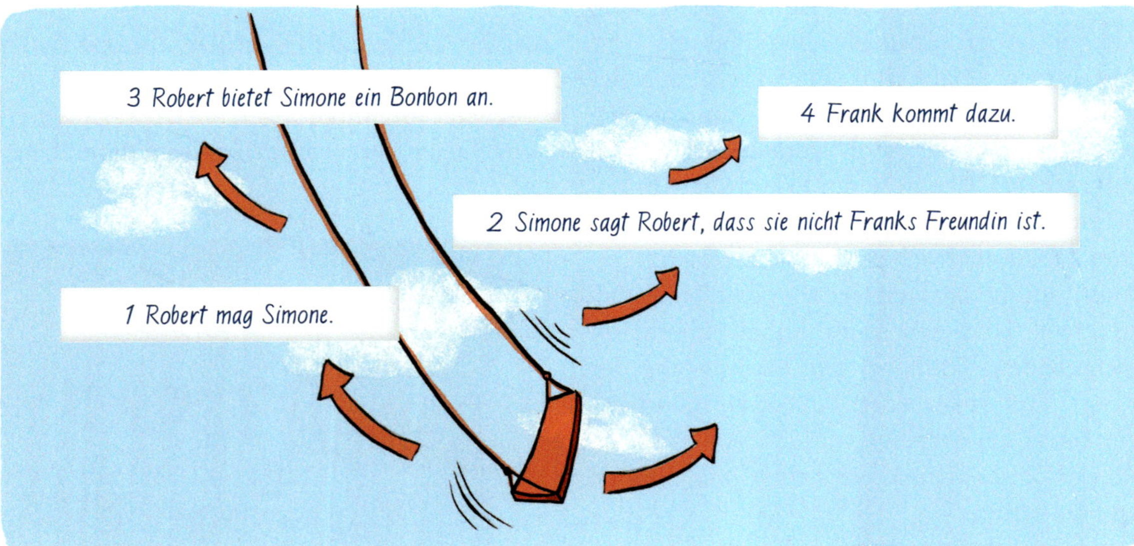

2 Besprecht, wie der Konflikt zwischen Robert und Frank hätte vermieden werden können.

3 Zuhören und seine Meinung begründen sind wichtige Regeln für ein erfolgreiches Gespräch, in dem ein Konflikt gelöst werden soll.

a Lest noch einmal den Dialog zwischen Simone und Frank (Z. 62–73): Nennt die Textstellen, in denen sich die beiden nicht an diese Regeln halten.

b Spielt den Streit zwischen Robert, Frank und Simone in einem Rollenspiel (► S. 33). Versucht dabei zu einem anderen Ergebnis zu kommen.

4 Wen meint Robert wohl, wenn er sagt: „Ich spiele nur noch mit Trebor!" (Z. 61)? Stellt Vermutungen an.
Tipp: Schaut euch Roberts Namen „von allen Seiten" an.

Wissen und Können **Ein Rollenspiel planen und durchführen**

– Beschreibt die Situation und die Figuren (Personen) des Rollenspiels möglichst genau.
– Fertigt zu den Figuren **Rollenkarten** an. So könnt ihr euch klarmachen, wer die Figuren sind und wie sie sich fühlen.

Rollenkarte Robert

- *fühlt sich fremd in der Klasse*
- *versucht, mit Simone Kontakt aufzunehmen*
- *...*

Rollenkarte Simone

- *steht zwischen Frank und Robert*
- *freut sich, als Robert ihr die Bonbons anbietet*
- *...*

Rollenkarte Frank

- *gibt in der Klasse den Ton an*
- *will immer beweisen, dass er der Stärkste ist*
- *will verhindern, dass sich Robert und Simone anfreunden*
- *...*

– Wenn ihr die Szene übt, könnt ihr auch den Text eurer Figur auf der Karte ergänzen.
– Ihr könnt die Szene auch mehrmals spielen und die Rollen immer wieder neu besetzen. Vergleicht dabei genau, wie sich die Figuren verhalten und zu welchem Ergebnis sie kommen.

5 Stellt euch vor, Robert, Frank und Simone gehen zum Streitschlichter. Spielt auch diese Situation im Rollenspiel nach.

Wissen und Können **Einen Streit schlichten**

– Sucht eine Person, die nicht selbst am Streit beteiligt ist und die von allen Streitenden als **Vermittler** akzeptiert wird. (An manchen Schulen gibt es Schüler/-innen, die als **Streitschlichter** geschult sind.)
  Fragen an die Streitenden:
  – Was werft ihr einander vor?
  – Wie kam es zu dem Streit?
  – Warum hast du dich so ... und so ... und so verhalten?
– Jeder muss zu Wort kommen und gehört werden.
– Jeder stellt den Streit aus Sicht seines Gegners dar.
– Streitschlichter und Streitende beraten gemeinsam, welche Lösung möglich ist.
– Wie wird die Lösung „besiegelt“?
  Reicht ein Händeschütteln oder ist es besser, einen „Vertrag“ aufzusetzen?

Irmela Wendt

Uli und ich

Quer durch meine Schrift ging ein Strich und deswegen bekam ich keine Zwei. Zu Hause haben sie gesagt, ich brauchte es mir nicht gefallen zu lassen. „Ich will nicht mehr neben Uli sitzen“, habe ich zu meiner Lehrerin gesagt. „Wo willst du denn sitzen, Petra?“, hat sie gefragt. „Neben Peter“, habe ich gesagt.

Ich habe meine Sachen vom Tisch genommen und bin einfach gegangen und habe kein Wort zu Uli gesagt. Und Uli hat auch nichts gesagt. Er ist dagestanden und hat geguckt und hat ganz nasse Augen gehabt.

Dann hat Rolf sich zu Uli gesetzt und ich habe gedacht, wie lange das wohl gut geht. Gleich am nächsten Tag hat Rolf gepetzt, dass Uli mit dem Stuhl wackelt, dass Uli an den Füller stößt, dass Uli den Radiergummi nimmt, dass Uli abguckt. Um jede Kleinigkeit hat Rolf aufgezeigt und es hat mich ganz nervös gemacht.

Jörg ist wieder da; er war lange krank. Er hat sonst neben Peter gesessen und es ist selbstverständlich, dass er seinen Platz wieder nimmt. In unserer Klasse sind vierzig Plätze, acht Plätze bleiben immer frei, weil wir nur zweiunddreißig sind. Ich gucke mich um. Ich sehe, der Platz neben Uli ist auch frei; Rolf fehlt. Ich weiß selbst nicht, weshalb ich mich wieder an meinen alten Platz setze. Ich will meine Sachen auspacken, da sagt Uli: „Ich finde, man kann nicht einfach wiederkommen, wenn man einmal weggegangen ist.“

Ich habe nicht erwartet, dass Uli so was sagt. Ich weiß nicht, was ich tun soll. Ich denke daran, dass er geweint hat, als ich weggegangen bin. Da fragt meine Lehrerin: „Was sagst denn du dazu, Petra?“ Ich bringe kein Wort heraus. Da fragt sie noch mal. Ich sage: „Uli hat Recht.“ – „Ja, und?“, fragt die Lehrerin.

„Heute bleibe ich hier sitzen. Morgen kann ich mich ja woanders hinsetzen“, sage ich.

Keiner hat weiter ein Wort dazu gesagt. Auch nicht am nächsten Tag. Und nicht die anderen Tage. Ich weiß nicht, wie lange ich schon wieder neben Uli sitze. Manchmal stößt er mich an und verschrieben habe ich mich seinetwegen auch. Aber man kann sich auch was gefallen lassen, finde ich. Und so unruhig wie früher ist er gar nicht mehr.

1 Wer erzählt hier? Belegt eure Meinung am Text.

2 Nachdem Petra sich von ihm weggesetzt hat, steht Uli mit nassen Augen da. (Z. 11 f.) Versetzt euch in Ulis Situation und schreibt in einem ▸ Brief/einer E-Mail an Petra die Gedanken und Gefühle auf, die er in diesem Augenblick hat.

3 „Ich finde, man kann nicht einfach wiederkommen, wenn man einmal weggegangen ist.“ (Z. 30 ff.) Diskutiert Ulis Meinung. ▸ Begründet eure Auffassung.

4 „Keiner hat weiter ein Wort dazu gesagt.“ (Z. 42) Was könnten sich Uli und Petra nun sagen? Führt im Rollenspiel ein Gespräch.

2.3 Diskussionen und Gespräche beobachten

Eltern und Kinder – Dialoge gestalten

1 Bildet Gruppen und lest den Dialog zwischen Mutter und Tochter mit verteilten Rollen.

2 a Legt eine Tabelle an und tragt dort die Gründe ein, die Tochter und Mutter für und gegen die Anschaffung eines Hundes nennen. Achtung: Die Tochter nennt nur einen einzigen überzeugenden Grund!

Tochter	Mutter
…	*Wir brauchen keinen Hund*
	…

b Schaut euch noch einmal an, wie die Diskussion abläuft. Denkt darüber nach, was Tochter und Mutter besser machen könnten.

c Überlegt euch weitere Gründe, die für oder gegen die Anschaffung eines Hundes sprechen. Tragt sie in eure Tabelle ein.

d Schreibt eine Fortsetzung des Dialogs mit euren Gründen und tragt ihn ausdrucksstark vor der Klasse vor. Die anderen bearbeiten den Beobachtungsbogen (► S. 36), während ihr die Dialoge darbietet.

Einen solchen Dialog könnt ihr auch zu folgenden Themen schreiben:

Sollen wir uns ein Haustier anschaffen?

Welche Arbeiten im Haushalt muss ich/müssen Kinder übernehmen?

Muss ich täglich Klavier (Gitarre, Trompete, Flöte ...) üben?

Darf ich in den Karateklub (Reitverein, ins Ballett ...) eintreten?

Darf ich abends mit Freunden/Freundinnen ins Kino gehen?

Beobachtungsbogen zur Diskussion

Mit dem Bogen könnt ihr euren Klassenkameraden Rückmeldungen geben, wie sie – oder die Figur, in deren Rolle sie geschlüpft sind – sich während einer Diskussion verhalten haben.

Der diskutierende Mitschüler/Die diskutierende Mitschülerin ...	Punkte
... verhält sich ruhig und aufmerksam.	...
... meldet sich zu Wort.	...
... spricht standarddeutsch.	...
... vermeidet Umgangssprache und Schimpfwörter.	...
... äußert sich ausführlich zum Thema.	...
... bleibt beim Thema.	...
... stellt seine/ihre Meinung klar und sachlich dar.	...
... lässt andere ausreden.	...
... geht auf die Meinung der anderen ein.	
... ist bereit, seine/ihre eigene Meinung zu überdenken.	
... kommt zu einem Ergebnis.	

nie = 0 Punkte
manchmal = 1 Punkt
oft = 2 Punkte
immer = 3 Punkte

1 a Lest vor Beginn des Gesprächs den Beobachtungsbogen gut durch, damit ihr wisst, worauf ihr achten sollt. Am besten teilt ihr die einzelnen Beobachtungspunkte unter euch auf.

b Notiert im Heft, ob der Gesprächsteilnehmer ein Verhalten nie, manchmal, oft oder immer zeigt. Für „nie" gebt ihr 0 Punkte, für „manchmal" 1 Punkt, für „oft" 2 Punkte, für „immer" 3 Punkte.

c Stellt nun fest, wie sich die Gesprächsteilnehmer im Durchschnitt verhalten haben: Haben sie sich immer, häufig, manchmal oder nie an die Regeln gehalten?

3 „Wie geht es dir?“ – Persönliche Briefe schreiben

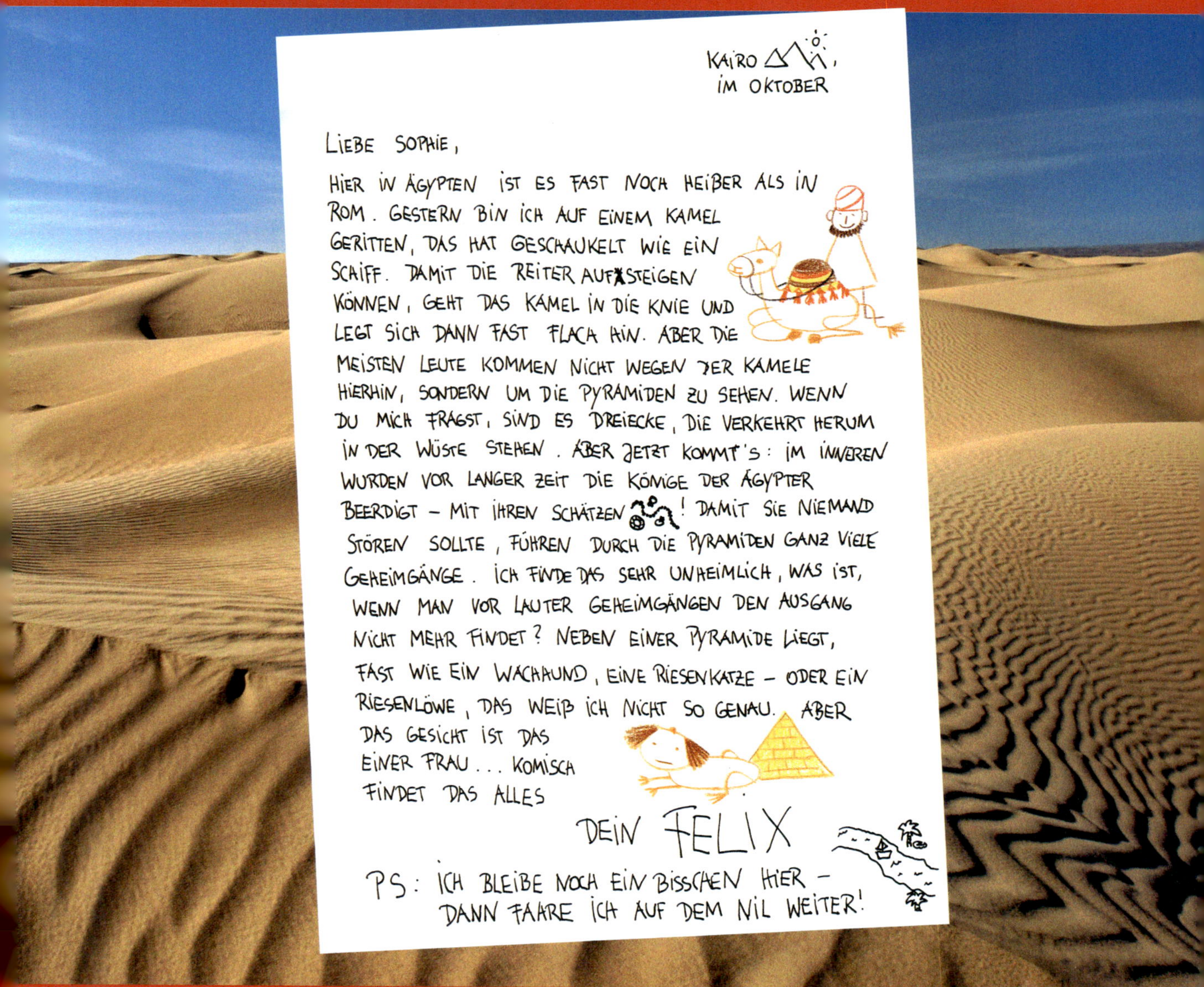

KAIRO
IM OKTOBER

LIEBE SOPHIE,

HIER IN ÄGYPTEN IST ES FAST NOCH HEIẞER ALS IN ROM. GESTERN BIN ICH AUF EINEM KAMEL GERITTEN, DAS HAT GESCHAUKELT WIE EIN SCHIFF. DAMIT DIE REITER AUFSTEIGEN KÖNNEN, GEHT DAS KAMEL IN DIE KNIE UND LEGT SICH DANN FAST FLACH HIN. ABER DIE MEISTEN LEUTE KOMMEN NICHT WEGEN DER KAMELE HIERHIN, SONDERN UM DIE PYRAMIDEN ZU SEHEN. WENN DU MICH FRAGST, SIND ES DREIECKE, DIE VERKEHRT HERUM IN DER WÜSTE STEHEN. ABER JETZT KOMMT'S: IM INNEREN WURDEN VOR LANGER ZEIT DIE KÖNIGE DER ÄGYPTER BEERDIGT – MIT IHREN SCHÄTZEN! DAMIT SIE NIEMAND STÖREN SOLLTE, FÜHREN DURCH DIE PYRAMIDEN GANZ VIELE GEHEIMGÄNGE. ICH FINDE DAS SEHR UNHEIMLICH, WAS IST, WENN MAN VOR LAUTER GEHEIMGÄNGEN DEN AUSGANG NICHT MEHR FINDET? NEBEN EINER PYRAMIDE LIEGT, FAST WIE EIN WACHHUND, EINE RIESENKATZE – ODER EIN RIESENLÖWE, DAS WEIẞ ICH NICHT SO GENAU. ABER DAS GESICHT IST DAS EINER FRAU ... KOMISCH FINDET DAS ALLES

DEIN FELIX

PS: ICH BLEIBE NOCH EIN BISSCHEN HIER – DANN FAHRE ICH AUF DEM NIL WEITER!

1 In den Kinderbüchern „Briefe von Felix“ schreibt ein kleiner Stoffhase an seine Besitzerin Sophie. Sie erhält über Wochen von ihm regelmäßig Post aus unterschiedlichen Teilen der Erde.

a Aus welchem Land schickt Felix den abgedruckten Brief? In welchem war er vorher?

b Es gibt viele verschiedene Gründe, Briefe zu verfassen. Warum schreibt Felix?

c Berichtet, zu welchen Anlässen ihr selber schon Briefe bekommen oder geschrieben habt.

3.1 Briefe schreiben für verschiedene Anlässe

Adressatenorientiert schreiben

1 a Betrachtet die Fotos genau und versetzt euch in die Kinder. Was erleben sie? Was werden sie hinterher gern erzählen?

b Auch in Briefen kann man erzählen, was man erlebt hat. Wem könnten die Kinder auf den Fotos einen solchen Brief schreiben? Tauscht euch mit eurem Nachbarn aus.

2 Eindrucksvoll war für euch sicher der Eintritt in die neue Schule. Auch davon könntet ihr in einem Brief an euren Lehrer/eure Lehrerin aus der Grundschule erzählen.
Sammelt eure Ideen für einen solchen Brief. Übertragt dazu den Cluster (▶ S. 290) an die Tafel und setzt ihn fort.

Blick aus dem Klassenzimmer

neue Unterrichtsfächer — Neue Schule — der Schulweg

Kempten, den 01.12.20XX

Sehr geehrte Frau Bauer,

jetzt bin ich schon etliche Wochen an der neuen Schule. Wie versprochen möchte ich Jhnen berichten, wie es mir hier gefällt. Ganz kurz und knapp: Es ist alles super! Wie geht es Jhnen?

Gleich am ersten Schultag habe ich drei neue Freundinnen gefunden. Jch habe nämlich in der neuen Klasse niemanden gekannt. Jn den Pausen spielen wir jetzt immer zusammen und eines der Mädchen sitzt auch neben mir. Unser Klassenlehrer heißt Herr Kofler. Deutsch ist auch hier an der Realschule mein Lieblingsfach. Das können Sie sich sicher vorstellen. Andere Fächer finde ich auch gut.

Was mir weniger gefällt, ist die Fahrt mit dem Schulbus. Jch muss erstens viel früher aufstehen und dann wird im Bus immer gedrängelt und geschubst. Auch die Sitzplätze sind zu wenig, sodass immer Streit entsteht. Zum Glück dauert die Fahrt nur 15 Minuten.

Haben Sie wieder eine vierte Klasse? Wie viele Kinder unterrichten Sie? Wer sitzt auf meinem Platz? Hoffentlich jemand Nettes!

Viele Grüße

Hannah

3 **a** Vergleicht Hannahs Brief an ihre ehemalige Grundschullehrerin mit euren Ideen im Cluster. Welche Ideen hat Hannah aufgegriffen?

b Die Grundschullehrerin interessiert sich sicher für Hannahs Leben an der neuen Schule. Überlegt: Worüber hätte Frau Bauer vielleicht gerne mehr erfahren, als Hannah schreibt?

4 Untersucht den Brief genauer: Nennt die Stellen, an denen deutlich wird,
- dass Hannah mit der Lehrerin eine Art Gespräch führt,
- dass Hannah die Lehrerin direkt anspricht,
- dass Hannah einen Antwortbrief bekommen möchte,
- dass Hannah mit der Lehrerin vereinbart hat, ihr zu schreiben.

Wissen und Können **Der Adressat/Die Adressatin**

Einen Brief schreiben wir immer an eine ganz bestimmte Person oder an eine Gruppe, der wir etwas mitteilen oder von der wir etwas wissen möchten. Man nennt sie **Adressat** oder **Empfänger**.

Damit sich der Adressat vom Brief angesprochen fühlt, ist es sinnvoll, immer wieder direkt auf ihn einzugehen. Das kann man z. B. durch Fragen tun.

5 Stellt euch vor, Hannah hat mit ihrer Großmutter ausgemacht, ihr zu schreiben. Passt ihren Brief an die Grundschullehrerin (▶ S. 39) der neuen Adressatin an.

a Welche Fragen (Z. 14 f.) könnte Hannah der Großmutter stellen? Notiert zwei Fragen in euer Heft.

b Formuliert den gesamten Brief nun mündlich so um, dass er sich an die Oma richtet.

c Welche Unterschiede zum Brief an die Grundschullehrerin könnt ihr feststellen?

Wissen und Können — Den Adressaten richtig ansprechen

Es ist wichtig, sich klarzumachen, wer der Adressat eines Briefes ist, denn davon hängen nicht nur die Themen ab, über die man schreibt, oder die Fragen, die man an den Adressaten richtet. Je nachdem, ob man jemandem Vertrauten wie der Großmutter oder jemandem Fremderen wie der Grundschullehrerin schreibt, wählt man:

Lieber Opa, *Lieber Opa!* *Liebe Oma und lieber Opa,*	die Formulierung der **Anrede.** Die Anrede kann mit einem Komma oder einem Ausrufezeichen vom folgenden Text abgegrenzt werden. Nach dem Komma wird klein, nach dem Ausrufezeichen groß weitergeschrieben.	*Sehr geehrte Frau Bauer!* *Liebe Frau Bauer,*
du/Du, dich/Dich, dir/Dir, dein/Dein *ihr/Ihr, euch/Euch, euer/Euer*	die **Anredepronomen.** Wenn man jemanden siezt, schreibt man die Pronomen groß. Bei *du* und *ihr* kann man selber entscheiden, ob man sie groß- oder kleinschreibt. Die Schreibung soll aber innerhalb eines Briefes gleich bleiben.	*Sie, Ihnen, Ihr*
einen ganz lieben Gruß	die **Grußformel,** die am Schluss des Briefes in einer eigenen Zeile steht.	*Viele Grüße* *Mit freundlichen Grüßen*
dein/Dein Timo *euer/Euer Timo*	die **Unterschrift,** die ganz am Schluss steht.	*Hannah* *Ihre Hannah*

6 Sammelt weitere Grußformeln.

7 Schreibt einen eigenen Brief über eure Erfahrungen an der neuen Schule.

a Wählt einen Adressaten: An wen möchtet ihr schreiben, z. B. an eure Großeltern oder Paten oder an einen Freund aus der Grundschule?

b Überlegt, was ihr schreiben möchtet. Ihr könnt Ideen aus dem Cluster (▶ S. 38) aufgreifen. Ihr könnt auch zusätzlich auf ein besonderes Erlebnis an der neuen Schule eingehen.

c Formuliert den Brief auf einem Bogen Briefpapier oder auf einem separaten Blatt ohne Zeilen. Denkt daran, immer wieder auf den Adressaten einzugehen.

Den Aufbau und die äußere Form des Briefes beachten

1 Wenn ihr euren Brief (Aufgabe 7, ▸ S. 40) abschicken wollt, benötigt ihr einen Umschlag. Beschriftet ihn nach dem folgenden Muster, aber mit eurem eigenen Absender und der richtigen Adresse des Empfängers eures Briefes.

2 Auch wenn sich persönliche Briefe inhaltlich natürlich sehr voneinander unterscheiden können, müsst ihr darauf achten, einen bestimmten Aufbau einzuhalten. Folgende sieben Elemente muss ein Brief in der richtigen Reihenfolge enthalten:

Anrede **O**	Schlussteil **B**	Unterschrift **T**	Briefkopf (enthält Ort und Datum) **P**
Hauptteil **T**	Grußformel **O**	Einleitungsteil **S**	

3 a Bringt die Bausteine in die richtige Reihenfolge. Fangt mit dem Buchstaben P an. So erhaltet ihr ein Lösungswort, dessen letzten Buchstaben ihr ergänzen müsst.
b Tragt die einzelnen Elemente in der richtigen Reihenfolge unter der Überschrift „Der formale Aufbau eines Briefes“ in euer Heft ein.

Nürnberg, den 12. Oktober 20XX

Liebe Lea,

vielen Dank für deinen Brief.
Jch habe mich darüber so gefreut, dass ich postwendend zurückschreiben muss, obwohl ich eine Menge Hausaufgaben zu erledigen habe. Aber die können jetzt warten.

Toll, dass du schon so nette Freunde in der Klasse gefunden hast. Du wolltest wissen, wie es mir in diesem Punkt ergangen ist. Jch sitze neben einem Mädchen namens Franziska, mit dem ich mich sehr gut verstehe. Das erleichtert die Umstellung auf die neue Schule, findest du nicht auch? Mir gefällt es an der Realschule sehr gut und die neuen Fächer bereiten mir viel Spaß, besonders Biologie.

Letzte Woche hatten wir übrigens schon unseren Wandertag. Eigentlich bin ich ja ein Wandermuffel, wie du ja weißt, aber der Ausflug wurde dann doch richtig lustig. Davon muss ich dir unbedingt erzählen. Unser Klassenleiter Herr Bauer verpasste nämlich eine Abzweigung des geplanten Wanderweges und so marschierten wir querfeldein durchs Gelände. Das war vielleicht anstrengend, kann ich dir sagen! Auf einmal standen wir vor einem kleinen Bach. Umkehren wollten wir nicht mehr, also hieß es „Augen zu und durch!“. Herr Bauer musste als Erster das Wasser durchqueren, schließlich hatte er uns das ja eingebrockt. Er zog sich Schuhe und Socken aus und krempelte die Hosenbeine hoch. Dann wagte er den ersten Schritt in das flache Wasser. Er sah aus wie ein Seiltänzer, als er so von Stein zu Stein balancierte. Plötzlich rutschte er ab und ruderte wild mit den Armen. Und platsch! Schon lag er im Wasser! Zuerst getrauten wir uns gar nicht zu lachen, aber als Herr Bauer sich grinsend aufrappelte, brüllten wir natürlich los. Du kannst dir sicher vorstellen, wie komisch er aussah, so tropfnass.

Was gibt es bei dir Neues in der Schule? Du hattest in deinem Brief erwähnt, dass du beim Elternabend im Schulchor auftreten wirst. Hat das geklappt? So, jetzt muss ich aber Schluss machen. Unser Mathelehrer hält uns nämlich ganz schön auf Trab!

Viele liebe Grüße, auch an deine Eltern,

deine Merve

4 Kontrolliert mit eurem Banknachbarn, ob Merve die sieben Bausteine des persönlichen Briefes in der richtigen Reihenfolge berücksichtigt hat.

Anrede
Briefkopf (enthält Ort und Datum)
Schlussteil
Unterschrift
Grußformel
Hauptteil
Einleitungsteil

5 Im **Einleitungsteil** bezieht sich Merve auf den Brief, den sie beantwortet. Untersucht den ersten Teil von Merves Brief an Lea.
Sucht dazu die Antworten auf folgende Fragen. Schreibt in euer Heft.
- Woran merkt man, dass Merve einen Brief beantwortet?
- Was erfährt man in der Einleitung über Lea?
- Welche Gemeinsamkeit haben die beiden Mädchen?
- Welche Frage von Lea beantwortet Merve im Einleitungsteil?

6 Im **Hauptteil** erzählt Merve von einem besonderen Erlebnis. Untersucht auch diesen Abschnitt anhand der Fragen und notiert die Antworten ins Heft.
- Welche Idee hat sie dabei ausgeführt?
- Warum ist das Erzählte auch für Lea interessant?
- Woran erkennt man, dass Merve ein „Gespräch in schriftlicher Form" führt?

Schaut euch nun den **Schlussteil** des Briefes genau an. Hier wendet sich Merve noch einmal direkt an Lea.
- Wie bringt sie ihre Adressatin dazu, ihr bald zu schreiben?

Wissen und Können **Aufbau und Gliederung des Briefes**

Auch der inhaltliche Aufbau muss überlegt sein, damit der Brief für den Adressaten interessant und gut verständlich ist.
Einen Brief solltet ihr deshalb klar gliedern:

- Im **Einleitungsteil** sprecht ihr den Empfänger direkt an und nennt den Anlass des Schreibens.
- Der **Hauptteil** ist der eigentliche Kern des Briefes. Hier steht oft ein besonderes Erlebnis im Mittelpunkt, von dem ihr erzählt oder über das ihr informiert.
- Im **Schluss** geht ihr noch einmal in besonderer Weise auf den Empfänger des Briefes ein. Durch Fragen oder Aufforderungen könnt ihr ihn zum Antworten anregen, z. B.:
  Bitte lass mich wissen, ob ...
  Bitte schreib schnell zurück, damit ich weiß ...

Wenn ihr einen Brief beantwortet, ist es wichtig, dass ihr auf Fragen des Briefpartners eingeht. Man gibt im Brief also Informationen und kann auch selber Informationen fordern, indem man Fragen stellt.

Damit der Empfänger euren Gedankengang nachvollziehen kann, solltet ihr
- jeden neuen Gedanken mit einem einleitenden Satz beginnen, z. B.:
  Diese Woche ist etwas Lustiges passiert, von dem ich dir jetzt erzählen möchte.
- oder eine hinführende Formulierung verwenden, z. B.:
  Noch wichtiger als die neue Schule ist aber ...
- die gestellten Fragen aufgreifen, z. B.:
  Du wolltest wissen, ob ... oder *Deine Frage nach ...*
- die Gliederung des Briefes auch optisch deutlich machen. Dazu lasst ihr zwischen Anrede, Einleitung, Hauptteil und Schluss sowie vor der Grußformel und vor der Unterschrift jeweils eine Zeile frei oder beginnt einen neuen Absatz.

VORSICHT FEHLER!

Augsburg, 12.6.20XX

Lieber Johannes,

__1__ vielen Dank für deinen Brief und die Glückwünsche zu meinem 11. Geburtstag. __2__ Jch habe ganz viel Besuch bekommen. __3__ Schade, dass du nicht da sein konntest. __4__ Jch kümmere mich jetzt in jeder freien Minute um Titus. __5__ Wie geht es eigentlich deiner Halsentzündung? __6__ Wenn ich mich in der Schule weiter so anstrenge, bekomme ich keine einzige Vier. __7__ Auf der Geburtstagsfeier haben wir übrigens eine Schnitzeljagd veranstaltet. __8__ Das war vielleicht lustig! __9__ Von dem Geld, das mir deine Eltern geschickt haben, habe ich für den kleinen Hund gleich eine Leine gekauft. __10__ Stell dir vor, ich habe in Mathe in der letzten Schulaufgabe eine Eins geschafft. __11__ Was machen eigentlich deine beiden Meerschweinchen? __12__ Heißen sie Tim und Struppi? __13__ Oder verwechsle ich das? __14__ Das war echt eine Überraschung von meinen Eltern, dass sie mir einen Hund geschenkt haben. __15__ Heute muss ich noch Biologie lernen. __16__ Unsere Lehrerin wird die Teile des Skeletts bestimmt abfragen. __17__ Vielleicht schreiben wir sogar eine Ex. __18__ Du wolltest wissen, was ich für Geschenke bekommen habe. __19__ Manuel hat mir eine Tokio-Hotel-CD mitgebracht. __20__ Du glaubst gar nicht, wie viel Zeit mein Titus in Anspruch nimmt. __21__ Dreimal am Tag muss ich mit ihm Gassi gehen. __22__ Meine Gruppe hat bei der Schnitzeljagd haushoch verloren. __23__ Welche Musik hörst du eigentlich? __24__ Jn zwei Wochen sind Ferien, da komme ich ja zu dir. __25__ Kann ich Titus mitbringen oder erschreckt er die Meerschweinchen zu Tode? __26__ Musst du in den nächsten Wochen auch so viel lernen?

__27__ Schreib mir bald und grüße auch deine Eltern von mir

dein David

7 Leider hat David seine Gedanken nicht gut sortiert. Überarbeitet den Brief.

a Verschafft euch einen Überblick über die Themen, die David anspricht. Das könnt ihr z. B. in einem Cluster tun.

●●○ **b** Erstellt einen Schreibplan. Welche Themen aus dem Cluster passen in die Einleitung, welche in den Hauptteil und welche in den Schluss? Schreibt sie untereinander in euer Heft und ordnet ihnen die Ziffern der passenden Sätze zu.

●○○ Falls ihr Hilfe braucht: Folgende Themen sollten in dem Schreibplan vorkommen:

Anlass: Dank für Johannes' Brief	Johannes' Krankheit
Davids Geschenke	wichtigstes Geschenk: Hund Titus
Davids Geburtstagsfeier	Schule
Verabredung mit Johannes	Johannes' Meerschweinchen

c Schreibt dann den gesamten Brief überarbeitet in euer Heft.

Briefe überarbeiten

Wie ist das Wetter bei euch?

Das Wetter geht so!

Bei uns ist das Wetter auch herrlich. Die Sonne scheint und es hat ca. 20 Grad.

Es ist hier heute ein Superwetter! Ich sitz im Garten und es ist voll warm und sonnig.

Ich muss mich bei dir entschuldigen, weil ich dir erst jetzt schreibe. Aber ich habe mir letzte Woche beim Volleyball den Daumen verstaucht und konnte keinen Stift ohne Schmerzen halten.

Na, das mit deinem Daumen ist ja lustig. Ich würde sagen, wenn du das Volleyballspielen nicht kannst, dann lass es einfach bleiben!

Mein Papa hat sich beim Volleyballspielen einmal den Fuß verstaucht und konnte wochenlang nur noch humpeln. Das war noch schlimmer!

Das mit deiner Verletzung tut mir leid. Jetzt verstehe ich auch, warum ich so lange auf einen Brief von dir warten musste. Ich hoffe, du hast keine zu starken Schmerzen mehr.

Machst du Fortschritte mit deinem Lenkdrachen?

Du hast nach meinem Lenkdrachen gefragt. Inzwischen komme ich auch ohne Papa damit zurecht und kann sogar Loopings steuern. Wenn du einmal wiederkommst, zeige ich es dir.

Das Drachenlenken geht so.

Der Lenkdrachen ist echt geil. Mit dem mache ich super Loopings und auch andere tolle Figuren. Komm mal wieder vorbei, dann zeige ich es dir.

1 Tim hat einen Brief von seinem Patenonkel Thomas erhalten. Nun möchte er zurückschreiben, ist sich aber bei den Formulierungen nicht ganz sicher.

a Helft ihm, den Brief seines Onkels angemessen zu beantworten. Entscheidet euch jeweils für eine Antwort und begründet in der Klasse, warum gerade diese die passende ist.

b Stellt euch vor, Thomas ist euer Onkel. Beantwortet seine Fragen aus eurer Sicht.

Liebe Tante Lisa,

vielen Dank für deinen schönen Brief. Du hast mir darin viel Schönes erzählt. Jch möchte dir jetzt ebenso schön antworten.

Vor ein paar Tagen hatte ich ein besonders schönes Erlebnis. Es war schönstes Wetter. Wir, Mama, Papa und ich, wollten eine schöne Wanderung machen. Unser Ziel war ein schönes, romantisches Tal, von dem Papa in einem Wanderführer gelesen hatte.
Es kam alles ganz anders, als wir es uns so schön ausgemalt hatten.

2 Der Brief an Tante Lisa ist ungeschickt formuliert.

a Sammelt und besprecht Wörter, mit denen man ihn verbessern könnte.

b Schreibt den Text überarbeitet in euer Heft.

3 ●●● Was könnte auf der Wanderung passiert sein? Setzt den Brief schriftlich fort.
Lest eure Texte vor. Die anderen achten darauf, ob ihr abwechslungsreich formuliert habt.

... Jch heiße Tina Schneider. Jch würde sehr gerne deine Brieffreundin werden. Jch wohne in Nürnberg. Jch bin 11 Jahre alt. Jch habe eine Schwester, Maria, 6 Jahre alt. Jch spiele oft mit Maria. Jch lese viel, schwimme im Verein und schreibe gerne Briefe. Jch habe ein Einrad, aber erst seit gestern. Jch muss wohl noch ziemlich üben. Jch komme noch nicht gut mit dem Einrad zurecht.

4 Tina schreibt an ein Mädchen, das eine Brieffreundin sucht. Dabei hat sie zu wenig auf die Formulierung geachtet.

a ●●○ Welche Möglichkeiten der Ausdrucksverbesserung kennt ihr? Benennt und erläutert sie.
●○○ Wenn euch keine Möglichkeiten einfallen, schaut auf S. 89 nach.

b Notiert eine verbesserte Version von Tinas Brief in euer Heft.

Augsburg, den 23.3.20XX

Sehr geehrter Herr Neuberger,

ich möchte mich bei Jhnen entschuldigen. Mein Freund und ich haben gestern vor Jhrem Haus Lärm gemacht.

Peter kam gleich nach dem Mittagessen zu mir. Wir wollten zunächst ein wenig in meinem Zimmer spielen. Wir wollten hinausgehen. Meine Mutter ermahnte uns. Sie halten um diese Zeit Jhren Mittagsschlaf. Wir versprachen, ganz leise zu sein. Peter hatte ein paar Knallfrösche dabei. Die wollten wir später ausprobieren. Sie gingen überraschend los. Wir bekamen selbst einen großen Schrecken. Wütend schimpften Sie aus dem Fenster. Meine Mutter war sehr ärgerlich. Jch habe drei Tage Hausarrest. Es tut mir sehr leid. Hoffentlich darf ich Jhnen wieder beim Modellbahnbauen helfen.

Viele Grüße

von Jhrem Nachbarn Sebastian

5 ●●○ Sebastian hat an seinen Nachbarn einen Entschuldigungsbrief geschrieben. Seine Mutter gibt ihm den Tipp, die Sätze besser zu verbinden. Verbessert den Brief, indem ihr jeweils zwei oder drei einfache Hauptsätze miteinander verknüpft.

●○○ Die folgenden Verknüpfungswörter können euch dabei helfen:

da dadurch weil und aber dass

sodass doch dann plötzlich dafür ... dass

daher ebenfalls denn darum deshalb auch

6 ●●● Überarbeitet den Brief an Tante Lisa (Aufgabe 1, ▶ S. 46) noch einmal. Achtet diesmal zusätzlich auf gute und sinnvolle Satzverknüpfungen.

Wissen und Können **Abwechslungsreich formulieren**

Damit der Empfänger einen Brief gern liest, soll dieser auch sprachlich ansprechend sein.

- Verwendet abwechslungsreiche Adjektive und Verben.
- Fangt die Sätze unterschiedlich an (Umstellprobe!) und vermeidet Wiederholungen.
- Verknüpft die Sätze logisch und nachvollziehbar, z. B. mit Wörtern wie *da, weil, als, trotzdem, anschließend.*
- Formuliert höflich und nicht umgangssprachlich, also nicht *Ich will* ..., sondern *Ich möchte* ..., nicht *saucool,* sondern *spannend* oder *lustig* usw.

Regensburg, den 3. März 20XX

Liebe Frau Mayer,

leider konnte ich nicht mit meinen Eltern zu ? kommen, um persönlich zu ? runden Geburtstag zu gratulieren. Wie ? sicher wissen, war ich im Schullandheim. Deshalb gratuliere ich ? hiermit schriftlich ganz herzlich zu ? Ehrentag und wünsche ? alles Gute. Meine Eltern haben mir erzählt, dass ? ? Geburtstag mit ganz vielen Menschen gefeiert haben. Sogar ? Enkelin aus Frankfurt war da. Mit ? habe ich mich ja immer gut verstanden. Vielleicht können ? mir bei Gelegenheit mal ? Adresse geben, damit ich ? schreiben kann. Meinen Besuch bei ? hole ich bald nach.

Liebe Grüße
? Paula

Spricht man die Person, der man schreibt, mit *Sie* an, muss man alle Anredepronomen großschreiben, auch *Ihr, Ihnen* usw.

7 Paula siezt ihre frühere Nachbarin und ist bei der Schreibung des Anredepronomens unsicher.

a Ergänzt die Pronomen und schreibt den vollständigen Brief in euer Heft.

b Schreibt denselben Brief noch einmal, diesmal aber an Tante Olga, die von Paula geduzt wird. Denkt an die richtigen Pronomen. Achtung: Manchmal verändert sich auch das Prädikat!

E-Mails untersuchen

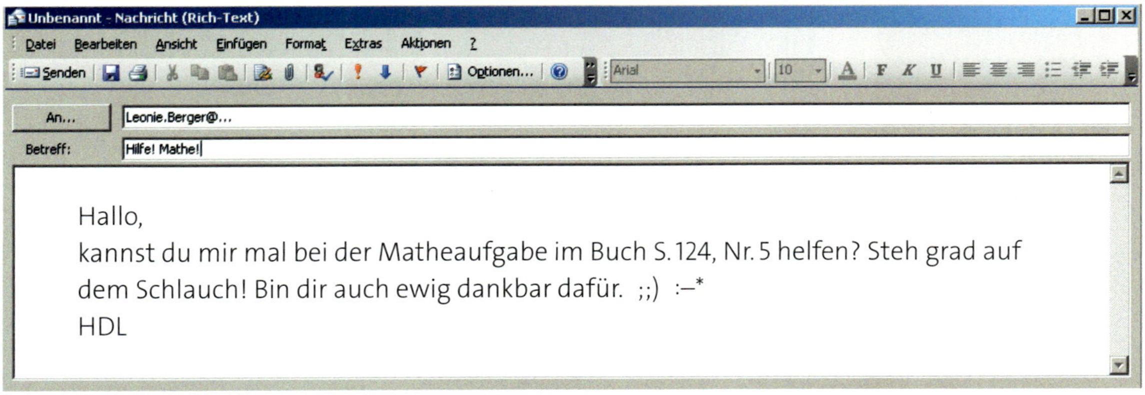

1 Untersucht diese E-Mail:
- Welche Informationen finden sich hier im „Briefkopf"?
- Wie wird formuliert?
- Welche Besonderheiten fallen euch sonst noch auf? Was wird mit ihnen bezweckt?

2 Heutzutage tauschen sich Menschen oft per E-Mail und nicht mehr per Brief aus.

a Überlegt, welche Vorteile E-Mails gegenüber Briefen haben. Gibt es auch Nachteile?

b E-Mails oder Briefe per Post: Was ist euch persönlich lieber? Begründet eure Meinung.

Testet euer Wissen!

Briefmerkmale kennen

Post in der Mailbox?

Heutzutage schreiben viele Menschen an Stelle von Briefen E-Mails. Aber auch dafür gibt es Regeln, die sich gar nicht so sehr von denen zum Briefeschreiben unterscheiden. Um Missverständnisse und Ärger zu vermeiden, wurde die „Netiquette“ erfunden (aus Net für Internet und Etikette für Benimmregeln).

Tipps für das Mailen und Chatten:

1 Wenn du eine E-Mail bekommst, lies sie erst sorgfältig, bevor du antwortest. **Erst denken, dann posten!** Denn deine Nachricht ist schneller beim Empfänger, als du glaubst, und abfangen kann man sie nicht.

2 Vergiss nicht die **Anrede,** die du auch sonst verwendest. Nur wenn du die Person auch normalerweise duzt, darfst du das „Du“ verwenden.

3 Nicht jeder Empfänger versteht und mag Abkürzungen, umgangssprachliche Wendungen und bruchstückhafte Sätze.

4 Denke auch bei Mails an **Leerzeilen und Absätze,** weil sie das Lesen erleichtern.

5 **„Subject“** bedeutet „Thema“. Damit gibst du dem Adressaten einen kurzen Hinweis, worum es in deiner Nachricht geht.

6 Wenn du in einem **Chatroom** schreibst, denke immer daran, dass auch andere deine Zeilen lesen können.

7 Mit Hilfe von **Emoticons** kann man in sehr knapper Art und Weise seine Stimmung vermitteln:
:D grinsen; 8–| rollende Augen; :–< seufzen; :–bd Daumen nach oben; \m/ Weiter so!

1 Überprüft euer Wissen über Briefe:

a Entscheidet, welche der Regeln auch für Briefe gelten. Notiert ihre Ziffern ins Heft.

b Ihr kennt die sieben Bausteine für einen persönlichen Brief (▶ S. 41). Welche davon finden sich nicht in der auf S. 48 abgedruckten E-Mail?

3.2 Seitenweise Briefe – Briefe im Jugendbuch

Jostein Gaarder/Klaus Hagerup

Bibbi Bokkens magische Bibliothek (1)

„Bibbi Bokkens magische Bibliothek“ erzählt eine spannende Geschichte, in der die beiden Hauptfiguren Berit und Nils sich als Detektive betätigen und so manchen Gefahren ausgesetzt sind.

Liebe Berit,
schön, dass wir uns in diesem Sommer gesehen haben. Das war wirklich toll. Morgen fängt die Schule wieder an und ich kann nicht gerade behaupten, dass ich mich darauf freue. Da sind so viele kleine Gören. Aber egal, nächstes Jahr bin ich fertig damit und dann wechselt Nils Boyum Torgersen auf die Oberschule.
Aber zur Sache. Ich habe viel über die Idee mit dem Briefbuch nachgedacht und muss zugeben, dass ich sie doch nicht so schlecht finde. Briefe in ein Buch zu schreiben, das wir zwischen Oslo und Fjärland hin- und herschicken, wird mir so vorkommen, als ob wir ein Fotoalbum mit Worten füllten statt mit Bildern. (Hö, hö.) Wenn es etwas gibt, worüber wir schreiben können, meine ich. Das ist ja noch die Frage. Ich habe den Verdacht, dass dieser Herbst ebenso spannend wird wie ein Stück Knäckebrot mit Ziegenkäse, und in Fjärland ist wohl auch nicht gerade der Bär los, stell ich mir vor. Oder ist vielleicht auf eurem Gletscher ein geheimnisvoller Schneemensch entdeckt worden?
Doch ich muss jetzt aufhören. Viele Grüße von meiner Mutter. Sie hofft, dass Tante Grete ihr neuer Job im Hotel gefällt, und sie ist „looking forward to seeing you again“, wie es im Flugzeug heißt. Mein Vater würde sicher auch grüßen lassen, aber er muss Taxi fahren und weiß nicht, dass ich dir schreibe.
Viele Grüße von deinem höchst geehrten Vetter[1] Nils

PS:[2] Ich muss doch noch erzählen, dass etwas Seltsames passiert ist, als ich dieses Buch gekauft habe. Das habe ich nämlich nicht in Oslo gemacht, sondern auf dem Heimweg von Fjärland in Sogndal. Kannst du dich an die seltsame Frau erinnern? Die mit den Telleraugen und dem zerfetzten Buch in der Handtasche? Die oben in der Flatbrehütte im Gästebuch las und uns über die Schulter geschaut hat, als wir unser Gedicht hineingeschrieben haben? Hast du das Gedicht noch im Kopf? Ich ja:

Hier in unserem Sommerspaß
genießen wir ein Colaglas,
Nils und Berit, das sind wir,
verbringen unsre Ferien hier.
Hier oben ist es wunderschön,
wir mögen gar nicht wieder gehn.

Ziemlich gutes Gedicht, wenn du mich fragst. Aber ich wollte nicht über das Gedicht schreiben. Sondern über die Frau. Denn als ich in Sogndal in den Buchladen ging, war sie da. Sie wanderte an den Regalen entlang und sah sich die Bücher an. Und, Berit, sie sabberte! Ja, ich kann das nicht anders ausdrücken, die Frau stand im Buchladen und sabberte. Als wären die Bücher aus Schokolade oder Marzipan oder so. Und das Allerseltsamste passierte, als ich das Buch bezahlen wollte. Da kam sie zu mir und fragte, ob sie sich nicht dran beteiligen könnte. Ich wusste nicht, was ich sagen sollte, aber sie starrte mich mit einem dermaßen unheimlichen Blick an, dass ich einfach nicht

1 Vetter: Cousin

2 PS (lat.): nach dem Schreiben angefügt/ergänzt

Nein sagen konnte. Ich weiß nicht, wie ich den Ausdruck ihrer Augen beschreiben soll, ich hatte das Gefühl, dass sie in mir las wie in einem offenen Buch. Ich konnte den Zehner einfach nur annehmen und „tausend Dank" sagen. Und kannst du dir vorstellen, was sie geantwortet hat? „Nein, ich habe zu danken!" Und dann zog sie ein Taschentuch hervor, wischte sich den Mund ab und war verschwunden.

Hier ist jedenfalls das Buch. Ich lege den Schlüssel bei. Du musst das Buch unbedingt abschließen, wenn du gerade nicht drin schreibst. Denk dran, der Inhalt ist „for your eyes only" (nur für deine Augen). Du musst das Bild auf dem Einband so hinnehmen. Ich hatte die Wahl zwischen dem Sognetfjord und einem Sonnenuntergang mit einem roten Herz als Sonne. Wofür hättest du dich entschieden? Briefende.

1 Nils erzählt Berit von einer merkwürdigen Begegnung in Sogndal.
- Wo genau findet die Begegnung statt?
- Was tut die Frau?
- Was sagt sie zu Nils?
- Wo glaubt Nils, der Frau schon einmal begegnet zu sein?

2 Nils schreibt, die Frau habe in ihm „wie in einem offenen Buch" gelesen (Z. 68 f.). Was meint er wohl damit?

3
a Sucht die Stelle im Text, an der Nils sich darüber äußert, was er von der Idee mit dem Briefbuch hält. Fasst seine Meinung zusammen.
b Stellt in eigenen Worten dar, wie so ein Briefbuch „funktioniert".
c Was haltet ihr von der Idee? Begründet eure Meinung.

4 Der Text wirkt wie hastig geschrieben: An manchen Stellen verwendet Nils Umgangssprache, Nebensätze stehen allein oder kurze Hauptsätze sind nicht miteinander verbunden. Sucht drei solche Stellen und überarbeitet sie, z. B.:

Z. 51–53: Ziemlich gutes Gedicht, wenn du mich fragst.
Aber ich wollte nicht über das Gedicht schreiben …

→ *Das Gedicht ist uns ziemlich gut gelungen, wenn du mich fragst, doch darüber wollte ich eigentlich nicht schreiben …*

Jostein Gaarder/Klaus Hagerup

Bibbi Bokkens magische Bibliothek (2)

Berit schreibt sofort zurück an Nils, denn auch sie hatte ein unheimliches Erlebnis, von dem sie erzählen will.

Lieber Vetter,
danke für das Briefbuch, das ich vor wenigen Minuten im Briefkasten fand und aufgemacht habe. Ich bringe es im Moment leider nicht über mich, von hier zu erzählen, denn ich habe heute Nachmittag etwas erlebt und kann an nichts anderes mehr denken. Deshalb muss ich sofort an dich schreiben, obwohl meine Hand zittert. Aber du kannst es hoffentlich trotzdem lesen.
Es geht um diese geheimnisvolle Frau. Um die, die dir in Sogndal begegnet ist, ja. Himmel – wie soll ich nur anfangen.
Ich stand beim Anleger, als die Zwei-Uhr-Fähre kam. Bei uns fängt die Schule nämlich erst am Montag an und viel zu tun gibt es nicht. Und dann kam sie, verstehst du, sie ging als Allererste an Land. Als sie an mir vorbeikam, schaute sie mich mit so einem „Ich weiß genau, wer du bist“-Blick an. Ich hatte deinen Brief noch nicht gelesen, aber ich dachte an unsere Begegnung in der Flatbrehütte und beschloss, ihr zu folgen – in sicherer Entfernung. Ich begreife nicht, dass ich mich das getraut habe, aber es kommt mir fast so vor, als hätte sie mich hypnotisiert, um mich dazu zu bringen. (Jetzt siehst du bestimmt, wie sehr meine Hand zittert!) Als sie an der Kirche vorbeiging, drehte sie sich um. Ich musste mich in den Straßengraben fallen lassen, und als wir durch Mundalen gingen, hat sie das mit dem Sichumdrehen noch einige Male wiederholt, aber ich glaube nicht, dass sie mich bemerkt hat.
Erinnerst du dich an die Mauer mit dem Tor? Dort bog sie nach rechts ab, zu dem gelben Haus, das ganz allein am Waldrand steht. Ich hatte mich hinter der Mauer versteckt und jetzt komme ich bald zum Eigentlichen: Als sie die Haustür aufschloss, flatterte plötzlich etwas aus ihrer Handtasche. Und gleich darauf war sie verschwunden.
Ich war so aufgeregt, dass ich einfach nicht mehr denken konnte. Bestimmt hat man so ein Gefühl, wenn man zum allerersten Mal ein Verbrechen begeht. Eine Sekunde später stand ich nämlich vor dem Haus, ungefähr so wie ein maskierter Bankräuber, der plötzlich vor den Schalter springt und etwas von einem Überfall schreit. Das hier war vielleicht nicht gerade ein Überfall und ich habe auch nichts gebrüllt und ich war auch nicht maskiert, aber ich habe einen kleinen Briefumschlag an mich gerissen und mich dann wieder hinter die Mauer fallen lassen. Im Umschlag steckte ein Brief und in dem stand: [...]

5 Erklärt, warum Berit über ihr eigenes Verhalten so verwundert ist.

6 Vergleicht Berits merkwürdiges Erlebnis mit dem, das Nils in der Buchhandlung hatte (▶ S. 50 f.). In welcher Beziehung ähneln sich diese Begegnungen?

7 Stellt Vermutungen an, was in dem Brief, den Berit an sich genommen und gelesen hat, gestanden haben könnte. Sie schreibt ihn übrigens ab und legt ihn wieder an die Stelle zurück, wo sie ihn gefunden hat.

8 Wie sollen Berit und Nils sich nun verhalten? Schreibt ihnen einen Brief und ratet ihnen, die Finger von der Geschichte zu lassen, oder ermuntert sie, weitere Nachforschungen anzustellen.

3.3 Fit in ...? – Einen persönlichen Brief schreiben

Jana hat einen Brief von Samir bekommen. Darin **fragt** er sie,
- wie ihr letztes Spiel beim Basketballturnier gelaufen ist,
- ob sie gerade auch so viele Prüfungen in der Schule hat,
- ob sie ihn zu Silvester besuchen möchte.

Er erzählt,
- dass in seiner Familie nicht Weihnachten gefeiert wird, sondern das Zuckerfest am Ende des muslimischen Fastenmonats. Dann gibt es viele süße Sachen zu essen, z. B. Bonbons oder Baklava, mit Zuckersoße getränktes Blätterteiggebäck.
- dass seine Familie am letzten Ferienwochenende zum Skifahren fährt.
- dass er Jana vermisst und sie sehr gern bald wiedersehen möchte.

Deine Aufgabe ist es, Janas Antwortbrief an Samir zu schreiben.

Samir, ich habe mich total gefreut, dass du mir einen so langen Brief geschrieben hast – schließlich vermisse ich dich auch! Jch habe mich sofort in mein Zimmer eingeschlossen, um den Brief zu lesen und gleich zu antworten.
Du wolltest ja wissen, ob ich mit dem Basketballturnier zufrieden bin. Es lief eigentlich ganz gut und wir haben als Mannschaft aufeinander geachtet. Trotzdem haben die anderen gewonnen, weil sie einfach schneller und vielleicht auch mutiger waren als wir. Aber keine Sorge, wir sind nicht traurig darüber. Beim nächsten Mal wird es sicher besser.

1 Jana hat am Anfang ihres Briefes die äußere Form nicht eingehalten. Überarbeitet den Text und schreibt den Anfang (bis Z. 3) mit allem, was dazugehört, in euer Heft.

2 Jana hat sich für die Fortsetzung des Briefes einen Stichwortzettel gemacht.

a Bringt die Gedanken in eine sinnvolle Reihenfolge.

Montag, 1. Std. Matheex → versemmelt/nix gelernt
nachmittags Klavierstunde vergessen/Mama sauer
nächste Woche: Deutsch-Schulaufgabe → persönlicher Brief/kann ich hiermit üben!!!
Dienstag Nikolaus in der Schule versäumt/eigentlich lustig
Klassensprecher (auch ich) spielen Engel
dieses Jahr kein Skifahren mit Eltern, aber Skikurs als Weihnachtsgeschenk von Oma gewünscht
endlich wieder fit: morgen wieder Schule
Dienstag → Halsschmerzen und Fieber → keine Schule

b Überprüft, ob Jana vollständig auf Samirs Brief antwortet. Welche von Samirs Fragen und Gedanken hat sie nicht berücksichtigt? Notiert sie für den Schlussteil des Briefes.

3 Schreibt nun Janas Brief in eurem Heft zu Ende. Denkt daran, immer wieder auf den Adressaten Samir einzugehen.

4 Als Jana mit ihrem Brief fertig ist, überprüft sie noch die Rechtschreibung. Aber sie kommt alleine nicht ganz klar. Verbessert ihren Briefausschnitt in euer Heft:

VORSICHT FEHLER!

Du frakst nach Prüfungen. Bei uns get es gerade runt: Näkste Woche schreiben wir in Deutsch eine schulaufgabe: persönlicher Brief. Na, da kan ich ja jetz üben …
Am Montag in der Matheex ging es mir nicht besonders gut, den ich habe fast nichts gelehrnt. Am nachmittag habe ich dann zu allem Unglück noch die Klavierschtunde vergessen. Da war meine Mutter echt wütent! Als ich dann am Dienstag aufwachte, spührte ich. dass mein Halz kratzt. Ausserdem hatte ich Fieber …

5 Überprüft euren Brief an Samir anhand der folgenden Checkliste:

Checkliste

Einen persönlichen Brief schreiben

Formales – Äußerer Aufbau

- **Umschlag:** Habe ich die Adresse und den Absender an der richtigen Stelle angegeben?
- **Briefkopf:** Stehen Ort und Datum rechts oben?
- **Anrede:** Habe ich den Empfänger angemessen angesprochen?
- **Erstes Wort des Brieftextes:** Habe ich nach der Anrede in der richtigen Groß- bzw. Kleinschreibung weitergeschrieben?
- **Anredepronomen:** Habe ich die Höflichkeitsanrede *Sie* großschrieben? Habe ich die Anredepronomen *du* oder *ihr* entweder immer klein- oder immer großgeschrieben?
- **Grußformel:** Passt meine Grußformel zur Anrede?
- **Rechtschreibung:** Habe ich die Rechtschreibung sorgfältig überprüft?
- **Gestaltung:** Habe ich ordentlich geschrieben und falls nötig sauber durchgestrichen? Habe ich sinnvolle Absätze gemacht und die Zeilen ausgefüllt?

Sprache und Adressatenbezug

- **Anfang des Brieftextes:** Habe ich den Brief ansprechend und ohne Floskeln begonnen? (keine abgegriffenen Aussagen wie *Wie geht es dir? Mir geht es gut.*)
- **Verständlichkeit:** Habe ich auf eine sinnvolle Reihenfolge geachtet?
- **Im Brief erzählen:** Falls ich im Hauptteil von einem besonderen Erlebnis erzähle, ist es mir gelungen, das Erlebnis anschaulich und interessant darzustellen (▸ S. 72, Checkliste Erlebnisse erzählen)?
- **Den Leser ansprechen:** Habe ich Stellen eingebaut, in denen man so schreibt, als stünde der Briefpartner einem gegenüber und man würde alles direkt erzählen, z. B.: *Was hättest du an meiner Stelle gemacht?*
- **Den vorliegenden Brief beantworten:** Habe ich alle **Fragen meines Briefpartners** ausreichend und verständlich beantwortet? Mache ich deutlich, dass ich mich auf seine Frage beziehe, z. B. *du wolltest wissen …* oder *Sie haben nach … gefragt.*

Bin ich **auf das, was der Adressat mir erzählt hat, eingegangen,** z. B.: *Du hast geschrieben, dass … Das freut mich.* oder *Was du über … geschrieben hast, finde ich lustig. Mein Bruder hatte einmal ein ähnliches Erlebnis …?*

4 Erlebnisse lebendig erzählen

1 a Schaut euch die Bilder genau an und besprecht:
   – Warum werden Geschichten erzählt?
   – Was erwarten Zuhörer oder Leser von einer guten Erzählung?

b Was macht eine Erzählung interessant, anschaulich oder spannend? Sammelt Tipps zum Erzählen.

2 a Erzählt euren Klassenkameraden von einem besonderen Erlebnis, das ihr einmal hattet.

b Was hat den Zuhörern an eurer Geschichte gefallen?

4.1 „Das war ein Erlebnis!“ – Mündlich und schriftlich erzählen

Erzählen ist nicht gleich erzählen!

Am Samstag hatten wir doch unser Freundschaftsspiel gegen Burghausen. Wir sind mit dem Mannschaftsbus hingefahren. Dann haben wir uns eine halbe Stunde lang warm gelaufen. Und dann hat das Spiel angefangen. Aber dann bin ich schon in der 17. Minute gefoult worden! …

Mensch, Kilian, gestern hab ich was erlebt! Ich bin mit dem Bailey am Marienbach Gassi gegangen, und ich sag dir, ganz urplötzlich war er verschwunden! Gerade war er noch hinter mir gewesen, und dann – weg! Keine Spur mehr von ihm! Ich hab gerufen und gepfiffen, aber …

1 Kilian und Tanja aus der 5a erzählen ihren Schulfreunden vom Wochenende.
- a Welche der beiden Geschichten interessiert euch mehr?
- b Untersucht, wie die beiden erzählen. Wem werden wohl die Mitschüler lieber zuhören? Begründet eure Meinung.

2 Erzählt zu einem der Erzählanfänge mündlich eine spannende Fortsetzung. Was haben der Gegenspieler oder der streunende Bailey angestellt? Wie ist es weitergegangen?

Wissen und Können | **Mündliches Erzählen**

Wenn ihr von einem Erlebnis erzählt, sollen sich die **Zuhörer** die Handlung **vorstellen** können und sich gut **unterhalten** fühlen.
Achtet deshalb darauf, eine **sinnvolle Reihenfolge** einzuhalten. Auch ein lebendig ausgestalteter Höhepunkt macht eine Geschichte ansprechend.
Verwendet abwechslungsreiche Satzanfänge – nicht jeden Satz mit *und dann* anfangen!
Mit **Mimik** (Gesichtsausdruck) und **Gestik** (Bewegungen) könnt ihr die Zuhörer zusätzlich in euren Bann ziehen.

Hallo Carlotta, hallo Elisabeth,
stellt euch vor, was mir heute in der ersten Stunde beim Zeichnen passiert ist!
Wir haben mit Wasserfarben ein Aquarium gemalt, mit bunten Fischen und Seegras und so.
Ich hab dafür ganz viel blaue Farbe genommen. Mein Wasserglas für die Pinsel – total blau!
Und jetzt ist die Stefanie, die neben mir sitzt, gekommen, dieser Schussel, und ... ich sag euch, meine Hose, schaut sie euch an ...

Liebe Amelie,

heute muss ich dir unbedingt erzählen, was mir und meiner neuen Hose im Zeichenunterricht passierte.

Wir malten mit Wasserfarben ein Aquarium mit vielen Fischen und Seegras. Ich verwendete viel Blau und Grün, mein Pinselwasser war deshalb schon ganz blau gefärbt.
Und dann geschah es: Meine Banknachbarin Stefanie, die ein ziemlicher Tollpatsch ist, kam ...

3 Gülsu erzählt ihren Freundinnen auf dem Pausenhof, was ihr im Zeichenunterricht passiert ist. Ihrer Freundin in Hamburg erzählt sie in einem Brief von demselben Erlebnis.

a Vergleicht die Erzählweise. Achtet auf
- die Wortwahl, z. B. *ich habe ganz viel blaue Farbe genommen* ↔ *ich ???*,
- den Satzbau und die Satzlänge,
- die Zeitformen der Verben, z. B. *mir ist passiert* ↔ *mir passierte.*

b Ihr habt nun Unterschiede zwischen mündlichem und schriftlichem Erzählen herausgearbeitet. Formuliert eine Regel dazu.

4 Versetzt euch in Kilian oder Tanja (▶ S. 56). Lasst sie in einem Brief an einen Freund von dem Fußballspiel oder dem verschwundenen Hund Bailey erzählen. Beachtet dabei die Regeln für das schriftliche Erzählen.

Kanufahrt – Inhalt und Aufbau untersuchen

Hätten wir nur besser aufgepasst!

Mitte Oktober war ich mit meiner Klasse im Schullandheim in Füssen. Wir hatten ein volles Programm: Am ersten Tag besuchten wir eine Käsealm, dann Schloss Neuschwanstein und am letzten Tag durften wir auf dem Forggensee Kanu fahren. Als wir gegen Mittag losmarschierten, konnten mein Freund Markus und ich nicht ahnen, dass der Ausflug schneller zu Ende sein würde als geplant ... 1

Das Wetter war herrlich und die Sonne schien noch so warm, dass wir gar keine Jacken brauchten. Der Bootsführer Uwe verteilte Schwimmwesten und gab uns eine genaue Einweisung ins Kanufahren. 2

Dann ging es los: Aufgeregt schoben wir unser Kanu zur Hälfte ins Wasser, stiegen hinein – und schwupps, schon schwammen wir etwas wackelnd auf der Wasseroberfläche. „Du musst links eintauchen, ich rechts!“, bestimmte Markus, der als Steuermann hinter mir saß. Nach anfänglichen Schwierigkeiten kamen wir gut vorwärts und wurden immer mutiger. Es machte uns nichts aus, dass wir uns gegenseitig mit den Paddeln nass spritzten. 3

Schließlich fuhren wir mit zwei Klassenkameraden ein richtiges Rennen. Übermütig spotteten wir: „Wir sind schneller! Wir können es viel besser!“ „He!“, kreischten die beiden anderen ängstlich. „Ihr kommt viel zu nahe!“ Unser Kanu schwankte bedenklich, als Markus es mit einem kräftigen Paddelschlag an das andere anstoßen ließ. 4

„Was macht ihr da?“, „Achtung, die Boote verhaken sich!“, „Hilfe!“, „Hört auf zu wackeln!“, schrien alle durcheinander. Und da geschah es auch schon, so rasch, dass wir nichts dagegen tun konnten: Unser Kanu legte sich auf die Seite, ich rutschte nach – und schon plumpsten wir kreischend ins Wasser. Mir verschlug es den Atem. War das kalt! Schnell drang das eisige Wasser durch meine Kleidung und zog mich wie mit Bleigewichten nach unten, aber die Schwimmweste hielt mich sicher über Wasser. Neben mir tauchte Markus Wasser spuckend auf. „Du Blödmann! Du bist schuld!“, keuchte er. 5

Seine Vorwürfe waren mir jetzt egal. Wie konnte ich jetzt nur so rasch wie möglich ins Trockene und Warme gelangen? Ich spürte, wie meine Arme und Beine immer steifer wurden. Zum Glück kamen jetzt unsere Lehrerin und Uwe angepaddelt und wir durften uns hinten an ihre

Kanus anhängen. Endlich! Meine Füße ertasteten wieder Boden unter den Füßen und ich kroch ans Ufer. Vor Kälte war ich wie eingefroren und konnte mich kaum bewegen. Jetzt hatte es auch Markus geschafft! Triefend nass standen wir am Ufer und schlotterten vor Kälte. 6

„Ihr seid doch wirklich Idioten!“, schimpften unsere Freunde, die in der Zwischenzeit unser gekentertes Kanu und die herumschwimmenden Paddel wieder eingesammelt hatten. Zähneklappernd brachte ich nur heraus: „Jetzt haben wir wenigstens etwas zu erzählen!“ Statt noch in der Stadt zusammen ein Eis essen zu gehen, mussten wir sofort heim in Richtung Jugendherberge marschieren. Das war das nasse Ende des Ausflugs! 7

1 a Gefällt euch dieser Aufsatz? Erläutert, was euch gelungen scheint.
b Fasst das Erlebnis, um das es hier geht, in eigenen Worten in einem Satz zusammen.

> Die W-Fragen lauten:
> Wer? Wo? Wann?
> Was? Warum?
> Welche Folgen?

2 a Untersucht nun die **Einleitung** mit Hilfe der so genannten W-Fragen. Welche der Fragen werden hier beantwortet?
b Die Einleitung enthält einen Satz, der neugierig auf den weiteren Verlauf der Erzählung macht. Er wirkt wie ein Köder, der Leser zum Weiterlesen verlockt. Schreibt diesen Satz heraus.

3 a Unten findet ihr die sieben **Handlungsschritte** dieser Erlebniserzählung. Ordnet sie den Abschnitten zu.

Einweisung ins Kanufahren | Kentern | erste Paddelversuche | Abbruch des Klassenausflugs

Wettrennen mit Klassenkameraden | Retten ans Ufer | Schullandheimaufenthalt in Füssen

b Zeichnet die **Handlungstreppe** in eure Hefte und tragt die Handlungsschritte in der richtigen Reihenfolge ein – so könnt ihr gut ablesen, wo der **Höhepunkt** der Geschichte liegt.

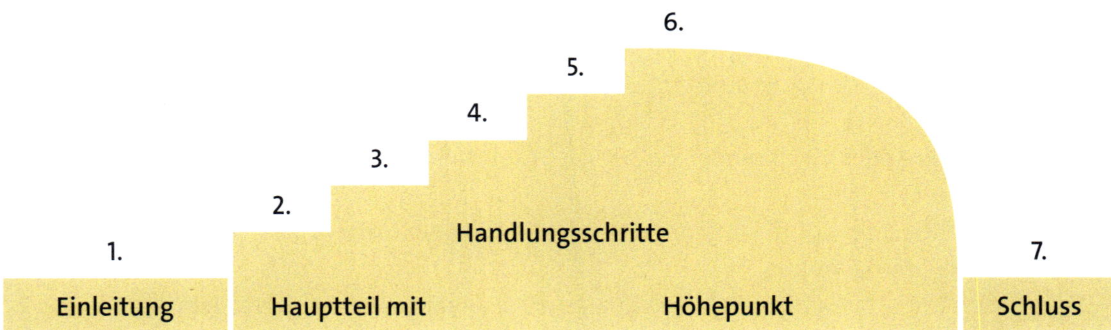

c Der Höhepunkt im Absatz 5 und 6 ist gut gelungen. Untersucht die sprachliche Gestaltung. Übertragt dazu die Tabelle ins Heft und vervollständigt sie.

Adjektive	*rasch …*	Vergleiche	*wie mit Bleigewichten …*
Verben (im Infinitiv)	*verhaken …*	Wörtliche Rede	*„Was macht ihr da?“ …*

4 Der Schluss einer Erlebniserzählung kann auf unterschiedliche Weise gestaltet werden, soll aber in jedem Fall die Geschichte abrunden.

a Findet ihr folgende andere Schlussmöglichkeiten zu „Hätten wir nur besser aufgepasst!" (▸ S. 58) gelungen?
Begründet eure Meinung.

Nachdem wir uns umgezogen hatten, gingen wir in die Jugendherberge zurück. Von meinem Handy aus rief ich sofort meine Mutter an und erzählte ihr alles. Hoffentlich darf ich noch einmal Kanu fahren!

Dann kam der Bootsführer Uwe auf uns zu und schimpfte uns aus, weil wir nicht genügend aufgepasst hatten. Das war peinlich!

b Im blauen Kasten findet ihr verschiedene Möglichkeiten, den Schluss einer Erzählung zu gestalten. Welche hat der Verfasser der Muster-Erlebniserzählung gewählt?

Wissen und Können | **Aufbau einer Erlebniserzählung**

Das Erlebnis, von dem ihr erzählt, sollte sich so ereignet haben.
Wenn ihr euch das Erlebnis ausdenkt, muss es wahrscheinlich sein, so als hätte es tatsächlich stattgefunden.

Die **Einleitung** führt in das Erlebnis ein und gibt Antwort auf die wichtigsten W-Fragen:
- **Wer** waren die Hauptfiguren?
- **Wann** ereignete sich das Erlebnis?
- **Wo** spielte es?

Ein ausgelegter **Köder** macht neugierig auf den Hauptteil.

Der **Hauptteil** besteht aus mindestens drei oder vier **Erzählschritten,** die logisch aufeinander aufbauen **(Handlungstreppe).**
Besonders interessant wird eure Erzählung, wenn sie einen anschaulich ausgestalteten **Höhepunkt** hat.
Manche Erzählungen haben auch mehrere Höhepunkte.

Der **Schluss** rundet die Geschichte ab. Hier kann man
- noch einmal auf den Anfang der Geschichte zurückkommen oder auch
- eine Frage offenlassen.

Lebendig erzählen

1 Im vierten und fünften Absatz des Musteraufsatzes „Hätten wir nur besser aufgepasst!“ sind zahlreiche Sätze in wörtlicher Rede enthalten.

a Lest die Absätze einmal mit, einmal ohne wörtliche Rede vor. Beschreibt die unterschiedliche Wirkung.

b Schreibt die wörtliche Rede mit den Redebegleitsätzen ab. Achtet dabei auf die Zeichensetzung.

2 Den folgenden Textauszug hat der Verfasser des Musteraufsatzes aus Absatz 3 gestrichen. Stellt Vermutungen an, weshalb er das wohl getan hat.

„Fühlst du dich auch unsicher?“, fragte ich Markus, als wir im Kanu saßen. „Nein, eigentlich nicht“, erwiderte er. „Jch irgendwie schon“, murmelte ich kleinlaut. „Das ist schade.“ „Mmh, finde ich auch“, stimmte ich zu. „Wir können ja aber trotzdem mal lospaddeln“, schlug Markus vor und das taten wir dann auch.

3 Der folgende Text enthält wörtliche Rede. Schreibt ihn ab und ergänzt die fehlenden Satzzeichen.

Der Bootsführer Uwe erklärte der Klasse An dieser Stelle wachsen die Wasserpflanzen bis an die Oberfläche. Schaut einmal hinunter! Hier schwimmen ja tausend Fische! rief Stefanie begeistert. Darf ich da ein paar Pflanzen für mein Aquarium mitnehmen? wollte Markus wissen. Nein, antwortete Uwe, wir dürfen dieses Biotop nicht beschädigen. Taucht deshalb mit euren Paddeln auch nicht zu tief ins Wasser, wenn wir jetzt weiterfahren forderte er die Schüler auf.

Wissen und Können **Wörtliche Rede verwenden**

Wörtliche Rede lässt den Leser die Ereignisse hautnah miterleben. Sie muss aber so eingesetzt sein, dass sie auch für die Handlung von Interesse ist.

Was jemand redet oder denkt, steht in **Anführungszeichen.**

Steht der **Redebegleitsatz** vor der wörtlichen Rede, wird er mit einem **Doppelpunkt** abgetrennt:
Wir riefen: ***„****Wir sind schneller!****“***
Ich dachte: ***„****Wenn das mal gut geht.****“***

Steht der **Redebegleitsatz** in der Mitte oder nach der wörtlichen Rede, wird er durch **Komma** abgetrennt. Dabei verliert der Aussagesatz den **Schlusspunkt. Fragezeichen** und **Ausrufezeichen** bleiben stehen:
„Haltet mehr Abstand“, mahnte Uwe uns.
„Markus“, warnten unsere Klassenkameraden, „hör auf damit!“
„Warum denn?“, antwortete Markus übermütig. „Es passiert doch nichts.“
„Vorsicht, wir kentern!“, schrien die anderen in diesem Moment.

4 Sprachliche Bilder und Vergleiche machen eure Erlebniserzählung lebendig. Vervollständigt die folgenden Ausdrücke und schreibt sie ins Heft:

klebrig wie ?	ein Wolf
leicht wie ?	Honig
mein Herz raste wie ?	eine Feder
hungrig wie ?	eine Katze
geschmeidig wie ?	ein Dampfhammer

5 **a** Auch zusammengesetzte Adjektive helfen beim ausdrucksstarken Erzählen. Bildet aus den folgenden Adjektiven und Substantiven zusammengesetzte Adjektive, z. B. *pechschwarz*:

Pech Zucker Schnee Kristall Turm
Stein Blitz Blei Bär Feuer Gras

süß rot hoch klar grün schwer
alt weiß stark schnell schwarz

b Etliche der Adjektive bezeichnen Farben genauer. Sammelt weitere zusammengesetzte Farbadjektive.

6 **a** Schreibt folgenden Text ab und setzt die darunter stehenden anschaulichen Verben, Adjektive und Begriffe an den markierten Stellen ein.
b Der Text enthält wörtliche Rede. Ergänzt die Zeichensetzung.

Ihre Paddel tauchten ? in die ? Seeoberfläche ein. Das Wasser war klar wie ?. Sie schossen ? vorwärts. Ein ? Gefühl! ? Stefanie. Die Sonne ? die Haut und kein Lüftchen ?. Markus beobachtete, wie die Wassertropfen wie ? vom Paddel ?. Das leise Plätschern und das sanfte ? des Wassers unter dem Kanu wirkten ?. Stefanie ?: Das Wasser ist ja ?! Willst du vielleicht noch ? schwimmen? ? Markus ?. Unter dem Kanu ? ein großer Fischschwarm hindurch.

Gluckern | sich wundern | wissen wollen | ruhig | Perlen | Glas
herrlich | rhythmisch | pfeilschnell | jauchzen | tropfen | beruhigend
ziehen | wehen | eine Runde | kitzeln | badewannenwarm

7 Gestaltet die Textstelle aus Aufgabe 6 aus. Versetzt euch in Stefanie oder in Markus und erzählt in der Ich-Form, was sie/er bei der Bootsfahrt wahrnimmt.

a Schließt kurz die Augen und stellt euch vor, ihr sitzt in dem Kanu. Was könnt ihr sehen, hören, riechen, schmecken, fühlen? Übertragt den Cluster in euer Heft und ergänzt eure Ideen.

b Schreibt eure Ausgestaltung der Textstelle in euer Heft. Achtet auf die Veränderungen in den Personalformen, z. B.:
Unsere Paddel tauchten rhythmisch klatschend in die ruhige Seeoberfläche ein. Wir schossen pfeilschnell vorwärts und ich fühlte den leichten Fahrtwind auf meiner Haut …

c Lest euch eure Texte gegenseitig vor.

Wissen und Können **Anschaulich erzählen**

- Verwendet **abwechslungsreiche Verben:** nicht *sagte,* sondern *jammerte.*
- Sucht **treffende Adjektive.** Oft sind zusammengesetzte Adjektive ausdrucksstark, z. B. nicht *kalt,* sondern *eisig* oder *eiskalt.*
- Achtet auf **unterschiedliche Satzanfänge:** nicht *dann … dann, als … als* verwenden.
- Denkt daran, auch **Sinneseindrücke der Beteiligten** wiederzugeben: Was sahen, hörten, rochen, schmeckten oder fühlten sie?
- Ihr könnt in der **Ich-Form** schreiben: Hier gelingt es euch leichter, euch in die Geschichte hineinzuversetzen. Bei der **Er- oder Sie-Form** habt ihr die Möglichkeit, die Gefühle mehrerer Personen zu schildern.

8 ●●● Aus jedem der folgenden Substantive könnt ihr mit Hilfe der danebenstehenden Wörter und Wendungen jeweils einen Vergleich und ein Adjektiv bilden.
Geht so vor: *flink wie eine Maus – mausgrau.*
Schreibt eine Liste in euer Heft.

schlau wie strahlen wie flink wie treu wie pfeifen wie	Sonne Hund Fuchs Wind Maus	schief müde (teufels)wild grau gelb

9 ●● In dem Musteraufsatz auf S. 58 f. („Hätten wir nur besser aufgepasst!") wird in der Ich-Form erzählt. Setzt den dritten und vierten Absatz in die Er-Form. Der Er-Erzähler soll den Namen Stjepan haben. Achtet darauf, dass ihr alle Pronomen anpassen müsst. Beginnt z. B. so:
„Du musst links eintauchen, ich rechts!", bestimmte Markus, der als Steuermann hinter Stjepan saß …

Erlebtes erzählen – Tempusformen verwenden

1 ●●○ Schreibt den folgenden Ausschnitt aus einer Erlebniserzählung in euer Heft und setzt die passenden Verben ein. Verwendet die Zeitstufe Präteritum (1. Vergangenheit).

Mein Freund Emil und ich *besuchten* eine Schnupperstunde im Judoklub. Der Lehrer ? einen Griff, den wir eifrig ?. So schnell ? selten eineinhalb Stunden! Nach dem Ende der Stunde ? und ? zur Bushaltestelle. Endlich ? der Bus, wir ? und Emil ? nach seinem Geldbeutel. Nervös ? er in seiner Tasche, aber: nichts! Entsetzen ? sich auf ...

greifen	~~besuchen~~	einsteigen	sich zeigen	kramen	üben
vergehen	laufen	sich umziehen		erklären	kommen

●○○ Wenn du bei der Bildung der Vergangenheitsform unsicher bist, schau im hinteren Umschlagdeckel nach. **Tipp:** Manchmal musst du die Vorsilbe weglassen, z. B. *einsteigen* → *steigen*.

2 In diesen Sätzen steht das Präteritum auch an Stellen, an denen es nicht richtig ist.

a In jedem der Sätze kommen zwei Ereignisse vor. Macht euch ihre Reihenfolge klar:
Erst: Gewinn der Gutscheine → später: Besuch der Schnupperstunde

b Klärt, welche Zeitform die Abfolge der Ereignisse besser zum Ausdruck bringt und schreibt die Sätze überarbeitet in euer Heft.

VORSICHT FEHLER!

Wir durften zur Schnupperstunde, weil wir in der Woche zuvor einen Gutschein dafür gewannen. Nachdem der Lehrer uns begrüßte, erklärte er uns die wichtigsten Regeln. Bevor die erste halbe Stunde vergangen war, lernten wir schon das richtige Fallen.

Wissen und Können | **Die Tempusformen beim Erzählen**

Beim schriftlichen Erzählen verwenden wir in der Regel das **Präteritum** (1. Vergangenheit):
Emil und ich machten die Übungen gemeinsam.
Wenn wir deutlich machen wollen, dass ein Ereignis bereits **vor dem erzählten Geschehen** stattgefunden hat, verwenden wir das **Plusquamperfekt** (3. Vergangenheit):
Weil mir Emil ein Bein gestellt hatte, fiel ich unsanft auf die Matte.

3 Bei manchen Verben ändert sich der Stammvokal, wenn man sie vom Infinitiv ins Präteritum und ins Perfekt setzt, z. B.: *graben – ich grub – ich habe gegraben.*
Setzt die Reihe in eurem Heft mit den folgenden Verben fort:

graben schreiben gießen lesen schreien laufen sehen bleiben essen
werfen reiten schneiden schwimmen sinken waschen wachsen trinken

Eine eigene Erzählung planen und schreiben

1 a Versucht euch an ein spannendes oder interessantes Erlebnis zu erinnern, von dem ihr erzählen wollt, oder denkt euch eines aus.
b Notiert dann eure Ideen für die Erzählung stichwortartig in einem Cluster. Geht nach dem folgenden Beispiel vor:

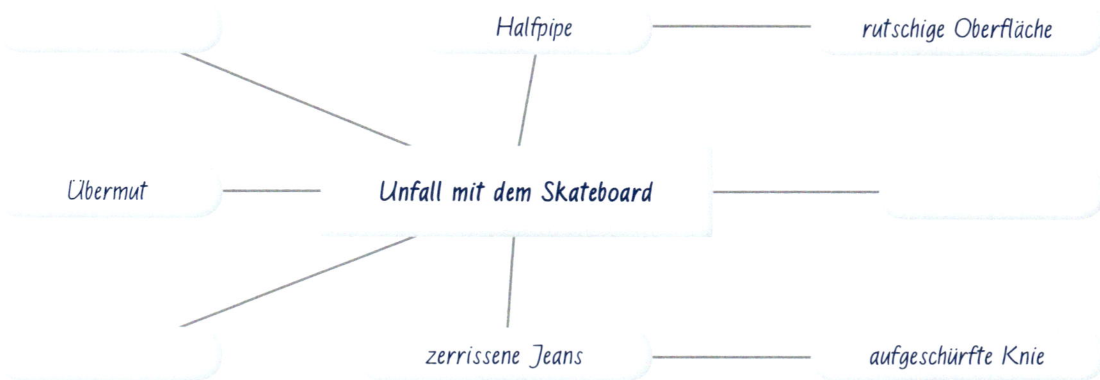

2 Ordnet eure Stichpunkte in einem **Schreibplan.** Beantwortet dafür die W-Fragen und notiert den Ablauf der Geschichte in **einzelnen Erzählschritten** (drei bis vier). Das Beispiel kann euch helfen.

Wer spielte in der Geschichte eine Rolle?	*ich …*
Wo spielte die Geschichte?	*Halfpipe …*
Wann spielte die Geschichte?	*ein Nachmittag in den Ferien*
Ablauf:	*mit Freund und Skateboard zur Halfpipe*
	wir überboten uns gegenseitig
	…

3 Tragt die Stichpunkte aus eurem **Schreibplan** (Aufgabe 2) in eine Handlungstreppe ein; auf S. 59 findet ihr dafür ein Musterbeispiel.
– Welche Angaben gehören in die Einleitung?
– Welche Informationen stehen im Hauptteil?
– Gibt es einen oder mehrere Höhepunkte?
– Womit endet die Geschichte?

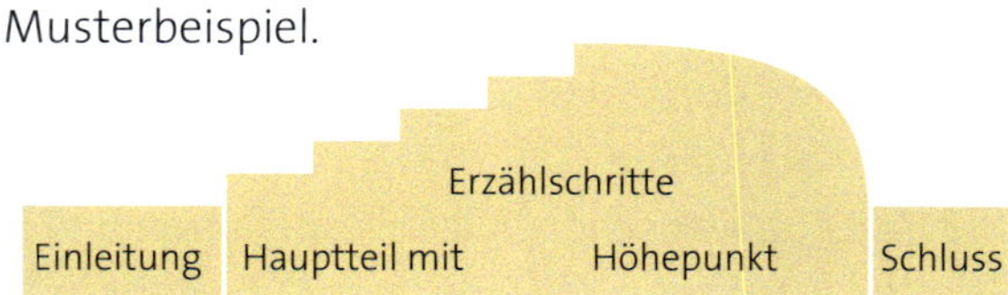

4 Schreibt nun eure eigene Erlebniserzählung. Denkt daran, besonders den Höhepunkt anschaulich auszugestalten.

5 Es gibt eine spannende Möglichkeit, eine Erlebniserzählung in der Klassengemeinschaft zu entwickeln: die **Fortschreibegeschichte.**
Jeder schreibt einen Satz zu einem vorgegebenen Thema auf und reicht das Blatt dann an seinen Banknachbarn weiter. Dieser setzt dann seinen eigenen Satz an, und so geht es weiter, bis der Aufsatz fertig geschrieben ist.

Testet euer Wissen!

Erzählungen in der Schreibkonferenz überprüfen

Wer einen Text geschrieben hat, merkt oft gar nicht, ob er auch für andere verständlich ist. In einer **„Schreibkonferenz"** könnt ihr euch gegenseitig Verbesserungen vorschlagen. Ihr könnt die Schreibkonferenz anhand der folgenden, noch nicht geglückten Erlebniserzählung üben.

VORSICHT FEHLER!

Das war aufregend!

1 Immer am Mittwoch haben wir schon um 12:00 Uhr Schule aus und ich gehe meistens mit meinem Freund zum Skateboarden in die Halfpipe.

2 Am Vormittag regnete es und die Straßen waren noch ganz nass. „Wollen wir wieder heimgehen?", fragte mich mein Freund Volcan. Ich meinte: „Nein", und wir gingen weiter. Dann waren wir an der Halfpipe angekommen. Es war schon Sarah da. Sie ist eine ziemliche Angeberin und ist schon in der 6b. Dann stiegen wir auf die Plattform und warteten darauf, dass wir unsere Manöver machen konnten. Sarah fuhr mit Karacho auf die andere Seite und machte dort einen „Onehundred-eighty". „Das kann ich auch", dachte ich mir und wollte es ihr nachmachen.

3 Aber da war schon Volcan losgefahren und ich musste noch warten, bis die Halfpipe wieder frei war. Er machte eine ganz gute Figur und kam wieder sicher auf dem „Table" an. Bewundernd rief ich: „Gut gemacht!"

4 Dann fuhr ich los. In der Mitte der Halfpipe pushte ich und wollte mit Schwung auf die Plattform. Ich habe aber nicht gemerkt, wie rutschig der Beton war. Mit voller Wucht bretterte es mich hin und ich hörte, wie Sarah sagte: „Na, da musst du aber noch viel üben!" Meine Knie taten mir furchtbar weh und ich schaute sie mir an: Meine Jeans hatte zwei Löcher und darunter sah ich die aufgeschürfte Haut.

5 Am meisten hat mich geärgert, dass mich Sarah so dumm angeredet hat. Dann ging ich mit meinem Freund wieder nach Hause.

1 a Bildet Kleingruppen (zu dritt oder viert) und setzt euch an einem Gruppentisch zusammen.
b Verteilt die Rollen in einer Gruppe: Bestimmt einen Schriftführer – normalerweise ist das der Autor des Textes. Legt auch fest, wer von euch besonders auf den Inhalt, wer auf den Aufbau und wer auf die Sprache des Aufsatzes achtet.

2 a Lest den Text einmal laut und im Zusammenhang vor. Besprecht, was euch an dem Aufsatz gefällt.
b Geht ihn dann Satz für Satz durch. Beratet, was man verbessern kann. Der Schriftführer macht sich jeweils Notizen.

Inhalt:
Verstehe ich, worum es geht?
Was ist mir unverständlich?
Passt die Überschrift gut zum Text?

Aufbau:
Führt die Einleitung gut in das Geschehen ein?
Beantwortet sie die W-Fragen: Wer? Was? Wo? Wann? Gibt es einen Köder?
Stehen die Erzählschritte in der richtigen Reihenfolge?
Ist der Höhepunkt interessant?
Gibt es einen passenden Schluss?

Sprache:
Werden die Sätze abwechslungsreich eingeleitet?
Wo können Wiederholungen vermieden werden?
Sind die Verben und Adjektive lebendig und anschaulich?
Wird beim Erzählen die wörtliche Rede sinnvoll verwendet?

3 a Überarbeitet den Text mit Hilfe der Notizen und schreibt ihn ins Reine.
b Überprüft abschließend die Rechtschreibung mit dem Wörterbuch.

4 Überarbeitet nun eure eigenen Erlebniserzählungen über den Skateboardunfall (▸ S. 65) in einer Schreibkonferenz.

Wissen und Können | **Miteinander sprechen in der Schreibkonferenz**

- Achtet darauf, dass eure Verbesserungsvorschläge **unterstützend, anregend** und **hilfreich sind.**
- Vereinbart **Gesprächsregeln** (▸ S. 24) und achtet auf ihre Einhaltung.
- Bringt eure **Vorschläge** in der **Ich-Form** oder in der **Frage-Form** vor: *„Ich würde die Überschrift ...", „Was meint ihr dazu?"*
- Wenn ihr selbst keinen Vorschlag habt, fragt nach, ob dem Autor/der Autorin selbst eine Verbesserung einfällt.
- Der Autor/Die Autorin darf nachfragen. Sie/Er muss sich **nicht verteidigen.**
- Nur was ihr/ihm von den Vorschlägen nützlich erscheint, wird eingearbeitet.

4.2 Von Texten ausgehend erzählen

Martine Murray

Stinky geht verloren

Cedar ist fast 13 und fest entschlossen, ein außergewöhnliches Leben zu führen. Auf der Suche nach ihrem entlaufenen Hund Stinky freundet sie sich mit dem Akrobatenjungen Kite an und ein aufregender Sommer beginnt. Im folgenden Textauszug erzählt Cedar von der Aufregung um ihren Hund.

Ich heiße Cedar, Stinky ist mein Hund. Er gehört mir allein. Er ist nur ein süßer, zotteliger alter Straßenköter, aber ich liebe ihn wie verrückt. So sieht er aus:

Stinky

Mein großer Bruder hat ihn letztes Jahr total durchnässt unten am Fluss gefunden und mit nach Hause gebracht und gesagt: „Puh, ein ganz schön stinkiger Schweinehund, was?“ Mum war ganz außer sich, rang die Hände und stöhnte, weil Stinky geradewegs aufs Sofa sprang und überall schmutzige Pfotenabdrücke hinterließ. Mein Bruder hat sie aber dann doch überredet, und so blieb Stinky hier.
Meine Mutter kommt erst zur Abendbrotzeit nach Hause, deshalb sind nach der Schule nur Stinky und ich da. Einmal war Stinky nicht da, als ich von der Schule nach Hause kam. Keiner, der zappelt, hechelt, wilde Tänze vollführt oder herumrast, um eine Socke zu finden, die er sich schnappen kann. Im Haus herrschte dumpfe Leere und es war unnatürlich still wie ein Baum, der im Wind nicht mit den Blättern raschelt. Und dann war ich traurig. Ich hatte das Gefühl, dass es nichts gab, worauf ich zählen oder was ich mit den Händen greifen konnte. Das Leben hatte sich in Treibsand verwandelt, und das alles nur, weil so ein kleiner, zotteliger Hund nicht da war.
Ich ließ mich aufs Sofa plumpsen, riss von der schlammig grünen Polsterung, die aus den Löchern quoll, ganze Hände voll heraus und dachte daran, dass Stinky abgehauen war. Dann lief ich zu unserer Nachbarin und fragte sie, ob sie Stinky gesehen hätte. „Nein, aber hast du’s schon am Fluss versucht?“
Ich ging zum Fluss hinunter und rief unterwegs dauernd: „Stinky!“ Ich konnte Stinky an diesem Nachmittag nicht finden und er kam auch am nächsten Tag nicht nach Hause. Da beschloss ich, ein Suchplakat aufzuhängen. Das Plakat sah so aus:

Hund entlaufen

Er ist klein und zottelig
und sieht ungefähr so aus:

Hört auf den Namen Stinky,
mag Knochen und jagt gern Kaninchen
und riecht ein bisschen, wenn er im Fluss war,
ist aber sehr lieb und zutraulich
und wird ganz doll geliebt und vermisst.
Einzigartige Belohnung geboten.
Telefon 93 80 01 95

Ich klebte das Plakat rings um unseren Häuserblock und unten am Fußballplatz an sämtliche Lichtmasten. Dann verfiel ich wieder in Trübsal.

Es kam mir irgendwie nicht richtig vor, ohne Stinky zum Fluss zu gehen oder auf der Straße herumzutoben. Ich blieb zu Hause und las „H wie Hund“. Darin steht in alphabetischer Reihenfolge alles, was man über Hunde wissen muss: Fellpflege, Flöhe, Fremdkörper, Fütterung ... Ein Kapitel über entlaufene Hunde fand ich nicht – Fehlanzeige! Ein Glück, dass ich mich im Haus herumdrückte und nachdachte, denn genau in diesem Augenblick kam der Anruf. „Guten Tag, ich rufe wegen des entlaufenen Hundes an.“ Eine Jungenstimme.

„Stinky? Hast du ihn gefunden?“

„Ich glaub schon.“

„Geht es ihm gut? Hat er ein rotes Halsband um?“ „Ja.“

1 Lest den Text und beantwortet folgende Fragen:
- Wie hat Stinky seinen Namen bekommen?
- Warum freute sich Cedar jedes Mal, wenn sie von der Schule heimkam?

2 Der Text beschreibt die Trauer, die Cedar nach dem Verschwinden von Stinky empfindet, in auffallenden Formulierungen (▸ Z. 20–28). Solche Formulierungen nennt man sprachliche Bilder. Versucht sie zu erklären.

3 Untersucht den Aufbau der Geschichte: Was unternahm Cedar, um ihren Hund wiederzubekommen? Zeichnet die unten stehende Handlungstreppe in das Heft und tragt darin die einzelnen Erzählschritte bzw. Cedars Versuche ein, Stinky zu finden.

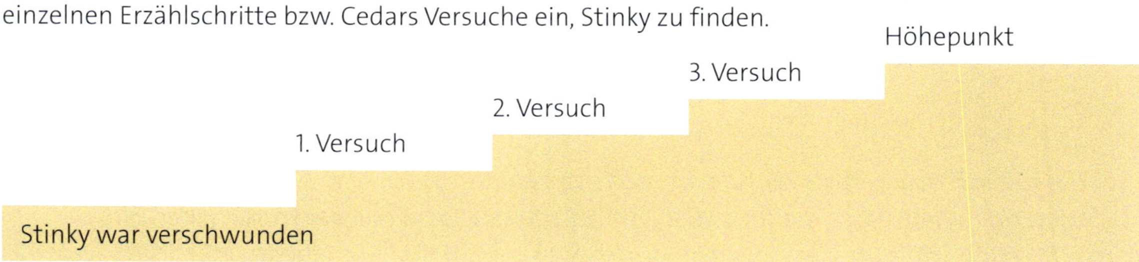

4 Wie könnte die Geschichte weitergehen? Erzählt eine mögliche Fortsetzung der Geschichte bis zu dem Punkt, an dem Cedar den Hund wiederbekommt.

a Überprüft, welche Vorgaben des Textvorspanns und des Erzählanfangs ihr übernehmen solltet, damit eure Fortsetzung dazu passt:
- Aus wessen Perspektive wird hier erzählt? Welche Erzählform müsst ihr beachten (Ich-Form oder Er-/Sie-Form)?
- In welcher Stimmung ist Cedar am Ende des Textauszugs?
- Wer wird wohl der Junge sein, den Cedar trifft? Was wisst ihr über ihn?

b Sammelt nun Ideen für die Fortsetzung:
- Wo könnte Cedar Stinky zurückbekommen?
- Was könnte dabei noch passieren?

c Schreibt die Fortsetzung in euer Heft, z. B.:
„Wo hast du ihn denn gefunden?“ „Unten am Fluss“, erklärte mir der Junge. Dann sagte er: „Pass auf, sag mir deinen Namen und wo du wohnst, dann bringe ich dir den Hund vorbei!“ ...

d Vergleicht eure Fortsetzungen: Welche ist besonders lustig oder spannend? Welche passt besonders gut zum Erzählanfang?

5 ●●○ In der folgende Fortsetzung der Geschichte kommt zu oft das Verb „laufen“ vor. Ersetzt es durch andere geeignete Verben. Schreibt die überarbeiteten Sätze ins Heft und achtet dabei auch auf die richtige Zeichensetzung bei der wörtlichen Rede.

VORSICHT FEHLER!

Nervös lief ich dem Jungen entgegen und schrie schon von Weitem: „Bist du Kite? Wo ist Stinky?“ „Jch, ich, ich muss“, stotterte er verlegen, „ich muss dir etwas Schreckliches sagen. Stinky ist mir weggelaufen!“ Vor Schreck schlug ich die Hand vor den Mund, dann lief ich dicht vor den Jungen und zischte: „Du Jdiot! Du bist schuld, wenn Stinky etwas passiert. Naja, du hast ihn ja schon einmal gefunden, vielleicht schaffst du das auch ein zweites Mal“, fügte ich etwas versöhnlicher hinzu. „Dann lass uns nicht länger hier herumstehen!“, rief er erleichtert und lief los.

Stinky, nass

●○○ Wenn euch keine geeigneten Verben einfallen, könnt ihr die folgenden nutzen:

rennen | davonjagen | eilen | (davon)hasten | abhauen | treten

VORSICHT FEHLER!

Verärgert und traurig folgte ich Kite. Er dachte verzweifelt: „Wenn wir nun Stinky nicht wiederfinden, bin ich schuld!“ Endlich erkannte ich, wohin der fremde Junge mich führte: zu der Stelle am Fluss, wo mein Bruder Stinky vor einem Jahr gefunden hatte. Kites Herz klopfte und mein Hals war vor Aufregung wie zugeschnürt, während wir uns atemlos umsahen ...

6 Untersucht diese Fortsetzung von Cedars Geschichte. Was stimmt hier nicht?

7 Cedar hat ihren Hund wiederbekommen – aber: Sie hätte die Suchanzeige noch wesentlich genauer gestalten können. Entwickelt einen Verbesserungsvorschlag.

Wissen und Können | **Kreativ mit Texten umgehen**

Um einen **Text stimmig fortsetzen** zu können, braucht man nicht nur gute Ideen.
Vor allem kommt es darauf an, dass man den Text, z. B. einen Erzählanfang, gut verstanden hat:
- Aus der **Sicht welcher Figur** wird hier erzählt?
- Was erfährt man über ihre **Stimmung** oder **Eigenschaften?**
- Gibt es **andere wichtige Figuren?**
- **Wo** spielt die Geschichte und **wann?**

4.3 Fit in ...? – Erlebnisse erzählen

Dieser Arbeitsauftrag wurde in einer Schulaufgabe gestellt:

> Verfasse eine Erlebniserzählung zum Thema „Eine unheimliche Nacht auf dem Zeltplatz".

Überschrift	**Schreck im Urlaub**
Einleitung *Wiederholung* *Wörtliche Rede unnötig* *Zu ausführlich* *Köder fehlt*	In den Sommerferien fuhren meine Eltern und ich mit den Rädern entlang der Donau. Am ersten Tag fuhren wir fast 40 Kilometer bis zu unserem Campingplatz. „So weit! Ich hätte nie gedacht, dass wir das schaffen!", rief ich stolz. Schnell bauten wir unser Zelt zwischen einem großen Felsbrocken und einer Wäscheleine auf. Mein Vater bereitete auf dem Campingkocher Bohnen mit Soße. Nach dem Essen legten wir uns bald ins Bett. Wir waren todmüde.
Hauptteil *1. Erzählschritt* *Präteritum!*	Zufrieden kuschelte ich mich in meinen Schlafsack. Meine Eltern haben noch leise ein paar Worte miteinander gesprochen, dann habe ich nur noch den Wind gehört, der draußen durch die Bäume strich.
2. Erzählschritt *Gedanken, Gefühle!*	Auf einmal wachte ich auf. Es war ganz dunkel. Ich sah durch die Zeltplane den schwarzen Umriss des Felsens. Doch plötzlich bewegte sich etwas hinter diesem Stein. Ich drehte mich um und schaute, ob die anderen schliefen. Ja, nur ich war noch wach.
3. Erzählschritt (Höhepunkt) *Wörtliche Rede!* *Gedanken, Gefühle* *Wiederholung*	Ich wollte meine Mama gerade aufwecken, da kam das Ungeheuer direkt auf unser Zelt zu. Ich kroch unter meinen Schlafsack. Mit einem Auge schaute ich heraus und merkte, dass das komische Monster auf dem Zelt hin und her sprang.

4. Erzählschritt *Wiederholung*	Ich nahm jetzt meinen ganzen Mut zusammen und ging aus dem Zelt. Langsam ging ich ums Zelt herum. Doch dort entdeckte ich, was das „Monster" war: Es war kein Ungeheuer, sondern ein Handtuch, das sich im Wind be-
Ausdruck	wegte und sich am Zeltrahmen verhängt hatte!
Schluss *Noch ausbaufähig!*	Da war ich beruhigt. Ich ging ins Zelt zurück und schlief sofort ein.

1 a Lies diesen noch nicht gelungenen Aufsatz noch einmal ganz durch.
b Überprüfe dann mit Hilfe der Anmerkungen in der Randspalte, welche Stellen noch verbessert werden sollen.

2 Überarbeite den Aufsatz und schreibe ihn mit deinen Verbesserungsvorschlägen in dein Heft.

3 Prüfe anhand der Checkliste, ob deine Überarbeitung gelungen ist.

Checkliste

Erlebnisse erzählen
- Bereitet die **Einleitung** den Hauptteil gut vor?
  - Finden sich hier die Antworten auf die W-Fragen: Wer? Wo? Wann? Was?
  - Führt die Einleitung in die Geschichte ein?
  - Enthält sie einen Köder, der den Leser auf das Weitere neugierig macht?
- Habe ich den **Hauptteil** sinnvoll aufgebaut?
  - Sind mindestens drei bis vier Erzählschritte vorhanden?
  - Ist die Reihenfolge logisch und sinnvoll?
  - Steigt die Spannung zum Höhepunkt hin an?
  - Gibt es einen erkennbaren Höhepunkt (oder auch mehrere)?
  - Ist er besonders anschaulich und lebendig ausgestaltet?
- Habe ich einen guten **Schluss** gefunden?
  - Rundet er die Geschichte sinnvoll ab?
  - Komme ich noch einmal auf die Einleitung zurück oder bringe ich einen weiteren Denkanstoß oder lasse Fragen offen?
- Erzähle ich anschaulich und **sprachlich** abwechslungsreich?
  - Habe ich lebendige Verben und anschauliche Adjektive verwendet?
  - Sind Vergleiche und sprachliche Bilder eingesetzt?
  - Habe ich berücksichtigt, was die Figuren fühlen, sehen, riechen, schmecken oder hören?
  - Habe ich wörtliche Rede so eingesetzt, dass sie die Handlung weitertreibt und nicht langweilig wirkt?
  - Sind die Satzanfänge abwechslungsreich?
  - Habe ich unterschiedliche Satzarten (Ausrufe-, Fragesätze usw.) eingesetzt?
  - Erzähle ich in der richtigen Zeitform (meist Präteritum)?
  - Habe ich die Perspektive und die Erzählform (Ich-Form oder Er-/Sie-Form) durchgehalten?
- Passt die **Überschrift** zum Aufsatz, weckt sie Neugier?

5 Geschichten nach Vorgaben erzählen

1 a Betrachtet das Bild. Welches der folgenden Sprichwörter wurde hier wörtlich genommen? Begründet eure Entscheidung.
- Der frühe Vogel fängt den Wurm.
- Wo ein Wille ist, ist auch ein Weg.
- Ein blindes Huhn findet auch einmal ein Korn.

b Wann verwendet man dieses Sprichwort? Klärt seine übertragene Bedeutung.

2 a Kennt ihr noch weitere Sprichwörter? Sammelt sie an der Tafel.

b Überlegt, bei welchen Gelegenheiten ihr diese Sprichwörter einmal gehört habt. Erzählt von diesem Erlebnis – ohne das Sprichwort zu nennen!

c Lasst eure Klassenkameraden raten, zu welchem Sprichwort ihr erzählt habt.

5.1 Zu Sprichwörtern erzählen

Sprichwörter kennen lernen und verstehen

1 a Ergänzt die Sprichwörter und schreibt sie in euer Heft:

Der Apfel fällt nicht weit vom ? .

Wer zuerst kommt, ? zuerst.

Ein ? kommt selten allein.

Man soll den ? nicht vor dem Abend loben.

Jede ? ist nur so stark wie ihr schwächstes Glied.

Morgenstund hat ? im Mund.

Unglück Kette
Stamm Tag
Gold mahlt

b Welche Bedeutung oder Weisheit könnte hinter den einzelnen Sprichwörtern stehen? Ordnet die Vorschläge den Sprichwörtern zu.
- In einer Gemeinschaft kommt es auf jeden an.
- Man darf sich nicht von anfänglichem Erfolg trügen lassen.
- Wer später als ein anderer kommt, hat keine Ansprüche (auf etwas).
- Kinder sind ihren Eltern oft ähnlich.
- Wer früh mit der Arbeit beginnt, erreicht viel.
- Wenn etwas Unangenehmes passiert, folgen oft weitere Unannehmlichkeiten.

Die Bedeutung von Sprichwörtern ist festgelegt. Meist muss man sie kennen, um das Sprichwort zu verstehen. Oft fällt einem die Bedeutung ein, wenn man an Situationen denkt, in denen man das Sprichwort schon gehört hat. Manchmal hilft es auch, sich das Sprichwort bildlich vorzustellen (siehe Abbildung), um auf seine Bedeutung zu kommen.

2 Unsere Sprichwörter sind zum Teil so alt, dass man nicht mehr klären kann, woher sie stammen. Von einigen aber kennt man die Herkunft. Ordnet jeder der folgenden Erklärungen das entsprechende Sprichwort aus Aufgabe 1a zu:

? stammt aus der Bibel (Altes Testament): „So spricht der Herr: ‚Siehe, es kommt ein Unglück über das andere!'"

? stammt aus der Antike: Die römische Göttin der Morgenröte hieß Aurora (aurum, lat. = Gold).

? stammt aus der alten Rechtsprechung: Wer zuerst den Anspruch auf ein Gerät erhebt, darf es auch zuerst benutzen.

Wissen und Können **Sprichwort**

Ein Sprichwort ist ein **kurzer, einprägsamer** Satz, der (meist) eine **Lebensweisheit** (Erfahrung, Urteil, Meinung, Warnung oder Vorschrift) enthält. Es ist **allgemein bekannt** und wird immer in demselben Wortlaut gebraucht **(unveränderlich).**

3 a Sucht weitere drei Sprichwörter und schreibt sie mit ihren Bedeutungen in euer Heft.
b Überprüft mit Hilfe des Kastens, ob euer Nachbar echte Sprichwörter aufgeschrieben hat. Überlegt auch, ob euch die Bedeutung der Sprichwörter jeweils treffend erscheint. Fragt im Zweifel eure Lehrerin/euren Lehrer.

4 Sprichwörter werden in allen Ländern und Sprachen verwendet.
a Vielleicht kennt jemand von euch diese Sprichwörter und kann sie erklären. Wenn nicht: Stellt Vermutungen an, was sie bedeuten. Ein Beispiel ist schon vorgegeben.

Guinea: Ein Kamel macht sich nicht über den Buckel eines anderen lustig.
Mögliche Erklärung: *So wie jedes Kamel einen Buckel hat, hat jeder Mensch Fehler. Daher sollte niemand über die Fehler anderer lachen.*

Russland: Bringe den Schlitten im Sommer in Ordnung, den Wagen jedoch im Winter.

Arabien: Wer Honig essen will, der ertrage das Stechen der Bienen.

Indien: Tadle nicht den Fluss, wenn du ins Wasser fällst.

China: Eis von drei Zoll ist nicht das Ergebnis eines kalten Tages.

b Im Deutschen gibt es Sprichwörter mit ähnlichen Aussagen. Wählt die passenden aus und ordnet sie zu.
- Wer andern eine Grube gräbt, fällt selbst hinein.
- Bei sieben Ammen bleibt das Kind ohne Aufsicht.
- Gut Ding will Weile haben.
- Rom wurde auch nicht an einem Tag erbaut.
- Jeder ist seines Glückes Schmied.
- Ohne Fleiß kein Preis.
- Der Kluge kauft im Sommer seinen Pelz.
- Lügen haben kurze Beine.
- Wer im Glashaus sitzt, soll nicht mit Steinen werfen.

5 Sucht euch eines der Sprichwörter von dieser Doppelseite aus und lasst euch eine kleine Szene dazu einfallen. Spielt sie vor und lasst das Sprichwort erraten.

Eine Erzählung auf ein Sprichwort beziehen

Siegfried Lenz

Schissomirs großer Tag

Siegfried Lenz zählt zu den bedeutendsten deutschen Schriftstellern der Gegenwart. Er wurde 1926 in Lyck im damaligen Ostpreußen geboren. Heute heißt die Stadt Ełk und liegt in Polen. Viele Geschichten von Lenz spielen in der Gegend um seine Heimatstadt, in Masuren. So auch die folgende Erzählung aus dem berühmten Bändchen „So zärtlich war Suleyken":
Zwei masurische Bauern wandern barfuß in das kleine Dorf Schissomir, das sechs Meilen von ihrem Heimatdorf entfernt ist. Herr Plew will seine Ziege verkaufen, Herr Jegelka sein Kalb. Noch vor Mittag sind sie in Schissomir angekommen. Plew hat für seine Ziege rasch einen Käufer gefunden. Dann aber ist der Viehmarkt vorbei und Jegelka ist das Kälbchen immer noch nicht losgeworden.

So machten sich beide auf den gemeinsamen Heimweg; der eine zog sein Kälbchen, der andere, der ein Stück vorausging, klimperte fröhlich mit seinem Geld in der Tasche und konnte sich nicht genugtun[1] zu erwähnen, wie glücklich er über den Verkauf der Ziege sei, zumal sie, bei Licht betrachtet, nur den Wert ihres Fleisches gehabt habe. Das tat Plew mit soviel Ausdauer, daß Jegelka sich darüber zu ärgern begann; denn er spürte wohl, worauf es sein Nachbar abgesehen hatte, und darum verhielt er sich still und dachte nach.
Plötzlich aber blieb Jegelka stehen mit dem Kälbchen, rief Plew zurück und deutete auf die Erde. Auf der Erde saß, grün und blinzelnd, ein Frosch, ein schönes, glänzendes Tierchen. „Da", sagte Jegelka, „sieh dir diesen Frosch an, Nachbar Plew. Siehst du ihn?" „Nun", sagte Plew, „ich sehe wohl."
„Gut", sagte Jegelka, „dann will ich dir einen Vorschlag machen, einen Vorschlag, den du sofort annehmen wirst. Du hast, Nachbar Plew, deine Ziege glücklich verkauft. Du hast Geld. Du kannst, wenn du willst, nicht nur das Geld vom Markt heimbringen, sondern auch noch mein Kälbchen. Dazu mußt du allerdings diesen Frosch essen."
„Aufessen?" vergewisserte sich Plew.
„Aufessen!" sagte Jegelka mit Bestimmtheit.

1 Sich nicht genugtun können: nicht damit aufhören können

„Wenn der Frosch in deinem Hals verschwunden ist, kannst du mein Kälbchen an den Strick nehmen."

„Das ist", sagte Plew, „in der Tat ein hochherziger[2] Vorschlag, und von mir aus ist er angenommen. Ich esse den Frosch, und du gibst mir, Nachbar Jegelka, dein Kälbchen."

Plew, nachdem er so gesprochen hatte, bückte sich, schnappte den Frosch und biß ihn mit geschlossenen Augen durch, während Jegelka ihm mit seltsamer Genugtuung zusah.

„Nur zu, Nachbar", sagte er, „die erste Hälfte, das habe ich gesehen, ist in deinem Hals verschwunden. Jetzt die Schenkel."

„Ich bitte", sagte Plew verstört und mit verdrehten Augen, „mir ein wenig Aufschub zu gewähren. Das ist, weil der Magen Zeit finden soll, sich an den fremden Stoff zu gewöhnen. Können wir nicht, Gevatterchen, ein Stückchen laufen? Ich werde dann, zu gegebener Zeit, die andere Hälfte essen."

„Gut", sagte Jegelka, „damit bin ich einverstanden." Und sie liefen stumm nebeneinander, und je weiter sie liefen, desto übler wurde es Nachbar Plew und desto größer wurde auch seine Gewißheit, daß er die zweite Hälfte des Frosches nie über die Lippen bringen würde, und er überlegte sich verzweifelt, wie er aus dieser Lage herauskommen könnte. Dabei gab er sich aber den Anschein des Mutes und der Zuversicht, so daß Jegelka, der sein Kälbchen nur mehr zur Hälfte besaß, schon zu bangen anfing.

Schließlich blieb Plew unvermutet stehen, hielt dem Nachbarn den halben Frosch hin und sagte: „Nun Nachbar, wie ist's? Wir wollen

uns nicht um Hab und Gut bringen, zumal wir aus demselben Dorf stammen. Wenn du den Rest des Frosches ißt, verzichte ich auf meinen Anspruch, und du darfst dein Kälbchen behalten."

„Das", sagte Jegelka glücklich, „ist echte Nachbarschaft." Und er aß unter Halszucken und Magenstößen die zweite Hälfte des Frosches, und das Kälbchen hinter seinem Rücken gehörte nun wieder ganz zu ihm. „So bringe ich doch noch", sagte er mit verzerrtem Gesicht, „etwas vom Markt nach Hause."

Sie zogen nachdenklich ins Dorf, und als sie sich am Kreuzweg trennten, sagte Jegelka: „Es war, Nachbar, ein guter Markttag. Nur, weißt du, warum wir eigentlich den Frosch gegessen haben?" R

2 hochherzig: großzügig

1 Was geht dem Bauern Jegelka wohl auf diesem Bild durch den Kopf? Versucht seine Gedanken nachzuvollziehen und erzählt, was er sich denken mag.

2 Beantwortet folgende Fragen zum Text schriftlich:
- Warum klimpert Bauer Plew auf dem Heimweg vom Markt mit seinem Geld in der Tasche?
- Was will Jegelka mit seinem Vorschlag, Plew solle den Frosch essen, eigentlich erreichen?
- Ahnt Jegelka, dass Plew die zweite Hälfte des Frosches niemals hinunterbekommen wird?
- Wie bringt Bauer Plew Jegelka dazu, den Rest des Frosches selbst zu essen?

3 **a** Sucht aus diesen Sprichwörtern das heraus, das eurer Meinung nach am besten zu der Erzählung passt. Es gibt mehrere Möglichkeiten. Begründet deshalb eure Entscheidung genau am Text, z. B.:
Nach meiner Meinung passt „Reden ist Silber, Schweigen ist Gold“ am besten zu der Erzählung. Hätte Plew auf dem Rückweg nicht so angegeben ...

Reden ist Silber, Schweigen ist Gold.	Wer andern eine Grube gräbt, fällt selbst hinein.
Einem geschenkten Gaul schaut man nicht ins Maul.	Lügen haben kurze Beine.
Was du nicht willst, das man dir tu, das füg auch keinem andern zu.	

b Denkt euch kurze Szenen aus, die zu den Sprichwörtern passen, die ihr nicht zuordnen konntet, und erzählt sie in der Klasse.

4 In dieser Erzählung kommt viel wörtliche Rede vor, die fast immer mit *sagen* eingeleitet wird. Eine solche Wiederholung kann witzig wirken, wenn sie gut und bewusst eingesetzt ist. Meist ist sie aber einfach nur langweilig. Deshalb sollt ihr abwechslungsreiche und anschauliche Verben verwenden.
Ersetzt im folgenden Text das Verb *sagen* durch die unten vorgeschlagenen Verben.

VORSICHT FEHLER!

„Da“, *sagte* Jegelka, „sieh dir diesen Frosch an.“

„Ich soll ihn wirklich aufessen?“, *sagte* Plew.

„Nur zu, Nachbar“, *sagte* er, „die erste Hälfte ist in deinem Hals verschwunden, jetzt die Schenkel.“

Plew *sagte* verstört: „Ich bitte, mir ein wenig Aufschub zu gewähren.“

„Gut“, *sagte* Jegelka, „damit bin ich einverstanden.“

Plew hielt dem Nachbarn den halben Frosch hin und *sagte:* „Wenn du den Rest isst, darfst du dein Kälbchen behalten.“

„Das“, *sagte* Jegelka glücklich, „ist echte Nachbarschaft“.

schmunzeln	erklären	meinen	zustimmen	lächeln	stöhnen
jammern	hervorwürgen	lachen	bitten	sich vergewissern	
fragen	vorschlagen	jubeln	ergänzen	anführen	

Eine eigene Erzählung zu einem Sprichwort schreiben

Sprichwörter lassen sich gut als Anlass für eine Erzählung nutzen. Dabei könnt ihr auf kreative Weise zeigen, dass ihr die Bedeutung des Sprichworts verstanden habt.

1 „Es ist noch kein Meister vom Himmel gefallen"

a Überlegt euch, welche Situation, die ihr schon einmal erlebt habt, zu diesem Sprichwort passen könnte.

b Sammelt Ideen für eure Erzählung. Dafür eignet sich ein Cluster (► S. 290) gut.

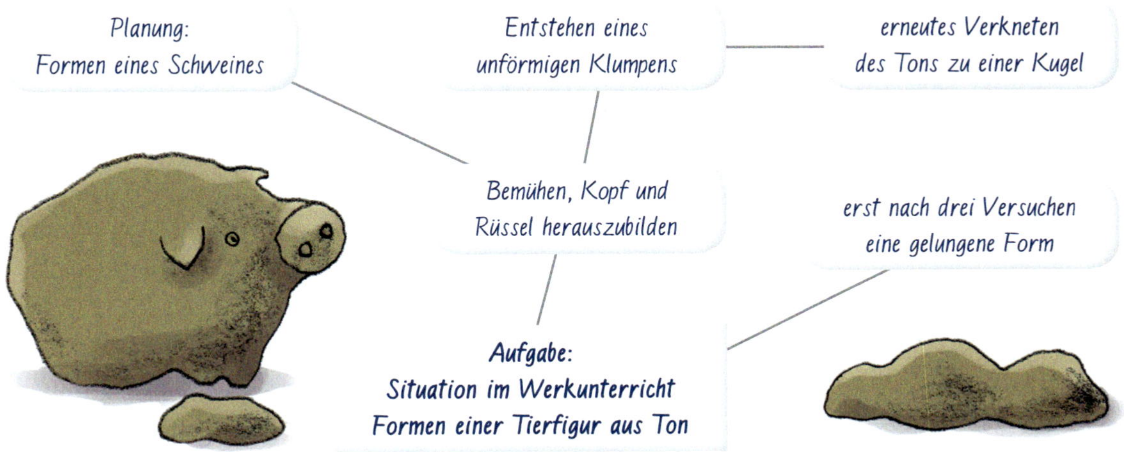

2 a Tragt zusammen, was ihr schon über gelungene Einleitungen zu Erzählungen wisst.

b Welche der drei Einleitungen zu dem Thema „Es ist noch kein Meister vom Himmel gefallen" scheint euch gelungen? Tauscht eure Meinungen aus und begründet sie.

Regina:
In der letzten Woche stellte unsere Lehrerin im Fach Werken die Aufgabe, eine Figur aus Ton zu gestalten. Jeder von uns erhielt einen Klumpen geschmeidigen Ton und wir durften erst einmal kneten, um ein Gefühl für das Material zu erhalten. Für mich stand sofort fest: Ich wollte ein schönes Tonschwein formen! Aber so einfach war diese Aufgabe nicht zu lösen.

Alexa:
Unsere Werklehrerin teilte uns in der letzten Woche einen Klumpen Ton aus. Wir sollten daraus ein Tier formen. Ich überlegte mir, dass ich mir ein Schwein aus diesem Material machen könnte. Ich brauchte aber drei Versuche, bis ich einigermaßen zufrieden war. Ich hatte es mir leichter vorgestellt.

Mirko:
Letzte Woche bekamen wir von unserer Werklehrerin die Aufgabe, aus einem Klumpen Ton ein Tier zu formen. Mein Banknachbar Philipp wollte einen Elch herstellen, aber die Idee fand ich nicht so gut. Philipp hat sowieso meistens komische Ideen! Ein Schwein ist doch viel lustiger. Also machte ich mich an die Arbeit.

Der Ton fühlte sich ganz weich und geschmeidig unter meinen Händen an und ich klopfte, drückte und schlug ihn, um die Luftblasen aus dem Klumpen herauszubekommen. Je mehr ich ihn aber knetete, umso trockener wurde er und blieb an meinen Händen hängen. Der Lehmklumpen hatte schon richtige Risse bekommen! „Du musst deine Hände immer wieder anfeuchten", erklärte mir meine Lehrerin. 1

„Gib doch noch mehr Wasser dazu", riet mir Mirko, der neben mir arbeitete und schon ein schönes Daumenschälchen hergestellt hatte. Also schüttete ich Wasser auf meinen Klumpen, aber – oje – jetzt hatte ich ein Masse vor mir, die eher wie Brei aussah! Langsam wurde ich ungeduldig und fing an zu schwitzen. „Daraus wird nie ein Schwein!", stöhnte ich. 2

Ich bat meine Lehrerin um ein frisches Stück Ton und machte mich erneut an die Arbeit. Nun klappte es: Es gelang mir, vorsichtig eine gleichmäßige, 2 cm dicke Halbkugel zu formen, und ich begann, daraus eine schweineähnliche Figur zu bilden. Innen musste sie hohl sein und unten ein Loch haben, damit sie später beim Brennen keine Risse bekam. Ich stellte das kugelrunde Rüsseltier auf vier dicke Beine, hängte noch ein geringeltes Schwänzchen an und blickte stolz auf mein Werk. 3

„Jetzt musst du nur noch mit einem Stift Augen und eine Steckernase in den Kopf drücken", erinnerte mich Mirko. Ich nahm einen Stift, drückte die Spitze an die Schnauze des Tontieres und traute meinen Augen nicht: Langsam neigte sich die Figur zur Seite und blieb als unförmiger Klumpen liegen! „Das ist doch unglaublich, dass ich so unfähig bin!", schrie ich verzweifelt und raufte mir die Haare. Da blieb auch noch der Ton von meinen Händen darin hängen. „Jetzt siehst du ja selbst wie ein Schwein aus!", spottete Mirko schmunzelnd. 4

3 Untersucht den Hauptteil von Reginas Erzählung.

a Findet zu jedem Absatz eine Überschrift und notiert euch auf diese Weise die einzelnen Erzählschritte.

b Mit welchen sprachlichen Mitteln hat Regina den Höhepunkt ihres Aufsatzes gestaltet? Schreibt jeweils einige Beispiele dazu in euer Heft. Achtet z. B. auf:
- wörtliche Rede: *„Jetzt musst du nur noch …", …*
- abwechslungsreiche Begleitsätze bei der wörtlichen Rede: *erklärte mir …*
- anschauliche Verben: *neigte sich …*
- lebendige Adjektive und Partizipien: *kugelrund, geringelt …*
- Vergleiche: …

A In dieser Unterrichtsstunde wurde es mit dem Schwein nichts. Das Endergebnis drei Wochen später war jedoch absolut super! Ich hatte mir beim Formen meiner Sparbüchse aber auch viel Mühe gegeben.

B Ich kann es nur bestätigen: Es ist wirklich noch kein Meister vom Himmel gefallen! Drei Versuche brauchte ich, bis ich mein Werk vollendet hatte. Endlich stand das Schwein nach vielem Experimentieren mit dem Ton so vor mir, wie ich es mir vorgestellt hatte: rund und dick, mit einem fetten Rüssel und großen Schlappohren – und natürlich mit einem großen Schlitz für möglichst viele Geldstücke oder sogar Geldscheine, damit es richtig „satt" wird!

4 a Nur einer der Schlüsse zeigt deutlich, zu welchem Sprichwort hier erzählt wurde. Erklärt, woran das liegt.

b Beide Schlüsse sind noch nicht gut gelungen. Erinnert euch, was einen guten Schluss ausmacht (► S. 60). Was könnte man jeweils verbessern?

●●● c Wählt einen der beiden Schlüsse aus und schreibt eine überarbeitete Fassung in euer Heft.

Testet euer Wissen!

Zu einem Sprichwort erzählen

Für das Erzählen nach Sprichwörtern gelten die gleichen Regeln wie für eine Erlebniserzählung. Was man darüber hinaus beachten muss, habt ihr euch jetzt erarbeitet.

1 a Testet euer Wissen und erstellt einen Merkkasten zum Erzählen nach Sprichwörtern.

●●○ Ergänzt den Lückentext.

Das Sprichwort wird als 1 der Erzählung verwendet. Denkt euch eine 2 aus, die zu der 3 des Sprichworts passt. Die Einleitung führt zum 4 hin. Sie beantwortet die wichtigsten 5 und macht 6 auf den Hauptteil. Dieser besteht aus drei oder mehr 7 und hat einen lebendigen 8. Die Sprache muss 9 sein, die 10 der handelnden Personen wiedergeben und 11 enthalten. Das Sprichwort kommt im 12 noch einmal wörtlich vor. So wird die Erzählung abgerundet.

●○○ Falls euch das Füllen der Lücken schwerfällt, findet ihr hier Hilfe.

b Übertragt den vollständigen Text in euer Heft.

10 Gedanken und Gefühle — 1 Überschrift — 4 Hauptteil — 12 Schluss
7 Handlungsschritten — 2 geeignete Situation — 5 W-Fragen — 8 Höhepunkt
11 wörtliche Rede — 3 Bedeutung — 6 neugierig — 9 abwechslungsreich

Hinweis: Die Regeln zum Erzählen nach Sprichwörtern findet ihr etwas anders formuliert auch noch einmal im Grundwissen auf S. 297.

5.2 Sprachwerkstatt – Zu Bildern und Reizwörtern erzählen

Bilder betrachten – Wortfelder nutzen

1 Betrachtet das Bild 1 genau. Übertragt die Tabelle in euer Heft und füllt sie mit den vorgeschlagenen Begriffen.

a Beschreibt die Mimik (den Gesichtsausdruck), die Gestik (die Bewegungen) und die Körperhaltung der einzelnen Figuren.

b Notiert die Gefühle, auf die Mimik, Gestik und Körperhaltung schließen lassen.

Glück Genuss Vorfreude lässig dastehen zeigen deuten auf Begeisterung leuchtende Augen Vergnügen wünschen heranflitzen übermütig grinsen kleiner Schritt nach vorn ärgern necken fröhlich freudestrahlend Schadenfreude lächeln rücksichtslos ...

Mimik	Gestik/Körperhaltung	Gefühle
grinsen ...	*zeigen ...*	*Vorfreude ...*

2 Bereitet eine Erzählung zu den Bildern vor. Schaut euch dazu Bild 1 noch einmal genau an und beantwortet die folgenden Fragen. Schreibt in euer Heft. Manche Angaben müsst ihr erfinden.

- **Wer** war beteiligt?
- **Wo** ereignete es sich?
- **Wann** spielte die Geschichte?
- **Was** geschah?
- **Warum** geschah es?
- **Welche** Folgen hatte das Geschehen?

Beim schriftlichen Erzählen verwendet man das Präteritum. Am besten schreibt ihr die Vorarbeiten (z. B. Antworten auf die W-Fragen, Schreibplan) zu eurer Erzählung auch gleich in dieser Tempusform. So könnt ihr Fehler im Aufsatz vermeiden.

3 Legt nun auch für das Bild 2 eine Tabelle nach dem Muster aus Aufgabe 1 an und beantwortet die W-Fragen.

4 a Arbeitet die Unterschiede zwischen den beiden Bildern heraus. Dazu könnt ihr die folgenden Sätze vervollständigen:

Weil Anna zu nahe an den Radweg kam, ...
Sie konnte ihr Eis nicht weiterschlecken, denn ...
Lisa gelang es nicht, ...
Geldon wies auf den Radfahrer, um ...
Obwohl der Radfahrer Anna gesehen hatte, ...
Der Eisverkäufer ...

b Besprecht, welche Bedeutung die Abweichungen zwischen dem ersten und dem zweiten Bild für die Geschichte haben können.

5 Teilt die Klasse in zwei Gruppen. Die eine entwirft jeweils eine Geschichte zu Bild 1, die andere eine zu Bild 2.

a Notiert in eurem Heft, was die Beteiligten denken oder sprechen könnten. Das könnt ihr auch in Form von Sprech- oder Denkblasen tun.

b Schreibt eure Erzählung in euer Heft. Die Tabelle und die Antworten auf die W-Fragen helfen euch.

c Setzt euch paarweise zusammen und vergleicht die Geschichten zu Bild 1 und Bild 2.

6 a Marisa hat zum Bild 1 einen Aufsatz verfasst. Leider hat sie darin langweilige Verben verwendet. Ersetzt die unterstrichenen Verben im folgenden Auszug durch aussagekräftigere, die eine ähnliche Bedeutung haben.

An einem warmen Herbstnachmittag gingen Anna und Lisa langsam zu ihrem Lieblingseisstand. Kurz darauf kamen auch ihre Freunde Geldon und Max dazu. Die Freundinnen aßen gerade ihr Eis, als ein Radfahrer schnell herankam.

schlendern spazieren schlecken genießen heranflitzen heranrasen sich jemandem anschließen bummeln sich treffen sich begrüßen hinzustoßen heranjagen lutschen

b Ordnet die Verben. Legt dazu im Heft eine Tabelle nach folgendem Muster an:

langsam gehen	zu jemandem kommen	essen	sich schnell bewegen
schlendern	...	...	...

c Findet je drei weitere Wörter zu den Wortfeldern und schreibt sie in euer Heft.

Wissen und Können **Wortfeld**

Wörter **mit ähnlicher Bedeutung** bilden ein Wortfeld:
klein: *winzig, zwergenhaft, gering ...*
fliegen: *schweben, flattern, gleiten ...*
Mit Wörtern aus einem Wortfeld kann man abwechslungsreich und aussagekräftig formulieren.

7 ●●● Hier findet ihr einen Silbensalat von Wörtern aus den Wortfeldern *lügen, sich mit jemandem unterhalten* und *plötzlich*.

a Ordnet die Silben, sodass sich richtige Wörter ergeben.
b Schreibt die Wörter nach Wortfeldern geordnet in euer Heft.

genlerein denre ruptab chenspre kernflun schendraüber tigarschlag schenrat severunhens chelnheu schenvortäu dernplau

8 ●●● a Welches Wort passt nicht ins Wortfeld? Schreibt es in euer Heft.

schlau clever findig scherzhaft klug gescheit scharfsinnig

b Vier der folgenden Wörter gehören mit dem Wort aus Aufgabe a in ein Wortfeld. Welche?

lustig komisch bedrückt witzig einfallsreich amüsant

Bildergeschichten – Pronomen verwenden

1 Beschreibt genau, was ihr auf den einzelnen Bildern seht. Achtet dabei auch auf die Gestik und Mimik der beteiligten Figuren.

2 Die Bilder zeigen einzelne Handlungsschritte einer Geschichte. Entwickelt einen Schreibplan.
- a Notiert zu jedem Bild einen Satz. Schreibt untereinander und lasst jeweils drei Zeilen frei.
- b Überlegt, an welchen Stellen Handlungsschritte fehlen. Was könnte vor, zwischen und nach den dargestellten Handlungsschritten passiert sein? Ergänzt euren Schreibplan.
- c Legt fest, welcher eurer Sätze sich der Einleitung, welcher dem Hauptteil und welcher dem Schluss der Geschichte zuordnen lässt. Bestimmt auch den Höhepunkt.

Am letzten Samstag trafen sich Lara und ihre Freunde Xaver und Dominik, um ein wenig mit ihren Fahrrädern in der Gegend herumzufahren. Sie radelten eine Straße im Neubaugebiet entlang und wussten vor Langeweile nichts Rechtes anzufangen.
Da kamen sie an einer Baustelle vorbei, auf der ein Haus stand, das noch eingerüstet war. Xaver hielt an, deutete darauf und wollte von den anderen wissen: „Was haltet ihr davon, da hinaufzuklettern?"

3 Oben steht der Anfang der Bildergeschichte von S. 85 in der Er-Form.

a Formuliert den Text um: Erzählt aus Laras Sicht in der Ich-Form. Schreibt in euer Heft. Achtet genau auf die richtigen Pronomen (► S. 215 f.). Beginnt so:
Am letzten Samstag traf ich mich mit meinen Freunden ...

b Vergleicht die Wirkung der beiden Erzählanfänge.

c Nicht alle Informationen, die darin enthalten sind, könnt ihr auf Bild 1 finden. Unterstreicht in eurem Heft die Angaben, die sich der Verfasser zusätzlich einfallen ließ.

4 a Hier findet ihr drei Handlungsschritte zu der Bildergeschichte. Untersucht sie:
- In welcher Reihenfolge schließen sie sich an die oben stehende Einleitung an?
- Welchen Bildern könnt ihr sie zuordnen? Welcher Handlungsschritt wurde ergänzt?

A *Um meinen Freunden zu zeigen, wie mutig ich war, erklärte ich: „He, ich mache mit meinem Handy ein Foto von euch zweien!" Sofort stimmten sie mir zu. Xaver legte seinen Arm um Dominiks Schulter und schrie: „Juchhu! Super Aussicht!" Beide fuchtelten mit den Armen in der Luft herum und führten einen Indianertanz auf, während ich fotografierte und mich bemühte, nicht nach unten zu schauen.*

B *Xaver war der Mutigste und gab an: „So müsst ihr das machen!" Geschwind wie ein Affe war er schon die Sprossen der ersten Leiter hoch und winkte uns von oben zu. Schnell kamen Dominik und ich nach. Das Gerüst klapperte und wackelte und meine Handflächen wurden ganz feucht. Ich riss mich aber zusammen – nie hätte ich zugegeben, dass mir die Knie zitterten!*

C *Wir lehnten unsere Fahrräder an den Bauzaun und blickten uns kurz um. Am Wochenende waren keine Bauarbeiter da und niemand beobachtete uns. So schlängelten wir uns durch eine Lücke im Bauzaun und beachteten das Schild „Betreten verboten!" nicht. Ein bisschen kribbelte es mich im Magen, weil ich wusste, dass wir uns hier gar nicht aufhalten durften!*

b Schreibt die Erzählschritte in der richtigen Reihenfolge in euer Heft und unterstreicht auch hier die Ergänzungen zu den Bildern.

Wissen und Können **Zu Bildern erzählen**

Die **vorgegebenen Bilder** zeigen nur die wichtigsten Momente im Ablauf der Handlung, also **einzelne Handlungsschritte.** Damit daraus eine Geschichte entsteht, müsst ihr weitere Handlungsschritte oder Überleitungen sinnvoll ergänzen – wie bei einem Puzzle. Überlegt genau, in welchem Bild der **Höhepunkt** liegt.
Entscheidet auch, ob ihr die Geschichte in der **Er- oder Ich-Form** verfasst.

c Nun könnt ihr die Geschichte zu der Bilderfolge zu Ende schreiben. Denkt dabei an die lebendige Ausgestaltung des **Höhepunkts** und einen gut abrundenden **Schlussteil.**

d Sucht eine passende Überschrift für eure Geschichte.

5 Erzählt die Textteile aus Aufgabe 4a um.

●●○ Wählt die Sicht von Xaver.

●○○ Überlegt: Was kann nur Lisa wissen? Wie könnt ihr formulieren, wenn ihr es trotzdem erzählen wollt? Beispiel: *Lisa wollte wohl zeigen, wie mutig sie war.*
Achtet auf die Pronomen. In der wörtlichen Rede bleiben sie gleich, sonst müsst ihr sie verändern: *Sie erklärte: „Hey, ich mache mit meinem Handy ein Foto von euch zweien!" Wir stimmten ihr sofort zu.*

Reizwörter – Texte überarbeiten

Katze Baum Feuerwehr

1 **a** Lest die Reizwortkette und schließt kurz die Augen. Sofort wird in eurem Kopf eine Geschichte ausgelöst, die wie ein Film abläuft.

b Schreibt eine Erzählung zu diesen Reizwörtern in euer Heft.

Wissen und Können **Nach Reizwörtern erzählen**

Für den Aufbau einer Reizwortgeschichte gelten die gleichen Regeln wie bei der Erlebniserzählung (► S. 60).
Außerdem müsst ihr aber auf Folgendes achten:
- **Alle Reizwörter** müssen in eurer Geschichte sinnvoll verwendet werden und für die Handlung **eine wichtige Rolle spielen;** in der **Einleitung** brauchen sie noch nicht vollständig angeführt zu sein.
- Die **Reihenfolge** der Reizwörter darf umgestellt werden.
- Die **Überschrift** muss die Reizwörter nicht unbedingt enthalten, sie muss jedoch einen echten Bezug zu der erzählten Geschichte haben.

Umstellen, Weglassen, Ersetzen

VORSICHT FEHLER!

Mein Bruder und ich machten an einem warmen Sommertag unter einem Baum Picknick. Wir saßen mit unserer Katze Tiffy auf einer Decke auf der Wiese und ließen uns Äpfel schmecken. Wir lasen uns gegenseitig aus einem spannenden Buch vor. Wir spielten aber auch zur Abwechslung mit unserer Katze. Wir ahnten nicht, dass unser Picknick bald enden würde.

2 **a** Zu der Reizwortkette von S. 87 findet ihr hier eine Einleitung. Untersucht sie.
- Beantwortet sie die W-Fragen? Enthält sie einen Köder?
- Welche der Reizwörter wurden hier schon aufgegriffen?
- Was könnte man sprachlich noch verbessern?

b Verbessert die Einleitung durch Umstellen der Sätze in eurem Heft und vergleicht eure Ergebnisse.
Beispiel: *Mein Bruder und ich machten an einem warmen Sommertag unter einem Baum Picknick. Mit unserer Katze Tiffy saßen wir auf einer Decke …*

3 **a** Auch der folgende Text ist ungeschickt formuliert. Inwiefern?

b Schreibt den Text überarbeitet in euer Heft. Nutzt dazu die vorgeschlagenen Begriffe.

VORSICHT FEHLER!

Wie der Blitz lief Tiffy davon. Tiffy brachte sich auf dem Baum in Sicherheit. Wir versuchten Tiffy mit ihren Lieblingskeksen vom Baum zu locken. Aber Tiffy traute sich nicht mehr herunter. Tiffy hatte zu viel Angst! Ganz fest krallte sich Tiffy an ihrem Ast fest.

unsere Mieze	Liebling	die Katze	das Tierchen	sie	Leckermäulchen

4 **a** Der Verfasser des folgenden Textauszugs verwendet viele umgangssprachliche Ausdrücke. Sucht sie heraus.

b An einigen Stellen werden Wendungen unnötig wiederholt. Könnt ihr sie finden?

c Schreibt eine Überarbeitung des Textes in eure Hefte. Lasst dabei unpassende und überflüssige Ausdrücke weg.

VORSICHT FEHLER!

Echt super, wie der Feuerwehrmann dann in rasendem Tempo die Leiter hochfuhr und der Feuerwehrmann total schnell hinaufkletterte! Also, das war vielleicht aufregend, als unser Helfer Tiffy dann mit beiden Händen packen wollte, unser Helfer aber das Tier nicht erwischen konnte. Jch konnte echt nicht hinschauen, und mir wurde total schlecht vor Angst, dass Tiffy vom Baum fallen könnte. Na ja, letztendlich steckte er Tiffy aber auch ganz cool in seine Jacke!

Wissen und Können **Umstellen, Weglassen, Ersetzen**

Ein eintöniger Satzbau lässt sich durch **Umstellen** vermeiden. Man kann zum Beispiel die wichtigste Aussage an den Satzanfang stellen:
Uns gefiel der Nachmittag bis dahin. Uns durchfuhr jedoch ein großer Schreck ... →
Uns gefiel der Nachmittag bis dahin. Ein großer Schreck durchfuhr uns jedoch ...
Auch durch **Weglassen** unpassender und überflüssiger Wörter kann ein Text verbessert werden:
~~Also,~~ wir mussten ~~tatsächlich~~ die Feuerwehr rufen, ~~und wir~~ mussten aber nur ~~voll~~ kurz auf sie warten.
Wörter, die sich wiederholen, lassen sich durch ähnliche Begriffe oder durch Pronomen **ersetzen:**
Wie aus dem Nichts tauchte ein großer Hund auf. Der Hund wollte sich auf Tiffy stürzen. →
Wie aus dem Nichts tauchte ein großer Hund auf. Er/Das Tier wollte sich auf Tiffy stürzen.

Sätze verknüpfen

A Tiffy krallte sich in den Arm des Feuerwehrmanns. Sie hatte Angst.

B Ich dagegen atmete auf. Der Mann hielt unseren Liebling fest in seinen Armen.

C Mühsam kletterte er den Baum hinunter. Er konnte dabei nur einen Arm benutzen.

D Der Retter bewegte sich vorsichtig. Er und Tiffy kamen heil am Boden an.

E Mein Bruder war froh. Er jubelte vor Freude.

5 Auch diese Sätze hören sich steif und langweilig an.
a Verbindet sie zu Satzreihen oder zu Satzgefügen und schreibt sie in euer Heft.
b Notiert hinter eurer Lösung ein SR für Satzreihe oder ein SG für Satzgefüge, um zu kennzeichnen, welche Möglichkeit der Satzverknüpfung ihr gewählt habt.
●● c Experimentiert weiter mit den Sätzen, bis ihr zu jedem der Beispiele A–E mindestens eine Satzreihe und ein Satzgefüge gefunden habt.

Wissen und Können **Textverbesserung durch Satzverknüpfungen**

Mit Satzreihen (SR, ▸ S. 242) oder Satzgefügen (SG, ▸ S. 243) könnt ihr eure Texte **abwechslungsreicher** formulieren. Außerdem könnt ihr **Zusammenhänge deutlich** machen:
Der Feuerwehrmann legte uns Tiffy in die Arme. Wir waren glücklich.
→ *Der Feuerwehrmann legte uns Tiffy in die Arme und wir waren glücklich.* (SR)
→ *Als der Feuerwehrmann uns Tiffy in die Arme legte, waren wir glücklich.* (SG)

6 Verfasst Reizwortgeschichten zu folgender Wortgruppe:

Wecker | Hockeyturnier | letzter Moment

5.3 Fit in ...? – Nach Vorgaben erzählen

1 Schaut euch die Bilderfolge genau an. Achtung: Es sind zwei Höhepunkte vorhanden! Wo liegen diese eurer Meinung nach?

Hier findet ihr eine Erzählung zu der Bildergeschichte. Rechtschreibung und Zeichensetzung stimmen. Trotzdem ist der Aufsatz nicht gelungen.

VORSICHT FEHLER!

An einem schönen, warmen Herbstmorgen fuhren mein Zwillingsbruder Kevin und ich zum ersten Mal mit unseren neuen Fahrrädern in die Schule. [1] *Kurz winkten wir noch unserer Mutter zu und radelten dann mit unseren Schulrucksäcken los.* [2]

An der Schule angekommen, schloss mein Bruder unsere beiden Räder mit einem kräftigen Kettenschloss ab. [3] *Da wir beide um 13:00 Uhr Unterrichtsschluss hatten, wollten wir uns dann wieder bei den Fahrradständern treffen.* [4]

Endlich war die Schule zu Ende. Mit meinen Schulfreunden verließ ich das Schulhaus und eilte zum Fahrradabstellplatz. Von Weitem sah ich schon das [5] *blaue Fahrrad meines Bruders, aber der Platz daneben war* [6] *leer.* [7] [8] *Kevin hatte die beiden Räder doch angekettet! Nun stand seines unverschlossen da. Ich schaute es* [9] *genauer an und* [10] *entdeckte einen Platten am Hinterrad. Von meinem Bruder war weit und breit keine Spur zu sehen.* [11] [12] *meine Schulfreunde konnten mir auch nicht helfen.* [13] [14] *Mir blieb nichts anderes übrig, als zu Fuß heimzugehen* [15]. [16]

2 Untersucht den Aufbau:
- Hat die Erzählung eine Einleitung, einen Hauptteil mit Höhepunkt und einen Schluss?
- Sind alle für die Erzählung wichtigen Handlungsschritte ausgeführt?

3 Auch sprachlich ist der Aufsatz nicht gelungen.

a Hier findet ihr einige Sätze und Wendungen, die ihn verbessern können. Handelt es sich um wörtliche Rede, Beschreibungen …? Ordnet sie, wie im Beispiel vorgegeben. Schreibt in euer Heft.

1 Meines war feuerrot. Es hatte 21 Gänge, war ganz neu und ich war sehr stolz darauf.
2 Was ich da noch nicht wusste: Der Heimweg sollte für mich nicht so fröhlich werden.
3 „Das knackt kein Dieb", grinste er mich an.
4 Ich strich meinem Fahrrad noch einmal kurz über den Sattel, weil es mir ganz schwerfiel, mich von ihm zu trennen.
5 leuchtend
6 gähnend
7 Wo war mein Fahrrad?
8 Mein Herz fing an zu klopfen.
9 kopfschüttelnd
10 was sah ich da? Ich …
11 Was war hier geschehen?
12 Unsicher blickte ich mich um, aber …
13 Sie hoben ratlos die Schultern und trösteten mich:
14 „Das wird schon wieder auftauchen!" …
15 zu trotten
16 Selten kam mir meine Schultasche so schwer vor!

Wörtliche Rede:	*3, 14*
Beschreibung mit genauen Einzelheiten: …	…
Kennzeichnende Adjektive und Partizipien:	…
Lebendige Verben:	…
Fragesätze:	…
Gedanken, Gefühle:	…
Ein neugierig machender Köder:	…

b Übertragt den Aufsatz in euer Heft und fügt dabei an den markierten Stellen die passenden Verbesserungen ein.
c Schreibt die Geschichte im Heft zu Ende.
d Findet eine passende Überschrift.

4 Überprüft eure Fortsetzung mit Hilfe der Checkliste. Beachtet: Die Checkliste ist in zwei Teile geteilt. Oben findet ihr allgemeine Fragen. Darunter findet ihr besondere Fragen zu den unterschiedlichen Arten von Vorgaben (Bilder, Reizwörter, Sprichwörter).

Checkliste

Nach Vorgaben erzählen

Allgemein
- Habe ich eine **treffende Überschrift** gewählt, die neugierig auf den Text macht?
- Informiert meine **Einleitung** über die wichtigsten Figuren, die Zeit und den Ort? Führt sie in die Handlung ein?
- Ist mein **Hauptteil lebendig und anschaulich** erzählt und enthält er Folgendes?
  - wörtliche Rede
  - ausdrucksstarke Verben
  - treffende Adjektive
  - die Beschreibung von Gedanken, Gefühlen und Sinneseindrücken
  - abwechslungsreiche Satzanfänge
- Bauen die **Handlungsschritte** im Hauptteil sinnvoll und logisch aufeinander auf oder gibt es Brüche oder unlogische Stellen?
- Hat meine Geschichte einen **Höhepunkt?**
- Erzähle ich in der Regel im **Präteritum?**
- Sind die **Rechtschreibung** und die **Zeichensetzung** korrekt?

Zu Bildern erzählen
- Habe ich die **Bilder genau ausgewertet** und v. a. auf die **Gestik, Mimik und Körperhaltung** der Figuren geachtet?
- Habe ich die auf den **Bildern** dargestellten Handlungsschritte in meine Erzählung übernommen?
- Habe ich sie logisch miteinander verknüpft, indem ich davor, dazwischen und danach sinnvolle **Handlungsschritte** oder Überleitungen **ergänzt** habe?
- Gebe ich die **Gedanken und Gefühle** der Figuren so wieder, wie ich sie aus den Bildern herausgelesen habe?

Zu Reizwörtern erzählen
- Habe ich **alle Reizwörter** aufgegriffen?
- Spielen sie für die Geschichte eine **wichtige Rolle?**

Zu einem Sprichwort erzählen
- Habe ich das Sprichwort als **Überschrift** verwendet?
- Passt der Inhalt meiner **Geschichte zur Bedeutung/Aussage** des vorgegebenen Sprichworts?
- Greife ich im **Schluss** das Sprichwort noch einmal wörtlich auf (z. B. in einer wörtlichen Rede)?

6 Jugendbücher – Aussuchen, lesen, vorstellen

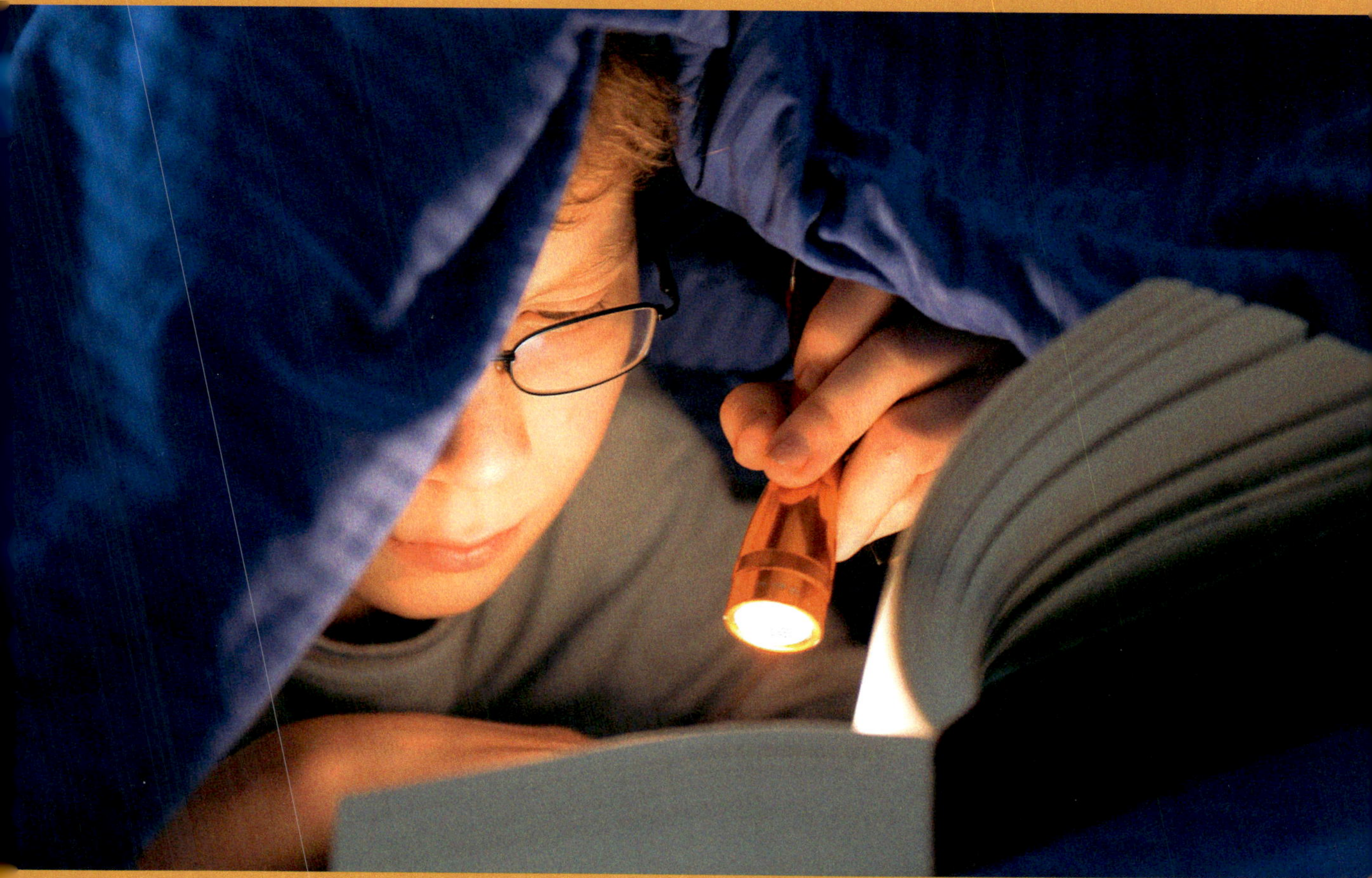

1 a Betrachtet den lesenden Jungen auf dem Bild.
- Was fällt euch an ihm als Erstes auf?
- Könnt ihr euch vorstellen, was zu seiner konzentrierten Lesehaltung führt?

b Habt ihr auch schon mal nachts unter der Bettdecke gelesen? Wenn ja, welches Buch war das?

2 Tauscht euch darüber aus, was und wie ihr am liebsten lest.
- Welches Buch habt ihr zuletzt gelesen?
- Welche Lieblingsbücher habt ihr?
- Gehört ihr zur Comic- oder zur Manga-Fangemeinde?
- Wann lest ihr am liebsten? Welche Bedeutung haben Bücher für euch?

3 Erstellt eine Liste mit euren Lieblingstiteln.

6.1 Ein Jugendbuch lesen

Titelbild und Klappentext – Erwartungen formulieren

Frieda ist sauer. Sie hat Tom gerade erst kennen gelernt, aber weil er so nett war, hat sie ihm ein teures Fernglas ausgeliehen. Und jetzt ist er nicht gekommen, um es ihr zurückzubringen. Da ist doch was faul! Gemeinsam mit Lisa versucht sie der Sache auf die Spur zu kommen – und hat schon bald einen Verdacht: Wird Tom etwa von Benno und Sven aus ihrer Schule erpresst? Frieda und Lisa geraten in ein Spiel, das schon bald keines mehr ist …

Die Autorin des Romans, Sigrid Zeevart, wurde 1960 in Aachen geboren. Ihre zahlreichen Kinder- und Jugendbücher wurden in viele Sprachen übersetzt und mehrfach ausgezeichnet.

1 Titelbilder sollen den Leser ansprechen und neugierig auf das Buch machen.
- a Beschreibt das Titelbild genau.
- b Welche Erwartungen ruft es bei euch hervor? Stellt Vermutungen an, ob das Buch eher lustig oder eher spannend ist.

2 Der Klappentext fasst den Inhalt eines Buches zusammen, ohne zu viel zu verraten: Er reizt zum Kauf an.
- a Wer ist die Hauptfigur? Wer spielt noch eine Rolle? Legt eine Übersicht an und tragt ein, was ihr aus dem Klappentext über die Beziehungen der Figuren erfahren habt.
- b Überlegt, wie die Geschichte weitergehen könnte.

Handlung und Figuren kennen lernen

Sigrid Zeevaert

Mehr als ein Spiel – Frieda und die anderen

Frieda ist auf dem Heimweg von der Schule.

Am Ende der Straße sah sie plötzlich Benno und Sven. Frieda verlangsamte ihren Schritt, blieb unschlüssig stehen. Ob die beiden ihr wieder drohen wollten? Aber sie hatte ihnen doch gar nichts getan.

Langsam ging sie weiter, wechselte schon mal die Straßenseite, aber Benno und Sven taten es ihr nach.

Frieda bekam weiche Knie.

„Guck mal, Benno!“, rief der, der dann wohl Sven war. „Da kommt ja die Kleine, die sich immer in Sachen einmischt, die sie nichts angehen.“

„Genau“, stimmte Benno ihm zu. „Und dann behauptet sie auch noch, alle möglichen Ferngläser gehörten ihr.“ Langsam kamen die beiden näher.

Frieda sah sich um. Zum Davonrennen war es zu spät. Benno und Sven waren bestimmt schneller.

Schon standen sie vor ihr, Benno packte sie am Arm, Sven fasste sie am Kinn. „Hast du Geld dabei?“, fragte er.

„Nein, ich ...“ Frieda schnappte nach Luft. „Das heißt, ja.“

„Gut“, zischte Sven. „Dann her damit, aber schnell!“ Frieda suchte die drei Mark heraus, die in ihrer Hosentasche steckten, und gab sie Sven. „Ist das alles?“, fragte der.

Frieda nickte. Ihr schossen Tränen in die Augen. „Beim nächsten Mal reicht das aber nicht.“ Wieder fassten die beiden sie am Arm, verdrehten ihn, bis sie aufschrie.

Dann endlich ließen sie los. „Wir warnen dich“, sagten sie. „Mach keine Zicken.“ Sie drehten sich um, verschwanden eilig und ließen Frieda einfach stehen.

Fast den ganzen Nachmittag blieb Frieda bei Lisa, obwohl sie zuerst noch überlegt hatte, ob sie überhaupt hingehen sollte. Nicht wegen Lisa, aber sie wollte Benno und Sven nicht noch einmal über den Weg laufen.

Ganz durcheinander war sie mittags gewesen und sie hatte im ersten Moment gar nicht gewusst, wohin. Schließlich war sie aber nach Hause gegangen, hatte sich das Essen, das im Kühlschrank stand, aufgewärmt und dabei an Anna gedacht. An Anna[1], die irgendwo am anderen Ende der Welt war und ihr fehlte. Vielleicht sollte sie Anna einfach mal einen Brief schreiben und ihr von allem erzählen? Aber bis der Brief Anna überhaupt erreichen würde, vergingen ja Wochen! Frieda hatte überlegt und das Briefeschreiben dann doch auf später verschoben, weil sie ja noch eine Verabredung hatte, die Lisa hieß und neuerdings in der Schule neben ihr saß.

Lisa wohnte mit ihrer Mutter allein. Brüder und Schwestern hatte sie nicht, nur Felix, das Meerschweinchen. Lisa hatte es gut! Frieda hätte auch gern ein Meerschweinchen gehabt oder einen Kanarienvogel oder eine Schildkröte statt einem Bruder.

„Ich werde später mal Tierzüchterin“, sagte Lisa und streichelte Felix.

„Ich wahrscheinlich auch“, sagte Frieda. „Oder ich gehe zum Zirkus.“

„Etwa als Seiltänzerin?“

Frieda zuckte mit den Achseln. „Mal sehen“, sagte sie. „Als Seiltänzerin oder als Dompteurin.“

Lisa setzte Felix in den Käfig zurück. „Am Anfang wollte er gar nicht hierhin“, sagte sie. „Ich

1 Friedas Freundin Anna ist nach Australien gezogen.

glaube, er hatte Heimweh. Ich aber nicht.“ Sie drehte sich um. „Hast du auch Durst?“, fragte sie, rannte in die Küche und kam mit zwei Gläsern Cola zurück.

Beide tranken sie ihre Gläser fast in einem Zug leer. „Willst du noch mehr?“, fragte Lisa.

Frieda nickte. Und wenig später saßen sie da und Lisa zeigte Frieda, wie sie mit Cola gurgeln konnte. Mit Cola gurgeln konnte Frieda auch, obwohl es ziemlich im Hals brannte.

Sie tranken und gurgelten, bis Lisa eine Tüte Gummiteufel hervorkramte und sagte: „Du bist jetzt ungefähr meine zehnte Freundin.“

Frieda nickte, nahm zwei Gummiteufel aus Lisas Tüte und sagte: „Du ungefähr auch.“

Sie aßen jeder noch sechs weitere Gummiteufel, dann stand Frieda auf und sagte, sie müsse nach Hause.

„Ich müsste jetzt auch“, sagte Lisa. „Ich meine, wenn ich nicht schon zu Hause wäre.“

Auf dem Rückweg hatte Frieda es nicht sehr eilig und um die Straße, in der sie Benno und Sven begegnet war, schlug sie lieber einen Bogen. Wenn man neue Wege probierte, konnte man sowieso viel besser über alles nachdenken.

Über Cola und Gummiteufel, die sich jetzt im Bauch mischten, über Meerschweinchen und Kanarienvögel und Schildkröten und Katzen und Wünsche, die eines Tages vielleicht doch noch in Erfüllung gingen.

Über Benno und Sven dagegen, über Tom, Bastian, das Fernglas und die tote Ratte, die sie beerdigt hatte, dachte Frieda ausnahmsweise nicht weiter nach. Nicht an diesem Nachmittag, der eigentlich ja doch noch ganz schön geworden war.

Die erste Stunde hatten sie frei und so ließ Frieda sich an diesem Morgen etwas mehr Zeit, ging sogar einen kleinen Umweg, kam am Gymnasium vorbei, sah über das Mäuerchen auf den Schulhof und traute plötzlich ihren Augen nicht: Dicht bei den Tischtennisplatten stand Tom! Sie blieb stehen und winkte

kurz, als er in ihre Richtung sah. Im ersten Moment wunderte sie sich zwar, dass Tom nicht zurückwinkte, erklärte es sich dann aber damit, dass er ja so tun musste, als kenne er sie nicht. Wenn es sein musste, tat sie eben auch so. Sie glaubte fest daran, was er ihr am Telefon gesagt hatte, und auch, dass er hielt, was er versprach.

Frieda setzte ihren Weg fort. Was, fragte sie sich, war nur mit dem Fernglas passiert? Hatten Benno und Sven es Tom abgenommen, so wie ihr die drei Mark? Oder hatte er es ihnen freiwillig gegeben, weil er so tun musste, als ob er zu ihnen gehörte? Frieda knibbelte an ihren Fingernägeln. Wenn sie nur wüsste, was das alles bedeutete. Und ob es wirklich so war, wie sie es sich dachte. Vielleicht steckte Tom ja auch mit Benno und Sven unter einer Decke und spielte ihr nur etwas vor?

Auf einmal war Frieda ganz unsicher und wusste nicht mehr, was sie glauben sollte. Es war alles so seltsam und sie hatte Angst vor Benno und Sven. Dabei musste sie Bastian[2] das blöde Fernglas doch bald zurückgeben.

Den ganzen Vormittag dachte Frieda an nichts anderes und überlegte, was sie jetzt machen sollte.

2 Bastian ist Friedas Bruder. Ihm gehört das Fernglas.

1 Erklärt, was Lisa mit dem verschwundenen Fernglas zu tun hat. Der Klappentext (▶ S. 94) gibt weitere Hinweise.

2 a Teilt die Geschichte in Erzählschritte ein. Nehmt dazu das Grundwissen auf S. 299 zu Hilfe.
b Die Geschichte erzählt nicht alle Ereignisse in der Reihenfolge, in der sie passiert sind. Verschafft euch einen Überblick über den Ablauf. Erstellt dazu einen Zeitstrahl nach folgendem Muster und tragt ein, wann sich welches Ereignis zugetragen hat:

3 „Vielleicht sollte sie Anna einfach mal einen Brief schreiben und ihr von allem erzählen?“ (▶ S. 95, Z. 49–51). Verfasst in Friedas Namen einen solchen Brief und erzählt Anna von der Begegnung mit Sven und Benno (▶ S. 95, Z. 1–37).

4 Frieda denkt über die Situation mit Tom und dem Fernglas nach.
- Welche Fragen stellt sie sich? Findet die entsprechenden Textstellen.
- Überlegt euch mögliche Antworten auf diese Fragen.
- Was soll Frieda nur machen? Schreibt ihr einen Brief und gebt ihr Tipps.

5 Zeigt in einem Standbild, wie Frieda sich nach den Ereignissen fühlt.
a Überlegt dazu: Wie steht Frieda zu Benno und Sven, wie zu Tom und wie zu Lisa?
b Baut nun die Standbilder. Die Hinweise im blauen Kasten helfen euch.
c Präsentiert eure Standbilder den anderen Gruppen und vergleicht die Anordnung, die Gestik und Mimik der Figuren. Wie kommt es zu den Unterschieden?

Wissen und Können **Standbilder bauen**

In einem Standbild kann man sichtbar machen, welche Gefühle Figuren füreinander hegen. So könnt ihr vorgehen:
- Macht euch genau klar, welche Situation oder welche Textstelle ihr darstellen wollt.
- Bestimmt, wer von euch welche Figur spielt und wer der Regisseur ist. Die übrigen beraten.
- Der Regisseur stellt die Figuren so auf, dass deutlich wird, wie sie „zueinander stehen“: Wenn sie einander nahe sind, können sie z. B. nahe beieinanderstehen. Auch Gestik (Körperhaltung) und Mimik (Gesichtsausdruck) kann der Regisseur bestimmen.
- Nun helfen die Berater, damit das Standbild verständlich und aussagekräftig wird.
- Die Figuren verharren unbeweglich wie Statuen.

6 a Lisa und Frieda sprechen über ihre Zukunftspläne. Fasst ihre Ideen zusammen.
b Welche Träume und Wünsche, die eines Tages auch in Erfüllung gehen sollen, habt ihr? Malt ein Bild von euch und euren Träumen und Wünschen.

Die Erzählweise untersuchen

Sigrid Zeevaert

Mehr als ein Spiel – Es wird ernst

Frieda weiht Lisa ein. Die Mädchen finden heraus, dass Sven und Benno zu einer Bande gehören, die kleinere Jungen zum Stehlen zwingt. Tom ist der Bande ebenfalls auf der Spur und wurde von Sven und Benno verprügelt. Durch Zufall entdecken die Mädchen das Diebeslager auf einem Schrottplatz und wollen dort Beweise gegen die Bande sammeln.

Eine Weile hockten sie da, und weil der Schrottplatz immer noch still vor ihnen lag, krochen sie schließlich durch das Loch im Zaun und sausten fast lautlos zur Baracke hinüber. Dicht unter dem Fenster hielten sie inne, spitzten die Ohren. Da waren Stimmen von drinnen zu hören! Frieda und Lisa hielten die Luft an.

Es waren mehrere Stimmen und Frieda und Lisa schien es, als wären die von Benno und Sven auch dabei. Sie redeten durcheinander, dann war es einen Augenblick still und schließlich hörte man, wie einer sagte: „Er muss von der Bildfläche verschwinden, sonst macht er uns noch alles kaputt. Wenn die Prügel, die Benno und Sven ihm verpasst haben, nicht ausreichen, dann müssen wir uns eben etwas anderes überlegen.“ Wieder war es einen Moment still, bis eine andere Stimme fortfuhr: „Wie wäre es mit einer kleinen Entführung?“

Die Stimmen sprachen durcheinander und leider konnte man nicht alles verstehen.

„Entführung ist Quatsch“, hörten sie schließlich wieder eine Stimme sagen und die anderen wurden ruhig. „Schließlich können wir ihn ja auch nicht ewig gefangen halten.“

„Und wenn ihm einfach ein Unfall passiert? Möglich wäre das ja.“

„Du hast wohl zu viele Krimis gesehen“, sagte einer. Und ein anderer sagte: „Wieso? So schlecht ist die Idee doch eigentlich nicht. Jedenfalls kann er uns dann nicht mehr alles vermasseln.“

„Oder wir knöpfen uns die Knirpse vor und sagen ihm, dass die Kleinen dran sind, sobald er was macht.“ Wieder redeten sie durcheinander und Frieda merkte, wie es in ihrer Nase kitzelte. Nur nicht niesen, dachte sie, sonst ist alles zu spät.

Drinnen wurde es wieder still und dann war plötzlich von den Mädchen die Rede, die ihnen ja auch langsam unbequem wurden und für die man sich noch etwas ausdenken musste. Frieda kniff Lisa vor Schreck in den Arm. Lisa gab ihr einen Stoß.

Drinnen wurde wieder durcheinandergesprochen und man konnte kein Wort verstehen. Als es leiser wurde, konnten sie hören, dass es um eine Ladung ging, die morgen Nachmittag pünktlich übergeben werden musste.

„Lass uns verschwinden", flüsterte Lisa Frieda kaum hörbar ins Ohr. Und obwohl Frieda gern noch länger gelauscht hätte, war sie einverstanden, denn hier von der Bande erwischt zu werden war garantiert alles andere als schön. [...]

„Tag!", sagte jemand, als Frieda gerade durch die Haustür nach oben verschwinden wollte. Erschrocken wandte sie sich um.

Tom! „Ja, aber ...", Frieda verstand nicht so ganz. „Was machst du denn hier?"

Tom grinste. „Na was wohl? Ich stehe hier und warte auf dich."

Frieda verzog ihr Gesicht. „Das sehe ich selbst", murmelte sie.

„Jedenfalls wollte ich mit dir reden", sagte Tom. „Mit dir und deiner Freundin Lisa." Er sah sich um und fügte dann etwas leiser hinzu: „Ihr seid meine letzte Hoffnung. Mein Freund Jan fällt nämlich aus, weil er mit Masern im Bett liegt. Und mein Freund Joscha behauptet, das alles wäre ihm zu blöd. Dabei hat er wahrscheinlich nur Angst." Tom seufzte. „Tja. Und deswegen bitte ich euch eben um Hilfe. Allein schaffe ich es nicht."

Frieda holte Luft. Sie zögerte einen Moment, und bevor sie näher nachfragte, was Tom vorhatte, sagte sie: „Wir wollten sowieso noch zu dir, um dich zu warnen." Sie trat einen Schritt näher zu Tom und erzählte ihm hastig von dem, was sie unter dem Fenster der Baracke mit angehört hatten.

Tom biss sich auf die Lippe. „Klingt nicht sehr spaßig", murmelte er, als Frieda fertig war.

Frieda nickte und trat von einem Fuß auf den anderen. Ein Mann ging vorbei, und nachdem er sich wieder entfernt hatte, fragte Tom leise: „Helft ihr mir trotzdem?"

Frieda antwortete nicht gleich. Sie dachte an das Messer, das Benno und Sven ihr vor die Nase gehalten hatten, und daran, wie scharf und spitz es wohl war und ...

„Die Kleinen machen alles, weil Manni und die anderen der Bande sie zwingen", hörte sie Tom sagen. „Sie stehlen sogar im Kaufhaus für sie."

Frieda schluckte. „Wir haben es selbst gesehen", ereiferte sie sich. „Bei dem kleinen Rothaarigen zumindest."

„Du meinst Pitti", sagte Tom und fügte nachdenklich hinzu: „Und für morgen ist also eine Übergabe geplant. Das kommt doch eigentlich wie gerufen für uns." Er sah Frieda an. „Also?"

„Wir helfen dir", sagte Frieda und ihre Stimme klang irgendwie dünn. „Lisa ist bestimmt mit dabei. Schließlich muss ja etwas geschehen, damit das Ganze mal aufhört."

Tom stimmte ihr zu. Wieder sah er sich nach allen Seiten um und dann besprachen sie zusammen Toms Plan.

1 Was erfahren die Mädchen, als sie auf dem Schrottplatz die Diebesbande belauschen? Sammelt die Informationen in Form eines Clusters.

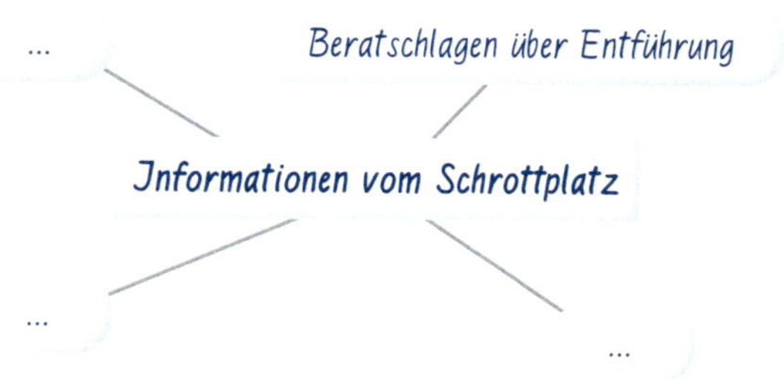

2 Die Szene im Treppenhaus wirkt spannend.

a Begründet, warum diese Situation für die Beteiligten spannend ist. Versetzt euch in ihre Lage.

b Untersucht, mit welchen Mitteln es der Erzählerin gelingt, Spannung zu erzeugen. Achtet auf das Auftauchen Toms, das Zusammentreffen der beiden, die wörtlichen Reden usw.

3 Bereitet entweder die Szene auf dem Schrottplatz oder die Szene im Treppenhaus für einen betonten Lesevortrag (► S. 133) vor.

a Überlegt, wie viele Figuren benötigt werden und wer welche Rolle liest. Denkt auch an einen Erzähler.

b Versucht bei eurem Vortrag die Spannung der Situation und die Gefühlslage der beteiligten Figuren wiederzugeben.

c Präsentiert eure Szene vor der Klasse.

4 „... und dann besprachen sie zusammen Toms Plan" (► S. 99, Z. 107 f.).

a Bildet Gruppen und entwerft einen Plan, wie man gegen die Diebesbande vorgehen könnte.

b Stellt der Klasse euren Plan vor und wählt den besten Vorschlag aus.

Testet euer Wissen!

Ein Lesetagebuch führen

1 Stellt ein Lesetagebuch eurer Lektüre von „Mehr als ein Spiel" zusammen:

- Heftet die Übersicht über die wichtigen Figuren hinein, die ihr am Anfang angefertigt habt (► S. 94).
- Falls ihr die Aufgaben auf S. 97 bearbeitet habt, könnt ihr folgende Arbeiten aufnehmen:
  - den Zeitstrahl,
  - den Brief von Frieda an Anna und
  - euren Brief an Frieda.
- Malt ein Bild zur Szene auf dem Schrottplatz (► S. 98 f.).
- Schreibt nach dem zweiten Textauszug (► S. 98 f.) aus der Sicht Friedas einen Tagebucheintrag, in dem sie sich über die Bedrohung durch Benno und Sven Gedanken macht.

  Falls ihr das ganze Buch gelesen habt, lasst euch von den Arbeitsvorschlägen im blauen Kasten anregen und ergänzt euer Lesetagebuch.

Wissen und Können **Ein Lesetagebuch führen**

In ein Lesetagebuch könnt ihr während der Lektüre des Buches eure Leseeindrücke eintragen. Dadurch könnt ihr zeigen, wie ihr ganz persönlich den Text versteht und was ihr wichtig daran findet.

Mögliche **Inhalte** sind:
- wichtige Sätze und Abschnitte aus dem Roman,
- Bilder, Bildergeschichten oder Comics zu wichtigen Textstellen,
- Figuren-Steckbriefe,
- Informationen über wichtige Orte, die im Roman vorkommen,
- Briefe oder E-Mails an eine Figur,
- mögliche Tagebucheinträge oder Briefe von Figuren,
- Zusammenfassungen zu einzelnen Kapiteln:
  Was passiert im Verlauf der Handlung?
  Welcher Gegenstand steht im Mittelpunkt?
  Wer spielt eine wichtige Rolle?
  ...

Tipps zur **Gestaltung** des Lesetagebuchs:
- Legt ein DIN-A5-Heft oder einen Schnellhefter an.
- Gestaltet das Titelbild passend zur Lektüre. Titel und Autor sollten darauf unbedingt angegeben sein.
- Nummeriert die Seiten fortlaufend.
- Legt ein Inhaltsverzeichnis an.
- Achtet bei jedem Eintrag auf eine ansprechende Gestaltung.
- Schreibt leserlich und unterstreicht Wichtiges.

2 Sprecht in der Klasse darüber, wie euch das Erstellen des Lesetagebuchs gefallen hat: Was hat euch Spaß gemacht, was vielleicht Schwierigkeiten bereitet?

3 a Tauscht eure Lesetagebücher nun untereinander aus und schmökert darin. Vielleicht hatte euer Mitschüler/eure Mitschülerin auch eine kreative Idee, die euch beeindruckt.

b Verfasst eine knappe Rezension (= Bewertung/Stellungnahme) zum Lesetagebuch eures Partners. Übertragt dazu diese Tabelle auf ein Blatt, füllt sie aus und gebt sie dem Verfasser des Lesetagebuchs.

Rezension zum Lesetagebuch von ... **aufgeschrieben von ...**	
+	**–**
Besonders gelungen finde ich ..., denn ...	*Nicht verstanden habe ich: ...*
Die schönste Seite ist meiner Meinung nach die Seite ..., weil ...	*An Aufgabe ... könntest du vielleicht noch Folgendes überarbeiten: ...*

6.2 Ein Ort für Bücher – Bibliotheken erkunden

Bücher finden

1 In fast jedem größeren Ort findet man eine Bücherei. Auch an den meisten Schulen gibt es eine Bibliothek.

a Wart ihr schon einmal in einer Bibliothek? Was habt ihr ausgeliehen?

b Erkundigt euch nach der nächstgelegenen Bücherei und ihren Öffnungszeiten. Welche Möglichkeiten gibt es, sich zu informieren?

In einer Bücherei gibt es eine Vielzahl verschiedener Medien (Bücher, CD-ROMs, Zeitschriften, Spiele, DVDs, CDs ...). Um ein bestimmtes Buch möglichst schnell zu finden, gibt es ein spezielles System, nach dem die Bücher geordnet sind. Stellt deshalb Bücher, die ihr nicht entleihen wollt, immer genau an die Stelle im Regal zurück, von der ihr sie genommen habt. Nur so können die Bibliotheksbenutzer nach euch sie problemlos finden.

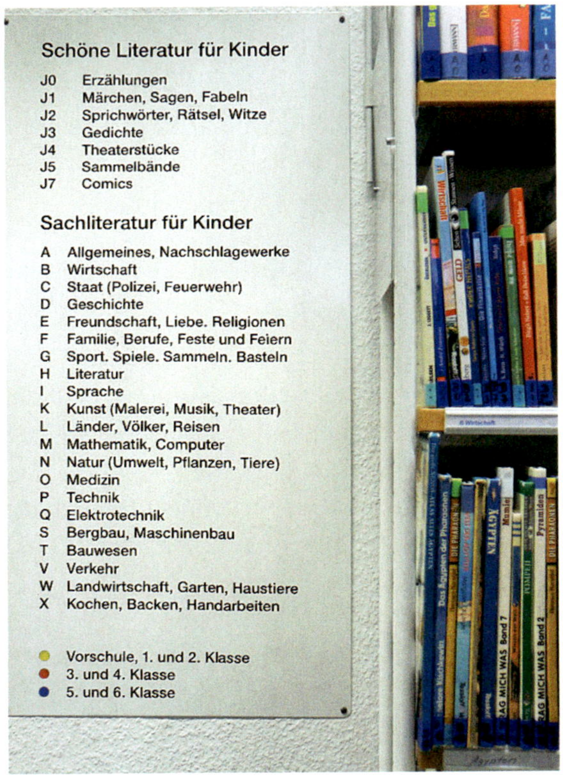

2 Die farbigen Etiketten auf dem Buchrücken helfen, ein bestimmtes Buch schnell in den Regalen der Bibliothek zu finden.

a Lest die Erklärung und entscheidet, zu welchen Sachgebieten die Bücher auf dem Foto gehören.

b Entschlüsselt dann mit Hilfe der Erklärung die Farben und Buchstaben, die so genannte Signatur, auf den Etiketten.

c Findet ihr für das aus dem Englischen stammende Wort „Comic" eine deutsche Bezeichnung?

Wenn ihr die Signatur eines Buches nicht kennt, könnt ihr auch über den Bibliothekskatalog nach diesem Buch suchen.

3 Ben interessiert sich für bedrohte Tierarten. Gebt ihm Tipps, wie er ein passendes Buch finden könnte.

Wissen und Können **Bibliothekskatalog**

Bücher, Zeitschriften, CDs ... findet man in einem Bibliothekskatalog unter
- dem **Autorennamen,** z. B. *Zeevaert,*
- dem **Titel,** z. B. *Mehr als ein Spiel,*
- einem **Schlagwort** wie *Wale, Mountainbike.*

4 Ihr möchtet herausfinden, ob Sigrid Zeevaert noch weitere Bücher geschrieben hat. Wie geht ihr in der Bibliothek vor?

5 Findet heraus, von welchen Autorinnen oder Autoren die folgenden Bücher stammen:

Timm Thaler oder das verkaufte Lachen

Die Reise zum Mittelpunkt der Erde

Wir pfeifen auf den Gurkenkönig

Und wenn ich zurückhaue?

Keine Hosenträger für Oya

Die rote Zora und ihre Bande

Emil und die Detektive

Klassenbücherei

Ihr könnt in der Klasse auch eine Tauschbörse mit euren eigenen Büchern einrichten.

1 Plant eure Klassenbücherei:
a Überlegt euch, wo ihr die Bücher aufbewahren wollt.
b Legt ein System fest, nach dem ihr die Bücher ordnet (z. B. nach Autoren oder Sachgebieten).
c Besprecht mit euren Eltern, welche Bücher ihr für die Klassenbücherei zur Verfügung stellen dürft.

2 Verfasst Büchersteckbriefe, um das Interesse an euren Büchern zu wecken.
Die Steckbriefe könnt ihr
– an einer Wäscheleine quer durchs Klassenzimmer aufhängen oder
– in einem Ordner zum Nachschlagen abheften.

Autor:
Klaus Kordon

Titel:
Die Flaschenpost

Inhalt:
Deutschland vor 1989: Das Land ist geteilt, Berlin auch. Matze, der in Ost-Berlin lebt, wirft eine Flaschenpost in die Spree, die Lika, ein Mädchen aus West-Berlin, findet. Die beiden schreiben sich zunächst ein paar Briefe. Schließlich wollen sie sich persönlich kennen lernen und sie vereinbaren ein Treffen, von dem die Eltern aber nichts wissen dürfen.

Was mir gefallen hat:
Ich finde es gut, dass Lika und Matze trotz des Verbots der Eltern weiter Kontakt zueinander halten wollen. Ihre Freundschaft ist ihnen sehr wichtig.

Unterschrift:
Stefanie

3 Damit die Ausleihe reibungslos funktioniert, solltet ihr für jedes Buch eine Karteikarte anlegen.

Autor:

Titel:

ausgeliehen an:

Name	von …	bis …
…	…	
…	…	

4 a Erstellt eine Benutzerordnung und überlegt, was alles geregelt werden muss.
– Wann können Bücher ausgeliehen werden?
– Was passiert, wenn ein Buch beschädigt wird?
– Wie lange darf man das Buch behalten?
b Hängt die Benutzerordnung für alle gut sichtbar im Klassenzimmer aus.

5 Richtet einen Büchereidienst ein, der zuverlässig die Ausleihe und Rückgabe der Bücher regelt.

6.3 Das Tor zum Garten ... – Jugendbücher in einem bewerteten Projekt vorstellen

Die Aufträge verteilen

Zunächst ist Angelito verstört, dann ist es wie ein Traum: Die reichen Zambranos nehmen ihn, den Betteljungen, zu sich – als Spielkameraden für ihren Sohn Gregorio. Lange Zeit geht alles gut. Angelito erfüllt die Erwartungen seiner Familie, auch in der Schule lernt er schnell.
Doch dann kommt Gregorio auf eine verrückte Idee: Er möchte das Leben kennen lernen, das Angelito früher geführt hat. In abgerissenen Kleidern machen sich die beiden in die Welt der Armen und der Straßenkinder Lateinamerikas auf.

Die Autorin des Romans, Gudrun Pausewang, wurde 1928 in Wichstadtl geboren, das heute in Tschechien liegt und Mladkov heißt. Sie hat viele bekannte Jungendbücher über die Probleme unserer Zeit verfasst.

1 Betrachtet das Titelbild und lest den Klappentext.
a Beschreibt, was ihr seht.
b Was erfahrt ihr über die Hauptfiguren?
c Besprecht, welchen Schwierigkeiten sie begegnen könnten.

2 In einem Projekt arbeitet ihr arbeitsteilig in Gruppen zusammen, die jeweils unterschiedliche Aufträge haben. Am Ende tragt ihr eure Ergebnisse zusammen und stellt sie euch gegenseitig vor. Findet euch in der Klasse in fünf etwa gleich großen Gruppen zusammen. Auf den folgenden Seiten findet ihr Aufträge für eure fünf Gruppen.
Jeder Auftrag umfasst inhaltliche und kreative Aufgabenvorschläge, die ihr nach der Lektüre des Buches bearbeiten könnt.
Ähnliche Aufgaben kann man auch für alle anderen Bücher stellen.

3 a Sucht aus den folgenden Aufträgen zu dem Buch „Das Tor zum Garten der Zambranos“ von Gudrun Pausewang für euch und eure Gruppe eine passende Aufgabe aus.
b Sprecht euch mit der Klasse ab, um Doppelungen zu vermeiden.

Gruppe „Angelito“/„Gregorio“ –
Die Entwicklung der Hauptfiguren untersuchen

Die Hauptfiguren in Büchern machen häufig eine Entwicklung durch, z. B. vom schüchternen Kind zum selbstbewussten Jugendlichen.

- Erstellt einen Steckbrief (▸ S. 15) zu Angelito/Gregorio, wie ihr sie in den ersten sieben Kapiteln kennen lernt. Berücksichtigt alles, was ihr bis dahin über sie erfahren habt.
- Stellt die Entwicklung von Angelito und/oder Gregorio dar: Wie leben und fühlen sie jeweils, bevor sie sich kennen lernen, während ihrer gemeinsamen Erlebnisse und als sie wieder auf sich allein gestellt sind?

Gruppe „Freundschaft“ – Zentrale Themen erschließen

Jugendbücher thematisieren häufig menschliche Gefühle. Freundschaft ist das Gefühl, das in „Das Tor zum Garten ...“ Menschen verbindet, aber auch immer wieder für Probleme sorgt.

- Klärt, was Freundschaft für Angelito und Gregorio bedeutet. Denkt dabei an ihre Freundschaft untereinander, aber auch an die zu anderen Figuren aus dem Buch.
- Baut zu wichtigen Textstellen Standbilder (▸ S. 97), die die Beziehungen zwischen den Figuren verdeutlichen. Fotografiert die Ergebnisse, klebt sie auf Plakate und schreibt kurze Erklärungen dazu: Was sagen die Standbilder für euch aus?

Gruppe „Straßenkinder“ – Über reale Hintergründe informieren

Jugendbücher befassen sich häufig mit Problemen, die es wirklich gibt. In „Das Tor zum Garten ...“ geht es um die Lebensumstände von Straßenkindern wie Angelito und seinen Freunden.

- Recherchiert die schwierige Lage von Straßenkindern in Südamerika. Sammelt Material und Informationen in der Bücherei, im Internet oder fragt euren Erdkundelehrer.
  - Unter welchen Umständen leben diese Straßenkinder?
  - Wie kann es zu so viel Armut kommen?
  - Was können wir von Deutschland aus gegen diese Missstände unternehmen?
- Präsentiert eure Ergebnisse in Form eines Plakats oder eines Flyers.

Gruppe „Baumhaus" – Wichtige Orte beschreiben
Oft spielen bestimmte Orte in Büchern eine zentrale Rolle. Für die beiden Hauptfiguren Angelito und Gregorio ist das Baumhaus ein wichtiger Ort.
- Sucht Textstellen, an denen ihr erfahrt, wann die Jungen sich dort treffen und wie das Baumhaus aussieht.
- Baut ein Modell, mit dem ihr das Baumhaus veranschaulicht.
- Schreibt einen kurzen Text, in dem ihr erklärt, welche Bedeutung das Baumhaus für die Jungen hat. Belegt eure Aussagen mit passenden Textstellen.

Gruppe „Inhalt" – Was passiert in der Geschichte?
Ziel einer Inhaltszusammenfassung ist es, dass jemand, der das Buch nicht kennt, schnell in die Handlung Einblick gewinnt.
- Der Klappentext bricht da ab, wo es spannend wird. Schreibt ihn zu Ende: Wie geht es mit den Jungen weiter? Wie endet die Geschichte?
- Sucht vier oder fünf Gegenstände, die für die Handlung ab Kapitel 17 bedeutsam sind. Erläutert, was sie mit der Geschichte zu tun haben und weshalb sie eurer Meinung nach wichtig sind.
- Sucht eine wichtige Szene aus, die ihr zu einem lebendigen Dialog umformt. Diesen könnt ihr dann vor der Klasse inszenieren (▸ S. 172). Vergesst die Requisiten, Kostüme, Maske usw. nicht.

Die Arbeit planen und durchführen

1 a Klärt, wie viel Zeit ihr für die Arbeit in den Gruppen habt, und erstellt einen Zeitplan. Er bewahrt euch davor, die Zeit aus den Augen zu verlieren.
b Hängt den Zeitplan für alle gut sichtbar im Klassenzimmer auf.

Zeitplan für das bewertete Projekt „Das Tor zum Garten der Zambranos"	
Montag, den XX.XX.XX	*2./3. Stunde*
Mittwoch, den XX.XX.XX	*5. Stunde*
...	...
Freitag, den XX.XX.XX	*Präsentation der Ergebnisse* *Beenden des Projekts*

2 Bereitet euer Klassenzimmer für die Arbeitsphasen in der Gruppe vor:
- Alles, was nicht benötigt wird, wird in der Schultasche „geparkt".
- Schiebt Tische und Stühle so zusammen, dass jede Gruppe Platz zum Arbeiten hat.

3 a Findet euch in euren Gruppen ein, besprecht euer Vorgehen und verteilt ggf. einzelne Aufgaben, z. B. das Besorgen von Requisiten.
b Legt ein Arbeitsprotokoll an. Hinweise dazu findet ihr im blauen Kasten.

Wissen und Können **Ein Arbeitsprotokoll führen**

In einem bewerteten Projekt geht es nicht nur darum, dass ihr am Ende ein **vorzeigbares Ergebnis präsentieren** könnt. Ihr sollt auch den **Weg zu diesem Ergebnis festhalten.**

In einem **Arbeitsprotokoll** könnt ihr eure Arbeitsschritte planen, festhalten und selbst bewerten. So zeigt euch das Arbeitsprotokoll auch schon während der Arbeitsphase, in welchen Bereichen ihr eure Ziele erreicht habt bzw. in welchen Bereichen ihr in den nächsten Stunden noch besser arbeiten müsst.

Beachtet folgende Tipps:
– Füllt das Protokoll am Ende jeder Arbeitseinheit aus.
– Sprecht die Einträge in eurer Gruppe ab.
– Schreibt eure Einschätzung ehrlich und konstruktiv auf.
– Zieht nach jedem Arbeitsschritt eine Trennlinie, damit das Protokoll übersichtlich wird.

Arbeitsprotokoll der Gruppe „Baumhaus“

Tag	Zeit/Dauer	Ziel	Wie wurde es verfolgt?	Wer hat den Arbeitsschritt durchgeführt	Seid ihr zufrieden/nicht zufrieden? Warum?
...	...	...	...	...	...
Montag, XX.XX.XX	*45 Minuten*	*Das Aussehen des Baumhauses planen, eine Skizze anfertigen*	*Jeder hat seine Jdeen vorgetragen; verschiedene Entwürfe wurden besprochen und diskutiert.*	*alle (Maxi, Ben, Sybille und Susi)*	*Zufrieden, weil wir uns schnell auf ein Ergebnis einigen konnten. Nur die Wahl des Baumaterials ist noch unklar.*

4 Am Ende des Projekts wartet die Präsentation der Ergebnisse auf euch. Jedes Gruppenmitglied muss dabei einen Teil selbst vorstellen.
a Sprecht euch genau ab, wer welchen Teil übernimmt und in welcher Reihenfolge ihr präsentiert:
Wer möchte anfangen? Wer gibt z. B. eine kurze Einführung zu dem Dialog, den ihr inszeniert habt? Wer hilft mit der Technik, wenn z. B. ein Flipchart oder ein Computer gebraucht wird?
b Übt die Präsentation gemeinsam. Und unterstützt euch auch während der Durchführung gegenseitig.

7 Es war einmal – Auf Märchen trifft man überall

1 Betrachtet den Märchensetzkasten. In welchen Märchen kommen die Figuren bzw. Gegenstände vor, die ihr hier abgebildet seht?

2 Was wisst ihr noch über Märchen? Nennt und erläutert verschiedene Merkmale.

7.1 Märchen aus aller Welt – Textsortenmerkmale erkennen

Märchenhafte Merkmale

Jacob und Wilhelm Grimm

Jorinde und Joringel

Es war einmal ein altes Schloss mitten in einem großen, dichten Wald, darinnen wohnte eine alte Frau ganz allein, das war eine Erzzauberin. Am Tage machte sie sich zur Katze oder zur Nachteule, des Abends aber wurde sie wieder ordentlich wie ein Mensch gestaltet. Sie konnte das Wild und die Vögel herbeilocken, und dann schlachtete sie's, kochte und briet es. Wenn jemand auf hundert Schritte dem Schloss nahe kam, so musste er stille stehen und konnte sich nicht von der Stelle bewegen, bis sie ihn lossprach: Wenn aber eine keusche Jungfrau in diesen Kreis kam, so verwandelte sie dieselbe in einen Vogel und sperrte sie dann in einen Korb ein und trug den Korb in eine Kammer des Schlosses. Sie hatte wohl siebentausend solcher Körbe mit so raren Vögeln im Schlosse.

Nun war einmal eine Jungfrau, die hieß Jorinde: Sie war schöner als alle anderen Mädchen. Die und dann ein gar schöner Jüngling, namens Joringel, hatten sich zusammen versprochen[1]. Sie waren in den Brauttagen, und sie hatten ihr größtes Vergnügen eins am andern. Damit sie nun einsmalen vertraut zusammen reden könnten, gingen sie in den Wald spazieren. „Hüte dich", sagte Joringel, „dass du nicht so nahe ans Schloss kommst." Es war ein schöner Abend, die Sonne schien zwischen den Stämmen der Bäume hell ins dunkle Grün des Waldes, und die Turteltaube sang kläglich auf den alten Maibuchen.

Jorinde weinte zuweilen, setzte sich hin im Sonnenschein und klagte; Joringel klagte auch.

1 sich zusammen versprechen: sich verloben

Sie waren so bestürzt, als wenn sie hätten sterben sollen: Sie sahen sich um, waren irre und wussten nicht, wohin sie nach Haus gehen sollten. Noch halb stand die Sonne über dem Berg, und halb war sie unter. Joringel sah durchs Gebüsch und sah die alte Mauer des Schlosses nah bei sich; er erschrak und wurde todbang. Jorinde sang:

„Mein Vöglein mit dem Ringlein rot
singt Leide, Leide, Leide:
Es singt dem Täubelein seinen Tod,
singt Leide, Lei – zicküth, zicküth, zicküth."

Joringel sah nach Jorinde. Jorinde war in eine Nachtigall verwandelt, die sang: „Zicküth, zicküth." Eine Nachteule mit glühenden Augen flog dreimal um sie herum und schrie dreimal: „Schu, hu, hu, hu."

Joringel konnte sich nicht regen: Er stand da wie ein Stein, konnte nicht weinen, nicht reden, nicht Hand noch Fuß regen. Nun war die Sonne unter: Die Eule flog in einen Strauch, und gleich darauf kam eine alte, krumme Frau aus diesem hervor, gelb und mager: große, rote Augen, krumme Nase, die mit der Spitze ans Kinn reichte. Sie murmelte, fing die Nachtigall und trug sie auf der Hand fort. Joringel konnte nichts sagen, nicht von der Stelle kommen; die Nachtigall war fort. Endlich kam das Weib wieder und sagte mit dumpfer Stimme: „Grüß dich, Zachiel, wenn's Möndel ins Körbel scheint, bind los, Zachiel, zu guter Stund." Da wurde Joringel los. Er fiel vor dem Weib auf die Knie und bat, sie möchte ihm seine Jorinde wiedergeben, aber sie sagte, er sollte sie nie wiederhaben, und ging fort. Er rief, er weinte, er jammerte, aber alles umsonst. „Uu, was soll mir geschehen?" Joringel ging fort und kam endlich in ein fremdes Dorf: Da hütete er die Schafe lange Zeit. Oft ging er rund um das Schloss herum, aber nicht zu nahe dabei. Endlich träumte er einmal des Nachts, er fände eine blutrote Blume, in deren Mitte eine schöne große Perle war. Die Blume brach er ab, ging damit zum Schlosse: Alles, was er mit der Blume berührte, ward von der Zauberei frei: Auch träumte er, er hätte seine Jorinde dadurch wiederbekommen. Des Morgens, als er erwachte, fing er an, durch Berg und Tal zu suchen, ob er eine solche Blume fände: Er suchte bis an den neunten Tag, da fand er die blutrote Blume am Morgen früh. In der Mitte war ein großer Tautropfen, so groß wie die schönste Perle. Die Blume trug er Tag und Nacht bis zum Schloss. Wie er auf hundert Schritt nahe bis zum Schloss kam, da ward er nicht fest, sondern ging fort bis ans Tor. Joringel freute sich hoch, berührte die Pforte mit der Blume, und sie sprang auf. Er ging hinein, durch den Hof, horchte, wo er die vielen Vögel vernähme: Endlich hörte er's. Er ging und fand den Saal, darauf war die Zauberin und fütterte die Vögel in den siebentausend Körben. Wie sie den Joringel sah, ward sie bös, sehr bös, schalt, spie Gift und Galle gegen ihn aus, aber sie konnte auf zwei Schritte nicht an ihn kommen. Er kehrte sich nicht an sie und ging, besah die Körbe mit den Vögeln; da waren aber viele hundert Nachtigallen, wie sollte er nun seine Jorinde wiederfinden? Indem er so zusah, merkte er, dass die Alte heimlich ein Körbchen mit einem Vogel wegnahm und damit nach der Türe ging. Flugs sprang er hinzu, berührte das Körbchen mit der Blume und auch das alte Weib: Nun konnte sie nichts mehr zaubern, und Jorinde stand da, hatte ihn um den Hals gefasst, so schön, wie sie ehemals war: Da machte er auch alle die andern Vögel wieder zu Jungfrauen, und da ging er mit seiner Jorinde nach Hause, und sie lebten lange vergnügt zusammen.

1 Sprecht über das Märchen:
- Kanntet ihr es schon?
- Gefällt es euch?
- Konntet ihr der Handlung gut folgen/nicht gut folgen? Warum?

2 Unten findet ihr eine kurze Zusammenfassung des Märchens. Vervollständigt diese. Wählt dazu aus den folgenden Vorschlägen jeweils den richtigen aus.

Jorinde und Joringel sind Geschwister/ein Liebespaar/die Eltern eines Jünglings. Ihre Gegenspielerin ist eine Jungfrau/böse Fee/Erzzauberin. Diese verwandelt Jorinde in eine Nachtigall/Nachteule/Jungfrau. Joringel aber befreit sie schließlich mit der Hilfe einer Perle/blutroten Blume/blutgetränkten Blume.

3 a Untersucht noch einmal das Märchen: Was erfahrt ihr über die Figuren?
b Was an diesem Märchen könnte auf Tatsachen beruhen, was nicht? Begründet eure Meinung.

Es kann durchaus eine alte Frau gegeben haben, die allein in einem Schloss wohnt.

Schon, aber Zauberinnen gibt es nicht und hat es nie gegeben.

4 Im Infokasten findet ihr verschiedene Merkmale, die für Märchen typisch sind. Welche dieser Merkmale kommen in „Jorinde und Joringel" vor? Nennt entsprechende Textstellen.

Wissen und Können **Merkmale von Märchen**

Märchen haben wiederkehrende Merkmale, an denen man sie gut erkennen kann. Dabei sind natürlich nicht in jedem Märchen alle diese Merkmale zu finden.

- **Ort** und **Zeit** der Handlung sind nicht genau festgelegt, z. B.: *im Wald, vor langer Zeit.*
- Es treten typische **Figuren** auf, wie z. B. *König und Königin, Prinz und Prinzessin, Handwerker und Bauern, die böse Stiefmutter,* aber auch fantastische Figuren wie *sprechende Tiere, Feen, Hexen, Riesen, Zwerge, Zauberer, Drachen.*
- Die Figuren sind häufig auf wenige **Eigenschaften** festgelegt, z. B.: *die gute Fee, die böse Hexe, die schöne Königstocher.*
- Meist **siegt** am Ende das **Gute** und das **Böse** wird **bestraft.**
- Der Held/Die Heldin muss **Prüfungen** bestehen oder **Aufgaben** erfüllen (häufig drei).
- Im Märchen geschehen **wundersame Dinge:** Tiere können sprechen, es gibt magische Gegenstände (z. B. *einen Wundertisch, ein Zauberkästchen*) und Zauberei.
- Oft enthalten Märchen feste **sprachliche Formeln,** z. B.: *„Es war einmal ...", „Und wenn sie nicht gestorben sind ..."*
- Die **magischen Zahlen** 3, 7 und 12 spielen häufig eine besondere Rolle, z. B. *drei Wünsche, sieben Zwerge, zwölf Gesellen.*
- Oft gibt es **(magische) Verse** oder **Zaubersprüche,** z. B.: *Ach wie gut, dass niemand weiß, dass ich Rumpelstilzchen heiß.*

Märchenfiguren

(1) Eine Witwe hatte zwei Töchter. Davon war die eine ? und ?, die andere ? und ?. Sie hatte aber die ? und ? Tochter viel lieber, denn sie war ihre richtige Tochter. Die andere musste alle Arbeit tun und das Aschenputtel im Hause sein. Das ? Mädchen musste sich täglich hinaus neben die große Straße an einen Brunnen setzen und so viel spinnen, dass ihm das Blut aus den Fingern tropfte.

(2) Es war einmal ein kleines Mädchen, dem waren Vater und Mutter gestorben, und es war so ?, dass es kein Kämmerchen mehr hatte, darin zu wohnen, und kein Bettchen mehr, darin zu schlafen, und schließlich gar nichts mehr als die Kleider auf dem Leib und ein Stückchen Brot in der Hand, das ihm ein mitleidiges Herz geschenkt hatte. Es war aber ? und ?. Und weil es so von aller Welt verlassen war, ging es im Vertrauen auf den lieben Gott hinaus ins Feld.

(3) Eine Witwe lebte einmal in einer kleinen Hütte. Vor der Hütte lag ein Garten, in dem zwei Rosenbäumchen standen. Davon trug das eine weiße, das andere rote Rosen.
Die Frau hatte zwei Kinder, die den beiden Rosenbäumchen glichen. Sie waren so ? und ?, so ? und ?, wie es noch nie zwei Kinder auf der Welt gewesen sind.

1 Zu welchen Märchen gehören die Märchenanfänge? Ordnet zu.

A Schneeweißchen und Rosenrot   **B** Frau Holle   **C** Die Sterntaler

2 Mit Adjektiven kann man etwas über die Eigenschaften von Personen oder Figuren aussagen. Welche dieser Adjektive passen in die Lücken? Passende Wörter können mehrfach verwendet werden.

schön | fleißig | hässlich | faul | arm | böse | gut | fromm | vergnügt

3 a Vergleicht die Anfänge der Märchen:
- Welche Eigenschaften der Märchenfiguren kommen am häufigsten vor?
- Was denkt ihr: Sind die Eigenschaften für die weitere Handlung wichtig?

b Lasst euch die Fortsetzungen der Märchen erzählen oder vorlesen. Untersucht:
- Welche Eigenschaften haben die Figuren am Anfang, welche am Schluss?
- Wie kommt es zu diesen Veränderungen?

4 Die Figuren in Märchen haben meist gegensätzliche Eigenschaften: Eine ist gut, die andere böse, einer ist reich, der andere arm ...

a Bildet aus den nachfolgenden Adjektiven Wortpaare mit gegensätzlichen Eigenschaften.

b Welchen Figuren aus euch bekannten Märchen könnt ihr diese Gegensatzpaare zuordnen?

gut hartherzig mutig böse traurig fleißig hässlich wild alt
zahm faul ängstlich riesig klitzeklein vergnügt jung mitleidig schön

Märchensprache untersuchen

Märchen erzählten sich die Leute früher auf Marktplätzen, in Wirtshäusern oder in der Familie zum Zeitvertreib. Um das Jahr 1800 begannen die Brüder Jacob Grimm (1785–1863) und Wilhelm Grimm (1786–1859), die sich als Wissenschaftler mit der deutschen Sprache und Literatur beschäftigten, solche Erzählungen zu sammeln. 1812 erschien ihr Band „Kinder- und Hausmärchen", der bis heute immer wieder aufgelegt worden ist, zum ersten Mal.
Die Grimms schrieben die Geschichten nicht so auf, wie sie ihnen erzählt wurden, sondern gaben ihnen eine gemeinsame sprachliche Gestalt. So entstand der so genannte Märchenton, den man z. B. an festen Wendungen wie „Es war einmal ..." oder „Und wenn sie nicht gestorben sind ..." erkennt.

Jacob und Wilhelm Grimm

Die weiße Schlange

Es ist nun schon lange her, da lebte ein König, dessen Weisheit im ganzen Land berühmt war. Nichts blieb ihm ungekannt, und es war, als ob ihm Nachricht von den verborgensten Dingen durch die Luft zugetragen würde. Er hatte aber eine seltsame Sitte. Jeden Mittag, wenn von der Tafel alles abgetragen und niemand mehr zugegen war, musste ein vertrauter Diener noch eine Schüssel bringen. Sie war aber zugedeckt, und der Diener wusste selbst nicht, was darin lag, und kein Mensch wusste es, denn der König deckte sie nicht eher auf und aß nicht davon, bis er ganz allein war. Das hatte schon lange Zeit gedauert, da überkam eines Tages den Diener, der die Schüssel wieder wegtrug, die Neugierde, dass er nicht widerstehen konnte, sondern die Schüssel in seine Kammer brachte. Als er die Tür sorgfältig verschlossen hatte, hob er den Deckel auf, und da sah er, dass eine weiße Schlange darin lag. Bei ihrem Anblick konnte er die Lust nicht zurückhalten, sie zu kosten; er schnitt ein Stückchen davon ab und steckte es in den Mund. Kaum aber hatte es seine Zunge berührt, so hörte er vor seinem Fenster ein seltsames Gewisper von feinen Stimmen. Er ging und horchte, da merkte er, dass es die Sperlinge waren, die miteinander sprachen und sich allerlei erzählten, was sie im Felde und Walde gesehen hatten. Der Genuss der Schlange hatte ihm die Fähigkeit verliehen, die Sprache der Tiere zu verstehen.

Nun trug es sich zu, dass gerade an diesem Tage der Königin schönster Ring fortkam und auf den vertrauten Diener, der überall Zugang hatte, der Verdacht fiel, er habe ihn gestohlen. Der König ließ ihn vor sich kommen und drohte ihm unter heftigen Scheltworten, wenn er bis morgen den Täter nicht zu nennen wüsste, so sollte er dafür angesehen und gerichtet werden. Es half nicht, dass er seine Unschuld beteuerte, er ward mit keinem besseren Bescheid entlassen. In seiner Unruhe und Angst ging er hinab auf den Hof und bedachte, wie er sich aus seiner Not helfen könne. Da saßen die Enten an einem fließenden Wasser friedlich nebeneinander und ruhten, sie putzten sich mit ihren Schnäbeln glatt und hielten ein vertrauliches Gespräch. Der Diener blieb stehen und hörte ihnen zu. Sie erzählten sich, wo sie heute Morgen alle herumgewackelt wären und was für gutes Futter sie gefunden hätten. Da sagte eine verdrießlich: „Mir liegt etwas schwer im Magen, ich habe einen Ring, der unter der Königin Fenster lag, in der Hast mit hinuntergeschluckt." Da packte sie der Diener gleich beim Kragen, trug sie in die Küche und sprach zum Koch: „Schlachte doch diese ab, sie ist wohlgenährt." „Ja", sagte der Koch, und wog sie in der Hand, „die hat keine Mühe gescheut, sich zu mästen, und schon lange darauf gewartet, gebraten zu werden." Er schnitt ihr den Hals ab, und als sie ausgenommen ward, fand sich der Ring der Königin in ihrem Magen. Der Diener konnte nun leicht vor dem König seine Unschuld beweisen, und da dieser sein Unrecht wiedergutmachen wollte, erlaubte er ihm, sich eine Gnade auszubitten, und versprach ihm die größte Ehrenstelle, die er sich an seinem Hofe wünschte.

Der Diener schlug alles aus und bat nur um ein Pferd und Reisegeld. Denn er hatte Lust, die Welt zu sehen und eine Weile darin herumzuziehen. Als seine Bitte erfüllt war, machte er sich auf den Weg und kam eines Tages an einem Teich vorbei, wo er drei Fische bemerkte, die sich im Rohr verfangen hatten und nach Wasser schnappten. Obgleich man sagt, die Fische wären stumm, so vernahm er doch ihre Klage, dass sie so elend umkommen müssten. Weil er ein mitleidiges Herz hatte, so stieg er vom Pferde ab und setzte die drei Gefangenen wieder ins Wasser. Sie zappelten vor Freude, steckten die Köpfe heraus und riefen ihm zu: „Wir wollen dir's gedenken und dir's vergelten, dass du uns errettet hast!" Er ritt weiter, und nach einem Weilchen kam es ihm vor, als hörte er zu seinen Füßen in dem Sand eine Stimme. Er horchte und vernahm, wie ein Ameisenkönig klagte: „Wenn uns nur die Menschen mit den ungeschickten Tieren vom Leib blieben! Da tritt mir das dumme Pferd mit seinen schweren Hufen meine Leute ohne Barmherzigkeit nieder!" Er lenkte auf einen Seitenweg ein, und der Ameisenkönig rief ihm zu: „Wir wollen dir's gedenken und dir's vergelten!" Der Weg führte in einen Wald und da sah er einen Rabenvater und eine Rabenmutter, die standen bei ihrem Nest und warfen ihre Jungen heraus. „Fort mit euch, ihr Galgenschwengel!", riefen sie. „Wir können euch nicht mehr satt machen, ihr seid groß genug und könnt euch selbst ernähren." Die armen Jungen lagen auf der Erde, flatterten und schlugen mit ihren Fittichen und schrien: „Wir hilflose Kinder, wir sollen uns selbst ernähren und können noch nicht fliegen! Was bleibt uns übrig, als hier Hungers zu sterben!" Da stieg der gute Jüngling ab, tötete das Pferd mit seinem Degen und überließ es den jungen Raben zum Futter. Die kamen herbeigehüpft, sättigten sich und riefen: „Wir wollen dir's gedenken und dir's vergelten!"

Er musste jetzt seine eigenen Beine gebrauchen, und als er lange Wege gegangen war, kam er in eine große Stadt. Da war großer Lärm und Gedränge in den Straßen, und einer kam zu Pferde und machte bekannt, die Königstochter suche einen Gemahl, wer sich aber um sie bewerben wolle, der müsse eine schwere Aufgabe vollbringen, und könne er sie nicht glücklich ausführen, so habe er sein Leben verwirkt. Viele hatten es schon versucht, aber vergeblich ihr Leben darangesetzt. Der Jüngling, als er die Königstochter sah, ward er von ihrer großen Schönheit so verblendet, dass er alle Gefahr vergaß, vor den König trat und sich als Freier meldete.

Alsbald ward er hinaus ans Meer geführt und vor seinen Augen ein goldener Ring hineingeworfen. Dann hieß ihn der König, diesen Ring aus dem Meeresgrund wieder hervorzuholen, und fügte hinzu: „Wenn du ohne ihn wieder in die Höhe kommst, so wirst du immer aufs Neue hinabgestürzt, bis du in den Wellen umkommst." Alle bedauerten den schönen Jüngling und ließen ihn dann einsam am Meere zurück. Er stand am Ufer und überlegte, was er wohl tun solle. Da sah er auf einmal drei Fische daherschwimmen, und es waren keine andern als jene, welchen er das Leben gerettet hatte. Der mittelste hielt eine Muschel im Munde, die er an den Strand zu den Füßen des Jünglings hinlegte, und als dieser sie aufhob und öffnete, so lag der Goldring darin. Voll Freude brachte er ihn dem König und erwartete, dass er ihm den verheißenen Lohn gewähren würde. Die stolze Königstochter aber, als sie vernahm, dass er ihr nicht ebenbürtig war, verschmähte ihn und verlangte, er sollte zuvor eine zweite Aufgabe lösen. Sie ging hinab in den Garten und streute selbst zehn Säcke voll Hirse ins Gras. „Die muss er morgen, eh die Sonne hervorkommt, aufgelesen haben", sprach sie, „und es darf kein Körnchen fehlen." Der Jüngling setzte sich in den Garten und dachte nach, wie es möglich wäre, die Aufgabe zu lösen, aber er konnte nichts ersinnen, saß da ganz traurig und erwartete, bei Anbruch des Morgens zum Tode geführt zu werden. Als aber die ersten Sonnenstrahlen in den Garten fielen, so sah er die zehn Säcke alle wohl gefüllt nebeneinander stehen, und kein Körnchen fehlte darin. Der Ameisenkönig war mit seinen tausend und tausend Ameisen in der Nacht angekommen, und die dankbaren Tiere hatten die Hirse mit großer Emsigkeit aufgelesen und in die Säcke gesammelt. Die Königstochter kam selbst in den Garten herab und sah mit Verwunderung, dass der Jüngling vollbracht hatte, was ihm aufgegeben war. Aber sie konnte ihr stolzes Herz noch nicht bezwingen und sprach: „Hat er auch die beiden Aufgaben gelöst, so soll er doch nicht eher mein Gemahl werden, bis er mir einen Apfel vom Baume des Lebens gebracht hat." Der Jüngling wusste nicht, wo der Baum des Lebens stand. Er machte sich auf und wollte immerzu gehen, solange ihn seine Beine trügen, aber er hatte keine Hoffnung ihn zu finden. Als er schon durch drei Königreiche gewandert war und abends in einen Wald kam, setzte er sich unter einen Baum und wollte schlafen: Da hörte er in den Ästen ein Geräusch, und ein goldener Apfel fiel in seine Hand. Zugleich flogen drei Raben zu ihm herab, setzten sich auf seine Knie und sagten: „Wir sind die drei jungen Raben, die du vom Hungertod errettet hast; als wir groß geworden waren und hörten, dass du den goldenen Apfel suchtest, so sind wir über das Meer geflogen bis ans Ende der Welt, wo der Baum des Lebens steht, und haben dir den Apfel geholt." Voll Freude machte sich der Jüngling auf den Heimweg und brachte der schönen Königstochter den goldenen Apfel, der nun keine Ausrede mehr übrig blieb. Sie teilten den Apfel des Lebens und aßen ihn zusammen: Da ward ihr Herz mit Liebe zu ihm erfüllt, und sie erreichten in ungestörtem Glück ein hohes Alter.

1 Lest das Märchen und beurteilt, ob sein Titel zum Inhalt passt.

2 Etliche im Märchen verwendete Formulierungen würde man so heute nicht mehr benutzen.
●●○ Ersetzt folgende Textstellen durch euch geläufige Ausdrücke. Schreibt ins Heft.
- Zeile 3: „Nichts blieb ihm ungekannt“
- Zeile 33: „Nun trug es sich zu“
- Zeile 38: „unter heftigen Scheltworten“
- Zeile 42 f.: „er ward mit keinem besseren Bescheid entlassen“
- Zeile 85: „Wir wollen dir's gedenken und dir's vergelten“
- Zeile 130: „Dann hieß ihn der König ...“

●○○ Wenn ihr unsicher seid, ordnet einen der folgenden Ausdrücke zu:

er wurde mit dieser Entscheidung hinausgeschickt   Nun passierte es
Dann befahl ihm der König   Nichts blieb ihm verborgen
Wir werden dir das nicht vergessen und dich belohnen   mit heftigen Beschimpfungen

3 In dem Text kommt ein Spruch mehrfach vor.
a Schreibt ihn aus dem Text heraus und gebt die jeweiligen Fundstellen der formelhaften Wendungen mit Zeilenangabe an.
b Notiert die Situationen, in denen der Spruch jeweils verwendet wird.

4 In „Die weiße Schlange“ stehen die Verben in der Regel im Präteritum (▸ S. 223).
a Sucht mögliche Begründungen, warum in Märchen diese Zeitform verwendet wird.
b Schreibt aus dem Abschnitt von Zeile 71 bis 88 alle Verben im Präteritum heraus und ergänzt den passenden Infinitiv. Legt dazu in eurem Heft eine Tabelle an.

Zeilenangabe	Verb im Präteritum	Verb im Infinitiv
71	*schlug ... aus*	*ausschlagen*

5 Dass die Sprache der Märchen oft altertümlich wirkt, liegt auch an ungewöhnlichen Vergangenheitsformen.
a Schreibt die Infinitive auf, die zu den nachfolgenden Präteritumsformen gehören.
b Bildet mit den Verben Sätze im Präteritum, die inhaltlich zu einem Märchen passen könnten.

schuf riet schied lud lieh schwang sank hieb bog befahl fuhr
genas stieß bewog blies wusch überwand buk

6 a Setzt in den Auszügen aus dem Märchen „Hans im Glück“ die Verben in Klammern ins Präteritum. Notiert die vervollständigten Sätze in euer Heft. Wenn ihr unsicher seid, schaut im hinteren Umschlagdeckel nach.

Hans hatte sieben Jahre bei seinem Herrn gedient, da (sprechen) er zu ihm.
Hans (ziehen) sein Tüchlein. Der Reiter (absteigen), (nehmen) das Gold und (helfen) dem Hans hinauf. Ehe sich's Hans (versehen), war er abgeworfen.
Ein Bauer, der des Weges (kommen) und eine Kuh vor sich (treiben), (halten) das Pferd auf.

●● b Versucht es auch mit folgenden Verben:

Hans (bedenken) den glücklichen Handel. Hans (wiegen) die Gans mit der einen Hand.
Hans (laden) den Stein auf.

Ein japanisches Märchen erschließen

Der Brückenbauer und der Dämon

Irgendwo gab es einmal einen reißenden Strom. Jedes Mal, wenn man eine Brücke über ihn schlagen wollte, riss das Wasser die Brücke fort. Die Leute des Dorfes waren darüber sehr bekümmert und berieten sich, was sie da machen sollten. Nachdem lange hin und her beratschlagt worden war, entschloss man sich, dem berühmtesten Zimmermeister des Landes, der in einer nahen Gemeinde wohnte, den Auftrag zum Brückenbau zu geben. Weil der Zimmermeister auf seine Geschicklichkeit vertraute, gab er gern seine Zustimmung dazu. Innerlich aber, ganz im Geheimen, machte er sich Sorgen, ob ihm das Werk auch gelingen werde. Er ging daher ganz allein an den Fluss und suchte am Ufer nach einer günstigen Stelle, wo man die Brücke schlagen könnte. Als er so nachdenklich auf und ab schritt und prüfende Blicke auf die Strömung des Flusses warf, bildete sich mitten im Fluss plötzlich ein Wirbel, Blasen stiegen platzend empor und plötzlich tauchte ein großer Dämon mitten im Strome auf und rief ihn an: „Du großer Zimmermeister, über was denkst du so angestrengt nach?" Der antwortete: „Ich überlege, wie und wo man hier eine gute Brücke über den Strom schlagen kann, und will mir den Platz dafür aussuchen."

Der Dämon lachte laut: „Magst du auch ein noch so geschickter und kunstfertiger Zimmermann sein, hier wird es dir nicht glücken, eine Brücke zu schlagen. Ich will dir aber einen Vorschlag machen: Wenn du mir deine Augen dafür gibst, so will ich für dich den Brückenbau schaffen." Der Zimmermeister antwortete: „Ich bin damit einverstanden", und kehrte in sein Haus zurück. Als er am nächsten Tag zum Fluss kam, sah er, dass die Brücke schon zur Hälfte fertig war, und am folgenden Tage war der Brückenbau, als er wieder dorthin ging, vollendet. Während er, der nicht im Ernst daran geglaubt hatte, noch fassungslos vor Erstaunen auf das Werk sah, erschien der Dämon, trat vor ihn hin und rief ihm zu: „So, gib mir nun deine Augen." Der Zimmermann bat ihn: „Warte damit noch etwas", und floh entsetzt in die Berge, wo er ziellos umherlief und überlegte, wie er sich von seinem Versprechen lösen könne. Plötzlich hörte er die Stimmen von spielenden Kindern, die nur immer den einen Vers sangen:

Oniroku, komm schnell,
Hol dir deine Augen ab,
Das wird gut sein, das wird gut sein!

Dem Zimmermann schien der Gesang der Kinder wie eine Aufmunterung, den Mut nicht zu verlieren. Er fasste sich ein Herz, kehrte nach Hause zurück und schlief fast beruhigt ein. Am nächsten Morgen ging er wieder zum Fluss hinunter und wieder erschien der Dämon und rief ihm zu: „Gib die Augen her!" Und als der Zimmermann nochmals bat, sich noch kurze Zeit zu gedulden, machte er ihm plötzlich den Vorschlag: „Höre, ich sehe, dass du mir die Augen nicht gerne geben willst. Wenn du meinen Namen erraten kannst, da will ich darauf verzichten und sie dir lassen."
„Gut, ich will es versuchen, ihn zu erraten", sagte der Zimmermann, „wie wirst du heißen, heißest du vielleicht Taro?" Da lachte der Dämon: „Nein, so heiße ich nicht, so heißt kein Dämon, du wirst es nicht erraten." – „Heißest du dann vielleicht Jiro?", riet der Zimmermann. „Nein, nein, das ist kein Dämonenname, du wirst ihn nicht erraten." – „Heißest du etwa Saburo?", riet der Zimmermann und als der Dämon wieder „nein, nein, nein" geantwortet hatte, schrie ihm der Zimmermann mit donnernder Stimme ins Gesicht: „Oniroku heißt du!" Da sprang der Dämon, ohne ein Wort zu sagen, in das Wasser, tauchte unter und kam nicht wieder zum Vorschein.

1 Untersucht das Märchen „Der Brückenbauer und der Dämon" genau.
a Beantwortet folgende Fragen:
- An welchen Orten spielt es?
- Vor welchem Problem steht der Brückenbauer?
- Wie löst er es?
- Wie findet der Brückenbauer den Namen des Dämons heraus?

b Woran erkennt ihr, dass „Der Brückenbauer und der Dämon" aus einem fremden Land stammt? Sucht Textbelege und gebt die entsprechende Zeile an.

2 Der Text stammt aus Japan. Trotzdem zeigt er viele Übereinstimmungen mit Märchen, wie sie z. B. die Brüder Grimm gesammelt haben.
a An welches Märchen erinnert euch dieser Text?
b Woran erkennt man, dass „Der Brückenbauer und der Dämon" ein Märchen ist? Schreibt einen kurzen Text, in dem ihr Märchenmerkmale und Textstellen nennt. Dazu könnt ihr die folgenden Satzanfänge nutzen.

Bei dem Text der „Der Brückenbauer und der Dämon" handelt ...
Das sieht man zum Beispiel an den Figuren: Die Hauptfigur ...
Der Held muss eine schwierige Aufgabe bestehen ...
Wie bei den meisten Märchen wird der Ort, an dem es spielt ...
Typisch für Märchen sind Verse oder Zaubersprüche ...

Wenn man **über Texte** schreibt, z. B. Textmerkmale nennt, verwendet man **das Präsens.**

Wenn ihr Unterstützung braucht, könnt ihr mit Hilfe der Satzanfänge und der Satzbruchstücke auf der nächsten Seite einen Text zimmern.

... nicht genau benannt („Irgendwo“, Z. 1).

... ist ein Handwerker („Zimmermeister“, Z. 8), der Dämon dagegen ist ein magisches Wesen (z. B. Z. 20–23).

... in diesem Text spielt der Gesang der Kinder (Z. 52–54) eine wichtige Rolle.

... nämlich eine Brücke über einen reißenden Fluss bauen (Z. 10).

... es sich um ein Märchen.

„Märchenstunde“ – Märchen vorstellen und erzählen

1 a Sucht wenig bekannte Märchen, z. B. auch aus einem anderen Land. Sicher werdet ihr in der Bibliothek fündig (▸ S. 103).

b Erzählt das Märchen in der Klasse.

Wissen und Können **Eine „Märchenstunde“ vorbereiten**

Wenn ihr euer Märchen **frei erzählen** wollt, solltet ihr es gut kennen.

- Lest das Märchen zu Hause mehrmals laut vor.
- Lernt wiederkehrende Formulierungen (z. B. Zaubersprüche) auswendig.
- Übt den Vortrag zu Hause: Erzählt das Märchen, ohne in den Text zu blicken, laut euren Eltern, Geschwistern oder Freunden.
- Überlegt euch einen passenden Gesichtsausdruck und eindrucksvolle Bewegungen zu bestimmten Textstellen.
- Gestaltet eine dazu passende Atmosphäre. Ihr könnt Gegenstände mitbringen, die in eurem Märchen eine Rolle spielen, oder eure Erzählung mit Musik hinterlegen. Denkt auch an geeignete Geräusche.

Testet euer Wissen!

Märchen

1 Entscheidet bei den folgenden Sätzen, ob sie richtig oder falsch sind.
Haltet ihr den Satz für richtig, schreibt ihn unverändert ab. Wenn er falsch ist, übertragt ihn verbessert in euer Heft.

A Früher wurden Märchen hauptsächlich in der Kirche erzählt.

B Der so genannte Märchenton entstand durch formelhafte Wendungen, Sprüche und Reime, die von den Märchensammlern hinzugefügt wurden.

C Typische Figuren in Märchen sind einfache Menschen, wie ein Schneider, oder Adlige, z. B. eine Prinzessin.

D Es treten aber auch Aliens oder Götter auf, die sprechen können oder Zauberkräfte haben.

E Häufig wird der Held vor Aufgaben gestellt und scheitert dabei immer.

F Bestimmte Zahlen kommen in Märchen gehäuft vor, z. B. Drei oder Sieben.

G Märchen sind in einer modernen Sprache verfasst.

H Songtexte haben eine magische Wirkung.

I Ort und Zeitpunkt der Handlung sind genau bekannt.

J Am Anfang und am Schluss stehen oft formelhafte Wendungen.

K Die Brüder Grimm haben viele Märchen erfunden.

7.2 Märchen fortsetzen

Den Märchenanfang untersuchen

Ein Märchenanfang

Es war einmal ein armer Bauer, der lebte mit seinem Weib und seinem Töchterlein in einem kleinen Dorf. Nun geschah es, dass die Mutter des Mädchens schwer erkrankt war und niemand ihr helfen konnte. Als sie starb, waren der Vater und sein Kind unendlich traurig und sie weinten viele Tage und Nächte. Das Mädchen schwor, seinen Vater nie im Leben allein zu lassen. Dabei hatten sie kaum das Nötigste zum Leben.

Trotz dieser Not wuchs das Mädchen zu einer wunderschönen jungen Frau heran. Sie hatte eine gar liebliche Stimme und immer wenn sie die Hausarbeit verrichtete, sang sie ein Lied. Wenn im Dorf irgendjemand betrübt oder ärgerlich war, so kam er an das Häuschen der jungen Frau, denn sie hatte die Gabe, durch ihren Gesang die Menschen froh und vergnügt zu machen. Selbst die Vögelein aus dem Wald flatterten herbei, um dem Gesang zu lauschen. Oft warf das Mädchen ihnen dann Brotkrumen hin, denn sie war zwar arm, doch sie hatte ein gutes Herz.

Eines Tages hörte der König im nahe gelegenen Schloss von der Gabe des Mädchens und beschloss, sie zu sich zu holen, denn ...

1 Besprecht, woran ihr erkennt, dass es sich hier um den Anfang eines Märchens handelt.

2 Tragt alles zusammen, was ihr über die Hauptfigur in diesem Erzählanfang erfahrt:
- Wer ist sie und wie lebt sie?
- Welche Eigenschaften hat sie?
- Welche besondere Fähigkeit hat sie?

3 Philipp hat sich Notizen zu Textstellen gemacht, die Hinweise für die Fortsetzung geben könnten. Dabei hat er nicht nur wichtige und richtige Dinge aufgeschrieben.

a Findet die Stichpunkte heraus, die falsch oder für den weiteren Verlauf des Märchens unbedeutend sind.

b Übertragt die übrigen Notizen in euer Heft.

Ort: Dorf und Schloss
Vater weinte, als die Mutter starb
Mutter war sehr krank
Mädchen war arm
Vater wollte das Mädchen verlassen
Das Mädchen wollte bei seinem Vater bleiben
Traurige Menschen riefen das Mädchen
Sein Gesang machte froh und vergnügt
Vögel sangen vor dem Fenster
Vögel kamen aus dem Wald
Mädchen war gut zu den Vögeln
König hoffte, dem Mädchen helfen zu können
König hoffte, dass das Mädchen ihm hilft
König hatte ein gutes Herz

Ideen sammeln und ordnen

1 Warum wollte der König das Mädchen, das Menschen froh machen konnte, zu sich holen? Sammelt Ideen. Übertragt dazu den Cluster in euer Heft und setzt ihn fort.

... musste einmal im Jahr einem Drachen ein außergewöhnliches Mädchen opfern.

Der König ...

... und die Königin waren unglücklich, weil sie keine Kinder hatten.

?

... hatte eine Frau, die immer traurig war. Das Mädchen sollte sie aufheitern.

2 Eine Klasse hat Ideen für drei mögliche Fortsetzungen gesammelt. Die einzelnen Handlungsschritte sind aber durcheinandergeraten.

a Ordnet die Handlungsschritte so, dass sie inhaltlich zusammenpassen. Die Lösungsbuchstaben helfen euch: Sie ergeben den Namen eines bekannten Märchens.

b Welche der Fortsetzungen passen für ein Märchen, welche passt nicht? Begründet.

F Die Königin und der König waren betrübt, weil sie keine Kinder hatten, und suchten Aufheiterung durch das Mädchen.

H Das Mädchen musste für die Königin singen. Diese blieb aber zunächst traurig.

O Die Vögel gaben dem Mädchen Ratschläge. Beim dritten Versuch wurde die Königin froh.

L Das Mädchen wollte sich durch Gesang beim König einschmeicheln und ihn hinterher ausrauben.

A Beide überhäuften zum Dank das Mädchen mit Gold und Edelsteinen. Dieses kehrte zum Vater zurück und musste nun nicht mehr Not leiden.

E In der dritten Nacht stahlen Vater und Tochter die Kronjuwelen.

U Der König hoffte, dass das Mädchen seine traurige Frau aufheitern könnte, und befahl, sie an den Hof zu bringen. Das Mädchen wehrte sich, da es den Vater nicht allein lassen wollte.

L An drei Abenden sang das Mädchen vor dem König, der Königin und ihrem Hofstaat. In der Zwischenzeit erkundete der Vater, wo sich die Schatzkammer befand.

R Durch die Anwesenheit des Mädchens und ihr Singen wurden König und Königin wieder glücklich und bekamen schließlich das ersehnte Kind.

3 Sammelt eigene Ideen für eine Fortsetzung.

Schreibplan: Ein Märchen fortsetzen

Titel:	?
Figuren:	die Sängerin, der König, die Königin, die Waldvögel, der alte Vater
Handlung der Fortsetzung:	König ließ Mädchen zum Schloss bringen Königin war traurig Mädchen sollte die Königin durch Singen aufheitern
1. Versuch:	fehlgeschlagen/Königin weinte noch mehr Mädchen traurig Waldvögelein gab ihm Tipp → „Bauernmaid, Bauernmaid, es ist schon bald so weit. ? macht die Königin gesund." pfiff Melodie vor
2. Versuch:	Mädchen sang Lied vor/Königin wieder traurig, weil ? Mädchen verzweifelt Vögelein kam wieder: „Bauernmaid, Bauernmaid, es ist schon bald so weit. Nimm diese edlen Kräuter, dann wird die Königin wieder heiter." Mädchen braute einen Tee …
3. Versuch:	?
Schluss:	?

4 a Philipp hat einen Schreibplan angelegt. Untersucht ihn:
- Welche Ideen von S. 123 hat er aufgegriffen? Welche eigenen Ideen hat er entwickelt?
- Welche Elemente, die ganz typisch für Märchen sind, hat er dabei aufgenommen?

b Übertragt den Schreibplan in euer Heft und ergänzt die Stellen, die noch fehlen.

Das Mädchen beendete das Lied, das das Vögelein ihm beigebracht hatte, und lächelte schüchtern. Doch die betrübte Königin weinte weiter bittere Tränen. Der erzürnte König kam hinzu und jagte das Mädchen aus dem Gemach: „Du wirst erst wieder zu deinem Vater zurückkehren, wenn du die Königin mit deinem Gesang froh gestimmt hast!" So setzte sich die junge Frau zum zweiten Mal im Park unter den Baum. Sie seufzte, denn sie dachte an ihren Vater, der alleine war.
Und da flog das kleine Vögelein erneut herbei und zwitscherte:
„Bauernmaid, Bauernmaid,
es ist schon bald so weit.
Nimm diese edlen Kräuter,
dann wird die Königin wieder heiter."
Das Tier hielt dem unglücklichen Mädchen ein Heilkraut mit schneeweißen Blüten hin, das es in seinem Schnabel trug.

5 Welche Handlungsschritte aus dem Schreibplan hat Philipp hier ausformuliert?

Märchenfortsetzungen untersuchen und überarbeiten

VORSICHT FEHLER!

… und lud sie zu sich ein, damit sie ihm ein Konzert gäbe. Der Prinz verliebte sich in ihre schöne Stimme. Doch als er zu seinem Vater in den Saal rannte, war das Mädchen schon weg. „Vater, ich möchte diese Frau mit der lieblichen Stimme kennen lernen!“, sagte der Prinz. Der König sprach: „Du darfst sie heiraten. Vorher muss sie drei Aufgaben erledigen.“

1 Jasmin hat sich zu wenig Gedanken gemacht, wie sie ihre Ideen logisch verknüpfen kann. So ist man als Leser überrascht, dass plötzlich ein Prinz auftaucht.

a Überlegt gemeinsam, was noch zu unvermittelt kommt oder gar nicht logisch nachvollziehbar ist.

b Beurteilt, ob die Vorgaben vom Märchenanfang hier geschickt aufgegriffen sind.

VORSICHT FEHLER!

Der König hockte auf seinem Thron und schmarrte sie an: „Hey, komm her! Hab gehört, dass du voll gut singen kannst. Lass mal einen Song hören.“ Das Mädchen sang mit wohltönender Stimme eine sanfte Melodie. „So was haut mich nicht vom Hocker. Du bleibst in meinem Schloss, bis ich durch dein Singen wieder besser drauf bin“, ließ der König sie ungnädig wissen. Da fing die Bauerstochter an zu flennen: „Bislang war mein Gesang allen eine Freude. Bitte, lass mich zu meinem Papa zurück!“ „Okay, du sollst noch eine Chance bekommen: heute in einer Woche.“ Mit diesen Worten ließ der König das unglückliche Mädchen stehen.

2 Max formuliert sehr umgangssprachlich.

Schreibt eine überarbeitete Fassung dieses Auszugs aus seiner Märchenfortsetzung in euer Heft.

Ihr könnt die folgenden Textbausteine benutzen:

befahl	in unfreundlichem Ton	finde dich in einer Woche wieder hier ein
nun gut	mit barscher Stimme	zu meinem alten Vater zurückkehren
tritt näher	mir ist zu Ohren gekommen	dein Gesang erfreut mich nicht
fing … an zu weinen	dass du eine liebliche Stimme hast	bis ich … erheitert bin

VORSICHT FEHLER!

Beim dritten Versuch schaute die Königin wieder der Sängerin entgegen. Der König saß an ihrer Seite auf dem Thron. Das Mädchen hatte dieses Mal alle Ratschläge des Vögeleins befolgt. Dieses Mal wurde die Königin froh und dankte der Sängerin für den Vortrag. Der König gab dem Mädchen fünf Goldstücke und entließ es.

3 Dieser Text ist viel zu knapp.

a Notiert Adjektive und andere geeignete Wörter und Wendungen, mit denen ihr die Figuren und ihre Stimmung anschaulich machen könnt. Wie fühlen sie sich am Anfang des Textauszugs, wie am Ende?

	Sängerin	Königin	König
Textanfang	*verzagt*	*hoffnungslos*	*verbittert*
	schüchtern	...	...
Textende	*erleichtert*	...	*dankbar*

b Auch wörtliche Rede kommt in Märchen immer wieder vor. Was könnten die Figuren hier sagen?

c Schreibt eine verbesserte Fassung dieses Textauszugs in euer Heft.

VORSICHT FEHLER!

Ein Bote des Königs bringt das Mädchen nach Hause.
Dort ist der alte Vater überglücklich über die Rückkehr seines Töchterleins. Nun müssen sie auch keine Not mehr leiden. Und eines schönen Tages erscheint vor dem Haus ein Edelmann des Königs, der sich unsterblich in das Mädchen verliebt hat. Da der König der Sängerin mit der wundersamen Stimme dankbar ist, erlaubt er dem Edelmann, diese zu heiraten. Das Paar feiert Hochzeit mit allen Dorfbewohnern und sogar der König und die Königin kommen mit einem wertvollen Geschenk. Glücklich und zufrieden lebt das junge Paar bis an sein Lebensende.

4 Dass Märchen in einer vergangenen Zeit spielen, wird hier nicht deutlich.

a Was muss in diesem Text verändert werden?

b Überarbeitet den Text entsprechend. **Achtung:** An einer Stelle müsst ihr das Plusquamperfekt (▸ S. 224) verwenden!

5 Wenn ihr noch üben wollt, könnt ihr das Märchen „Der Brückenbauer und der Dämon" (▸ S. 118 f.) ab Z. 49 neu erzählen.

Wissen und Können | **Ein Märchen weiterschreiben**

Wollt ihr ein Märchen fortsetzen, lohnt es sich, den Märchenanfang genau zu untersuchen. Oft enthält er Hinweise auf Eigenschaften der Märchenhelden, auf sprechende Tiere oder andere Figuren, die ihr aufgreifen solltet. **Tipp:** Erfindet nicht zu viele Figuren hinzu.
Achtet darauf, dass eure Ideen zur Textsorte Märchen passen und dass ihr eine zum Märchen passende Sprache verwendet.

7.3 Fit in ...? – Märchenmerkmale erkennen und ein Märchen fortsetzen

Lorenz hat in seiner Schulaufgabe zwei Aufgaben gestellt bekommen.

Er sollte
- drei Merkmale des Märchens „Die weiße Schlange" (▶ S. 114) nennen und mit passenden Textstellen belegen sowie
- dem Märchen ab Z. 150 einen neuen Schluss geben.

Aufgabe 1

Der Text „Die weiße Schlange" ist ein Märchen. Das kann man an verschiedenen Merkmalen erkennen. Die magische Zahl Drei spielt eine Rolle, denn der Diener begeht drei gute Taten. Er hilft drei Fischen (Z. 76), einem Ameisenvolk (Z. 89 f.) und mehreren Rabenjungen (Z. 99). Wie es oft in Märchen der Fall ist, muss der Jüngling auch verschiedene Aufgaben lösen, wenn er die Prinzessin zur Frau bekommen möchte, z. B. einen goldenen Ring „aus dem Meeresgrund wieder hervorholen".

Du benennst nur zwei Merkmale!

Zeilenangabe!

Aufgabe 2

... Die Prinzessin zeigte auf eine Felsspalte und meinte: „Hole mir dort aus der Spalte einen Diamanten." Mit diesen Worten stolzierte sie davon. Da setzt sich der Diener mit dem traurigen Gedanken hin, bald dem Tod ins Auge blicken zu müssen. Auf einmal aber kommt der Ameisenkönig mit tausend anderen Ameisen aus dem Gesteinsriss. Alle zusammen tragen einen Diamanten. Sofort brachte der Jüngling den Kristall zur Königstochter. Diese jedoch erschrak. Sie forderte. Er müsse noch eine Aufgabe bestehen. Sie führte ihn an eine steile Bergwand und deutete auf einen Adlerhorst hoch oben auf einem Felsvorsprung. „Hole das goldene Ei aus dem Nest." Mit diesen Worten ging sie wieder davon.

Plötzlich hörte er jedoch ein Geräusch und als er aufblickte, sah er die Raben, denen er das Leben gerettet hatte. Sie schwangen sich in die Höhe und einer kam mit dem Ei im Schnabel zurück.

Glücklich kehrte der Jüngling zum Schloss zurück. Die Prinzessin aber hatte keine Ausrede mehr und stimmte der Heirat zu. Drei Tage später fand ein prächtiges Hochzeitsfest statt und sie lebten noch viele glückliche Jahre.

T!

A! Satzverknüpfungen!

Logik! Hier fehlt ein Erzählschritt

1 Untersucht Lorenz' Fortsetzung. Welche Vorgaben aus dem Märchen greift er auf?

die weiße Schlange

die Rabeneltern

den gestohlenen Ring

die Ameisen

den Gegensatz zwischen dem armen Diener und der stolzen Königstocher

die Aufgaben

alle Figuren aus dem Märchenanfang

die jungen Raben

die Fische

2 An einigen wenigen Stellen hat der Lehrer Anmerkungen gemacht. Schreibt Lorenz' Aufsatz in euer Heft und überarbeitet bzw. ergänzt die markierten Stellen.

Checkliste

Märchenmerkmale benennen und ein Märchen fortsetzen

Merkmale nennen
- Habe ich den **Titel** des Märchens genannt, um das es geht?
- Habe ich für jedes Merkmal einen **Beleg aus dem Text** angeführt (möglichst mit Zeilenangabe)?
- Habe ich die Merkmale im **Präsens** benannt?

Inhalt der Märchenfortsetzung
- Habe ich die **Vorgaben** aus dem Märchenanfang aufgegriffen und sinnvoll ergänzt?
- Muss der Held z. B. weitere **Aufgaben** erfüllen, um an sein Ziel zu gelangen?
- Haben die auftretenden **Figuren** gegensätzliche Eigenschaften?
- Passiert etwas **Wundersames,** das in der wirklichen Welt nicht vorkommt?
- Ist die Handlung dennoch nachvollziehbar?
- Spielen **magische Zahlen** eine Rolle?
- Helfen **(magische) Verse** oder **Zaubersprüche** bei der Erfüllung der Aufgaben?
- Schafft der Held es auch wirklich, die Aufgabe(n) zu erfüllen? Welchen „Lohn" bekommt er dafür?
- Gibt es einen **magischen Gegenstand** oder ein **Lebewesen,** der bzw. das ihm bei der Erfüllung der Aufgabe hilft?
- Endet das Märchen mit einer typischen **Formel?**

Sprachliche Gestaltung der Märchenfortsetzung
- Sind die einzelnen Teile/Aufgaben logisch miteinander verbunden?
- Habe ich auf Satzverknüpfungen geachtet?
- Ist zur Auflockerung wörtliche Rede eingebaut?
- Veranschaulichen Adjektive die Figuren und die Situation?
- Ist die Sprache märchengerecht?
- Habe ich bei der Fortsetzung des Märchens das Präteritum verwendet?
- Sind die Rechtschreib- und Zeichensetzungsregeln berücksichtigt?

8 Schwänke vorlesen und nacherzählen

1 Betrachtet das Bild:
- Woran erkennt ihr, dass es sich bei der abgebildeten Person um Till Eulenspiegel handelt?
- Warum trägt er manchmal zusätzlich eine Eule und einen Spiegel in der Hand?
- Manchmal ziehen auch heute noch Menschen solch ein Gewand an. Zu welchem Zweck tun sie das?

2 Erklärt, was man unter einer Eulenspiegelei versteht.

8.1 Schelmengeschichten vorlesen und spielen

Eulenspiegel und Co. – Streiche zu Gehör bringen

Erich Kästner

Wie Eulenspiegel einem Esel das Lesen beibrachte

Till Eulenspiegels Streiche wurden um das Jahr 1500 von einem unbekannten Verfasser aufgeschrieben. Erich Kästner (1899–1974), der Autor vieler berühmter Kinderbücher (z. B. „Emil und die Detektive"), hat die Geschichten Tills neu erzählt. Ob Till Eulenspiegel wirklich gelebt hat, ist ungewiss. Nur äußerlich ist er ein Narr, tatsächlich seinen Mitmenschen aber an Intelligenz und Witz überlegen.

Eine Zeit lang beschäftigte sich Eulenspiegel damit, dass er von Universität zu Universität zog, sich überall als Gelehrter ausgab und die Professoren und Studenten neckte. Er behauptete, alles zu wissen und zu können. Und er beantwortete tatsächlich sämtliche Fragen, die sie ihm vorlegten. Bei dieser Gelegenheit kam er schließlich nach Erfurt. Die Erfurter Studenten und ihr Rektor hörten von seiner Ankunft und zerbrachen sich den Kopf, was für eine Aufgabe sie ihm stellen könnten. „Denn so wie denen in Prag", sagten sie, „soll es uns nicht ergehen. Er soll nicht uns, sondern wir wollen ihn hereinlegen."
Endlich fiel ihnen etwas Passendes ein. Sie kauften einen Esel, bugsierten[1] das störrische Tier in den Gasthof „Zum Turm", wo Eulenspiegel wohnte, und fragten ihn, ob er sich zutraue, dem Esel das Lesen beizubringen. „Selbstverständlich", antwortete Till. „Doch da so ein Esel ein dummes Tier ist, wird der Unterricht ziemlich lange dauern." „Wie lange denn?", fragte der Rektor der Universität. „Schätzungsweise zwanzig Jahre", meinte Till. Und hierbei dachte er sich: Zwanzig Jahre sind eine lange Zeit. Bis dahin stirbt vielleicht der Rektor. Dann geht die Sache gut aus. Oder ich sterbe selber. Oder der Esel stirbt, und das wäre das Beste. Der Rektor war mit den zwanzig Jahren einverstanden. Eulenspiegel verlangte fünfhundert alte Groschen[2] für seinen Unter-

1 bugsieren: zerren, schleifen
2 alte Groschen: eine alte Währung

richt. Man gab ihm einen Vorschuss und ließ ihn mit seinem vierbeinigen Schüler allein.
Till brachte das Tier in den Stall. In die Futterkrippe legte er ein großes altes Buch und zwischen die ersten Seiten des Buches legte er Hafer. Das merkte sich der Esel. Und um den Hafer zu fressen, blätterte er mit dem Maul die Blätter des Buches um. War kein Hafer mehr zu finden, rief der Esel laut: „I–a, i–a!“ Das fand Eulenspiegel großartig und er übte es mit dem Esel wieder und wieder. Nach einer Woche ging Till zu dem Rektor und sagte: „Wollen Sie bei Gelegenheit einmal mich und meinen Schüler besuchen?“
„Gern“, meinte der Rektor. „Hat er denn schon einiges gelernt?“
„Ein paar Buchstaben kann er bereits“, erklärte Eulenspiegel stolz. „Und das ist ja für einen Esel und für eine Woche Unterricht allerhand.“
Schon am Nachmittag kam der Rektor mit den Professoren und Studenten in den Gasthof und Till führte sie in den Stall. Dann legte er ein Buch in die Krippe. Der Esel, der seit einem Tag kein Futter gekriegt hatte, blätterte hungrig die Seiten des Buches um. Und da Eulenspiegel diesmal überhaupt keinen Hafer ins Buch gelegt hatte, schrie das Tier unaufhörlich und so laut es konnte: „I–a, i–a, i–a!“
„I und A kann er schon, wie Sie hören“, sagte Eulenspiegel. „Morgen beginne ich damit, ihm O und U beizubringen.“
Da gingen die Herren wütend fort. Der Rektor ärgerte sich so sehr, dass ihn bald darauf der Schlag traf. Und Till jagte den Esel aus dem Stall. „Scher dich zu den anderen Erfurter Eseln!“, rief er ihm nach. Dann schnürte er sein Bündel und verließ die Stadt noch am selben Tag.

1 Lest den Text und beantwortet folgende Fragen:
- Wer sind die Hauptfiguren?
- Worin besteht der Streich, den Till den Professoren spielt?
- Wie kann Till den Rektor in den Stall zu dem Esel locken?
- Was meint Till mit dem Satz „Scher dich zu den anderen Erfurter Eseln!“ (Z. 65 f.)?

2 a Der Text lässt sich in fünf Abschnitte einteilen. Bestimmt sie.
b Zu welchem passt folgende Überschrift: *Till führt seinen Erfolg vor*?
c Formuliert weitere Überschriften zu den einzelnen Sinnabschnitten.

3 Lest die Geschichte „Wie Eulenspiegel einem Esel das Lesen beibrachte“ mehrmals vor. Achtet darauf, wie die beteiligten Personen durch euer Vortragen dargestellt werden.

Wissen und Können **Vorlesen – Sprechbogen beachten**

- Für ein wirkungsvolles Lesen müsst ihr darauf achten, dass jeder Satz einen Sprechbogen bildet. Die Stimme hebt sich zu Beginn des Satzes und senkt sich am Ende.

  Bei dieser Gelegenheit kam er schließlich nach Erfurt.

- Ein Komma unterbricht lediglich den Sprechbogen, ihr dürft also die Stimme nicht senken.

  Eine Zeit lang beschäftigte sich Eulenspiegel damit, dass er von Universität zu Universität zog,
  sich überall als Gelehrter ausgab und die Professoren und Studenten neckte.

4 Besonders lebendig wird ein Text, wenn man ihn mit verteilten Rollen liest.
a Legt fest, welche Rollen ihr besetzen müsst, und verteilt sie.
b Übt gemeinsam den Vortrag.
c Lest eurer Klasse den Text vor. Wenn ihr über ein Aufnahmegerät verfügt, könnt ihr euch auch aufnehmen.

Wissen und Können **Wirkungsvoll vorlesen**

– Achtet besonders auf die direkten Reden. Manchmal wird im Redebegleitsatz ein Hinweis gegeben, wie die wörtliche Rede zu sprechen ist.
Beispiel: *„Ein paar Buchstaben kann er bereits", erklärte Eulenspiegel* ***stolz.*** (▶ S. 131, Z. 47 f.)
– Kommen mehrere Personen zu Wort, nennt man das ein Wechselgespräch. Dann ist es besonders wirkungsvoll, beim Vorlesen auch die Stimme zu wechseln. Eine gute Übung dafür ist es, den Text mit verteilten Rollen zu lesen.
– Geräusche und Laute, wie z. B. Tierlaute, die im Text direkt wiedergegeben werden, sollten möglichst effektvoll nachgeahmt werden.

5 a Sucht nach weiteren Eulenspiegelgeschichten in Büchereien und im Internet.
b Prüft, ob die Streiche
– eher listig sind: Tills Gegenspieler ärgern sich.
– eher spaßig sind: Tills Gegenspieler lachen.

Überall auf der Welt gibt es Figuren, die für ihre Streiche und Schelmenstücke bekannt sind. In der Türkei ist das der Nasreddin Hodscha (Hodscha bedeutet „Gelehrter"). In der arabischen Welt ist es „Goha, der alte orientalische Spaßvogel". Er soll im 8. Jahrhundert in Kufa (Irak) gelebt haben und 100 Jahre alt geworden sein.

6 Auf der folgenden Seite findet ihr eine Geschichte vom Nasreddin Hodscha. Lest sie und beantwortet folgende Fragen:
– Warum klettert der Hodscha auf den Obstbaum?
– Wie reagiert der Besitzer des Gartens, als der den Schelm entdeckt?
– Wie ändert sich die Stimmung des Gartenbesitzers?
– Wodurch schafft es der Hodscha, dass der Mann am Ende nicht mehr böse auf ihn ist?

7 Der Text ist schon zum Vorlesen vorbereitet.

a Versucht, die verschiedenen Markierungszeichen zu erklären.

b Lest die Geschichte dann möglichst ausdrucksvoll vor.
Dabei solltet ihr auch immer wieder Blickkontakt zum Publikum herstellen!
Nutzt dazu die Sprechpausen.

Eine unerfahrene Nachtigall

Eines Tages wollte der Hodscha frische Früchte essen, darum schlich er in einen fremden Garten. Dort kletterte er auf einen Baum und aß alle Früchte, die in seiner Reichweite waren. Etwas später kam der Besitzer des Gartens und fragte böse: „Was machst du da oben?“ Der Hodscha versuchte sich herauszureden und antwortete süß: „Oh, mein Herr, ich bin nur die Nachtigall und sitze hier oben und singe!“ Der Mann amüsierte sich darüber und sagte lachend: „Soso, du bist also eine Nachtigall? Dann lass mich mal ein Lied von dir hören!“ Der Hodscha machte komische Gesichtsausdrücke und gab merkwürdige Töne von sich. Der Besitzer brach in Lachen aus und sagte: „Mann, was für 'ne Art von Singen ist das? Ich habe noch nie zuvor eine Nachtigall so singen hören!“ Der Hodscha erwiderte: „Ja, eine unerfahrene Nachtigall singt nun mal so!“

Wissen und Können **Vorlesen – Den Lesetext vorbereiten**

Damit ihr einen Text für das Vorlesen vorbereiten könnt, müsst ihr ihn gut kennen.

Am besten könnt ihr ihn auf einer Kopie bearbeiten:

- Textstellen einkreisen, die anzeigen, wie eine Stelle zu lesen ist.
- Pausenzeichen für kurzes oder langes Atemholen setzen.
- Betonungszeichen für wichtige und besonders wichtige Wörter eintragen.

  Dabei gibt es verschiedene Möglichkeiten, ein Wort zu betonen:
  - leise oder laut sprechen,
  - sehr deutlich oder gedehnt sprechen,
  - vor oder nach dem Wort eine Pause machen.
- Durch Pfeile markieren, wo ihr die Stimme heben oder senken wollt.
- Am Rand notieren, wie ihr den Text lesen wollt, z. B. *atemlos schnell*, *geheimnisvoll*, *traurig*, *drohend langsam*.

Schelmenfiguren vergleichen

Gohas Besuch beim König

Eines Tages hörte Goha, dass der König eine große Feier aus Anlass der Hochzeit seiner Tochter geben und zu diesem Fest ein großes Essen anrichten lassen wollte. Als Goha, der leidenschaftlich gerne aß, nun erfuhr, dass er nicht zu den auserwählten Gästen gehörte, überlegte er, wie er dennoch an dem Fest teilnehmen könnte.

Zuerst versuchte er einfach, ohne Einladung hineinzukommen, aber die Wächter ließen ihn nicht vorbei.

Auf dem Weg nach Hause überlegte Goha, der niemals schnell aufgab, was er nun tun könnte, und plötzlich kam ihm eine Idee: Zu Hause zog er seine besten Kleider an, nahm ein weißes Papier, faltete es, steckte es in einen Briefumschlag und adressierte den Brief an den König. Dann beeilte Goha sich, nahm seinen Esel und ritt schnell zurück zum Palast des Königs, damit er nur ja das gute Essen nicht verpasse.

Als Goha zu den Wachen an der Tür kam, fragten sie ihn: „Wer bist du und was willst du hier?“ Er antwortete: „Ich bin Goha und ich habe hier einen wichtigen Brief, den ich dem König selbst übergeben muss.“ Goha wurde eingelassen, ging direkt zum König und übergab seinen Brief. Dann mischte er sich schnell unter die geladenen Gäste, die gerade zu Tisch gingen. Er begann sofort zu essen, sodass die anderen Leute erstaunt waren, wie schnell er die leckeren Gerichte verspeiste, noch bevor der König seinen Brief lesen konnte.

Als der König ihn schließlich öffnete, fand er darin nur ein unbeschriebenes Blatt und wurde wütend. Er ging zu Gohas Tisch und sprach: „Goha, dieser Zettel ist weiß und darauf steht nichts geschrieben.“ Goha, der noch am Essen war, antwortete: „Sie haben Recht, Herr König, auf dem Zettel steht nichts geschrieben, denn

ich kam in großer Eile und hatte keine Zeit mehr, etwas daraufzuschreiben. Ich bitte um Verzeihung.“

Der König lachte über Gohas Worte, während dieser schnell mit den Fingern weiteraß. „Warum isst du denn hier im Palast mit deinen fünf Fingern vor all meinen Gästen?“, fragte der König. Goha erwiderte: „Aber selbstverständlich esse ich mit fünf Fingern, denn meine Hand hat keine sechs Finger.“ Daraufhin lachten der König und seine Gäste, während Goha sich genüsslich dem Nachtisch zuwandte.

Nachdem Goha in größter Eile so viel von dem leckeren Essen verschlungen hatte, wie er nur konnte, kam der König wieder zu ihm und fragte: „Aber Goha, was wolltest du denn in deinem Brief eigentlich schreiben?“ Goha erwiderte: „Ach ja, jetzt erinnere ich mich, was ich schreiben wollte: Vielen Dank für Ihre Einladung! Alles hat mir sehr gut geschmeckt!“

1 a Die Geschichte ist in Abschnitte eingeteilt. Fasst diese in jeweils einem Satz zusammen.
b An welchen Stellen der Geschichte musstet ihr lachen?

2 Das Ende ist offen: Wir erfahren nicht, wie der König auf Gohas Behauptung reagiert. Stellt Vermutungen an, was der König am Schluss antworten könnte.

3 a Wie wirkt Goha auf euch? Wählt aus den folgenden Adjektiven und anderen Wörtern solche aus, die zu ihm passen. Nennt Textstellen, die eure Einschätzung belegen.

glücklich klug frech vergesslich laut feige unverschämt überheblich
aufbrausend verwirrt bösartig selbstsicher eingebildet witzig

b Schreibt die Eigenschaften Gohas auf. Bildet zu den passenden Wörtern Nomen und schreibt sie mit dem bestimmten Artikel auf, z. B:

Goha ist klug. Eigenschaft: die Klugheit *Goha ist frech. Eigenschaft: die* ?

●●● c Bildet auch Nomen zu den folgenden Adjektiven. Prüft eure Lösung mit dem Wörterbuch.

selbstbewusst intelligent schlau einfallsreich

4 Vergleicht das Verhalten Gohas mit dem Till Eulenspiegels in den Geschichten in diesem Teilkapitel.
– Wem gelten ihre Streiche?
– Wie gelingt es Goha und Till, diese Personen hereinzulegen?
– Wie reagieren die Mitmenschen auf die Streiche?
– Was wird mit den Streichen beabsichtigt?

Wissen und Können **Schelmenstreiche und Schwänke**

Schelme sind listige, einfallsreiche Menschen, die oft außerhalb der Gesellschaft stehen. Ihre Streiche richten sich meist gegen die Mächtigen, Angesehenen und Reichen. Geschichten wie die von den Schelmenstreichen von Eulenspiegel, Goha usw. nennt man **Schwänke.**
Ein Schwank erzählt von einem lustigen Einfall oder Ereignis und gipfelt in einem überraschenden Schluss, einer Pointe. Diese beruht häufig auf Sprachwitz.
Durch Schwänke sollen häufig menschliche Schwächen wie Dummheit, Eitelkeit oder Geiz bloßgestellt werden.

5 Bereitet den Schwank von Goha zum Vorlesen vor.
a Schreibt ihn ab – jeder in der Gruppe übernimmt einen Abschnitt. Lasst dabei jeweils eine Zeile frei und lasst genügend Platz am Rand.
b Lest den Text gemeinsam laut. Bearbeitet ihn dann mit den Markierungen, die ihr auf S. 133 kennen gelernt habt. Übt den Vortrag.
c Lest euch die Geschichten gegenseitig vor. Achtet darauf, ob es die Mitschüler ähnlich oder etwas anders gemacht haben.

Eine Spielvorlage erstellen

Schwänke kann man gut inszenieren, z. B. den von Eulenspiegel (▸ S. 130) oder Goha (▸ S. 134).

1 Überprüft, in wie viele Szenen ihr den Schwank zerlegen müsst.

2 Schreibt die Dialoge der einzelnen Szenen auf. Oft müsst ihr dabei Informationen aus dem Erzähltext in wörtliche Rede umwandeln. Dafür müsst ihr manchmal noch neue Figuren hinzuerfinden. Beispiel zum Anfang des Goha-Streichs (▸ S. 134, Z. 1–11):

Nachbar: Goha, hast du schon gehört? Die Tochter des Königs heiratet heute.
Goha: Das gibt sicher ein rauschendes Fest mit köstlichem Essen!
Nachbar: Dumm nur, dass man eine Einladung braucht. Mein Bruder, der Palastwächter hat es mir erzählt: Du und ich, wir stehen nicht auf der Gästeliste! ...

3 Nun beginnt die Inszenierung:
a Plant das Bühnenbild, die Kostüme und Requisiten.
b Entscheidet euch, wer welche Rolle spielt, und bestimmt einen „Regisseur“, der den Schauspielern Hinweise zur Gestik, Mimik und Sprechweise gibt.
Weitere Hinweise findet ihr im Theater-Kapitel (▸ S. 161–169).

Testet euer Wissen!

Schwänke und Schelmenstreiche

1 Sucht die richtige Antwort heraus und begründet jeweils aus den Texten.
a Unter dem Begriff „Eulenspiegelei“ versteht man:

eine lustige Erzählung · einen Schelmenstreich · eine Fabel

b Ein Schwank weist meist eine Pointe auf. Darunter versteht man:

eine Lehre · eine überraschende Wendung · ein trauriges Ende

c Die Gegenspieler der Schelmen sind im Vergleich zu diesen:

mächtiger/angesehener · gleich mächtig/angesehen · weniger mächtig/angesehen

d Die Figuren, denen die Streiche gespielt werden, werden nicht mit Namen genannt, denn:

der Verfasser weiß sie nicht mehr. · das Ereignis kann jeden betreffen. · die Namen dürfen aus Datenschutzgründen nicht veröffentlicht werden.

8.2 Schwänke nacherzählen

Mündlich nacherzählen

1 Den Schwank auf S. 138 sollt ihr nacherzählen. Damit eure Zuhörer euch dabei gut folgen können, müsst ihr ihn selbst genau überblicken. Lasst euch den Text zwei Mal vorlesen.

a Hört beim ersten Mal aufmerksam zu und verschafft euch einen Gesamteindruck:
- Wer sind die Hauptfiguren neben Till?
- Wo spielt die Geschichte?
- Worum geht es in diesem Eulenspiegelstreich?

b Achtet beim zweiten Lesen der Geschichte darauf, wie es zu dem Streich kommt und wie sich die Handlung steigert:
- Welche Handlungsschritte könnt ihr erkennen?
- In welcher Reihenfolge bauen sie aufeinander auf?
- Wo befindet sich der Höhepunkt des Schwanks?
- Wie endet die Erzählung?

2 Damit man sich die Handlung der Geschichte besser merken kann, ist es sinnvoll, schon beim Zuhören Notizen anzufertigen.

a Lest die folgenden Stichpunkte:

> ***Notizen für eine Nacherzählung zum Eulenspiegelstreich***
> *Till ging zu Kirchweih ins Nachbardorf*
> *Till betrunken, wollte seinen Rausch ausschlafen*
> *Fand Bienenkörbe in Garten, legte sich in einen, schlief bis tief in die Nacht*

b Blättert kurz um und vergleicht mit dem Textanfang: Auf welche Zeilen beziehen sich die Stichpunkte?

c Lasst euch den Schwank noch ein drittes Mal vorlesen und macht euch dabei Notizen.
Tipp: Wenn ihr geübte Nacherzähler seid, könnt ihr das schon beim zweiten Vorlesen erledigen.

3 Erzählt den Text in der Klasse nach. Die anderen passen auf, ob sie alles gut verstehen können.

Wissen und Können | **Mündlich nacherzählen**

Haltet euch an den Aufbau der Vorlage und erzählt den Streich mit eigenen Worten nach.
Dabei müsst ihr nur die wesentlichen Handlungsschritte wiedergeben.
Achtet auch darauf, dass ihr nichts Neues hinzuerfindet.

Erich Kästner

Ein Eulenspiegelstreich

Einmal war Till in einem Nachbardorf zur Kirchweih. Dort trank der Lümmel so viel Bier, dass er schon am hellen Mittag total betrunken war. Außerdem war er auch müde und suchte sich ein schattiges Plätzchen zum Schlafen. Dabei geriet er in einen stillen Garten, in dem viele Bienenstöcke standen. Es waren auch leere Stöcke darunter, und in einen der leeren Bienenstöcke legte er sich und schlief ein.
Gegen Mitternacht kamen zwei Diebe in den stillen, abgelegenen Garten und wollten einen Bienenkorb stehlen, um dann den Honig zu verkaufen.
„Wir werden den schwersten Korb nehmen", sagte der eine Dieb. „Je schwerer der Korb ist, umso mehr Honig hat er." „In Ordnung", sagte der andere. Und dann hoben sie die Körbe der Reihe nach hoch. Der schwerste war natürlich der, in dem Eulenspiegel lag. Und deshalb nahmen sie den, luden ihn sich auf die Schultern, schleppten ihn aus dem Garten auf die Straße hinaus und wanderten stöhnend und schwitzend ihrem Dorf zu.
Eulenspiegel war natürlich aufgewacht und ärgerte sich, dass ihn die beiden Kerle geweckt hatten und nun auch noch nachts in ein Dorf schleppten, in dem er gar nicht wohnte. Als sie ihn so eine Weile getragen hatten, griff er vorsichtig aus dem Bienenkorb heraus und zog den Vorderen furchtbar an den Haaren.
„Aua!", schrie der Dieb. „Bist du denn ganz verrückt geworden?" Er dachte selbstverständlich, der andere Dieb sei es gewesen, und schimpfte schauderhaft. Der andere wusste nicht, was los war, und sagte: „Du bist wohl übergeschnappt? Ich schleppe an dem Bienenkorb wie ein Möbelträger, und du bildest dir ein, ich hätte Zeit und Lust, dich an den Haaren zu ziehen! Zu dumm!"
Eulenspiegel amüsierte sich königlich und nach einer Weile rupfte er den Hintermann am Haar, und zwar derartig, dass ihm ein Büschel

Haare in der Hand blieb. „Nun wird mir's aber zu bunt!", brüllte der Dieb. „Erst träumst du, ich hätte dich an den Haaren gezogen. Und nun reißt du mir fast die Kopfhaut runter! So eine Frechheit!" „Blödsinn!", knurrte der andere.
Sie stritten, fluchten und ächzten, dass Till Eulenspiegel beinahe laut gelacht hätte. Aber das ging natürlich nicht. Stattdessen riss er, fünf Minuten später, den Vordermann derartig am Haar, dass der mit dem Schädel an den Bienenkorb krachte, den Korb fallen ließ, sich umdrehte und dem Hintermann wütend mit beiden Fäusten ins Gesicht schlug. Nun ließ auch dieser Dieb den Korb fallen und warf sich mit aller Wucht auf den Vorderen. Im nächsten Augenblick lagen beide am Boden und rangen und schlugen und kratzten sich.
Eulenspiegel aber blieb gemütlich in seinem Korb liegen und schlief weiter, bis ihn am Morgen die Sonne weckte.

4 Beim mündlichen Nacherzählen kann man Stichwortkarten verwenden.
a Vergleicht die ersten beiden Karten mit dem Notizblatt (▶ S. 137). Welche Notizen wurden auf welcher Stichwortkarte zusammengefasst?
b Bringt die übrigen Karten in die richtige Reihenfolge.

1
Kirchweih

2
Till betrunken im Korb

?
wurde wach.

?
Schwerster Korb
→ am meisten Honig

?
Diebe kamen

5 a Erstellt ausgehend von dem folgenden Notizblatt eigene Stichwortkarten:

Schleppten Till in ein Dorf, das er nicht kannte
Hob Deckel des Korbes an
Zog den Vordermann an den Haaren
Beschimpfte Hintermann: „Bist du übergeschnappt?"
Till amüsierte sich.
Riss Hintermann ein Büschel Haare aus
Hintermann: „Jetzt reicht's! Jch halte den Korb fest."
Beide stritten
Hintermann packte den Vordermann an den Haaren
Riss Vordermann an den Haaren; schlug mit Kopf an den Korb

b Vergleicht eure Ergebnisse.
c Fertigt Stichwortkarten für den Ausgang des Schwanks an. Geht dabei von euren eigenen Notizblättern (Aufgabe 2, ▶ S. 137) aus.

6 Übt das mündliche Nacherzählen mit den Stichwortkarten.

Wissen und Können **Stichwortkarten erstellen und nutzen**

Stichwortkarten sind beim mündlichen Nacherzählen nützlich. Sie helfen, dass ihr nichts Wesentliches vergesst und trotzdem fast frei und mit eigenen Worten sprechen könnt.
Beachtet folgende **Tipps:**
- Formuliert knapp. Die Karten sollen nur Gedächtnisstütze sein und nicht zum Vorlesen verleiten.
- Beschreibt die Karten einseitig und nummeriert sie in der richtigen Reihenfolge.
- Schreibt nicht zu klein, damit ihr die Stichworte gut lesen könnt.
- Schaut beim Vortrag nicht nur auf die Kärtchen, sondern versucht Blickkontakt mit euren Zuhörern zu halten.

Schriftlich nacherzählen

Jakob und Anna haben diesen Schwank schriftlich nacherzählt. Dafür gelten die gleichen Regeln wie beim mündlichen Nacherzählen.

Jakob

Eines Tages ging Till zur Kirchweih in ein Nachbardorf. Weil er zu viel Bier trank, wurde er müde und legte sich in einem Garten zum Schlafen in einen Bienenkorb.

Anna

Till Eulenspiegel betrank sich im Nachbardorf so, dass er schon am Mittag in einem Bienenkorb einschlief.

1 a Welchen Anfang für die Nacherzählung würdet ihr wählen? Begründet.
b Welche Fragen beantwortet Jakob in diesem Teil seines Aufsatzes?

Jakob schreibt:

Zwei Diebe drangen in den Garten ein, der dem Bäckermeister Rauh gehörte, und wollten die Bienenkörbe stehlen.
Durch die Geräusche und das Schütteln an seinem Gehäuse wachte Till auf.
Ärgerlich hob er den Deckel des Korbes hoch und zog den Vordermann an den Haaren. „Aua!", schrie der Dieb. „Bist du denn ganz verrückt geworden?" Der andere sagte: „Du bist wohl übergeschnappt? Ich schleppe an dem Bienenkorb wie ein Möbelträger, und du bildest dir ein, ich hätte Zeit und Lust, dich an den Haaren zu ziehen! Zu dumm!"
Ich finde, das war nicht lustig, sondern ganz schön fies von Till.

Anna schreibt:

Zwei Diebe drangen gegen Mitternacht in den Garten ein und wollten die Bienenkörbe stehlen. Die Diebe wollten mit dem Verkauf des Honigs Geld verdienen. Die Diebe suchten sich den schwersten aus, denn sie glaubten, in ihm sei der meiste Honig enthalten. Die Diebe nahmen den, in dem Till schlief, und schleppten ihn fort.
Durch das Schütteln und den Lärm wacht Till auf.
Der Schelm hebt den Deckel des Korbes hoch und zieht den Vordermann an den Haaren. „Was machst du mit meinen Haaren?", schrie dieser seinen Partner an, den er als Übeltäter vermutete. „Spinnst du? Ich quäle mich hier mit dem schweren Korb!", entgegnete der.

2 Vergleicht diese beiden Textstellen.
a Prüft mit Hilfe der folgenden Liste, was noch nicht gelungen ist.
b Stellt dann jeweils die Stärken der beiden Texte heraus.

Inhalt	Sprache
Zu viele Details	*Falsche Zeitstufe*
Wichtige Handlungsschritte vergessen	*Satzbau eintönig*
Falsche Informationen	*Wortwiederholungen*
Persönliche Meinung oder Wertung	*Wörtliche Übernahmen*

Jakob schreibt weiter:

Till freute sich über seinen Streich, deshalb machte er weiter damit. Dieses Mal riss er dem Hintermann eine ganze Faust voll Haare aus, sodass dieser aufheulte: „Gerade behauptest du, ich würde an deinen Haaren ziehen, und sofort reißt du mir meine aus!“ „Jch soll dir die Haare ausreißen? Dabei habe ich doch noch nicht einmal eine Hand frei!“, ächzte der Vordermann. Die beiden beschimpften sich gegenseitig, während sie den Korb weiterschleppten.
Eulenspiegel gefiel dies immer mehr. Er zog fest am Schopf des ersten Diebs. Der ließ den Korb los und schlug seinen Kumpel ins Gesicht. Es entstand eine Rauferei.

3 a Warum verwendet Jakob an dieser Stelle wörtliche Rede?
b Jakob hat versucht, verschiedene Verben des Sagens zu benutzen. Schreibt sie heraus.
c Findet weitere Verben des Sagens, die in diese Situation passen.

4 a Untersucht den Satzbau: Wo sind Jakob die Satzverknüpfungen gelungen, wo nicht?
●●○ b Verknüpfe die Sätze, die noch unverbunden sind.
●○○ Du kannst folgende Verknüpfungswörter verwenden:

daher so … dass So

Jakob und Anna erzählen auch den Schluss des Schwankes unterschiedlich nach:

Eulenspiegel dagegen war zufrieden. Jn seinem Korb schlief er bis zum nächsten Morgen.

Till erinnerte sich an das Sprichwort: „Wer zuletzt lacht, lacht am besten.“

5 Welcher dieser Schlüsse passt nicht zum Original? Begründet eure Meinung.

6 Die Nacherzählung hat noch keinen Titel. Welchen haltet ihr für passend? Begründet eure Wahl. Denkt daran: Die Überschrift soll neugierig machen, aber noch nicht zu viel verraten.

Till im Bienenkorb   Till als Polizist   Till vertreibt zwei Diebe
Wie Till einen Diebstahl verhinderte   Till in einem fremden Garten

Wissen und Können **Nacherzählen**

Oft erzählen wir einen Film oder eine Geschichte für jemanden, der das Original nicht kennt. Dabei erzählen wir so wie in der Vorlage, z. B. stellen wir eine Detektivgeschichte spannend dar, einen Streich lustig. Beachtet auch die folgenden Punkte:
- Erzählt die einzelnen Handlungsschritte in der gleichen Reihenfolge wie im Original.
- Wenn es im Original einen Höhepunkt gibt, wird dieser auch in der Nacherzählung besonders ausgestaltet.
- Erfindet nichts Neues hinzu (z. B. Orte, Figuren)!
- Erzählt mit eigenen Worten. Nur wichtige Kernstellen dürft ihr wörtlich wiedergeben. Solche Kernstellen sind z. B. lustige Wortspiele oder wörtliche Reden, die missverstanden werden.
- Erzählt in der Zeitstufe des Originals, meistens im Präteritum.

8.3 Fit in ...? – Nacherzählen

Sicherlich kennt ihr auch die Schwänke von den dummen Schildbürgern, die fast genauso bekannt sind wie die Till Eulenspiegels.
Auf S. 144 findet ihr einen Schwank von den Schildbürgern. Daran könnt ihr das Nacherzählen noch einmal üben.

1 Bereitet eure Nacherzählung vor:
a Sucht jemanden, der euch den Schwank zwei Mal langsam und deutlich vorliest, und legt euch ein Notizblatt zurecht.
b Konzentriert euch beim ersten Vorlesen nur auf die Geschichte.
c Macht euch beim zweiten Vorlesen Notizen zu den Handlungsschritten.

Falls ihr niemanden findet, der euch den Text vorliest, könnt ihr den Schwank auch selbst lesen und dann mit einem Blatt abdecken.

2 Hier findet ihr den Anfang einer Nacherzählung zu dem Schwank auf S. 144.
a Überprüft anhand eurer Notizen, ob nichts Wesentliches weggelassen wurde.
b Überlegt, warum der Verfasser dieser Nacherzählung aus dem Originaltext den Hinweis übernommen hat, dass die Kinder barfuß auf das Feld gelaufen sind.
c Kontrolliert mit Hilfe der Checkliste auf der folgenden Seite, ob auch die sprachliche Gestaltung dieser Nacherzählung gelungen ist.

Jn Schilda wurde das Salz knapp, weil in Salzburg Krieg herrschte. Da das Essen den Bürgern ohne Salz nicht schmeckte, suchten sie nach einer Lösung des Problems.
Bald kam ihnen die rettende Jdee. Da Zucker auf den Feldern wachse, muss auch Salz auf einem Acker geerntet werden können. Deshalb streuten sie die Hälfte ihres Salzvorrats auf dem Gemeindeacker aus. Wachen am Feldrand sollten die Vögel vertreiben, damit diese kein Salz stehlen könnten.
Da nach ein paar Wochen der Acker bereits grünte, freuten sich die Bürger von Schilda auf die reiche Ernte.
Als plötzlich Kühe und Ziegen aus dem Nachbardorf auf das Feld trampelten, schossen die Feldhüter. Sie hatten aber keinen Erfolg. Schließlich wollte der Hufschmied aufs Feld laufen und die Tiere verjagen. Der Bäcker schrie ihn an: „Bist du verrückt? Du zertrampelst unser Salzkraut!"
Der Schulmeister hatte endlich die rettende Jdee und schlug vor: „Setz dich auf ein Brett und vier Männer tragen dich auf den Acker. Dadurch brauchst du keinen einzigen Halm zu zertreten." Die Schildbürger folgten dem Vorschlag und verjagten das Vieh. Der Hufschmied hatte keinen einzigen Halm zertreten.
Kinder, die eine Woche später barfuß auf das Feld gelaufen waren, rannten schreiend wieder heraus, denn ihre Füße brannten fürchterlich. Deshalb glaubten die Schildbürger, dass das Salz reif zur Ernte sei ...

3 a Setzt die Nacherzählung in eurem Heft fort.
b Überprüft auch euren eigenen Text mit Hilfe der Checkliste.

Checkliste

Checkliste zum Nacherzählen

Vorbereitung: Konzentriert zuhören und Notizen anfertigen

- Habe ich beim ersten Hören der Geschichte auf den Gesamtzusammenhang geachtet?
  - Wer sind die Hauptfiguren?
  - Wo spielt die Geschichte?
  - Worum geht es?
- Habe ich mich beim zweiten Mal auf die Abfolge der Handlung und die Details konzentriert und Notizen dazu angefertigt?
  - Welche Handlungsschritte habe ich erkannt?
  - In welcher Reihenfolge bauen sie aufeinander auf?
  - Wo befindet sich der Höhepunkt des Schwanks?

Die eigene Nacherzählung überprüfen

Aufbau und Inhalt

- Bauen die Handlungsschritte in der gleichen Reihe wie im Original aufeinander auf?
- Falls die Vorlage einen Höhepunkt hat: Habe ich diesen lebendig ausgestaltet?
- Habe ich Unwesentliches, das für das Verständnis der Geschichte unwichtig ist, weggelassen? **Tipp:** Eine Nacherzählung sollte kürzer als die Vorlage sein.
- Habe ich mich inhaltlich an die Vorlage gehalten und nichts Neues hinzuerfunden (z. B. Orte, Figuren, Zeit)?
- Habe ich dem Text eine Überschrift gegeben, die den Schwerpunkt der Geschichte trifft, aber nicht zu viel verrät?

Sprache

- Erzähle ich in eigenen Worten?
- Habe ich die Zeitstufe des Originals übernommen? Meist ist es das Präteritum.
- Erzähle ich abwechslungsreich, z. B. bei den Verben des Sagens?
- Habe ich auf Satzverknüpfungen geachtet, mit denen ich die Zusammenhänge deutlich mache?

Erich Kästner

Ein Schildbürgerstreich

Eines schönen Tages wurde in Schilda das Salz knapp. Und die Händler hatten keines zu verkaufen. „In Salzburg ist Krieg", erzählten sie, „wir müssen warten, bis der Krieg vorüber ist."
Das gefiel den Schildbürgern nicht. Denn Butterbrot, Kartoffeln und Suppen ohne Salz schmeckten ihnen und ihren Kindern ganz und gar nicht.

Deshalb überlegten sie, was sie tun sollten. Und weil ihr Rathaus nun helle Fenster hatte, fiel ihnen auch gleich etwas Pfiffiges ein. „Da der Zucker auf Feldern wächst", meinte einer, „brauchen wir auf dem Gemeindeacker nur Salz auszusäen. Dann haben wir unser eigenes Salz!"

So geschah es. Sie streuten die Hälfte ihres Salzvorrats auf den Acker. Dann stellten sie Wachposten an den Rändern des Feldes auf. Die sollten aufpassen, dass keine Vögel das Salz stahlen. Dann warteten sie ab. Schon nach ein paar Wochen grünte der Acker. Das Salzkraut schoss nur so in die Höhe. Aber die Vögel blieben zum Glück aus.

Und die Schildbürger rechneten schon nach, wie viel Salz sie ernten würden. „Hundert Zentner", meinten sie, „können wir sogar exportieren."

Doch da kamen die Kühe und Ziegen aus dem Nachbardorf! Sie trampelten in dem herrlich wachsenden Salzkraut herum. Die Feldhüter schossen, was das Zeug hielt. Doch das Vieh machte sich nichts draus. Die Schildbürger wussten sich wieder einmal keinen Rat. Bis der Hufschmied mit einem Stock in der Hand aufs Feld stürzen wollte, um die Tiere zu verjagen.

„Bist du verrückt?", schrie der Bäcker. „Willst auch du noch unser Kraut niedertrampeln?"

Und sie hielten ihn fest. Da rief er: „Wie sonst soll ich das Vieh vertreiben, wenn ich nicht ins Feld laufen darf?"

„Ich weiß", sagte der Schulmeister, „du setzt dich auf ein Brett. Vier von uns heben dich hoch und tragen dich ins Feld. Auf diese Weise wirst du kein einziges Hälmchen zertreten." Alle waren von dem Vorschlag begeistert. Man trug den Schmied zu viert über den Acker, und er verjagte das Vieh und berührte keinen Halm!

Eine Woche später gerieten ein paar Kinder beim Spielen ins Salzkraut hinein. Sie waren barfuß, sprangen schreiend wieder heraus und rannten weg. „Es beißt schon!", riefen sie aufgeregt und zeigten ihre rot befleckten Füße und Waden, die fürchterlich brannten.

„Das Salz ist reif!", rief der Schweinehirt. „Auf zur Ernte!" Die Schildbürger ließen ihre Arbeit stehen und liegen und fuhren mit Sicheln, Sensen und Dreschflegeln zum Gemeindeacker. Das Salzkraut biss ihnen in die Beine und zerkratzte ihnen die bloßen Arme. Dicke Tränen rollten ihnen über die Wangen. Und es dauerte gar nicht lange, da warfen sie die Sensen und Sicheln weg, sprangen weinend aus dem Acker, fuchtelten mit den brennenden Armen, Händen und Beinen im Wind und fuhren zur Stadt zurück. „Nun", fragten ihre Frauen, „habt ihr das Salz schon abgeerntet?"

Die Männer steckten die Hände und Füße ins kalte Wasser und sagten: „Nein. Es hat keinen Zweck. Das Salz ist uns zu salzig!"

Ihr wisst natürlich längst, was so beißen konnte. Es waren Brennnesseln! Ihr wisst es, und ich weiß es. Wir sind ja auch viel klüger, als es die Schildbürger waren!

9 Spaß an Gedichten – Vortragen und gestalten

Robert Gernhardt

Die weißen Riesenhasen

Wenn die weißen Riesenhasen
abends übern Rasen rasen
und die goldnen Flügelkröten
still in ihren Beeten beten,
wenn die schwarzen Buddelraben
tief in ihrem Graben graben
und die feisten Felsenquallen
kichernd in die Fallen fallen:
dann schreibt man, wie jedes Jahr,
den hundertzwölften Januar.

Was? Ihr kennt ihn nicht, den Tag?
Schaut mal im Kalender nach!

1 a Das Gedicht von Robert Gernhardt ist ein Unsinnsgedicht. Erklärt, was daran unsinnig ist.
b Die Verse klingen dennoch gut beim Lesen und Sprechen. Warum?

2 Kennt ihr weitere lustige Gedichte? Bringt sie mit und lest oder tragt sie vor.

9.1 Gedichte untersuchen und verstehen

Der Chor der Tiere – Reime, Verse, Strophen

Paul Maar

Tier-Zweizeiler

Zum Lämmergeier sagt der Strauß:
„Mann, du siehst echt belämmert ? ."

Die Grille grillt auf ihrem Grill
all das, was sie gern grillen ? .

Die Ente steht auf einem Bein,
der Steinbock lässt das lieber ? .

Selten sieht man auf den Straßen
Hasen mit dem Rennrad ? .

Wartet eine Schlange lange
wird aus ihr 'ne Warte ? .

Kaum ist der Bauer ausgeritten,
schon fahren seine Kühe ? .

Fliegen Schweine um den Turm,
herrscht draußen meist ein Wirbel ? .

1 Es fehlen jeweils die Reimwörter. Ergänzt sie.

2 Versucht selbst, lustige Tier-Zweizeiler zu dichten.

Joachim Ringelnatz

Ohrwurm und Taube

Der Ohrwurm mochte die Taube nicht leiden.
Sie hasste den Ohrwurm ebenso.
Da trafen sich eines Tages die beiden
in einer Straßenbahn irgendwo.

Sie schüttelten sich erfreut die Hände
und lächelten liebenswürdig dabei
und sagten einander ganze Bände
von übertriebener Schmeichelei.

Doch beide wünschten sie sich im Stillen,
der andre möge zum Teufel gehn,
und da es geschah nach ihrem Willen,
so gab es beim Teufel ein Wiedersehn.

3 Auch in dem Gedicht „Ohrwurm und Taube" reimen sich die Zeilen. Schreibt das Gedicht ab und unterstreicht die zusammengehörigen Reimwörter jeweils in der gleichen Farbe. Vergleicht den Reim in den „Tier-Zweizeilern". Was ist anders?

4 a Gebt den Inhalt in eigenen Worten wieder. Was passiert in den einzelnen Strophen?
b Besprecht, warum die Strophen über den Ohrwurm und die Taube lustig wirken.

Wissen und Können **Reim, Vers, Strophe**

Ein wichtiges Merkmal in vielen Gedichten ist der **Reim.** Wenn zwei Wörter vom letzten betonten Vokal an gleich klingen, nennt man das Endreim, z. B. in *im Stillen – Widerwillen; gehn – Wiedersehn.*
Eine Gedichtzeile heißt **Vers.**
Mehrere zusammengehörige Verse bilden eine **Strophe.** Mehrere Strophen werden durch Leerzeilen voneinander getrennt.

Johann Wolfgang Goethe

Die Frösche

Johann Wolfgang Goethe (1749–1832) gilt als der bedeutendste deutsche Dichter. Er hat große Dramen, Romane und viele Gedichte geschrieben. Das folgende, das er im Alter verfasst hat, ist lustig, regt aber auch zum Nachdenken an.

Ein großer Teich war zugefroren.
Die Fröschlein, in der Tiefe verloren,
Durften nicht ferner quaken noch springen,
Versprachen sich aber, im halben Traum:
Fänden sie nur da oben Raum,
Wie Nachtigallen wollten sie singen.
Der Tauwind kam, das Eis zerschmolz,
Nun ruderten sie und landeten stolz
Und saßen am Ufer weit und breit
Und quakten wie vor alter Zeit.

5 a Lest das Gedicht gründlich und fasst es mit eigenen Worten zusammen.
b Überlegt: Welches Verhalten mancher Menschen könnte man mit dem der Frösche vergleichen?

6 Schreibt das Gedicht „Die Frösche" ab. Markiert zusammengehörige Verse mit gleichen Farben und gleichen Buchstaben:

Ein großer Teich war zugefroren. a
Die Fröschlein, in der Tiefe verloren, a
Durften nicht ferner quaken noch springen, b

Wissen und Können **Reimformen: Paarreim, Kreuzreim, umarmender Reim**

In Gedichten könnt ihr verschiedene Reimformen erkennen.

Wenn zwei aufeinanderfolgende Verse sich reimen, spricht man von einem **Paarreim.**

Am Fuß von einem Aussichtsturm a
saß ganz erstarrt ein langer Wurm. a
Doch plötzlich kommt die Sonn' herfür, b
erwärmt den Turm und auch das Tier. b
Da fängt der Wurm an, sich zu regen, c
und heißt jetzt Regenwurm deswegen. c
(Heinz Erhardt)

Reimen sich der 1. und 3. sowie der 2. und 4. Vers (über Kreuz), so nennt man das **Kreuzreim.**

Da sitze ich und suche. a
Ich suche einen Reim. b
Ich suche, suche – fluche! a
Was hilft's? Mir fällt nichts ein. b
(Josef Guggenmos)

Wird ein Paarreim von zwei Versen „umarmt", die sich ebenfalls reimen, so heißt das **umarmender Reim.**

Will man was ganz stark und fest, a
Geht's auch ohne Wunschmaschine. b
Selbst ein Schwein lernt Violine, b
Wenn es nur nicht lockerlässt. a
(Paul Maar)

7 Benennt die Reimformen der Gedichte auf den Seiten 146 und 147.

Jürgen Spohn

Warum der Rollmops sauer ist

Der Rollmops ist ein armes Tier gewickelt
in ein Stück Papier Er hat nicht viel vom Leben
mehr und fürchtet sich vor dem Verzehr Sein
Glück ist nicht von Dauer und deshalb ist er sauer.

8 Ihr merkt natürlich, dass die Gedichtverse falsch verteilt sind.

a Tragt das Gedicht laut vor. Findet durch Klatschen oder Trommeln seinen richtigen „Takt".

b Schreibt den „Rollmops" richtig in euer Heft – mit Punkt und Komma.
Der Rollmops ist ein armes Tier,
gewickelt ...

c Vermerkt am Rand des Gedichts das Reimschema (a,a ...) und bestimmt die Reimform.

Auf die Sprache kommt es an – Selber dichten

Parallelgedichte schreiben

Mira Lobe

Der verdrehte Schmetterling

Ein Metterschling
Mit flauen Blügeln
Log durch die Fluft.

Er war einem Computer entnommen,
dem war was durcheinandergekommen,
irgendein Drähtchen,
irgendein Rädchen.

Und als man es merkte, da war's schon zu spätchen,
da war der Metterschling schon feit wort
wanz geit.
Mir lut er teid.

1 a Warum ist angeblich so ein „verdrehtes" Gedicht entstanden? Worin besteht der Fehler?
b „Repariert" die erste und die dritte Strophe.

2 Versucht selbst ein „verdrehtes" Tiergedicht zu schreiben. Versucht es z. B. mit Perserkatze, Honigbiene, Pottwal oder Haselmaus. Geht zunächst von den richtigen Wörtern aus:

Eine Bergziege *eine Zergbiege*
Mit festen Hufen *mit hesten Fufen ...*

Joachim Ringelnatz

Die Ameisen

In Hamburg lebten zwei Ameisen,
die wollten nach Australien reisen.
Bei Altona[1] auf der Chaussee,
da taten ihnen die Beine weh,
und da verzichteten sie weise
dann auf den letzten Teil der Reise.

1 Altona ist ein Stadtteil von Hamburg.

3 Joachim Ringelnatz schrieb viele witzige Gedichte, die im Unsinn einen Sinn enthalten. Besprecht: Worin liegt der Unsinn, worin der Sinn und damit die Aussage des Gedichts?

4 Auch hier könnt ihr ähnliche Verse schmieden, z. B.:

Jn Würzburg lebten zwei Schnecken,
die wollten ...

Elfchen und Rautengedichte verfassen

Manche Gedichte lassen sich besonders gut nachahmen. Dazu gehören z. B. das Elfchen und das Rautengedicht.

Lustig!	1. Vers: 1 Wort	Farbe, Eigenschaft
Meine Fische	2. Vers: 2 Wörter	Gegenstand, Person, Tier
Fliegen im Wasser.	3. Vers: 3 Wörter	Aussage über den Gegenstand, die Person, das Tier
Ich kann nicht fliegen.	4. Vers: 4 Wörter	Aussage über mich selbst
Schade!	5. Vers: 1 Wort	Zusammenfassung – Was kommt dabei heraus?

1 Ihr erkennt sicher gleich, warum das **„Elfchen“** so heißt. Prägt euch Form und Inhalt ein. Das Elfchen befasst sich oft mit der Natur, mit Tieren und Menschen.

2 Dichtet nun selbst ein Tier-Elfchen wie das oben.
●●○ Überlegt euch, welches Thema euer Elfchen haben soll, und achtet auf die Wortanzahl.
●○○ Falls euch nichts Geeignetes einfällt, versucht es mit folgenden Eigenschaften:

federleicht – geschmeidig – silbern – sprungbereit – lautlos – behäbig – putzig

Januar
Klirrende Kälte
Beißender Wind fegt
Durch eisig erstarrte Straßen
Raureif auf Bäumen und Zäunen
Verzaubert weiß die Welt
Dunkle Wolken nahen
Und plötzlich
Schneegestöber

3 Die gleichen Themen wie das Elfchen kann auch das **Rautengedicht** haben. Probiert ein solches Gedicht zu schreiben, bei dem sich die Anzahl der Wörter von Zeile zu Zeile erhöht und wieder vermindert. Nehmt euch die Monate oder die Jahreszeiten vor!

4 a Versucht auch ein solches Gedicht in der Gruppe zu verfassen: Setzt euch zu fünft oder sechst zusammen. Jeder schreibt, wenn er dran ist, in seiner Zeile ein Wort mehr bzw. weniger.
b Stellt euch eure Gedichte gegenseitig vor.

Auf am Tirmle – Schreiben im Dialekt

Auf am Tirmle
schdohd a Wirmle
mid am Schirmle
onderm Ärmle.
Kommd a Schdirmle,
nemmd des Wirmle
mid dem Schirmle
onderm Ärmle
von dem Tirmle.

1 a Das ist ein schwäbischer Kindervers. Habt ihr ihn verstanden? „Übersetzt" ihn erst mündlich, dann schriftlich ins Hochdeutsche: *Auf einem Türmchen …*
b Besprecht, wie sich die Verse auf Hochdeutsch anhören. Was ist der Unterschied?
c Falls ihr selbst einen Dialekt sprecht, tragt das Gedicht entsprechend vor.

2 Kennt ihr weitere Kinderverse in einem deutschen Dialekt oder in einer anderen Sprache? Tragt sie vor und übersetzt sie für eure Klassenkameraden.

> ***Fuaßboispuin***
> *Fuaßboispuin geh i no heit.*
> *Am Fuaßboispuin do hob i Freid.*
> *Wenn ma g'winnan is mas recht,*
> *denn mei Grupp'm is net schlecht.*
> *Aba wenn ma uns net miah'n,*
> *kunnt's a sei, dass ma valiern.*

3 Dichtet selbst ein Dialektgedicht. Wählt als Thema eines eurer Hobbys.

Maximilian Krieger

Baurarechln – racht und schlacht

Geits Schnäa und Eis im Januar,
fängt mit Kelt glei a es ? .

Geits in Winter Eis und Schnäa,
freuerts een a Hend und ? .

Ja, dos is Kalannerwill;
Noach en März künnt dr ? .

Stellt in Mai si Dunner ei,
muoß dos a Gewitter ? .

Kräht dr Göüker nou in Mai,
Is April scho längst ? .

Is es a Ägidi schüa,
Is es mästens niet arch ? .

4 Schreibt die fränkischen „Weisheiten" ab und ergänzt die fehlenden Reimwörter.

sei Zäa April Jahr drüa vorbei

5 Übersetzt die Bauernregeln ins Hochdeutsche. Untersucht eure Übersetzung: Wo bleiben im Hochdeutschen die Reime erhalten, wo nicht?

fitzgerald kusz

gänseblümmlä

weiß und ä weng gelb
zu glaa fiä ä vosn
unscheiboä
wäi di schboodzn
glanne laid woumä gern ibäsichd
jeds joä schbidzns
ausm buudn raus
obbä blouß ä weng
mehr drauäsäsi ned
sie schämäsi
dass wachsn

6 a „Übersetzt" das Gedicht Wort für Wort. Besprecht, worum es geht.
b Schreibt es ab Vers 6 auf Hochdeutsch auf. Wo müsst ihr aufpassen? Benennt zwei Besonderheiten in der Schreibung dieses Gedichts.
c Mundartdichter wie der Nürnberger Fitzgerald Kusz schreiben auch häufig Gedichte über die Natur, über ihre Umgebung und die Heimat. Sucht mögliche Begründungen dafür.

7 Wählt eine Pflanze, ein Tier oder eine Naturerscheinung, wie etwa das Wetter, aus und schreibt ein Gedicht dazu – wenn möglich, in eurer Mundart.

Testet euer Wissen

Fachbegriffe Gedicht

Mehrere Gedichtzeilen bilden zusammen eine ? (6).
Wenn sich zwei aufeinanderfolgende Verse reimen, nennt man das ? (7).
Reimen sich die 1. und 3. sowie die 2. und 4. Zeile, ist das ein ? (3).
Für Mundart gibt es auch das Wort ? (7).
Eine Gedichtzeile heißt ? (3).
Bilden zwei Verse, die sich reimen, einen Rahmen um zwei Verse mit einem anderen Reim, so heißt das ? (8).
Es gibt verschiedene Gedichtformen. Eine Strophe aus elf Wörtern in einem bestimmten Aufbau nennt man z. B. ein ? (4).

1 Kennt ihr die Fachbegriffe, mit denen man Gedichte beschreiben kann? Übertragt den Lückentext in euer Heft. Füllt dabei die Lücken mit den richtigen Fachbegriffen.

2 a Sucht nun aus den eingefügten Fachbegriffen die geforderten Buchstaben heraus, z. B. vom Lösungswort der ersten Lücke den dritten Buchstaben. Schreibt sie ins Heft.
b Knackt nun das Rätsel, indem ihr die gesammelten Buchstaben in die richtige Reihenfolge bringt: Bist du auch schon ein ?

9.2 Gedichte auswendig lernen und vortragen

Hans Adolf Halbey

Urlaubsfahrt

koffer koffer kindertragen
flaschen taschen puppenwagen
papa mama koffer kinder
autokarte notlichtblinker

früh geweckt gefrühstückt raus
winke winke schlüssel haus
autobahnen autoschlange
kinderplappern mama bange

schlange kriechen sonne heiß
stinken staub benzin und schweiß
stockung hunger mama brote
papa skatspiel radio: tote

schlafen schimpfen hupen schwitzen
weiterfahren weitersitzen
müde mitternacht hotel pension
dreißigtausend warten schon

Joachim Ringelnatz

Der Stein

Ein kleines Steinchen rollte munter
Von einem hohen Berg herunter.

Und als es durch den Schnee so rollte,
Ward es viel größer, als es wollte.

Da sprach der Stein mit stolzer Miene:
„Jetzt bin ich eine Schneelawine."

Er riss im Rollen noch ein Haus
Und sieben große Bäume aus.

Dann rollte er ins Meer hinein
Und dort versank der kleine Stein.

1 a Was fällt euch an der äußeren Form des Gedichts „Urlaubsfahrt" auf? Wie reimt es sich?
b Das Gedicht ist nicht in ganzen Sätzen geschrieben. Beschreibt seine sprachliche Gestaltung. Erläutert, warum diese gut zum Inhalt passt.
c Tragt das Gedicht vor. Besonders wirkungsvoll wird der Vortrag, wenn jeder von euch nur einen Vers sagt und diesen sehr deutlich spricht.

2 Einen interessanten Vortrag könnt ihr als Gruppe oder Klasse gestalten, wenn ihr ein Gedicht im Rap-Rhythmus sprecht. Jede Strophe wird dabei von einer kleinen Gruppe mit der passenden Gestik rhythmisch dargestellt. Probiert es mit dem Gedicht „Der Stein" aus.

Roman Herberth

Regen, Regen, Regen

Hoch vom Himmel schnürt der Regen.
Vogelwelten halten still.
Sicher fragst du mich, weswegen.
Weil kein Lied gelingen will.

Alle gönnen sich die Pause.
Und verweilen nun im Nest.
Jeder „hockt“ verstimmt zu Hause.
Denkt, was sich nicht sagen lässt.

Das gilt auch für Vogelkinder.
Wenn es regnet, sind sie brav.
Und sie gönnen sich – nicht minder –
Einen langen Mittagsschlaf.

Plötzlich lachen Sonnenstrahlen,
Gleich erwacht die Zwitscherwelt.
Vögel plustern sich und prahlen,
weil der Regen nicht mehr fällt.

Vera Ferra-Mikura

Regenschirme

Wenn die ersten Tropfen fallen,
lustig auf das Pflaster knallen,
blühen sie wie Blumen auf.
Bunt gestreifte, bunt gefleckte,
bunt getupfte, bunt gescheckte
nehmen fröhlich ihren Lauf.
Seit die ersten Tropfen fielen,
schweben sie auf dünnen Stielen,
leuchtend, schimmernd, rund und glatt.
Bunt gestreifte, bunt gefleckte,
bunt getupfte, bunt gestickte
Schirme blühen in der Stadt.

Erwin Moser

Gewitter

Der Himmel ist blau
Der Himmel wird grau

Wind fegt herbei
Vogelgeschrei
Wolken fast schwarz
Lauf, weiße Katz!

Blitz durch die Stille
Donnergebrülle
Zwei Tropfen im Staub
Dann Prasseln auf Laub.

Regenwand
Verschwommenes Land
Blitze tollen
Donner rollen

Es plitschert und platscht
Es trommelt und klatscht
Es rauscht und klopft
Es braust und tropft

Eine Stunde lang
Herrlich bang

Dann Donner schon fern
Kaum noch zu hör'n
Regen ganz fein
Luft frisch und rein

Himmel noch grau
Himmel bald blau!

3 Untersucht die Wettergedichte auf S. 154:
- Was geschieht (in den einzelnen Strophen)?
- Welche Wortarten kommen gehäuft vor?
- Wie reimen sich die Verse?

4 Wählt eines der Gedichte aus und bereitet es für einen Vortrag vor. Die folgenden Hinweise können euch helfen.

Wissen und Können **Ein Gedicht vortragen**

Beachtet **beim Gedichtvortrag** Folgendes:
- Sprecht das Gedicht sehr **deutlich, betont** dabei **wichtige Wörter.**
- Macht wirkungsvolle **Sprechpausen** – sie gehören nicht automatisch ans Ende der Verszeile.
- Achtet auf die **Lautstärke** und werdet je nach Bedeutung lauter oder leiser.
- Auch ein **Tempowechsel** sorgt für Aufmerksamkeit. Sucht passende Stellen, die ihr schneller oder langsamer vortragt.
- Verwendet eine zum Gedichtthema passende **Gestik** (Körperhaltung, Bewegungen) und **Mimik** (Gesichtsausdruck).
- Versucht **Blickkontakt** zu eurem Publikum zu halten.

Damit der Vortrag gut gelingt, solltet ihr ihn **vorbereiten.**
- Schreibt das Gedicht ab. Lasst dabei viel Platz zwischen den Wörtern und zwischen den Versen.
- Unterstreicht dann die Wörter, die ihr besonders betonen sollt.
- Tragt auch ein, wo ihr Pausen machen wollt (ˡ für eine kurze, | für eine lange Pause) oder das Tempo oder die Lautstärke wechseln wollt.

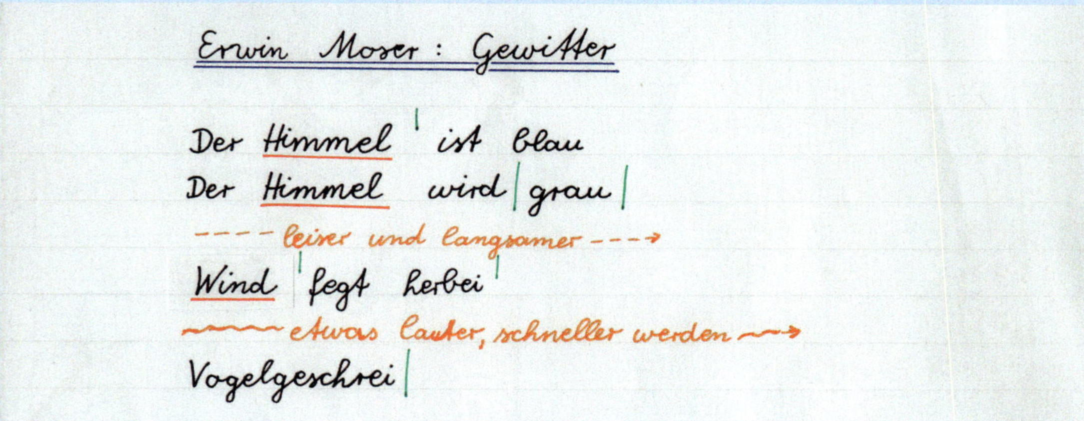

5 Tragt euer Gedicht in der Klasse vor. Die anderen beachten je einen der folgenden Punkte und bewerten mit + oder –:
- Betonung: Werden wichtige Ausdrücke hervorgehoben?
- Sprechpausen: Werden sie an den richtigen Stellen gemacht?
- Lautstärke: Wird „laut“ und „leise“ richtig eingesetzt?
- Mimik/Gestik: Passen sie zu dem Gedicht?
- Blickkontakt: Findet er statt? Fühlt sich das Publikum angesprochen?

6 Lernt das Gedicht, das euch am besten gefällt, auswendig. Die folgenden Tipps helfen euch dabei:

Wissen und Können **Tipps zum Auswendiglernen**

- Macht euch den Inhalt des Gedichts klar: Was passiert in den einzelnen Strophen? Stellt euch den Inhalt bildlich vor, wie einen Film, der vor dem inneren Auge abläuft.

- Schreibt euer Gedicht mit Bleistift ab. Radiert zunächst die Nomen aus. Könnt ihr sie beim Lesen ergänzen? Dasselbe macht ihr mit den Verben, den Adjektiven usw. Wenn euer Blatt leer ist und ihr den Text wisst, könnt ihr das Gedicht auswendig!
- Wenn ihr euch für den Gedichtvortrag eine bestimmte Gestik, Mimik und Körperhaltung überlegt, behaltet ihr den Text besser. Ihr erinnert euch an die entsprechende Textstelle, wenn ihr die Bewegung ausführt.

- Sprecht das Gedicht auch einmal in einem anderen Rhythmus (z. B. Rap), um es besser im Gedächtnis zu behalten.
- Lange Gedichte könnt ihr nur schwer auf einmal lernen. Nehmt euch für jeden Tag einen Teil vor und wiederholt ihn mehrmals. Wenn ihr ihn am nächsten Tag noch könnt, nehmt ihr euch den nächsten Teil vor.
- Klebt die einzelnen Strophen dorthin, wo ihr euch am Tag öfter aufhaltet: an den Spiegel im Bad, auf den Schreibtisch, an den PC usw.

- Nehmt ein Blatt und deckt die rechte Hälfte des Gedichts ab, sodass ihr nur den Anfang jedes Verses seht. Könnt ihr die Verse vollständig aufsagen? Schiebt das Blatt immer weiter nach links. Jetzt deckt ihr die linke Hälfte des Gedichts ab, sodass ihr nur die Vers-Enden seht.

9.3 Projekt: Ein Gedichtbuch gestalten

Das Projekt organisieren

Ihr habt bereits viele Gedichte kennen gelernt und einige selbst gedichtet. Wie wäre es, wenn ihr ein Gedichtbuch mit euren Gedichten zusammenstellt, mit Zeichnungen verseht, vervielfältigt und beim Schulfest oder an einem Elternabend für einen sozialen Zweck verkauft? Ihr könnt es natürlich auch nur für euch selbst herstellen und behalten oder verschenken. Eine weitere Möglichkeit ist, eure Gedichte in der Schülerzeitung oder auf der Schul-Homepage erscheinen zu lassen.

1 Klärt in der Klasse folgende Fragen:

Wann soll das Buch fertig sein?
Zum Elternabend am ..., zum Schulfest am ..., zur Präsentation der Schule ..., zu Weihnachten

Was soll es enthalten?
Viele Gedichte, die im Lauf des Schuljahrs gemacht wurden, Elfchen, Rautengedichte, von jedem nur ein Gedicht oder mehrere?

Wie soll es gestaltet sein?
Mit oder ohne Zeichnungen, mit Computer oder Handschrift, kopiert, geheftet, mit Spirale, mit festerem Einband

Wer übernimmt welche der folgenden Aufgaben (Gruppenarbeit)?
- Texte sammeln
- Texte zu einem Buch zusammenstellen (Layout)
- Einband und Titelblatt gestalten
- Inhaltsverzeichnis zusammenstellen
- Illustrationen anfertigen oder aussuchen
- Zeitmanagement (darauf achten, dass die Texte von allen rechtzeitig da sind und die Zeiten eingehalten werden)
- Öffentlichkeitsarbeit (Bekanntgabe bei Eltern, im Direktorat, Anschlagtafel, Plakate)

2 Erstellt einen Projektplan nach folgendem Muster. Der Plan wird im Klassenzimmer aufgehängt, damit jeder Bescheid weiß.

Fertigstellung des Buchs bis spätestens ...

Woche	Aufgaben	Wer macht was?
1. Woche (Datum)	*Klarwerden über Inhalt und Anzahl der Gedichte, Texte erstellen*	*alle*
2. Woche	*Sammeln der Texte*	*Ayla, Paul und Mira*

Gedichte am Computer gestalten

Paul Maar

EIN BAUM
TRÄGT SEINE
KRONE IMMER
DER KÖNIG NIMMT
SIE AB IM ZIMMER
DIE FRAU REIBT SIE MIT
PUTZFIX EIN, DAS FINDET
IHR GEMAHL GANZ FEIN.
ER IST AUF SEINEN
STAMM-
BAUM
STOLZ.
DES
BAUMES
STAMM
BESTEHT
AUS HOLZ

Timm Ulrichs

ordnung   ordnung
ordnung   ordnung
ordnung   ordnung
ordnung   ordnung
ordnung   ordnung
ordnung   unordn g
ordnung   ordnung
ordnung   ordnung
ordnung   ordnung
ordnung   ordnung
ordnung   ordnung

1 a Beschreibt die Gestaltung der beiden Gedichte. Was ist jeweils das Besondere?
b Solche Gedichte könnt ihr gut selbst dichten und mit dem Computer gestalten. Probiert es aus.

2 Der Innentitel (1. Seite) und das Inhaltsverzeichnis bestimmen den ersten Eindruck, den man von eurem Buch hat. Gebt der Gruppe, die sich darum kümmert, Hinweise für die Gestaltung.

Gedichtbuch

der Klasse …

…

Inhalt

Wissen und Können **Arbeitstechniken am Computer**

Eine Textdatei anlegen

Wenn ihr am Computer Gedichte schreiben und bearbeiten wollt, sammelt ihr sie in einer Datei.

Programme *Word*	Über die Menüleiste das Textprogramm auswählen und öffnen. (Word, Open Office ...)
Datei *Speichern unter*	Der Textdatei einen passenden Namen geben, z. B. Gedichte.

Texte schreiben, bearbeiten, drucken

Nun kann es losgehen mit dem Schreiben. (Das 10-Finger-System solltet ihr möglichst bald lernen!)

Schrift	Wählt in der Menüleiste die Schriftgröße und Schriftart. Wollt ihr sie verändern, dann markiert das Wort oder die Zeile und wählt die passende Größe bzw. Schriftart.  Wenn ihr ein Wort <u>unterstreichen</u> oder **fett** oder *kursiv* schreiben wollt, markiert es und klickt auf **U**, **F** oder ***K***.
Löschen Korrigieren	Falsch getippte Buchstaben werden mit ← oder Entf gelöscht. Jeden Vorgang kann man mit  rückgängig machen. Ein Wort könnt ihr überschreiben, indem ihr es vorher markiert.
Kopieren Einfügen	Wenn ihr ein Wort, einen Vers oder eine ganze Strophe an einer anderen Stelle einfügen wollt, dann markiert die Textstelle. Kopiert sie mit . Platziert den Cursor dort, wo der Text eingefügt werden soll. Fügt ihn ein mit .
Verschieben Einfügen	Wörter, Zeilen, ganze Abschnitte kann man verschieben, indem man sie markiert und mit gedrückter Maustaste an einer gewünschten Stelle einfügt.
Speichern	Sehr wichtig ist, alles abzuspeichern, was ihr geschrieben habt.  Ihr könnt es später immer noch verändern.
Datei drucken	Drucken geht einfach mit .

Kontrolliert aber vorher die Seitenansicht der Dokumente mit .

Gerald Jatzek

Kirschkerne spucken

Ki-Ki-Kirschkerne spucken,
pft!
pffft!
gegen den Wind,
das kann jedes Kind.

Ki-Ki-Kirschkerne spucken,
pffft!
pffffft!
gegen den Föhn,
ist leicht und schön.

Ki-Ki-Kirschkerne spucken,
pfffft!
pffffffft!
gegen den Sturm,
ist schon enurm.

Ki-Ki-Kirschkerne spucken,
pffffffft!
pffffffffffffffft!
Gegen den Orkan,
phhh!
Kann keiner an.

3 Auch ein solches Gedicht könntet ihr ähnlich herstellen und mit dem Computer lustig gestalten. Probiert es aus!

Seifenblasen machen – weitspringen – laut singen …

10 Vorhang auf! – Szenen spielen

Menschen haben schon immer Theater gespielt. Von den Griechen sind Theaterstücke überliefert, die 2500 Jahre alt sind!
Es gibt heute sehr viele Theatergruppen, nicht nur in großen Schauspielhäusern, sondern zum Beispiel auch in vielen Schulen.

1 *Bei „Theater“ denke ich an ...*
Notiert eure Einfälle. Erläutert sie den anderen.

2 Erzählt von Theateraufführungen, die ihr besucht habt.

3 Erzählt, wie ihr selbst einmal Theater gespielt habt.

10.1 In kleinen Schritten auf die große Bühne

Unsere Körpersprache – Sprechen ohne Worte

Wer von euch schon einmal Theater gespielt hat, wird es wissen: Die Schauspieler/-innen sprechen nicht nur einen Text. Sie gebrauchen ihren ganzen Körper, um Gefühlen und Stimmungen Ausdruck zu verleihen.
Es gibt eine Form von Theater, bei der ganz auf Worte verzichtet wird: die **Pantomime.**
Dabei drücken die Darsteller/-innen mit **Mimik** und **Gestik** aus, was sie sagen wollen.

Wissen und Können **Mimik und Gestik**

Mimik nennt man den Gesichtsausdruck eines Menschen. An der Mimik kann man erkennen, wie jemand sich gerade fühlt und was er denkt.
Um deutlicher auszudrücken, wie man sich fühlt, lassen sich auch Körperhaltung und Bewegungen einsetzen: Kopfschütteln, Schulterzucken, mit dem Fuß stampfen, Handbewegungen usw. Das nennt man **Gestik.**

1 Schaut euch das Bild auf S. 162 an.
a Versucht, jeweils den gezeigten Gesichtsausdruck und die Haltung nachzuahmen.
b Nennt Adjektive, Verben und Nomen, die zu den dargestellten Gefühlen passen.
c – Stellt euch vor, wer oder was den einzelnen Kindern gerade gegenüberstehen könnte.
– Sprecht aus, was sie gerade denken könnten.
– Legt ihnen Sätze in den Mund, die sie vielleicht als Nächstes sagen würden.

2 Überlegt euch selbst ein bestimmtes Gefühl und versucht, es durch Gestik und Mimik auszudrücken. Euer Nachbar/Eure Nachbarin soll das Gefühl erraten.

3 Versucht, euer Gesicht langsam von einer Stimmung in eine andere zu verändern:
– von Trauer zu Freude
– von Fröhlichkeit zu Entsetzen
– von Überheblichkeit zu einem fragenden Ausdruck

4 Mit den folgenden Übungen könnt ihr allein, zu zweit oder in der Gruppe eure pantomimischen Fähigkeiten trainieren.

A **Sich fortbewegen:**
spazieren gehen wandern
schlendern schleichen hinken
stolzieren kriechen schleichen

B **Stumme Aussagen:**
– Mir geht es gut. Ich habe gerade gut gegessen.
– Das möchte ich nicht! Lass mich in Ruhe!
– Seid leise! Ich bin müde.
– Lass mich mal kurz nachdenken!

C **Alltagsbeschäftigungen pantomimisch darstellen:**
– einen Apfel essen
– einen Löffel bittere Medizin schlucken
– eine schwere Kiste schleppen

D **Kleine Alltagsszenen spielen (zu „Szene“ ▸ Merkkasten auf S. 164 unten):**
– Ihr wacht morgens auf, räkelt euch, gähnt, steht langsam auf, schlurft verschlafen ins Bad, schaut in den Spiegel, putzt die Zähne ...
– Ihr habt Hunger, holt etwas Gutes aus dem Kühlschrank, deckt den Tisch und beginnt, langsam zu essen, ihr steigert das Tempo, ihr schlingt das Essen herunter, bis ihr Bauchkrämpfe bekommt ...
– Ihr bekommt eine gute/schlechte Klassenarbeit zurück.
– Ihr rennt zur Bahnstation, verpasst den Zug und ärgert euch.
– Ihr quetscht euch durch ein völlig überfülltes Zugabteil.

E Berufe pantomimisch:
Denkt euch einen Beruf aus und stellt typische Tätigkeiten und Handgriffe den anderen in der Klasse wortlos vor. Lasst eure Mitschüler raten, um welchen Beruf es sich handelt.

F Tätigkeiten in Zeitlupe darstellen:
- ein Fenster putzen
- den Fußboden kehren
- mit Pfeil und Bogen schießen
- ...

G Pantomimische Paar- und Gruppenübungen:
- **Paargehen:** Einer geht hinter dem anderen und ahmt dessen Bewegungen genau nach.
- **Marionettentheater:** Einer ist Marionettenspieler mit den Fäden in der Hand, der andere spielt die Marionette.
- **Tauziehen:** Zwei Personen oder zwei Gruppen stehen sich gegenüber und spielen Tauziehen ohne Seil.
- **Medizinball:** Ein unsichtbarer Medizinball wird zunächst vorsichtig weitergereicht, dann geworfen.
- **Spiegelpantomime:** Steht euch zu zweit gegenüber. Einer tut so, als stünde er vor dem Spiegel, der andere spielt das Spiegelbild. Achtung: Bewegt euch zunächst nur sehr langsam!
- **Scharade:** Eine Gruppe überlegt sich ein zusammengesetztes Wort (z. B. Schlüsselloch, Waldsterben, Schrankwand, Hosentasche ...) und spielt es pantomimisch einer anderen Gruppe vor, die das Wort erraten muss.
  Alternative: Ein oder zwei Spieler oder Spielerinnen müssen ihrer eigenen Gruppe Wörter vorspielen, die sich eine andere Gruppe ausgedacht hat.

Wissen und Können **Szene**

Eine Szene ist ein Handlungsabschnitt in einem Theaterstück. Auch Handlungen, die man im Alltagsgeschehen beobachtet, nennt man manchmal Szene.

Die Stimme einsetzen – Der Ton macht die Musik

Unsere Stimme ist ein unglaublich vielseitiges Instrument. Sie kann **laut** oder **leise, hoch** oder **tief** sein, sie kann aber auch **warm** oder **kalt** klingen. Wir können **schnell** oder **langsam** sprechen und wir haben die Möglichkeit, **Sprechpausen** zu machen oder bestimmte Wörter zu **betonen.**

1 Welche Situationen kennt ihr, in denen hoch und schnell gesprochen wird? Oder tief und warm? Kennt ihr eine Situation, in der etwas leise und kalt gesagt wird?

2 Versucht, die unten genannten beiden Sätze auf verschiedene Arten zu sprechen:

im Befehlston | beruhigend | ärgerlich, zornig | schmeichelnd | lachend | ...

Achtung, alle mal herhören!

Morgen gehen wir in den Zoo.

Das Gedicht von den fünf Gefühlen

An manchen Tagen bin ich wirklich froh,
dann spring ich durch die Gegend, freu mich so.

An manchen Tagen bin ich auch mal traurig,
dann weine ich und finde alles schaurig.

An manchen Tagen krieg ich echt die Wut,
dann stampf und schrei ich laut, fühl mich nicht gut.

An manchen Tagen hab ich richtig Mut,
dann g'lingt mir alles und ich fühl mich gut.

An manchen Tagen fürchte ich mich sehr,
ich habe Angst und das Alleinsein fällt mir schwer.

3 Tragt das Gedicht so ausdrucksvoll vor, dass die genannten Gefühle durch eure Stimmlage und durch den Tonfall deutlich zum Ausdruck kommen. Lernt es am besten auswendig.

4 Setzt nun euer Gesicht, den ganzen Körper und Bewegungen ein, um die Stimmung der einzelnen Strophen zu verdeutlichen.

5 a Verwendet Orff'sche oder andere Musikinstrumente, um die fünf Gefühle im Gedicht auszudrücken.
b Erfindet passende Melodien zu den einzelnen Strophen.

Aus dem Stegreif spielen

Beim Stegreifspielen wird nur ein Thema vorgegeben. Die Darsteller/-innen haben deshalb keine Zeit, sich einen Text auszudenken, den sie auswendig lernen. Sie müssen improvisieren, sich also sehr schnell in eine Rolle und Situation hineinversetzen und möglichst glaubwürdig spielen.

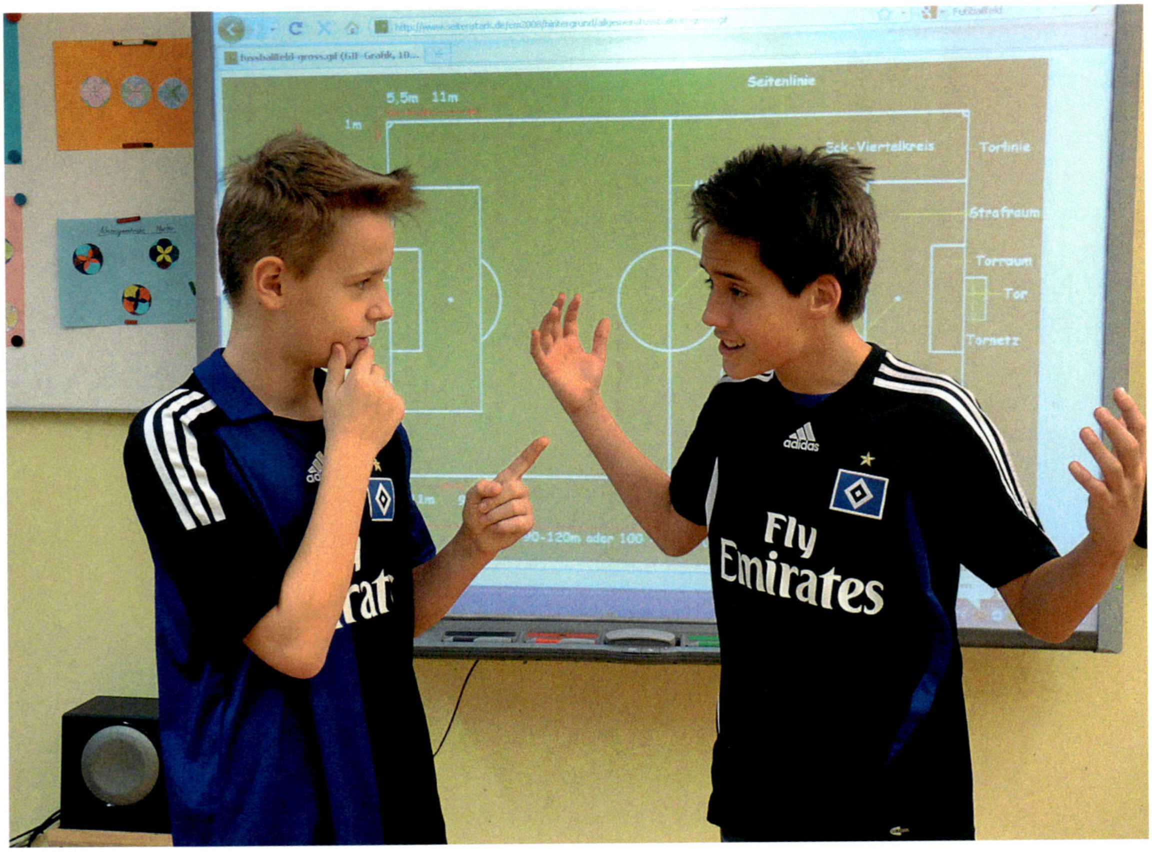

1 Spielt ohne Vorbereitung eine der folgenden Szenen. Setzt Mimik, Gestik und Sprache so wirkungsvoll wie möglich ein. Beobachtet euch gegenseitig und tauscht euch am Ende aus, wer besonders überzeugend gespielt hat.

Du bist mit einem Freund oder einer Freundin bei einer Sportveranstaltung und ihr unterhaltet euch über das Spiel beziehungsweise den Wettkampf.

Dein Freund oder deine Freundin kommt viel zu spät zu eurem vereinbarten Treffpunkt.

Du sprichst mit deinen Eltern über eine Taschengelderhöhung.

Du bekommst einen lästigen Werbeanruf. Der Anrufer will dir ein Abonnement für Klingeltöne aufschwätzen.

10.2 Szenen schreiben und spielen

Dialoge entwerfen

Immer Ärger mit der Schule

Natalie hat schon wieder eine Fünf geschrieben. Das ist jetzt schon die dritte in diesem Schuljahr. Na und? Na und. Du bist gut. Wenn sie so weitermacht, bleibt sie kleben. Ach, sie wird's schon schaffen. Nati hat bisher immer alles geschafft. Aber jetzt in der 5. Klasse ist's schwerer. Nun dräng das Mädchen nicht. Sie wird's schon schaffen. Fred, ich weiß nicht, wo du diese Zuversicht hernimmst. Deine Tochter schreibt Fünfer am laufenden Meter und dich interessiert das nicht die Bohne. Erstens ist es nicht meine Tochter, sondern unsere. Und zweitens interessiert es mich sehr wohl. Dann unternimm gefälligst etwas! Und was soll ich deiner Meinung nach unternehmen? Ja, soll ich vielleicht in die Schule gehen? Zum Beispiel, warum nicht? ... und ihre Klassenarbeiten schreiben? Natürlich nicht! Aber mit dem Lehrer könntest du reden. Ach, das bringt doch nichts! Ja, Herr Krämer ist ein ganz schwieriger Typ! Das finde ich auch! Was machst du denn hier? Um diese Zeit! Herr Krämer hat mich nach Hause geschickt, weil ich zu frech bin, hat er gesagt. Na, er wird's nicht so gemeint haben. Eigentlich ist Herr Krämer doch ganz nett.

1 In dieser Szene treten folgende Personen auf: Mutter, Vater und Tochter Natalie.
Schreibt den Text so auf, dass der **Dialog** (siehe Merkkasten unten) deutlich wird. Dabei steht zunächst der Personenname, dann ein Doppelpunkt, dann folgt der Text. Wenn ihr festlegen wollt, wie ein bestimmter Satz gesprochen werden soll, könnt ihr **Regieanweisungen** (siehe Merkkasten) einfügen, z. B. so:

Mutter (verzweifelt):	*Natalie hat schon wieder eine Fünf geschrieben. Das ist jetzt schon die dritte in diesem Schuljahr.*
Vater (gelangweilt):	*Na und?*
Mutter (entsetzt):	*...*

2 Schreibt die Szene zu Ende und spielt einige eurer Dialoge vor.

Wissen und Können **Dialoge und Regieanweisungen**

Wenn sich zwei oder mehrere Personen im Alltag oder auf einer Schauspielbühne unterhalten oder streiten, nennt man das einen **Dialog.**
Hinweise in einem Theatertext, die angeben, **wie** Dialogpartner/-innen miteinander reden und sich verhalten, nennt man **Regieanweisungen.** Sie stehen in Klammern hinter der Nennung der sprechenden Person oder zwischen den Dialogbeiträgen, z. B.:
Vater *(gereizt): ...*
(Die Mutter steht auf und geht unruhig hin und her.)

Einen Dialog schreiben und spielen

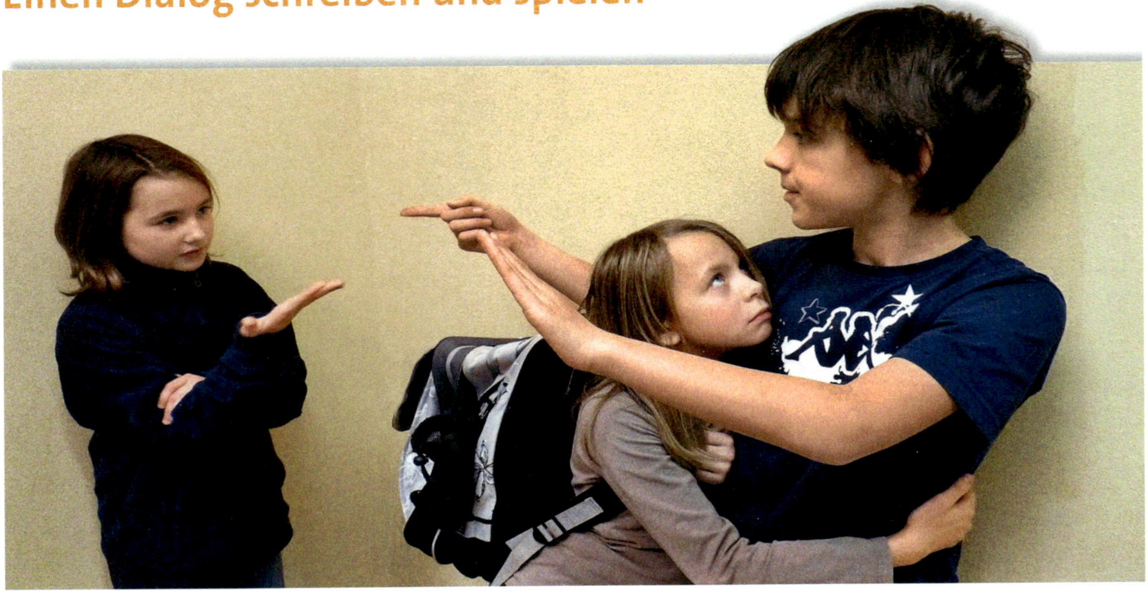

1 Stellt euch vor, ihr müsst euren Eltern eine schlechte Note beichten.
Sammelt mögliche Begründungen, Fragen, Vorwürfe, Verteidigungen, Versprechen in einer Tabelle.

Tochter/Sohn	Vater	Mutter
Ich hatte einen schlechten Tag.	Du hast doch dafür geübt!	Davon geht doch die Welt nicht unter.
…	…	

2 Schreibt einen möglichen Dialog über eine schlechte Note.
Benutzt dazu eure Notizen aus Aufgabe 1. Denkt vor allem auch an sinnvolle Regieanweisungen, in denen ihr den Spielern und Spielerinnen mitteilt, wie sie reden und was sie tun sollen.

Tochter (stockend): Ich müsste mal mit euch reden …
Vater (erstaunt): Du klingst ja so ernst!
Mutter (besorgt): Ist etwas passiert?
Tochter (setzt sich auf das Sofa): …

3 a Besetzt die Rollen eurer Dialoge mit Mitschülern und Mitschülerinnen.
b Sprecht und spielt euch die Dialoge gegenseitig vor.

Wissen und Können | **Rolle**

Rolle nennt man die Gestalt oder Figur, die ein Schauspieler oder eine Schauspielerin auf der Bühne oder im Fernsehen verkörpert, z. B.: Vater, Königin, Dieb, Kommissarin …

Eine Szene entwerfen und gestalten

Das verschwundene Handy

In der Umkleidekabine ist nach dem Sportunterricht ein Handy verschwunden. Die Kabine war während des Unterrichts abgesperrt, sodass jemand aus der Klasse für das Verschwinden verantwortlich sein muss. Als der Lehrer/die Lehrerin die Umkleidekabine betritt, beklagt sich der betroffene Schüler/die betroffene Schülerin.

Schüler 1 *(verzweifelt)*: Frau/Herr ..., mein Handy ist verschwunden. Vor dem Sportunterricht hatte ich es noch hier in meiner Tasche.

Lehrer: Aber die Kabine war die ganze Zeit verschlossen.

Schüler 2: Dann muss es ja jemand von uns geklaut haben.

(Unruhe und Empörung bei den anderen Mitschülern.)

Lehrer: Nun seid doch einmal still! *(Zu Schüler 1:)* Denk doch noch einmal nach: Hast du denn auch wirklich schon alles genau durchsucht ...?

1 Überlegt euch eine interessante Fortsetzung der Situation, die ihr später in eine Szene umsetzen könnt.

a Sammelt Ideen,
- was passieren könnte,
- wer was sagen könnte.

b Überlegt, welche Requisiten (siehe Merkkasten unten) ihr einsetzen könnt. Stellt dafür eine Requisitenkiste in eure Klasse, die ihr mit passenden mitgebrachten Kleidungsstücken und Gegenständen füllt.

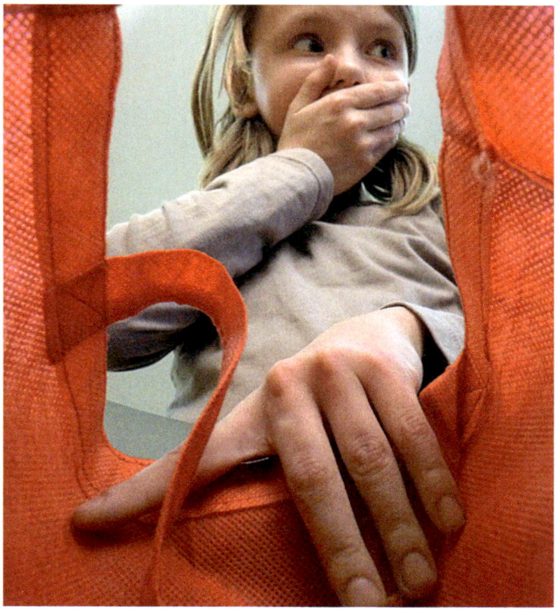

2 a Schreibt eine kleine Szene „Das verschwundene Handy".

b Probt die Szene und verbessert sie.

c Spielt euch eure überarbeiteten Szenen vor.

d Vergleicht und besprecht die Szenen.

Wissen und Können **Kostüme, Requisiten, Kulissen**

Wenn ihr schon einmal ein Theaterstück gesehen habt, dann wisst ihr, dass die Schauspieler und Schauspielerinnen für ihre Rollen **Kostüme** anlegen.
Auch Möbel oder Gegenstände, die für bestimmte Szenen benötigt werden, z. B. Tassen, ein Stock, ein Telefon, ein Fahrrad ..., fehlen auf der Bühne nicht. Hier spricht man von **Requisiten.**
Oft spielen Theaterstücke nicht nur an einem, sondern an mehreren Orten oder Schauplätzen. Wenn in einem Theaterstück der Schauplatz wechselt, dann wird der Vorhang geschlossen und die Bühne umgebaut. Oft wechselt dann auch die **Kulisse,** ein (gemalter) Hintergrund, der den Schauplatz verdeutlicht (z. B. Wald oder Wohnzimmer).

10.3 Ein Stück in Szene setzen

Lustiges zum Nachspielen

Bei dem folgenden Stück handelt es sich um einen Sketch und der hat, wie die meisten Sketche, eine Pointe.

1 Schlagt nach, was ein **Sketch** ist und was **Pointe** bedeutet. Auch andere „Theaterwörter", die noch nicht ganz klar sind, könnt ihr nachschlagen: **Requisiten, Regieanweisung ...**

2 Lest das Stück erst mit verteilten Rollen und bereitet dann euer Spiel vor.
Ihr solltet dabei weitgehend auswendig spielen, wobei der Text nur so etwas wie der rote Faden ist; Abweichungen sind erlaubt.

- Achtet darauf, verständlich und langsam zu sprechen und gut zu betonen.
- Setzt Mimik, Gestik und Bewegungen ein.
- Spielt nicht mit dem Rücken zum Publikum.

Lakritzbonbons

Personen:	4 Kinder, Ladenbesitzerin
Raumgestaltung und Requisiten:	2 oder 3 Tische als Theke zusammengestellt. Falls vorhanden, kann hinter der Theke eine Leiter lehnen. (Das Hinaufsteigen auf die Leiter kann auch gespielt werden, indem man nur so tut, als ob eine Leiter da wäre.)
Kostüme:	Die Kinder können frech angezogen sein und z. B. zu weite oder zu große, eventuell ausgefranste oder zerschlissene Kleidung tragen. Die Ladenbesitzerin trägt die Haare zu einem Knoten zusammengedreht. Sie hat eine Schürze oder ein großes Tuch vor den Bauch gebunden.
Spielhinweise:	Bei diesem Sketch ist es besonders wichtig, dass zum Ausdruck kommt, wie schwer es der alten Frau fällt, die Leiter hoch- und runterzusteigen. Sie muss also durch Bewegungen und Sprechen zeigen, dass es ihr Mühe macht, z. B. durch einen gebeugten, schlurfenden, schleppenden Gang. Sie kann zur Stütze die Hand in die Hüfte stemmen, jammern, stöhnen, schwer atmen ...

Die vier Kinder betreten das Süßwarengeschäft. Die Ladenbesitzerin kommt hinter die Ladentheke geschlurft.

Frau: Guten Tag, Kinder. Was bekommt ihr denn?
1. **Kind:** Ich hätte gern für einen Euro Lakritzbonbons.
Frau *(stöhnt):* Oje, oje. Die stehen da ganz oben auf dem Regal! Na, da muss ich mir mal die Leiter hinstellen. *(Steigt auf die Leiter und kommt mit dem Glas in der Hand wieder herunter.)* O weh, o weh, mein Hexenschuss! *(Stöhnt, stemmt eine Hand in den Rücken.)* Hier, mein Junge, da hast du deine Lakritzbonbons.
1. **Kind:** Danke. *(bezahlt und verlässt den Laden)*
Frau *(klettert mühsam wieder hoch, stellt das Glas weg und wendet sich, wieder unten angekommen, an das nächste Kind):* Na, mein Junge: Was möchtest du?
2. **Kind:** Ich hätte gerne für einen Euro Lakritzbonbons.
Frau *(ärgerlich):* Hättest du das nicht gleich sagen können? *(Klettert die Leiter hoch.)* Und das auf meine alten Tage! *(Jammert.)* Mit meinem Hexenschuss! *(Klettert wieder herunter.)* So, bitte schön!
2. **Kind** *(bezahlt und geht hinaus)*
Frau *(bringt das Glas wieder hoch und atmet dabei schwer und rasselnd):* Und was kann ich dir geben, mein Kind?
3. **Kind:** Ich will auch für einen Euro Lakritzbonbons!
Frau *(stemmt die Hände in die Hüften):* Na, zum Donnerwetter noch mal! Wollt ihr mich arme alte Frau ärgern und hetzen?! *(Sieht das 4. Kind an.)* Kriegst du etwa auch für einen Euro Lakritzbonbons?
4. **Kind** *(schüttelt den Kopf):* Mm.
Frau *(klettert wieder hoch und runter, gibt dem dritten Kind die Bonbons)*
3. **Kind** *(legt das Geld auf den Tisch und geht)*
Frau *(bringt stöhnend das Glas wieder hoch):* Ojemine, ojemine. *(Kommt herunter.)* So, und was möchtest du, bitte schön?
4. **Kind** *(grinst verschmitzt):* Ich hätte gern für 50 Cent Lakritzbonbons!

3 a Wie findet ihr das Verhalten der vier Kinder? Begründet euer Urteil.
b Nennt andere Möglichkeiten, wie die Ladenbesitzerin reagieren könnte.

Checkliste

Szenen schreiben und Szenen spielen

Achtet beim **Schreiben von Szenen** auf Folgendes:

1. Ist die **Handlung folgerichtig** und schlüssig?
2. Steigert sich die Handlung und hat sie einen **Wendepunkt?**
3. Hat das Stück eine **Pointe** oder einen einfallsreichen Schluss?
4. Kann die Szene **ohne** allzu **großen Aufwand umgesetzt** werden?
5. **Passt** der **Text** der handelnden Personen **zu** ihren **Rollen?**
6. Sind die **Regieanweisungen** treffend und hilfreich formuliert?
7. Sind **Kostüme, Requisiten** und ein **Bühnenbild** nötig?

Berücksichtigt beim **Vorspielen von Szenen:**

1. **Passen Mimik** und **Gestik** zu der Rolle, die ihr spielt?
2. **Sprecht** ihr **verständlich** und deutlich?
3. Setzt ihr eure Stimme so ein, dass die **Stimmung,** die ihr darstellt, **deutlich** wird?
4. Gelingt es euch, euch **glaubwürdig in** eure **Rolle hineinzuversetzen?**
5. Beachtet ihr wichtige **„Bühnenregeln"?** Ihr solltet z. B. nicht über das eigene Spiel lachen, nicht mit dem Rücken zum Publikum spielen, nicht zu früh mit dem Sprechtext beginnen und bewusst Pausen lassen.

Testet euer Wissen!

Theatersprache

1 Stellt euch vor, dass nach der letzten Probe vor einer Aufführung das gespielte Stück noch einmal besprochen wird. Euer Spielleiter macht folgende lobende und kritische Anmerkungen. Ordnet in eurem Heft die Aussagen links den passenden Bewertungen rechts zu.

- *„Jonas hat gegrinst, obwohl er eigentlich traurig und nachdenklich wirken sollte."*
- *„Als Anna in ihrer Szene mutig und entschlossen wirken sollte, hat sie das mit ihrer aufrechten Körperhaltung und ihren in die Hüften gestützten Händen sehr gut zum Ausdruck gebracht."*
- *„Die kaputten Sandalen und zerlumpten Kleider des Bettlers wirken sehr überzeugend."*
- *„Auf der Bühne befinden sich zu viele Gegenstände, die den Schauspielern manchmal im Weg stehen und sie stören."*
- *„Bei den Dialogen, die ihr verfasst habt, erfährt man als Schauspieler zu wenig, in welcher Stimmung man seinen Text vortragen soll."*
- *„Manche von euch haben noch zu leise und zu schnell gesprochen."*

- Hinderliche Requisiten
- Unpassende Mimik
- Gelungene Gestik
- Mängel beim Vortragen des Textes
- Passendes Kostüm
- Ungenaue Regieanweisungen im Text

11 Fernsehwelt – Ein Medium bewusst nutzen

1 Das Foto wurde auf einer Medienmesse aufgenommen.

a Besprecht:
   – Was seht ihr ihr auf dem Bild?
   – Welche weiteren Medien könnte es auf einer derartigen Messe geben?

b Gebt dem Foto eine Bildunterschrift. Vergleicht eure Vorschläge.

2 a Nennt eure Lieblingsfernsehsendung.

b Erklärt, was ihr daran jeweils gut findet.

c Was würdet ihr ändern?

11.1 Serien und Seifenopern untersuchen

Unsere Lieblingsserien

Wissen und Können | **Serien, Seifenopern und Telenovelas**

- **Fernsehserien** werden meist wöchentlich ausgestrahlt. Die einzelnen Folgen sind in sich abgeschlossen, z. B. wird ein spannender Fall gelöst. Jede Figur in der Serie hat ein typisches Verhalten.
- Unter einer **Seifenoper** versteht man regelmäßig gesendete Endlosserien. Der Name geht darauf zurück, dass mit Seifenopern (von engl. *soap opera*) ursprünglich für Seifenprodukte geworben wurde. Jede Folge einer Seifenoper erzählt mehrere Teilgeschichten parallel. Dabei bleibt am Ende mindestens eine Teilgeschichte offen, damit die Zuschauer auch die Fortsetzung einschalten. Trotzdem können die Zuschauer jederzeit der Handlung folgen, auch wenn sie einmal eine Folge verpasst haben.
- Eine **Telenovela** (span. = Fernsehroman) erzählt im Wesentlichen die Geschichte einer Hauptfigur. Telenovelas sind auf einen großen Handlungsbogen angelegt. Sie führen immer auf ein vorhersehbares Ende hin, z. B. wird ein armes, schüchternes Mädchen zu einer selbstbewussten jungen Frau.

1 a Erstellt eine Liste mit Fernsehserien, Telenovelas oder Soaps, die ihr kennt.
b Welche gefallen euch, welche mögt ihr nicht? Gebt Gründe für eure Bewertung an.
c Besprecht in der Klasse, welche dieser Sendungen ihr regelmäßig, welche eher selten seht.

Serienstars und Handlungsstränge

1 Hier seht ihr die Darsteller der Internats-Seifenoper „Schloss Einstein“.
a Beschreibt möglichst viele Figuren auf dem Bild. Wie wirken sie auf euch?

lustig | aufbrausend | nachdenklich | brav
rebellisch | neugierig | frech | eingebildet

b Stellt Vermutungen an, warum so viele unterschiedliche Charaktere vertreten sind.

2 a In vielen Serien gibt es unter den Figuren zwei, die in einer bestimmten Weise zusammengehören. Nennt Beispiele.
b Häufig gibt es aber auch Gegensatzpaare. In „Schloss Einstein“ ist das z. B. das frühere Liebespaar Kim Demme und Phillip Gubisch. Gibt es in eurer Lieblingsserie auch solche Gegenspieler?
Stellt die Eigenschaften dieser Figuren in einer Liste gegenüber.

Serien haben meist eine eigene Internetseite, auf der die Figuren und Schauspieler beschrieben werden.

3 a Wählt aus den Hauptfiguren einer Serie eure Lieblingsfigur aus. Untersucht, was sie zur Hauptfigur macht. Achtet z. B.:
– auf die Zahl und die Dauer der Auftritte,
– auf die Musik, die die Auftritte begleitet,
– darauf, wie nah die Kamera an die Figur herangeht.
b Begründet, warum gerade diese Figur euer Serienliebling ist.

In einer Folge von „Schloss Einstein" laufen unterschiedliche Handlungsstränge nebeneinander:

Phillip und Berti sind geschockt, nachdem sie ein lang gehütetes Geheimnis erfahren haben: Sie sind Brüder!

Der neue Internatserzieher Alex Fischer kommt zwar bei den Schülern gut an, nicht aber bei der Internatsleitung: Er nimmt es mit der Wahrheit nicht so genau.

Annika hat eben noch das Mitleid ihrer Freundin Liz erpresst. Angeblich fühlt sie sich von ihr vernachlässigt. Doch kaum ist Liz weg, beginnt Annika fröhlich zu singen.

4 Untersucht eine Folge eurer Lieblingsserie. **Tipp:** Zeichnet die Fernsehsendung dafür auf Video oder mit dem DVD-Rekorder auf. Dann könnt ihr immer wieder „nach-sehen", wenn ihr etwas noch genauer untersuchen wollt. Notiert:
- Worum geht es jeweils?
- Wie viele verschiedene Handlungsstränge laufen nebeneinander ab?
- Gibt es eine Haupthandlung, um die sich alles dreht?
- Welche Handlungsstränge werden in der Folge abgeschlossen, welche werden noch weitergehen?

5 Manche Menschen sind „seriensüchtig". Besprecht, woran das liegen kann.

6 Wählt unterschiedliche Serien oder Soaps aus und stellt sie der Klasse vor.

a Gebt stichpunktartig die wichtigsten Informationen über den Inhalt wieder: Wo spielt die Serie? Ist sie eher lustig oder eher spannend? Um welche Art von Serie handelt es sich (z. B. Detektiv- oder Tierserie)?

b Erstellt einen Steckbrief (▸ S. 15) zu einer der Hauptfiguren:
- Aussehen und Alter
- Eigenschaften/Vorlieben/Abneigungen
- typisches Verhalten und Redeweise
- zugehörige Figur oder zugehöriger Gegenspieler
- besondere Kennzeichen

c Gestaltet mit euren Ergebnissen ein Plakat.

11.2 Wissen im und über das Fernsehen

Nachrichtensendungen – Sich informieren

1 Dieses Bild stammt aus der Nachrichtensendung „logo!".
a Habt ihr diese Sendung schon einmal gesehen? Schildert eure Eindrücke.
b Kennt ihr noch weitere Kindernachrichtensendungen? Erstellt eine Liste, die ihr in eurem Klassenzimmer aushängen könnt.

Eine Programmverantwortliche für Kindernachrichten sagt Folgendes:

Kindernachrichten berichten aber auch über Kinderaktionen, über Umweltthemen, über Musik, Tiere und Sport sowie das Neueste aus der Welt der Promis. Es geht um den Blickwinkel der Kinder, um ihre Lebenswelt, nicht um das, von dem Erwachsene meinen: Das hat Kinder zu interessieren.

2 a Welche Merkmale von Kindernachrichten nennt die Programmverantwortliche? Schreibt sie auf.
b Nennt Unterschiede zu den Nachrichtensendungen, die sich an Erwachsene wenden.

3 Vereinbart einen Tag, an dem jede Gruppe eine andere Kindernachrichtensendung anschaut. Macht euch Notizen und berichtet in der nächsten Deutschstunde darüber. Vergleicht die Inhalte der verschiedenen Sendungen.

4 Gute Nachricht! Erfindet eine Nachricht, die ihr gern in den Fernsehnachrichten sehen würdet. Schreibt einen kurzen Beitrag in euer Heft.

Wissenssendungen – Informationen für Vorträge nutzen

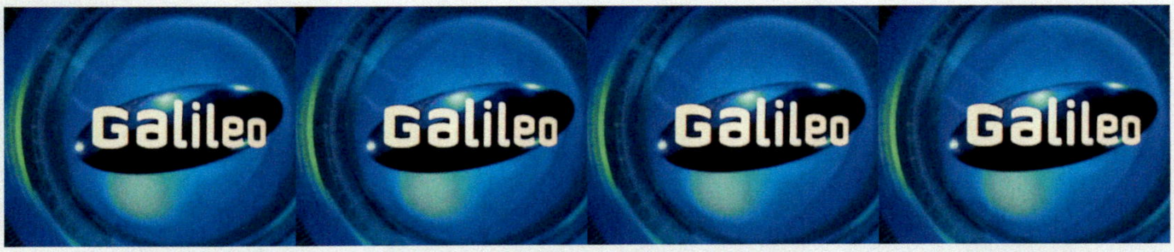

„Fixies“ sind Fahrräder, die eigentlich für Bahnrennen entwickelt worden sind. Sie haben feststehende Naben, es gibt keinen Leerlauf, keine Gangschaltung und nicht mal Bremsen! Das verspricht den neuesten Kick. Ihren Namen verdanken sie dem Englischen: fixed gears, kurz ‚Fixies‘!

Immer häufiger benutzen Fahrradkuriere, aber auch Freizeitstrampler die modischen Rennräder. Die Polizei sieht das mit Sorge, denn das Unfallrisiko der ‚Fixies‘ ist hoch.

Anders ist das bei den inzwischen sehr weit entwickelten Mountainbikes und den Crossrädern, die durch Scheibenbremsen und hydraulische Bremssysteme eine kurze Bremsstrecke und schnelles Stehenbleiben ermöglichen. […]“

1 Auf dieser Seite seht ihr ein Bild, das in der Wissenssendung „Galileo“ ausgestrahlt wurde, und den Text, der dazu zu hören war.
Wertet den Beitrag aus.
- a Was sind „Fixies“? Beantwortet diese Frage mit eigenen Worten in ein bis zwei Sätzen.
- b Verkehrssicherheit der „Fixies“: Was erfahrt ihr aus dem Text, was aus dem Bild?
- c „Fixies“ sind gefährlich. Besprecht in der Klasse, ob man deshalb ihren Verkauf verbieten sollte.

2 Welche Wissenssendungen kennt ihr noch? Sammelt ihre Namen und gebt zu jeder eine kurze Bewertung ab.

3 Wissenssendungen kann man für einen Drei-Minuten-Vortrag nutzen.
- a Welches Thema interessiert euch? Sucht z. B. mit Hilfe einer Programmzeitschrift (▸ S. 180 f.) eine passende Wissenssendung aus.
- b Zeichnet die Sendung möglichst auf DVD oder Video auf, damit ihr sie mehrfach ansehen könnt.
- c Notiert in Stichpunkten: Um welche Fragestellung geht es? Welche wichtigen Informationen gibt die Sendung dazu? Wie wird die Frage abschließend beantwortet?

4 Timo hat eine Sendung über den Bau von Drachen gesehen und sich Notizen über die Punkte gemacht, über die er die Klasse in einem Drei-Minuten-Vortrag informieren will. Bringt seine Notizen in eine sinnvolle Ordnung.

Einzelne Arbeitsschritte

Material, das man benötigt

Werkzeug, das man braucht

Frage: Wie bastle ich einen Drachen?

Wissen und Können **Drei-Minuten-Vortrag**

Ein Drei-Minuten-Vortrag soll euer Publikum informieren und gut verständlich sein.

- Schreibt zur Vorbereitung einen kurzen Notizzettel mit den wichtigsten Punkten, damit ihr nichts vergesst. Ihr könnt die Punkte auch einzeln auf Karteikärtchen schreiben.
- Geht ordentlich nach vorne und redet nicht schon während des Gehens.
- Stellt euch gerade hin und schaut euer Publikum an.
- Zur Sicherheit könnt ihr immer wieder kurz auf den Notizzettel/die Karteikärtchen schauen.
- Sprecht laut, deutlich und nicht zu schnell.

In der Sendung, die Timo ausgewertet hat (Aufgabe 4, ▸ S. 178), gibt es zu wenige Informationen über die Arbeitsschritte beim Drachenbasteln. So recherchiert Timo noch im Internet.

5 Sprecht über eure Erfahrung mit Suchmaschinen:
- Welche kennt ihr? Welche davon richten sich extra an Kinder? Welche nutzt ihr am liebsten?
- Wie geht ihr vor, wenn ihr dort etwas sucht?
- Welche Schwierigkeiten hattet ihr schon beim Suchen?

6 Gebt bei einer Kindersuchmaschine den Suchbegriff „Drachen" ein. Gibt es unerwartete Ergebnisse? Erklärt.

Wissen und Können **Im Internet recherchieren**

- Überlegt euch ein genaues Wort für eure Suche.
- Überfliegt zunächst die Seite mit den Suchergebnissen. Findet ihr wirklich die gewünschten Informationen, z. B. bei *Drache* das Spielzeug und nicht das Fabelwesen?
- Oft lohnt es sich, auch zwei oder drei Begriffe als Suchwörter einzugeben, damit man genau das gewünschte Ergebnis findet.
- Habt ihr eine Seite gefunden, die Informationen enthält, könnt ihr euch Notizen machen oder die Seite ausdrucken und bearbeiten.
- Manchmal werden so genannte *Links* angeboten. Sie führen zu verwandten Seiten. Prüft immer genau, ob diese Links für eure Fragestellung nützlich sind, sonst verirrt man sich schnell im Internetdschungel!

Fernsehzeitschriften untersuchen

Unterhaltung

Günther Jauch agiert bei den Promis nicht so pingelig – ist ja für den guten Zweck

20.15 RTL **Wer wird Millionär? Prominentenspecial**

SHOW Oliver Pocher war der erste Promi, der 2008 alle 15 Fragen richtig beantwortete und die Million abräumte. Insgesamt wurden in den 20 Specials 15 913 712 Euro für einen guten Zweck gesammelt. Hape Kerkeling alias Horst Schlämmer gilt als der bislang lustigste Kandidat. Vier neue bekannte Gesichter wagen sich heute auf den heißen Stuhl.

SV 63-670-708 **180 Min. →23.15**

Doku & Kultur

Putzerstation: Ein Mondfisch lässt sich von Brassen lästige Parasiten entfernen

19.30 ARTE **Tauchfahrt in gefährliche Tiefen Die Straße von Messina**

DOKU Schon Homers Held Odysseus musste in der Meerenge zwischen Skylla und Charybdis Mut beweisen. Starke Strömungen zwischen Sizilien und Kalabrien schrecken Seefahrer und Taucher noch heute. Unter Wasser sorgt der Gezeitenstrom für nährstoffreiche Biotope, die viele verschiedene Arten anlocken. Eindrucksvolle Aufnahmen!

SV 928-321 **45 Min. →20.15**

Kinder

Ally (Marny Kennedy), Emma (Sophie Karbjinski), Jackie (Charlotte Nicdao) in HH

20.15 KI.KA **Emmas Chatroom Per Cyberspace um den Erdball. 26 Folgen, mo.–do.**

NEU: JUGENDSERIE Hier steht nicht der Erwerb von Medienkompetenz im Fokus, sondern der Spaß am Mix aus realer und virtueller Realtität: Emma aus Hamburg, Jackie aus Singapur und Ally aus Sydney können sich per Chatroom auf ihren drei Kontinenten treffen.

SV 42-629-128 **45 Min. →21.00**

Ab 10 **Authentische NDR-Produktion mit Witz, Dynamik und viel Gefühl.**

1 a Beschreibt diese Ausschnitte aus einer Fernsehzeitung.
- Was erfahrt ihr aus den Texten?
- Wo gibt es Bilder?
- Gibt es weitere Abbildungen?

b Besprecht: Wozu dienen die Texte, wozu die Bilder?

2 a Bringt möglichst verschiedene Programmzeitschriften mit in die Schule und untersucht sie:
- Wie werden Sendungen für Kinder gekennzeichnet?
- Gibt es spezielle Filmtipps?
- Gibt es Angaben über die Art der Sendung, z. B. ob es sich um eine Wissenssendung, eine Serie oder einen Abenteuerfilm handelt?
- Gibt es Altersangaben?
- Gibt es Beschreibungen zu einzelnen Sendungen?

b Tragt eure Ergebnisse zusammen.

3 Stellt aus verschiedenen Zeitschriften eine „Kinderfernsehzeitschrift“ zusammen. Legt vorher fest, welche der Angaben, nach denen ihr in Aufgabe 2a gesucht habt, enthalten sein sollen.

Den Fernsehkonsum reflektieren – Sendungen auswählen

1 a Tauschte euch über eure Fernsehgewohnheiten aus:
- Wer entscheidet bei euch, was angeschaut wird? Wie lange am Tag und wann seht ihr fern?
- Wo steht euer Fernseher?
- Schaut ihr allein fern oder gemeinsam mit der Familie oder Freunden?

b Viele Eltern legen fest, wie lange ihre Kinder fernsehen dürfen. Tragt Gründe dafür zusammen.

2 Lest das Gespräch zwischen Niko, Sarah und der Mutter noch einmal genau.
Erstellt dann mit Hilfe der Auszüge aus einer Programmzeitschrift einen Fernsehplan für die Kinder. Achtet darauf, dass am Ende alle mit dem Plan zufrieden sein können.

Testet euer Wissen!

Orientierung im Fernsehdschungel

1 Welche der folgenden Aussagen treffen auf eine Seifenoper zu? Begründet eure Meinung. Schreibt die Buchstaben in euer Heft.

A Sie wird wöchentlich ausgestrahlt.

B Es gibt ein vorhersehbares Ende.

C In jeder Folge gibt es mehrere Teilgeschichten.

D Sie ist ein spanischer Fernsehroman.

E Zuschauer verstehen die Handlung, auch wenn sie eine Folge verpasst haben.

2 Bei Felix daheim gibt es keinen Fernseher, deshalb nutzt er immer gern den bei seiner Oma. Heute verbringt er den Nachmittag bei ihr.
Die beiden haben sich fest vorgenommen, mindestens zwei Stunden Karten zu spielen. Trotzdem möchte Felix auch ein bisschen fernsehen und die Großmutter will ihre Lieblingssendungen nicht verpassen:
– Das Duell im Ersten
– Natur im Garten
– Eisbär, Affe & Co.

a Findet mit Hilfe der Programmzeitschrift auf S. 181 heraus, wann und auf welchen Sendern diese Sendungen laufen.
Legt in eurem Heft eine Tabelle an.

Uhrzeit	Sendung	Sender
13:15–13:45 Uhr	*Natur im Garten*	*3SAT*
…	…	…

b Erstellt dann einen Fernsehplan für Felix.
Beachtet dabei: Felix …
– darf höchstens eine Dreiviertelstunde am Tag fernsehen,
– ist erst sieben Jahre alt,
– sieht nicht gern Animationsfilme,
– verachtet „Babyfilme“ für kleine Kinder,
– sieht gern Zeichentrickfilme,
– wird um 19:30 Uhr abgeholt.

11.3 Projekt: Mediengewohnheiten untersuchen

Ein Diagramm auswerten und erstellen

1 Welche Medien besitzt ihr? Sammelt an der Tafel.

Gerätebesitz 6- bis 13-Jähriger 2010

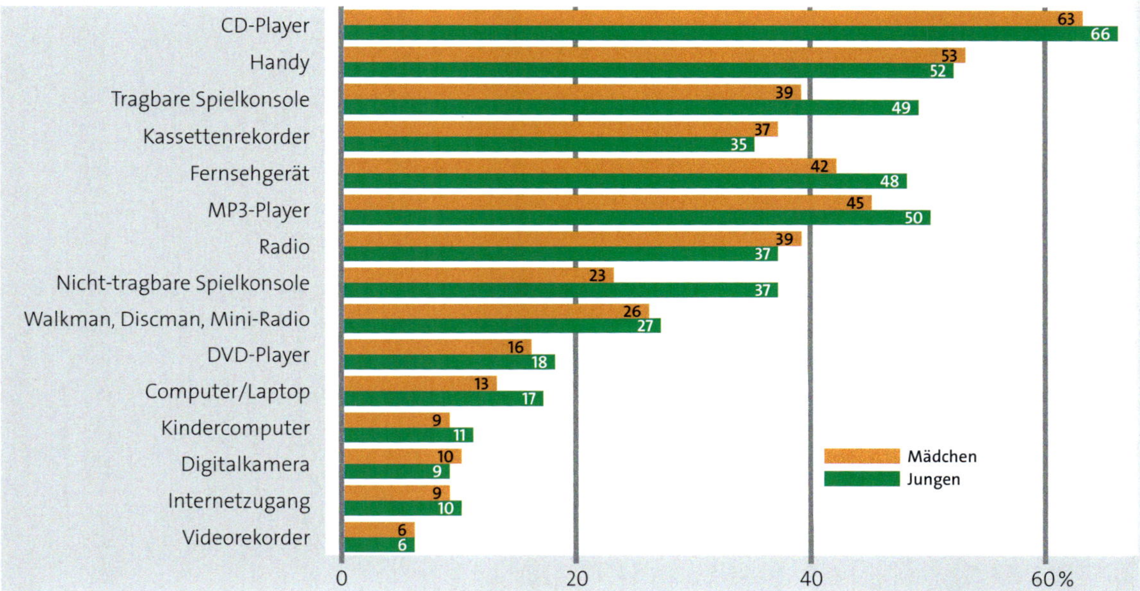

2 a Betrachtet und beschreibt das Balkendiagramm. Wozu macht es Angaben?

b Drückt die Angaben in Worten aus. Ihr könnt z. B. so beginnen:
Von 100 Kindern haben mehr als 60 einen CD-Player.

c Erklärt, welche Vorteile solche Schaubilder im Vergleich zu einem Text haben.

3 Erstellt ein solches Diagramm zum Gerätebesitz für eure Klasse.

a Findet heraus, wie viele von euch bestimmte Geräte haben. Schreibt die Zahlen auf.

b Legt nun ein Diagramm im Heft an – am besten auf Kästchenpapier und im Querformat. Auf der senkrechten Achse notiert ihr die einzelnen Geräte. Auf der waagrechten Linie tragt ihr nach jeweils 0,5 cm einen kleinen Strich ein – für jedes Kind in der Klasse einen.

c Jetzt könnt ihr mit senkrechten Strichen eure Zahlen eintragen und dann Balken malen.

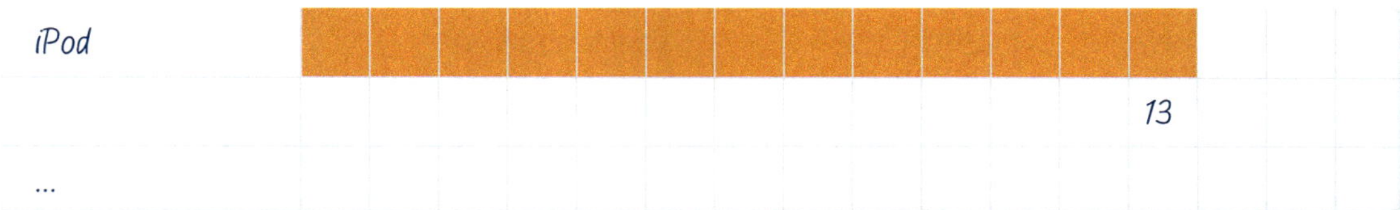

Ein Medientagebuch führen

1 Eure täglichen Mediengewohnheiten könnt ihr auch in einem Medientagebuch festhalten.

a Schreibt eine Woche lang auf, wann und wie lange ihr welches Medium genutzt habt. Ihr könnt auch dazuschreiben, was ihr gesehen oder gelesen habt. In einer weiteren Spalte könnt ihr eure Meinung oder Gedanken dazu aufschreiben oder Bilder einfügen.

Datum	Medium	Was genau?	Uhrzeit	Medienzeit gesamt
Montag, 17.10.	*Schulbücher*	*Mathe, Englisch*	*15:00–16:15*	
	Fernsehen	*Schloss Einstein*	*17:20–17:45*	
	Jugendbuch	*Winn-Dixie*	*19:15–20:30*	*1 1/4 Stunden*
Dienstag, 18.10.	*Computer*	*E-Mails*	*13:50–14:15*	
	…	…	…	…

b Erstellt Schaubilder, in denen ihr die Ergebnisse auswertet.

2 Um das Projekt auszuweiten, könnt ihr mit Hilfe der oben stehenden Tabelle eine Umfrage zur Mediennutzung in der ganzen Schule oder in einer höheren Jahrgangsstufe starten.

Anglizismen in der Mediensprache

1 Die Wörter *Notebook, Gameboy* und *iPhone* bezeichnen bestimmte Medien.

a Könnt ihr erkennen, aus welcher Sprache diese Bezeichnungen übernommen wurden? Man nennt Übernahmen aus dieser Sprache „Anglizismen".

b Sammelt weitere „Anglizismen" bei Gerätebezeichnungen. Erstellt eine Liste im Heft.

2 a Ordnet die folgenden Anglizismen ihren deutschen Entsprechungen zu. Schreibt ins Heft.

●●● b Zwei der Begriffe stammen nicht aus dem Bereich Medien. Bestimmt den Bereich, aus dem sie kommen.

Internet	sich stylen	Verknüpfung zu Internetseiten	Seifenoper
Link	News	Nachrichten	Berührungsbildschirm
Soap	Sale	Schlussverkauf	Vernetzung von Computern
Touchscreen	E-Mail	sich herausputzen	elektronischer Brief

3 Sammelt Anglizismen aus den Bereichen Musik, Sport und Technik. Findet ihr für alle eine deutsche Entsprechung?

12 Tiere beobachten –
Mit Sachtexten umgehen

1 Was seht ihr hier?
- a Sammelt Begriffe, mit denen ihr das Bild beschreiben könnt.
- b Schreibt eine kurze Erklärung zu dem Foto, in der die Begriffe vorkommen.

12.1 Wale und Delfine – Sachtexte lesen und verstehen

Das Thema erfassen und unbekannte Wörter klären

Mit Delfinen schwimmen

An der Westküste Australiens wartet auf Urlauber ein einmaliges Naturerlebnis: In der Rockingham Bay können sie mit einer Gruppe von Delfinen schwimmen, die in freier Wildbahn leben.

Schon als Kind war Terry Howson von den Tümmlern fasziniert, die ihm auf Bootsausflügen rund um den Ferienort Rockingham (50 Kilometer südlich von Perth) begegneten. Eines Tages fasste der Australier den Entschluss, Freundschaft mit diesen Tieren zu schließen. Doch jedes Mal, wenn er sich ihnen im Wasser näherte, verschwanden die Meeressäuger. Erst sieben Monate später schwamm ein neugieriges Delfinweibchen auf ihn zu – es war der Beginn einer engen Freundschaft.

15 Jahre später kennt der Australier fast jeden der 150 Delfine rund um den westaustralischen Ferienort. Die Tiere haben Vertrauen zu ihm und seinen Mitarbeitern gefasst, die einmal täglich ein paar Besucher hinaus in die Bay bringen. Ausgestattet mit Schnorcheln und Masken wartet die kleine Gruppe im Wasser auf die ersehnte Begegnung: Und in 99 Prozent der Fälle tauchen Logo, Bumerang und andere Artgenossen auf, um vor Publikum herumzutollen.

Wer glaubt, mit den Delfinen auf Schmusekurs gehen zu können, liegt falsch. Howson und sein sechsköpfiges Team erklären ihren Kunden immer wieder, dass es sich um wilde Tiere handelt, die nur wenig mit ihren trainierten Artgenossen gemeinsam haben. „Wir müssen uns vorsichtig und respektvoll verhalten und dürfen nie annehmen, dass wir Kontrolle über ihr Verhalten haben“, mahnt er. Kunden, die sich nicht ins Wasser trauen, können die Delfine auf einer separaten Tour vom Boot aus beobachten.

Seine behutsame Vorgehensweise brachte Howsons kleinem Unternehmen „Rockingham Dolphins“ drei Jahre hintereinander den australischen Preis für Ökotourismus ein. Ein wichtiges Kriterium war auch, dass er und sein Team die Tiere niemals füttern, um ihre natürlichen Lebensgewohnheiten nicht zu verändern.

1 Lest den Text aufmerksam durch! Worum geht es?

a Wählt die richtige Antwort aus. **Tipp:** Beachtet vor allem die Überschrift des Textes.
Im Text geht es ...
... um den australischen Preis für Ökotourismus.
... um das Leben des Australiers Terry Houson.
... um die Möglichkeit, vor der Küste Australiens mit frei lebenden Delfinen zu schwimmen.
... darum, wie man Wildtiere mit Geduld und Futter zähmen kann.

b Schreibt eure Antwort nun in eigenen Worten in einem Satz auf.
Nutzt dabei eine der folgenden Formulierungen:
Der Text berichtet von ...
Der Artikel informiert über ...
Der Text handelt von ...

c Würdet ihr gerne einmal an einem Schwimmausflug mit Delfinen teilnehmen?

„Delfin" – Schlagt das Wort im Wörterbuch nach: Was findet ihr zu seiner Rechtschreibung?

Wissen und Können **Das Thema benennen**

Wenn nach dem Thema eines Textes gefragt wird, ist immer **der gesamte Text** gemeint. Es geht also um das Textganze, nicht um einzelne Aussagen, die sich im Text finden. Hinweise auf das Thema geben oft die Überschrift und die Abbildungen.
Beachtet: Wenn man **über Texte** schreibt, verwendet man in der Regel das **Präsens.**

2 Was bedeutet die Formulierung „[Wir] dürfen nie annehmen, dass wir Kontrolle über ihr Verhalten haben" (Z. 32 f.)? Nur eine der vier Antworten ist richtig.

Wir können das Verhalten der Delfine nicht kontrollieren.
Wir kontrollieren ihr Verhalten.
Es ist nie sicher, dass wir ihr Verhalten kontrollieren können.
Unsere Kontrolle hat nichts zu bedeuten.

3 Versucht die Begriffe „Meeressäuger" (Z. 12), „Schmusekurs" (Z. 26) und „Ökotourismus" (Z. 40) ohne fremde Hilfe nur aus dem Zeitungsartikel zu erklären.

Wissen und Können **Bedeutungen erschließen**

Um einen Text zu verstehen, müsst ihr nicht immer jedes einzelne Wort kennen. Viele Informationen werden aus dem Zusammenhang verständlich. Die **Tipps** helfen euch:
– Sucht nach **Hinweisen im Text:**
Logo und *Bumerang* (Z. 24) – Danach heißt es *und andere Artgenossen* (Z. 24 f.). Also sind *Logo* und *Bumerang* wohl Namen von Delfinen.
– **Zerlegt** das unbekannte Wort in seine Bausteine:
Wildbahn (Z. 4) -bahn kommt in *Renn-bahn*, *Auto-bahn* vor und bedeutet *Strecke, Weg für Rennen, für Autos. Wildbahn* bedeutet also *Strecke, Weg, Gebiet für wilde Tiere.*

W-Fragen, Schlüsselwörter, Zwischenüberschriften

Warum schwimmen Wale im Meer, obwohl sie keine Fische sind?

Die Vorfahren der Wale und Delfine schwammen nicht im offenen Meer, sondern lebten an der Küste. Wasserscheu waren sie schon damals nicht: Sie jagten im flachen Wasser Fische, Tintenfische und andere kleine Tiere. Im Meer konnten sie gut leben. Dort gab es jede Menge Nahrung, außerdem viel Platz und nur wenige Feinde. Denn die schwimmenden Saurier, die vorher das Meer unsicher gemacht hatten, waren ein paar Millionen Jahre zuvor ausgestorben.

Also jagten die Vorfahren der Wale immer öfter im Meer und kamen schließlich gar nicht mehr aus dem Wasser heraus. Nach und nach veränderten sich dadurch ihre Körper, denn ein Fell und vier Beine brauchten sie zum Schwimmen nicht mehr.

Vor zwanzig bis dreißig Millionen Jahren entwickelten sich die beiden Arten von Walen, die es heute gibt.

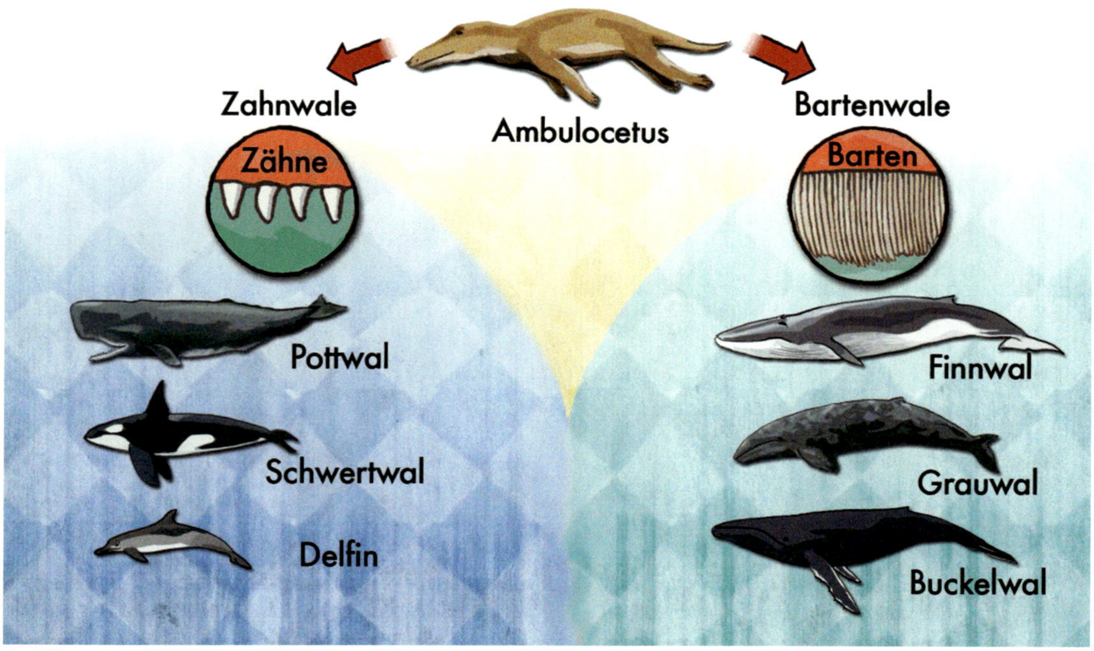

1. Zahnwale jagen Fische und Tintenfische. Zu den Zahnwalen zählen z. B. der Pottwal, der Schwertwal, aber auch alle Delfine. Delfine sind also kleine Wale, auch wenn sie anders heißen. Klein bleiben sie wahrscheinlich deshalb, weil für die Jagd ein schneller und wendiger Körper nützlicher ist als ein riesig großer.
2. Bartenwale haben keine Zähne, sondern Barten, biegsame Hornplatten, die wie ein dichter Vorhang nebeneinanderliegen. Die Vorfahren der Bartenwale begannen nämlich, winzige Tierchen zu fressen, die man mit Zähnen nicht gut festhalten kann. Dadurch veränderte sich ihr Maul, bis es so aussah wie heute.

Wale sind wie ihre Vorfahren luftatmende Säugetiere, keine Fische. Dass heutige Wale trotzdem aussehen wie Fische, liegt daran, dass beide Tierarten im Wasser leben und sich daran angepasst haben. Es gibt aber etwas, an dem man Fische und Wale unterscheiden kann. Vergleicht mal den großen Fisch links mit dem Wal auf dem Foto rechts.

Seine Schwanzflosse steht senkrecht, nicht waagrecht wie die der Wale. Fische bleiben nämlich immer unter Wasser. Sie schwimmen nach vorne, und das geht mit einer senkrechten Flosse, die die Fische seitlich hin- und herbewegen, sehr gut. Wale und Delfine müssen dagegen immer wieder zum Atmen nach oben kommen, schwimmen also ständig rauf und runter. Dafür ist eine waagrechte Schwanzflosse, die auf und ab schlägt, praktischer.

1 Lest den Text aufmerksam durch. Worum geht es? Formuliert einen Satz.

2 a Nun könnt ihr W-Fragen an die einzelnen Absätze stellen. Einige sind hier vorgegeben:
Wo lebten die Vorfahren der Wale?
Warum veränderte sich der Körper der Vorfahren der Wale?
Wann entwickelten sich verschiedene Arten von Walen?

b Zu den letzten Abschnitten (ab Z. 21) fehlen passende Fragen. Formuliert sie selbst.

3 Lest den Text nun ein zweites Mal. Legt eine Folie über den Text und unterstreicht die Schlüsselwörter. Die ersten sind schon im Text markiert.

Wissen und Können **Fragen an den Text stellen und Schlüsselwörter markieren**

Wenn ihr den Text genau erfassen oder bestimmte Informationen finden wollt, könnt ihr **W-Fragen** an ihn stellen. Oft sind solche Fragen schon vorgegeben.
Lest den Text noch ein zweites Mal genau, um die Fragen zu beantworten.
Schlüsselwörter sind oft Wörter, an denen ihr beim Überfliegen des Textes mit euren Augen hängen bleibt. Meist geben die Schlüsselwörter die Antworten auf **die W-Fragen.**
Die Schlüsselwörter helfen euch später dabei, einen Text gut zusammenzufassen.

4 a Gliedert den Text in Sinnabschnitte.

b Formuliert Überschriften zu den Sinnabschnitten. Die W-Fragen und Schlüsselwörter helfen euch dabei. Beispiel zum ersten Abschnitt: *Die Küste war Lebensraum der Vorfahren der Wale*

Wissen und Können **Sinnabschnitte und Zwischenüberschriften finden**

Um einen Text genau zu überblicken, könnt ihr ihn in einzelne **Sinnabschnitte** unterteilen. Ein neuer Sinnabschnitt beginnt dort, wo ein neues Unterthema angesprochen wird. In der Regel könnt ihr bei gedruckten Texten die Sinnabschnitte an den Absätzen erkennen. Fasst dann die Abschnitte in einer **Zwischenüberschrift** zusammen. Die Zwischenüberschriften können verschieden formuliert werden:
- als Satz: *Die Küste war Lebensraum der Vorfahren unserer Wale.*
- in Stichworten: *Küste als Lebensraum der Vorfahren unserer Wale*

5 Die Abbildungen im Text haben eine ganz bestimmte Aufgabe.

a Welche Aussage trifft auf die erste Abbildung zu? Die Abbildung soll ...
- zeigen, wie ein Wal aussieht.
- Interesse für den Text wecken.
- den gesamten Text zusammenfassen.
- die verschiedenen Walarten anschaulich machen.
- zum Nachdenken über die Walarten anregen.

b Benennt die Funktion, die die zwei Fotos haben.

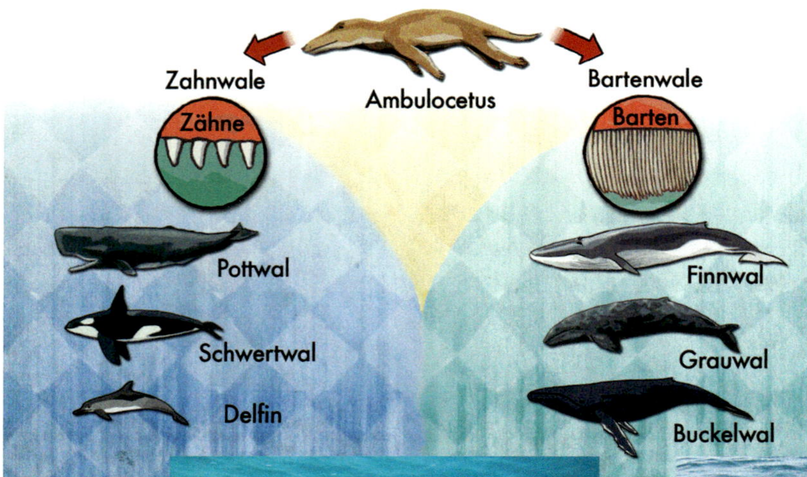

Den Inhalt zusammenfassen und wiedergeben

Delfine – Clowns mit Köpfchen

Heute spielen sie wieder verrückt, sagt Charlie Phillips und lacht. Etwa 50 Meter vor dem Motorboot des britischen Biologen schießen nacheinander zwei graue Leiber wie Raketen aus der Nordsee. Für einen Augenblick spiegelt sich die Sonne auf ihrer nassen Haut. Dann überschlagen sich die Delfine und stürzen kopfüber zurück ins Meer. Kurzes Abtauchen. Anlauf für den nächsten Sprung. Während Charlie die wilde Hopserei genießt, fotografiert seine Kollegin Barbara Cheney die beiden Meeresakrobaten.

Jeder Delfin besitzt ein besonderes Merkmal, an dem ihn die Wissenschaftler erkennen. Nevis' Rückenflosse etwa ziert eine schneeweiße Spitze, weshalb er nach Schottlands höchstem Berg „Ben Nevis" benannt ist.

Anhand der Fotos überprüft Barbara später, mit welchen Artgenossen Nevis herumtollt, mit wem er jagt, welchen Gruppen sich das Tier anschließt. Die Forscher wissen zwar, dass Delfine meist in „Schulen" leben und ihre Freundschaften zehn Jahre und länger halten. Wie sie sich aber das Gemeinschaftsleben organisieren und wie sie miteinander „reden", ist noch ein Rätsel.

Nevis und seine Spielkameraden gehören zu einer der größten Delfinarten, den „Großen Tümmlern", von denen hier oben, in der schottischen Moray-Bucht, rund 130 Tiere auf die Jagd gehen. Wie Burgwächter lauern die bis zu vier Meter langen Kleinwale vor der Flussmündung auf Lachse, die jeden Spätsommer zu Zehntausenden hierherkommen. Ein idealer Platz für Charlie und Barbara, um die quirligen Meeresbewohner zu beobachten und ihren Gesprächen aus Pfeif-, Quietsch- und Klicktönen zu lauschen.

Ein Geheimnis haben die Forscher den Tieren schon entlockt: Jeder Große Tümmler gibt sich im ersten Lebensjahr einen eigenen „Namen", besser gesagt einen persönlichen Erkennungspfiff, den die anderen lernen. Möchte ihm nun jemand aus der Gruppe etwas mitteilen, pfeift derjenige diese spezielle Tonfolge und spricht den Delfin damit gezielt an.

Und gesprochen wird viel: etwa über Jagdstrategien! Haben die Tümmler einen Schwarm Heringe ausgemacht, übernimmt jedes Gruppenmitglied eine bestimmte Aufgabe. Während ein paar der Tiere eine Mauer bilden, treiben ihnen die anderen die Fische direkt vor die Mäuler. Die Falle schnappt zu, für die Heringe gibt es kein Entkommen.

Es geht sogar noch cleverer! An der Küste des US-Bundesstaates South Carolina wurden Große Tümmler dabei beobachtet, wie sie Fische auf den Strand jagten. Anschließend robbten die Räuber selbst aufs Trockene, um die gestrandete Beute aufzulesen. Und im Golf von Mexiko betäuben die Meeressäuger ihre Opfer mit einem gezielten Schlag auf die Schwanzflosse, bevor sie die Fische fressen.

Delfine singen und pfeifen jedoch noch aus einem zweiten Grund: um sich zu orientieren. Sie senden wie Fledermäuse hohe Ultraschallsignale aus, die wir Menschen nicht hören können. Treffen diese Schallwellen auf ein Hindernis, etwa ein Riff oder einen Fischschwarm, prallen sie daran ab und kehren als Echo zurück. Am Klang des Echos und der Zeit, die es für den Rückweg gebraucht hat, erkennen Delfine genau, welches Hindernis sie vor sich haben und wie weit es entfernt ist. Dieser Spürsinn ist so ausgefeilt, dass die Tiere sogar Fische aufstöbern, die sich im Meeresboden eingegraben haben. Versteckte Beute oder Stein? Diese Frage beantwortet das Delfin-Echolot meist richtig!

1 a Welcher Satz trifft das Thema des Artikels am besten?

Der Artikel erzählt, wie Delfine miteinander spielen.
Der Artikel informiert darüber, wie schlau Delfine sind.
Der Artikel berichtet darüber, wie Delfine leben.

b Begründet, warum die beiden anderen Aussagen nicht ganz treffend sind.

2 Erklärt die folgenden Formulierungen (► S. 191) aus dem Zusammenhang:

Meeresakrobaten (Z. 12) | Jagdstrategien (Z. 47 f.) | Delfin-Echolot (Z. 78 f.)

3 a Stellt die folgenden W-Fragen an den Text, legt eine Folie auf den Text und unterstreicht die Schlüsselwörter, die die Antworten geben.
- Wer ist beteiligt?
- Wo geschieht es?
- Was wird erforscht?
- Wie gehen die Forscher vor?
- Welche Ergebnisse finden die Forscher?

b Erklärt die aus dem Englischen stammenden Wörter „Clown" (► Überschrift) und „clever" (► Z. 55) aus dem Textzusammenhang.

4 a Teilt den Text in sinnvolle Abschnitte und findet geeignete Zwischenüberschriften, die den Inhalt des Abschnitts zusammenfassen.
Abschnitt 1: Zwei Meeresbiologen beobachten und fotografieren Delfine.
Abschnitt 2: Die Delfine können an bestimmten Merkmalen unterschieden werden.
Abschnitt 3: ...

b Schreibt die Zwischenüberschriften in euer Heft.

5 Fasst nun den Inhalt des Textes mit Hilfe eurer Zwischenüberschriften und Schlüsselwörter zusammen. Schreibt dafür zu jedem Abschnitt ein bis zwei Sätze. Nicht immer ist es notwendig, alle Schlüsselwörter zu verwenden.
Beispiel: *Die Forscher Charlie Phillips und Barbara Cheney beobachten und fotografieren Delfine in der Nordsee. Dabei stellen sie fest, wie die Tiere aussehen und wie sie sich verhalten ...*

Wissen und Können **Texte zusammenfassen**

Schreibt in der Zeitform Präsens und verwendet möglichst eigene Worte.
Denkt an einen abwechslungsreichen Satzbau.

6 a Was möchtet ihr noch über Wale und Delfine erfahren? Tragt Fragen zusammen.

b Einigt euch auf zwei oder drei Fragen, die alle interessieren. Überlegt, wie und wo ihr die Antworten finden könnt, und übertragt eure Vorschläge in euer Heft.

c Wählt eine der Fragen aus und sucht Informationen dazu. Berichtet eurer Klasse, was ihr in Erfahrung gebracht habt.

Testet euer Wissen!

Sachtexte erschließen

1 a Bringt die Schritte in die richtige Reihenfolge und ordnet ihnen die jeweils richtige Funktion zu.

Unbekannte Wörter und Formulierungen klären

Den Text überfliegen, das Thema benennen

Sinnabschnitte und Zwischenüberschriften finden

Texte zusammenfassen

W-Fragen stellen und Schlüsselwörter markieren

Den Text genau überblicken, Abschnitte in Sätzen oder Stichworten zusammenfassen

Die wesentlichen Informationen im Text finden

Mit eigenen Worten darstellen, was die Hauptaussagen des Textes sind (ganze Sätze)

Einzelne Wörter und Formulierungen des Textes verstehen

Einen Überblick über den gesamten Text gewinnen

b Schreibt die Schritte mit den Funktionen übersichtlich als Merkkasten in euer Heft.

12.2 Tiere aus Wüste und Steppe – Über Sachtexte informieren

Sachtextformate kennen lernen

Timo bittet seine Freundin Julia, eine Woche lang seine Wüstenrennmäuse zu versorgen. Um Julia die Arbeit zu erleichtern, gibt er ihr eine Liste mit Pflegetipps.

1. *Füttere die Wüstenrennmäuse zweimal am Tag.*
2. *Gib ihnen täglich frisches Wasser.*
3. *Rennmäuse brauchen Bewegung. Lass sie jeden Tag mindestens drei Stunden frei in deinem Zimmer laufen.*
4. *Reinige täglich den Käfig. Alle drei Tage musst du ihn mit klarem Wasser ausspülen.*
5. *Achte darauf, dass es immer gleich warm ist.*

1 Timos Pflegeanleitung ist kurz und knapp.
a Für wen und wofür hat er sie verfasst? Benennt den Adressaten und den Zweck.
b Beschreibt, wie die Liste formuliert und gestaltet ist.
c Bewertet Timos Liste: Erfährt Julia alles, was sie über Wüstenrennmäuse wissen muss?

Julia möchte zusätzliche Informationen einholen und schlägt in ihrem Tierlexikon nach:

Die **Mongolische Wüstenrennmaus** *(Meriones unguiculatus)* ist eine zu den Rennratten gehörende Art der Rennmäuse. Sie bewohnt Steppen, Halbwüsten, Wüsten sowie Grasländer in der Mongolei und in angrenzenden Gebieten im Norden Chinas und im Süden Sibiriens. Sie ist nicht gefährdet und bereits 1866 von Tierforschern entdeckt worden. Typisch für sie sind die auffälligen, vergleichsweise großen und dunkel gefärbten Krallen. Sie ist tag- und nachtaktiv, hält keinen Winterschlaf und lebt in großen Familienverbänden. Ihr unterirdischer Bau ist fünf bis sechs Meter lang und verfügt über mehrere Eingänge, eine Nestkammer und ein bis zwei Vorratskammern. Zur Nahrung der Wüstenrennmaus zählen grüne Pflanzenteile und verschiedene Pflanzensamen.

2 a Versucht, den Lexikonartikel „Mongolische Wüstenrennmaus“ in eigenen Worten zusammenzufassen.
b Bestimmt ist euch diese Aufgabe schwergefallen. Woran könnte das liegen?

3 a Bewertet den Artikel: Kann Julia daraus zusätzliche Hinweise für die Pflege von Wüstenrennmäusen ziehen?
b Erklärt, zu welchem Zweck der Lexikonartikel geschrieben wurde.

4 Ihr habt nun zwei Texte über die Wüstenrennmaus kennen gelernt: Timos Pflegeanleitung und den Lexikonartikel über die Mongolische Wüstenrennmaus.
a Welcher war für euch ansprechender und leichter zu verstehen? Woran lag das?
b Vergleicht die beiden Texte.
Übertragt die Tabelle ins Heft und füllt sie aus.

	Timos Pflegeanleitung	**Lexikonartikel**
Zweck	…	…
Adressat	…	…
Inhalt	*Informationen zur Pflege der Wüstenrennmaus als Haustier*	*Allgemeine Informationen über das Vorkommen und das Leben der Wüstenrennmaus in der Natur*
Länge	*sehr knapp*	…
Gestaltung	*Liste*	…
Sprache	…	…

5 Sucht die angegebenen Lebensräume der Wüstenrennmäuse in eurem Atlas.

Wissen und Können **Sachtexte**

Sachtexte finden wir in unterschiedlichen Bereichen. So zählen folgende Beispiele zur Gruppe der Sachtexte:
- Texte in Sachbüchern
- Journalistische Sachtexte (z. B. Zeitungsberichte)
- Lexikonartikel
- Kochrezepte
- Bastel- und Spielanleitungen
- Vorgangsbeschreibungen, Arbeitsanweisungen
- Schaubilder und Diagramme (z. B. Klimadiagramm in Erdkunde)

Sachtexte informieren über bestimmte Themen. Manche Sachtexte wollen auch zu etwas anleiten oder auffordern.
Die Sprache im Sachtext ist klar und sachlich. Gefühle oder Gedanken finden sich hier in der Regel nicht.

Sachtexte fragegeleitet zusammenfassen

Gute und schlechte Zeiten für Lemminge

Es gibt Jahre, in denen sich die Lemminge in Teilen der Arktis massenhaft vermehren, während sie in anderen Jahren viel seltener vorkommen. Alle drei bis sechs Jahre gibt es eine geradezu explosionsartige Zunahme der Lemminge. Wie ist das zu erklären?

In den Jahren, in denen der Schnee eine dicke, isolierende Decke bildet und reichlich Nahrung vorhanden ist, bekommen die Weibchen schon mitten im Winter Junge. Bis zum Ende des Sommers bringen sie oft sechs Würfe mit bis zu dreizehn Jungtieren zur Welt. Und die können sich nach zwanzig Tagen selbst fortpflanzen. Dadurch erhöht sich die Zahl der Lemminge in kürzester Zeit gewaltig.

Bei so vielen hungrigen Mäulern wird schließlich die Nahrung knapp, was viele männliche Jungtiere zwingt, ihre Heimat zu verlassen. Auf der Suche nach Nahrung legen sie große Entfernungen zurück. Viele sterben unterwegs. Dass sich Lemminge über Klippen stürzen, stimmt allerdings nicht. Doch wenn nötig, durchschwimmen sie Seen und Flüsse.

Die hohe Zahl an Lemmingen nimmt bald ab, da viele Beutejäger angelockt werden, die sich an ihnen gütlich tun. Außerdem verbringen die Lemminge in der überfüllten Kolonie mehr Zeit mit Kämpfen als mit der Aufzucht des Nachwuchses. Viele Jungtiere werden getötet, andere verhungern. Die Zahl der Lemminge geht rapide zurück und es dauert drei bis sechs Jahre bis zur nächsten Bevölkerungsexplosion.

Lemminge sind mit Meerschweinchen verwandt und etwa gleich groß. Im Winter leben sie in Gängen unter dem Schnee und ernähren sich von Wurzeln, Moosen und Flechten. Im Sommer fressen sie auch Gräser und Baumrinde.

Wenn die Zahl der Lemminge sehr groß wird, zieht das viele Raubtiere an. Sie sind die Hauptnahrung der tagsüber jagenden Schneeeule, der Polarfüchse und der Zwergwiesel.

Michael Scott: Die Natur, Beltz & Gelberg Verlag 2000

1 In welchem Zusammenhang habt ihr schon einmal von Lemmingen gehört?

2 Wenn man andere über einen Sachtext informiert, wollen die Leser von Anfang an wissen, um welchen Text es geht. Deshalb macht man in der Einleitung genaue Angaben zum Text. Untersucht folgende Einleitung mit Hilfe der W-Fragen, z. B.: *Wer hat den Text geschrieben?*

Bei dem vorliegenden Text „Gute und schlechte Zeiten für Lemminge" von Michael Scott handelt es sich um einen Sachtext. Er ist im Jahr 2000 im Buch „Die Natur" im Verlag Beltz & Gelberg erschienen. Jn dem Artikel geht es um das Leben der Lemminge in der Arktis.

3 Fragen zu einem Sachtext soll man knapp, sachlich und in eigenen Worten beantworten.
a Untersucht die folgenden Antworten. Welche sind gelungen, welche nicht? Begründet eure Einschätzung.
b Überarbeitet die nicht gelungenen Antworten.
c Eine Antwort fehlt. Formuliert sie selbstständig.

Fragen zum Text	**Antworten**
Wie verändert sich die Anzahl der Lemminge alle drei bis sechs Jahre?	*Alle drei bis sechs Jahre gibt es eine explosionsartige Zunahme von Lemmingen.*
Warum vermehren sich Lemminge so stark?	*Wenn im Winter viel Schnee liegt, gibt es so viel Nahrung, dass die Weibchen schon zu dieser Jahreszeit auf einmal ganz viele Junge bekommen. Diese können selbst in kurzer Zeit auch wieder Lemminge zur Welt bringen.*
Wie kommt es, dass eine große Zahl männlicher Lemminge „auswandert" und sich eine neue Heimat sucht?	...
Wie verringert sich der Lemmingbestand nach einer bestimmten Zeit?	*Viele Lemminge sterben, weil es nicht genug Nahrung für so viele Tiere gibt. Manche Jungen verlassen die Kolonie und gehen auf dem Weg zu neuen Lebensräumen zu Grunde, weil die Wege sehr gefährlich sind. Manche schwimmen sogar durch Gewässer. Die große Zahl von Lemmingen lockt auch viele Raubtiere an, die die Lemminge fressen wollen. Außerdem sterben in den Kolonien viele Tiere bei Kämpfen. Aus diesen Gründen geht die Zahl der Lemminge schnell wieder zurück.*

4 ●● Erstellt zu dem Text über Lemminge eine Tabelle, in der ihr kurz den Zweck, den Adressaten (den Leser, der angesprochen werden soll), den Inhalt, die Länge, die Gestaltung und die Sprache beschreibt, wie ihr das auf S. 195 für andere Sachtexte gemacht habt.

5 Findet mit Hilfe eures Atlas heraus, in welcher Klimazone die Lemminge leben.

Die Einleitung formulieren und zu einer Frage Stellung nehmen

Überleben in der Wüste

Kamele können trotz ihrer enormen Größe lange in der Wüste überleben. Sie streifen umher, um nach Nahrung und Wasser zu suchen. Das dichte Wollhaar auf ihrem Rücken schützt sie gegen die Sonne. Ihr übriger Körper ist nahezu unbehaart, sodass sie rasch Wärme abgeben können. Ihre Körpertemperatur kann stark schwanken, ohne dass die Tiere dadurch Schaden erleiden.

Auch Kamele verlieren bei dieser extremen Hitze zwangsläufig Wasser. Aber sie können auch dann noch überleben, wenn sie ein Viertel ihres Körpergewichts an Wasser verloren haben. Wir Menschen sterben, wenn wir nur halb so viel Wasser verlieren, da unser Blut bei Wassermangel dick wird und nicht mehr richtig zirkulieren kann. Und das führt schnell zum Tod. Kamele dagegen können ihrem Körperfett Wasser entziehen, damit ihr Blut dünn genug bleibt.

Sie speichern das Fett nicht wie die meisten Säuger unter der Haut, da sonst die Wärmeabgabe blockiert würde. Stattdessen speichern sie bis zu 45 Kilogramm Fett in ihren Höckern. Dieses Fett können die Tiere jederzeit aufspalten, um Energie und Flüssigkeit (etwa 45 Liter) zu erhalten.

Wenn Kamele lange nichts getrunken haben, werden sie dünn und ihre Höcker erschlaffen. Sobald sie aber Wasser finden, können sie in zehn Minuten 90 Liter trinken und rasch ihr normales Aussehen wiedererlangen.

In der Wüste Gobi leben nur noch etwa 500 wilde Zweihöckerige Kamele. Mit bei Sandstürmen verschließbaren Nasenöffnungen und großen, tellerartigen Füßen, mit denen sie über weichen Sand laufen können, sind sie für die Wüste optimal ausgerüstet.

Das in Arabien heimische Einhöckerige Kamel oder Dromedar wird seit 6 000 Jahren gezüchtet. Seine wilden Vorfahren sind seit 2 000 Jahren ausgestorben. Doch in einigen Teilen der Welt, etwa Australien, gibt es wieder einige wild lebende Tiere.

Die Natur, Beltz & Gelberg Verlag 2000

1 Lest den Text. Worum geht es darin?

Lest hierfür auch den Titel und die Bildunterschriften.

2 Klärt die Bedeutung folgender Wörter und Ausdrücke:
- zirkulieren (Z. 17)
- erschlaffen (Z. 29 f.)

3 Hier findet ihr eine nicht ganz vollständige Einleitung zum Sachtext „Überleben in der Wüste".
●●○ Ergänzt die fehlenden Angaben und übertragt die vollständige Einleitung in euer Heft.
●○○ Falls ihr Hilfe braucht, könnt ihr unter dem Lückentext nachsehen.

Der ? „Überleben in ? " erschien im Jahr ? im Buch ? . Dieser Text handelt davon, wie ? in der Wüste ? können. Der Autor ist ? .

2000	nicht genannt	überleben	der Wüste
Kamele	Sachtext	Die Natur	

Wissen und Können **Die Einleitung verfassen**

Wenn ihr schriftlich über einen Sachtext informiert, müsst ihr in der Einleitung knapp und gezielt in den Text einführen. Folgende Informationen solltet ihr dabei geben:
- Um welche Art von Text handelt es sich? → Textsorte
- Wie heißt der vorliegende Text? → Titel
- Wer hat den Text verfasst? → Name des Autors
- Wo und wann ist er erschienen bzw. abgedruckt worden?
  → Quelle (Erscheinungsort + Erscheinungsdatum, steht oft unter dem Text)
- Worum geht es im Text? → Thema in ein bis zwei Sätzen

Achtung: Nicht immer sind alle Informationen zu einem Text angegeben! Dann könnt ihr auch darauf hinweisen, dass die Quelle nicht bekannt ist, z. B.: *Das Erscheinungsdatum ist nicht angegeben.*

4 Beantwortet in eigenen Worten die folgenden Fragen zum Text „Überleben in der Wüste“ schriftlich.
●●○ Die Textbausteine können euch bei den ersten **zwei** Fragen helfen.
●○○

In der Aufgabenstellung werden die einzelnen Fragen zwar durchnummeriert. In eurem Aufsatz sollen die Zahlen aber nicht mehr vorkommen.

1 Wie sind die Kamele durch ihre Behaarung an das Leben in der Wüste angepasst?

2 Wie schaffen es Kamele, auch mit wenig Wasser auszukommen?

3 Welchen Zweck erfüllen die Höcker eines Kamels?

4 Was passiert, wenn Kamele nach langem Dursten wieder Wasser aufnehmen?

5 Wie sehen die Füße der Kamele aus und welchen Vorteil hat ihre Form?

Durch einen dichten Pelz auf dem Rücken

sodass es keine Wärme speichert.

bleibt ihr Blut auch bei Wassermangel flüssig.

Ansonsten ist ihr Fell ganz dünn,

sind die Kamele nicht schutzlos der Sonne ausgeliefert.

Weil Kamele Wasser aus ihrem Körperfett gewinnen können,

5 Weist nach, dass der Artikel „Überleben in der Wüste“ wirklich ein Sachtext ist.

a Untersucht, welche der folgenden Aussagen zutreffen:

Der Text erzählt von einem Ereignis.
Der Text informiert über ein bestimmtes Thema.
Er stammt z. B. aus einem Sachbuch.
Er stammt z. B. aus einem Jugendroman.
Die Sprache ist klar und sachlich.
Die Sprache ist anschaulich und lebendig.
Der Text enthält Gefühle oder Gedanken.
Der Text enthält keine Gefühle oder Gedanken.

b Fasst die Merkmale, die ihr gefunden habt, in einer knappen Antwort zusammen. Die Textbausteine helfen euch dabei.
Schreibt ins Heft.

Dass es sich bei „Überleben in der Wüste“ um einen Sachtext handelt, sieht man daran, dass …

Außerdem …

Auch die … Sprache ist ein Merkmal für einen Sachtext: Der Text enthält keine …

6 Nun ist eure Meinung gefragt:
Das Kamel ist durch verschiedene körperliche Besonderheiten an seine Umwelt angepasst. Welche Besonderheit erstaunt oder beeindruckt euch am meisten? Orientiert euch am Text.

a Entscheidet euch, welches Körpermerkmal ihr für ganz besonders haltet. Die Skizze zeigt euch noch einmal alle.

b Fünf Kinder in einer Klasse haben sich für verschiedene Besonderheiten entschieden. Drei Kinder hatten bei der Formulierung ihrer Antwort Schwierigkeiten. Welche Fehler haben sie gemacht? Ordnet zu:

kein Bezug zum Text — Umgangssprache — keine Begründung — zu allgemeine Antwort — keine Begründung

Wenn ihr zum Text Stellung nehmen sollt, müsst ihr eure Antwort sachlich und aus dem Text heraus begründen.

Nico: *Kamele finde ich besser als Lemminge, weil sie die Hitze so gut aushalten.*

Sergej: *Jch habe sehr gestaunt, dass Kamele ihr Blut dünnflüssig machen können, denn das ist eine Fähigkeit, die wir Menschen nicht haben.*

Tina: *Mich beeindruckt am meisten der Höcker des Kamels, der Flüssigkeit speichern kann. Jm Tierpark habe ich einmal ein Tier mit schlaffem Höcker gesehen. Deshalb kann ich mir gut vorstellen, wie viel Wasser bzw. Fett er speichern kann.*

Florian: *Jch finde es echt supertoll, dass Kamele fast nix zu trinken brauchen. Da sind sie besser als die anderen Tiere.*

Nora: *Jch mag die Füße.*

c Schreibt eine eigene Antwort in euer Heft.

12.3 Fit in ...? – Über einen Sachtext informieren

Diese Arbeitsaufträge wurden in einer Schulaufgabe gestellt:

1 Verfasse zu dem folgenden Text eine Einleitung. Denke an alle notwendigen Informationen.
2 Wo und wie leben die Kängurukinder nach der Geburt, bis sie ungefähr eineinhalb Jahre alt sind?
3 Wie entwickelt sich das Äußere der Goldhamsterjungen, bis sie erwachsen sind?
4 Welche Besonderheiten gibt es bei der Aufzucht von Elefantenbabys?
5 Welche Merkmale für einen Sachtext kannst du erkennen?
6 Du hast in dem Text die Besonderheiten verschiedener Tierbabys kennen gelernt. Welches der vorgestellten Tiere findest du am interessantesten? Begründe deine Meinung.

Schwanger – Tiermamas und ihre Babys

Die seltsamste Schwangerschaft: das Känguru

Ein Kängurubaby verbringt nur 33 Tage – also ungefähr einen Monat – im Bauch der Mutter. Bei seiner Geburt ist es zwei Zentimeter lang und nicht mal ein Gramm schwer. Dieser taube, blinde und nackte Winzling macht sich auf die gefährliche Reise in den Beutel der Mutter. Dabei wird er wahrscheinlich nur von seinem Geruchssinn geleitet. Mit schlängelnden Bewegungen zieht er sich mit seinen kleinen Vorderfüßen vorwärts – immer der Nase nach, bis er die rettende Milchzitze im Beutel der Mutter erreicht. Dort saugt er sich für die nächsten Wochen und Monate fest. Ungestört kann er jetzt trinken und schlafen.
[...] Nach ungefähr acht Monaten verlässt das Kleine zum ersten Mal sein praktisches Zuhause: Es wiegt jetzt zwei bis vier Kilogramm. Doch sobald es gefährlich wird, ruft die Mutter ihr Junges mit einem schnalzenden Geräusch zurück und das kleine Känguru stürzt sich kopfüber in den schützenden Beutel. Es bleibt bei der Mutter, bis es eineinhalb Jahre alt ist, und trinkt, indem es einfach den Kopf in den Beutel steckt. Meist ist dann schon ein kleines Geschwisterchen in der Beuteltasche der Mutter angekommen.

Die kürzeste Schwangerschaft: der Goldhamster

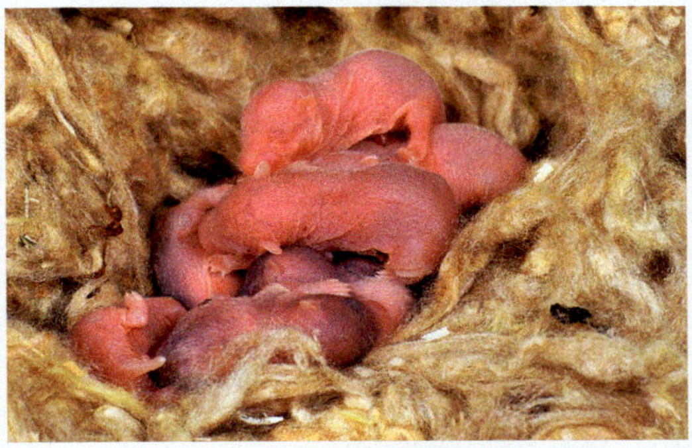

Die winzigen Goldhamsterbabys kommen schon nach sechzehn Tagen auf die Welt. In einem Wurf werden bis zu 12 Junge geboren. Da Goldhamster schon nach sechs Wochen erwachsen sind und selbst wieder Kinder bekommen können, kann ein Hamsterpärchen innerhalb eines Jahres schnell 1 000 Nachkommen haben.

Bei der Geburt sind die Hamsterbabys nackt und blind. [...] Hamsterjunge sind Nesthocker und fiepen ständig, damit sie von der Mutter versorgt werden. Erst nach einer Woche wachsen ihre Haare, nach zwei Wochen öffnen sich die Augen. Jetzt knabbern sie auch schon Körnerfutter – nach drei Wochen trinken sie gar keine Muttermilch mehr und versorgen sich selbst.

Die längste Schwangerschaft: der Elefant

Zweiundzwanzig Monate – also fast zwei Jahre lang – wächst ein kleines Elefantenbaby im Bauch seiner Mutter. Bei seiner Geburt ist so ein Babyelefant ein ganz schöner Brocken: Er ist ungefähr 85 Zentimeter groß und wiegt 120 bis 150 Kilo. Das ist genauso groß – aber fast zehnmal so schwer – wie ein zweijähriges Kind.

In freier Wildbahn wird eine Elefantenkuh bei der Geburt von ihrer Herde betreut: Erfahrene „Elefantentanten" passen auf, dass dem Neugeborenen nichts passiert. Eine Geburt ist ja sehr schmerzhaft und manche Elefantenmütter greifen ihr Kind voller Wut über diese Schmerzen an. – Wenig später ist alles vergessen: Schon eine Stunde, nachdem das Elefantenbaby auf die Welt geplumpst ist, kann es auf seinen dicken Beinchen stehen und sucht zwischen den Vorderbeinen der Mutter nach Milch. [...] Mit zwei Jahren ist ein Elefantenjunges einigermaßen selbstständig. Es lässt sich aber gerne noch weitere zwei Jahre von seiner Mutter mit vorgekauter Nahrung füttern.

Ein Beitrag aus der Sendung radioMikro (Bayern 2)

1 Clara hat den Text „Schwanger – Tiermamas und ihre Babys" bereits bearbeitet, indem sie in den ersten beiden Absätzen Schlüsselwörter markiert hat, die ihr bei der Beantwortung der Fragen helfen. Legt eine Folie über den Text und bearbeitet die weiteren Absätze auf dieselbe Art und Weise.

2 Clara hat die Arbeitsaufträge 1 bis 4 zum Text beantwortet. Noch nicht alles ist ihr gut gelungen.

a Überarbeitet den Aufsatz von Clara mit Hilfe der Checkliste und der Bemerkungen am Rand.

b Bearbeitet die Arbeitsaufträge 5 und 6.

Der Text „Schwanger – Tiermamas und ihre Babys" informiert darüber, wie verschiedene Tiere ihre Jungen zur Welt bringen und aufziehen. Der Text ist ein Beitrag aus der Sendung radioMikro auf Bayern 2. Der Verfasser und das Erscheinungsdatum sind nicht genannt.

Wiederholung in Wortwahl und Satzbau

Ein Kängurubaby wächst im Beutel der Mutter auf. Es ist bei seiner Geburt sehr klein und sehr leicht. Im Beutel saugt es sich fest und kann jetzt ungestört trinken und schlafen. Nach acht Monaten verlässt das Känguru ihn das erste Mal. Die Mutter ruft es bei Gefahr immer wieder in den Beutel zurück, wo es wohnt und trinkt, bis es eineinhalb Jahre alt ist.

Das geht über die Frage hinaus!

Die Jungen des Goldhamsters sind ohne Fell geboren worden und haben am Anfang auch nichts sehen können. Erst nach einer Woche wachsen ihre Haare, nach zwei Wochen öffnen sich die Augen.

Tempus!

Verwende eigene Worte!

Das Elefantenbaby verbringt von allen Tieren die längste Zeit, nämlich fast zwei Jahre, im Bauch seiner Mutter. Bei der Geburt wiegt es bis zu 150 Kilo. Andere Tiere aus der Herde bewachen die Elefantenmutter und ihr Junges während und nach der Geburt, denn manchmal sind die Mütter gemeinerweise für die kleinen Elefanten gefährlich.

Trifft nicht die Frage!

Schreibe sachlich!

Checkliste

Über einen Sachtext informieren

Aufbau und Inhalt

- Habe ich in der Einleitung folgende Punkte erwähnt: Titel und Autor/Autorin, Quelle (Erscheinungsort und -datum), Thema (Worum geht es?) und Textsorte?
- Habe ich die zum Text gestellten Fragen mit Hilfe der Zwischenüberschriften und Schlüsselwörter beantwortet?
- Habe ich zu jeder Frage zwei bis drei Sätze geschrieben?
- Habe ich zur letzten Frage sachlich Stellung genommen?
- Habe ich einen fortlaufenden Aufsatz (ohne Nummerierung der Aufgaben) geschrieben?
- Habe ich nach jeder Aufgabe eine neue Zeile begonnen?
- Hat mein Aufsatz eine saubere äußere Form?

Sprache

- Habe ich alle Aufgaben in ganzen Sätzen beantwortet?
- Habe ich eigene Worte verwendet und an einen abwechslungsreichen Satzbau gedacht?
- Habe ich die Rechtschreibung überprüft?
- Habe ich den Aufsatz in der Zeitform Präsens formuliert?

13 Grammatiktraining: Wörter und Wortarten

Hier seht ihr Frederik Fuchs. Er hat sich ein großes Ziel gesetzt: Frederik Fuchs möchte alle Wörter der deutschen Sprache kennen, die großen und die kleinen, und er möchte wissen, welche Arten von Wörtern es gibt und nach welchen Regeln man die Wörter verändern kann – kurz: Frederik Fuchs ist ein Sprachforscher. Er beschäftigt sich so sehr mit den Wörtern, dass sie ihn sogar nachts im Schlaf verfolgen, diesmal in Gestalt einer riesigen Schlange.

1 Schreibt auf, aus welchen Wörtern die Schlange besteht.

2 a Helft Frederik Fuchs dabei, die Wörter nach Wortarten einzuteilen. Kennt ihr die Namen der Wortarten?
b Erklärt, woran ihr die einzelnen Wortarten erkennt.

13.1 Rund ums Nomen

Das Nomen

Frederik Fuchs hat schon so viele Wortarten entdeckt, dass er sich kaum noch zurechtfindet. Um es sich einfacher zu machen, beschäftigt er sich zunächst nur mit den Nomen. Er hat eine Möglichkeit entdeckt, Nomen in verschiedene Gruppen einzuteilen.

1 **a** Legt in eurem Heft eine Tabelle an. Schreibt die Wörter aus jedem der drei Bilder jeweils in eine Spalte. Lasst eine Zeile für die Überschriften der Spalten frei.

?	?	?
Mädchen	*Stein*	*Gedanke*
Hund	*Bett*	*Erfolg*
...	...	...

b Ordnet die folgenden Wörter in die Spalten ein. Begründet eure Zuordnung.

Schlange Fenster Regenwurm Höflichkeit Erwachsener Liebe
Backofen Zukunft Säge Ehrgeiz Fahrrad

c Gebt den Spalten der Tabelle Überschriften.

Wissen und Können **Das Nomen** (Plural: die Nomen)

Die meisten Wörter unserer Sprache sind Nomen (auch: Hauptwörter, Substantive). Sie werden immer **großgeschrieben.** Nomen bezeichnen:
- **Lebewesen,** z. B.: *Frosch, Vogel, Mensch, Mädchen,*
- **Gegenstände,** z. B.: *Haus, Schreibtisch, MP3-Player,*
- **Begriffe** (Gedanken, Gefühle, Zustände ...), z. B.: *Idee, Freude, Freundschaft, Angst.*

Nomen haben ein Genus (ein grammatisches Geschlecht)

Frederik Fuchs hat noch eine weitere Möglichkeit gefunden, Nomen zu ordnen. Dafür hat er ein Puzzle entworfen.

1 a Wie müsste das Puzzle zusammengesetzt werden? Schreibt die richtige Anordnung der Nomen als Tabelle in euer Heft.

b Erklärt, warum Frederik die Puzzleteile so angeordnet hat.

2 Frederik Fuchs ist bei seiner Beschäftigung mit dem grammatischen Geschlecht der Nomen (▶ Merkkasten) eine Besonderheit aufgefallen, die er in einem Bild festgehalten hat. Erläutert, was er bemerkt hat, und findet weitere Beispiele für diese Besonderheit.

Wissen und Können **Nomen: das Genus** (das grammatische Geschlecht; Plural: die Genera)

Jedes Nomen hat ein Genus (ein grammatisches Geschlecht), das man **an** seinem **Artikel erkennen** kann. Ein Nomen ist entweder
- ein **Maskulinum** (männliches Nomen), z. B.: *der Stift, der Regen, der Hund,*
- ein **Femininum** (weibliches Nomen), z. B.: *die Uhr, die Sonne, die Katze* oder
- ein **Neutrum** (sächliches Nomen), z. B.: *das Buch, das Eis, das Kind.*

Nomen haben einen Numerus (eine grammatische Zahl)

Es gibt noch ein zweites Puzzle, das aber leider unvollständig ist. Nur einige Teile hat Frederik Fuchs zusammengetragen.

1 Weil ihr das erste Puzzle kennt (▶ S. 207), könnt ihr leicht herausfinden, welche Teile fehlen und wie diese angeordnet werden müssen.
Schreibt das vollständige zweite Puzzle als Tabelle in euer Heft.

2 a Ordnet die folgenden Wörter richtig in eine Tabelle wie die unten abgebildete ein. Ergänzt jeweils die entsprechende Form im Plural oder im Singular (▶ Merkkasten).

Tisch Haare Kinder Obst Erlebnis Schulstunde Eimer Kühe Vorsicht Ast Schnee
Schlaf Durst Buch Kartoffeln Meer Nummer Schlitten Wohnungen Zoo

Nomen im Singular	Nomen im Plural
Tisch	*Tische*
Haar	*Haare*
...	...

Achtung:
Bei zwei Wörtern ist die Singular- und die Pluralform gleich.
Von manchen Wörtern gibt es nur die Singularform.

b Bestimmt anhand der Singularform das Genus der Nomen aus Aufgabe a. Markiert dazu in eurer Tabelle Maskulinum, Femininum und Neutrum mit den entsprechenden Farben.

Wissen und Können **Nomen: der Numerus** (die grammatische Zahl; Plural: die Numeri)

Nomen haben einen Numerus, d. h. eine Anzahl. Sie stehen entweder im
- **Singular** (Einzahl), z. B.: *der Wald, die Jacke, das Haus,* oder im
- **Plural** (Mehrzahl), z. B.: *die Wälder, die Jacken, die Häuser.*

Nur bei wenigen Nomen ist entweder nur eine Singularform oder nur eine Pluralform möglich, z. B.: *der Regen, die Ferien.*

Nomen kann man in vier Kasus (Fällen) gebrauchen

Christian Morgenstern

Der Werwolf

Ein Werwolf eines Nachts entwich
von Weib und Kind und sich begab
an eines Dorfschulmeisters Grab
und bat ihn: „Bitte, beuge mich!“

Der Dorfschulmeister stieg hinauf
auf seines Blechschilds Messingknauf
und sprach zum Wolf, der seine Pfoten
geduldig kreuzte vor dem Toten:

„Der Werwolf“, sprach der gute Mann,
„des Weswolfs, Genitiv sodann,
dem Wemwolf, Dativ, wie mans nennt,
den Wenwolf – damit hats ein End.“

Dem Werwolf schmeichelten die Fälle,
er rollte seine Augenbälle.
„Indessen“, bat er, „füge doch
zur Einzahl auch die Mehrzahl noch!“

Der Dorfschulmeister aber musste
gestehn, dass er von ihr nichts wusste.
Zwar Wölfe gäbs in großer Schar,
doch „Wer“ gäbs nur im Singular.

Der Wolf erhob sich tränenblind –
er hatte ja noch Weib und Kind!!
Doch da er kein Gelehrter eben,
so schied er dankend und ergeben.

1 a Übt in Dreiergruppen einen Vortrag des Gedichts mit verteilten Rollen.
b Erklärt, wie der Dorfschulmeister die Aufforderung „Bitte, beuge mich!“ versteht.

Zur Untersuchung des Gedichts hat Frederik Fuchs ein Frage-und-Antwort-Spiel entwickelt:

Immer derselbe – und doch ein anderer Fall

Wer entwich des Nachts von Weib und Kind?
? entwich des Nachts von Weib und Kind.

Wessen Familie blieb des Nachts allein zu Hause zurück?
Die Familie ? blieb des Nachts allein zu Hause zurück.

? erklärte der Dorfschulmeister die Fälle?
? erklärte der Dorfschulmeister die Fälle.

? konnte der Dorfschulmeister trotz großer Gelehrsamkeit nicht trösten?
? konnte der Dorfschulmeister trotz großer Gelehrsamkeit nicht trösten.

2 a Schreibt die Fragen und Antworten in euer Heft. Füllt dabei die Lücken.
b Bestimmt anhand des Merkkastens auf S. 210, in welchem Kasus (Fall) das Nomen „Werwolf“ in den vier Antwortsätzen jeweils verwendet wird.

Sobald Simon nach der Schule die Hausaufgaben erledigt hat, schnappt er sich den Fußball. In der nächsten Woche findet das Turnier gegen die Parallelklassen statt. Jedes Team wird die besten Spieler und Spielerinnen der Klasse zusammentrommeln. Simon möchte mit seiner 5b unbedingt den Pokal gewinnen. Heute will er den Mannschaftskameraden noch die Tricks zeigen, die er im Verein gelernt hat.

3 a Ermittelt anhand des Merkkastens unten, in welchem Kasus die unterstrichenen Nomen im Text jeweils stehen. Macht dazu die Frageprobe, z. B.:
Frage: Sobald wer die Hausaufgaben erledigt hat? Antwort: Sobald Simon die Hausaufgaben erledigt hat.
→ 1. Fall, Nominativ

b Schreibt selbst einen kurzen Text zum Thema Fußball. Verwendet dabei jedes der Nomen rechts in einem anderen Kasus.

Mannschaft Spiel Spieler Elfmeter

Wissen und Können **Nomen: der Kasus** (Fall; Plural: die Kasus, mit langem *u* gesprochen)

In Sätzen erscheinen Nomen immer in einem bestimmten Kasus, das heißt in einem grammatischen Fall. **Im Deutschen gibt es vier Kasus.** Nach dem Kasus richten sich die Form des Artikels (▶ S. 211) und die Endung des Nomens. Man kann den **Kasus** eines Nomens **durch Fragen ermitteln.**

Kasus	Kasusfrage	Beispiele
1. Fall: **Nominativ**	Wer oder was ...?	*Der Junge liest ein Buch.* *Die Katze trinkt Milch.* *Das Kind spielt mit einem Ball.*
2. Fall: **Genitiv**	Wessen ...?	*Das Buch des Jungen ist spannend.* *Die Milch der Katze steht in der Küche.* *Der Ball des Kindes ist rot.*
3. Fall: **Dativ**	Wem ...?	*Ein Mädchen schaut dem Jungen zu.* *Die Kinder geben der Katze Milch.* *Eine Frau wirft dem Kind einen Ball zu.*
4. Fall: **Akkusativ**	Wen oder was ...?	*Sie beobachtet den Jungen genau.* *Die Kinder mögen die Katze gern.* *Die Frau lächelt das Kind an.*

Meist ist der Kasus am veränderten Artikel des Nomens erkennbar, manchmal auch an der Endung des Nomens, z. B.: *des Mannes, des Mädchens, den Kindern.*
Wenn man ein Nomen in einen Kasus setzt, nennt man das **deklinieren** (beugen).

Der Artikel

Sicher habt ihr wie Frederik Fuchs bei eurer Beschäftigung mit den Nomen gemerkt, dass diese häufig von einem Wort wie *der, die, das, ein, eine* begleitet werden.

Nachts im Urwald

Friederike schläft um kurz vor 7 noch fest. Sie träumt davon, wie sie sich gemeinsam mit Fridolin, ihrer Katze, durch einen tiefen Urwald schlägt. Die beiden sind von einer grünen Wildnis umgeben. Ständig sind sie auf der Hut vor Schlangen und gefährlichen Raubtieren. Friederike schlagen immer wieder Blätter ins Gesicht, die sie wegwischen muss. Sie schützt das Gesicht mit den Händen, kann aber die Blätter nicht abwehren. Oder ist es ein Tier, das nach ihr greift? Erschrocken reißt sie die Augen auf und bemerkt eine Tatze, die nach ihr schlägt. Mit einem Schrei fährt sie in die Höhe – bemerkt aber schließlich lachend, dass die Pfote ihrem Kater Fridolin gehört, der sie wie gewohnt um 7 Uhr weckt, indem er sie mit der Tatze anstupst.

1 **a** Im Text oben sind alle Artikel (▶ Merkkasten) markiert. Ordnet die bestimmten und unbestimmten Artikel mit den Nomen in eine Tabelle wie die folgende ein:

Achtung: Manchmal steht zwischen Artikel und zugehörigem Nomen noch ein Adjektiv!

bestimmter Artikel + Nomen	unbestimmter Artikel + Nomen
der Hut	*einen Urwald*

b Der Artikel wird mit dem Nomen dekliniert. Markiert in eurer Tabelle Beispiele dafür.

Wissen und Können **Der Artikel** (Plural: die Artikel)

Das Nomen tritt selten allein auf, sondern wird häufig von einem Artikel begleitet. Man unterscheidet zwischen dem bestimmten Artikel *(der, die, das)* und dem unbestimmten Artikel *(ein, eine, ein)*, z. B.:

	bestimmter Artikel	unbestimmter Artikel
männlich	*der Stift*	*ein Stift*
weiblich	*die Uhr*	*eine Uhr*
sächlich	*das Buch*	*ein Buch*

Das Adjektiv

Überlingen, den 12. August 20XX

Liebe Lea,
gestern habe ich mit meinem ? Bruder eine ? Bootsfahrt auf dem ? See unternommen. Im ? Wasser konnten wir Fische beobachten und schwimmen. Nachmittags lagen wir im Boot in der ? Sonne und sahen gar nicht, dass ? Wolken aufzogen. Erst durch ein ? Donnern bemerkten wir den Wetterumschwung. Obwohl wir sofort zum Ufer ruderten, brauchten wir mit dem ? Boot fast zwanzig Minuten für den Rückweg. Unterwegs wurden wir von einem ? Regenschauer durchnässt. Als wir am Bootshaus ankamen, hatten sich die ? Wolken verzogen und wir sahen einen ? Regenbogen über dem See. Das war ein ? Tag!
Ich freue mich schon auf unser Wiedersehen!
? Grüße vom Bodensee
deine Anne

1 a Anne hätte den Brief auch so anfangen können:

Gestern habe ich mit meinem großen Bruder eine ereignisreiche Bootsfahrt auf dem riesigen See unternommen.

Beschreibt die unterschiedliche Wirkung der beiden Briefanfänge.
b Benennt die Wortart, die in Annes Brief ausgespart ist.

2 Überarbeitet Annes Brief, indem ihr für die Lücken geeignete Adjektive auswählt. Ihr könnt die folgenden Adjektive verwenden oder selbst passende suchen:

heftig	kalt	stark	schön	wunderschön
lang	langsam	schwer	groß	warm
klar	heiß	finster	dunkel	laut
lieb	bedrohlich	riesig	herzlich	ereignisreich

Wissen und Können **Das Adjektiv** (das Eigenschaftswort; Plural: die Adjektive)

Adjektive drücken aus, **wie** etwas ist. Mit Adjektiven können wir die **Eigenschaften** von Lebewesen, Dingen, Vorgängen, Gefühlen und Vorstellungen **genauer beschreiben,** z. B.: *der starke Wind, der schwache Wind, der eiskalte Wind.*

Adjektive werden **kleingeschrieben.** Adjektive, die vor einem Nomen stehen, haben den gleichen Kasus wie das Nomen: *der kalte See, die kalten Seen, des kalten Sees.*

Mit Adjektiven vergleichen

So lang ist die Zunge von:

Chamäleon:	120 cm
Giraffe:	54 cm
Ameisenbär:	61 cm

So groß ist die Körperhöhe von:

Giraffe:	6 Meter
Elefant:	4 Meter
Strauß:	2,80 Meter

So tief tauchen:

Pottwal:	2500 Meter
Pinguin:	500 Meter
Meeresschildkröte:	1000 Meter

1 a Schaut euch die Abbildungen oben an. Vergleicht die Merkmale der Tiere miteinander. Verwendet in euren Sätzen treffende Adjektive und unterstreicht diese, z. B.:

- *Der Ameisenbär hat eine längere Zunge als die Giraffe.*
- *Die längste Zunge ...*

b Ordnet die Adjektive rechts in eine Tabelle wie die folgende ein:

Grundform	Komparativ	Superlativ
klein	...	...

klein knapp
schneller
reich ruhiger
weit
schwächer
am schlausten
ähnlich

c Ergänzt die fehlenden Steigerungsstufen (▶ Merkkasten).

d Bildet Sätze, in denen ihr die Adjektive *gut* und *viel* in ihren verschiedenen Steigerungsstufen verwendet. Besprecht, was euch auffällt.

Wissen und Können **Steigerung der Adjektive**

Die meisten Adjektive kann man steigern (z. B.: *schön – schöner – am schönsten*). So kann man z. B. Dinge und Lebewesen miteinander vergleichen.
Es gibt drei Steigerungsstufen:

Positiv (Grundform)	Komparativ (Höherstufe)	Superlativ (Höchststufe)
Lars ist groß.	*Stefan ist größer.*	*Fabian ist am größten.*

Manche Adjektive wie *tot* oder *rund* lassen sich nicht sinnvoll steigern.

Testet euer Wissen!

Nomen, Artikel, Adjektive

Fürsorgliche Katzen

In den ersten Wochen verlässt ? ihre Kinder nur, wenn sie schlafen. Bei der Aufzucht ? will sie von der Familie, bei der sie lebt, nicht gestört werden. Wird sie dann von ?, der unbedingt die Kätzchen sehen will, nicht in Ruhe gelassen, nimmt sie ? mit dem Nackenbiss und versteckt sie an einer anderen Stelle. Eines Tages sucht die Katze dann wieder die Nähe ? und zeigt ? die Katzenkinder. Von diesem Zeitpunkt an dürfen ? die Kätzchen streicheln und mit ihnen spielen.

1 a Schreibt den Text ab und setzt die Nomen rechts mit ihren Begleitern ein.
b Ordnet die eingesetzten Nomen aus Aufgabe a in eine solche Tabelle ein:

Nominativ	Genitiv	Dativ	Akkusativ
die Katzenmutter	...	...	...
...	...	...	...

der Familie
einem Menschen
ihrer Jungen
die Kleinen
die Katzenmutter
die Menschen
den Menschen

Tierfreunde

Vor Ostern und im Sommer mit Beginn (die Urlaubszeit) werden besonders viele Tiere, vor allem Hunde, gefunden. Gerade (das Tierheim) in der Nähe (die Autobahn), die in (das Urlaubsland) führen, sind dann überfüllt. Denn viele Menschen setzen (den Hund) auf dem Weg in den Urlaub aus.
(Der Tierschutzverein) kontrollieren mit ihren Tierhilfewagen (die Urlaubsstrecke). Denn (das Tier) sollte so schnell wie möglich geholfen werden.
Einen Ausweg bietet die Aktion „Nimmst du mein Tier, nehm ich dein Tier“. Hier betreuen Tierfreunde (das Tier) gegenseitig. Bei der Vermittlung von Urlaubsplätzen für (das Haustier) helfen (der Tierschutzverein).

2 a Schreibt den Text ab und setzt die in Klammern stehenden Nomen und Artikel im richtigen Numerus und Kasus ein.
b Bestimmt den Kasus der eingesetzten Nomen und Artikel, z. B.: *der Urlaubszeit – Genitiv.*

3 Bildet aus den Silben im Kasten rechts die folgenden Wörter:
– Superlativ von traurig
– Superlativ von viel
– anderes Wort für behutsam (Komparativ)
– Komparativ von klug
– Komparativ von gut
– Gegenteil von behaglich (Positiv)

ten bes ti ge
ger trau sten
müt ger ser am
meis vor lich klü
sich un am rig

Die Pronomen

Das Personalpronomen

Lena und Jonas sind heute Morgen aufgeregt. Endlich findet der erste Wandertag mit der neuen Klasse statt. Gemeinsam laufen Lena und Jonas zum Bus, an dem Frau Zedler schon auf Lena und Jonas wartet. Aufmerksam hören Lena und Jonas ihrer Lehrerin zu, als sie noch einige wichtige Informationen gibt:

„Der Busfahrer wird uns direkt zum Eingang des Zoos fahren. Da er dort nicht parken kann, bitte ich euch, dass ihr die Rucksäcke nicht im Bus liegen lasst. Jonas und Lena gehen am Ende der Klasse, damit wir keinen verlieren."

1
- **a** Im ersten Absatz des Textes tauchen zwei Nomen immer wieder auf. Welche sind das?
- **b** Beschreibt, wie sich der Text durch die Wiederholungen anhört.
- **c** Erläutert, wer mit den unterstrichenen Wörtern im zweiten Absatz jeweils gemeint ist.
- **d** Erklärt, welche Aufgabe die Wörter wie *ich, er, wir, ihr, sie* haben.
- **e** Verändert den ersten Absatz so, dass ihr die Wiederholungen vermeidet.

2
- **a** Lest den Merkkasten unten.
- **b** Wie könnte man die Nomen rechts ersetzen? Schreibt sie mit ihren Artikeln im Nominativ und im Akkusativ auf und notiert jeweils das passende Personalpronomen, z. B.:
  Nominativ: der Bus – er. Akkusativ: den Bus – ihn

Bus Klasse
Eingang
Eintrittsgeld
Tiere Affen

Wissen und Können **Das Personalpronomen** (persönliches Fürwort; Pl.: die Personalpronomen)

Es gibt verschiedene Arten von Pronomen. Mit den **Personalpronomen** *(ich, du, er, sie, es, wir, ihr, sie)* kann man **Nomen und Namen ersetzen,** z. B.:

Die Katze möchte ins Haus. Sie miaut. Schnell lassen wir sie herein.

Paul rennt zum Bus. Er hat verschlafen und weiß, dass der Busfahrer nicht auf ihn wartet.

Personalpronomen werden wie die Nomen **dekliniert** (gebeugt). Die wichtigsten Formen sind:

Kasus	Singular 1. Pers.	2. Pers.	3. Pers.	Plural 1. Pers.	2. Pers.	3. Pers.
Nominativ	*ich*	*du*	*er/sie/es*	*wir*	*ihr*	*sie*
Dativ	*mir*	*dir*	*ihm/ihr/ihm*	*uns*	*euch*	*ihnen*
Akkusativ	*mich*	*dich*	*ihn/sie/es*	*uns*	*euch*	*sie*

Das Possessivpronomen

Glück gehabt!

Am Ende des Zoobesuchs fährt Franziska der Schreck in die Glieder.
„Mein Geldbeutel ist weg!"
„Wo könntest du deinen Geldbeutel denn gelassen haben?", erkundigt sich Frau Zedler.
„Überprüft bitte alle eure Taschen, ob ihr ihren Geldbeutel aus Versehen eingesteckt habt."
Birgit und Hans drehen sofort ihre Hosentaschen um, während Andreas seinen Rucksack durchsucht.
„Ich glaube, ich weiß, wo Franziska ihren Geldbeutel liegen gelassen hat – an der Eisbude", ruft Tom.
Sofort stürzt Franziska los.

Kurze Zeit später kommt sie strahlend mit ihrem Geldbeutel zurück.
„Danke, Tom, du hast unseren Ausflug gerettet", sagt Frau Zedler erleichtert.

1
a Beschreibt, welche Aufgabe die markierten Wörter oben im Text haben.
b Lest den Merkkasten unten auf der Seite.
c Schreibt alle Possessivpronomen mit dem zugehörigen Nomen aus dem Text oben heraus, z. B.: *mein Geldbeutel.*
d Bestimmt jeweils den Kasus, in dem die Possessivpronomen (und dazugehörigen Nomen) im Text verwendet werden.

2 ●●● Schreibt den folgenden Text ab und füllt dabei die Lücken sinnvoll mit den Arten von Pronomen, die ihr bereits kennt. Unterstreicht die Personalpronomen blau und die Possessivpronomen grün.

Karla berichtet am Abend ihrem Vater ausführlich über ? Erlebnisse auf dem Ausflug. „Das war wirklich toll! ? Lehrer hat ? eine Stunde freigegeben. Da konnten ? alleine durch den Zoo gehen. Das neugeborene Nashorn fand ? ganz besonders süß. Das hättest ? sehen müssen! Es war noch ganz tollpatschig. ? Mutter hat ? vorsichtig mit ? Maul beschnuppert.

Wissen und Können **Das Possessivpronomen** (besitzanzeigendes Fürwort)

Possessivpronomen *(mein/meine – dein/deine – sein/seine, ihr/ihre – unser/unsere – euer/eure – ihr/ihre)* **geben an, zu wem etwas gehört,** z. B.: *mein Buch, deine Tasche, unsere Lehrerin.*
Possessivpronomen begleiten meist Nomen und stehen dann in dem gleichen Kasus (Fall) wie das dazugehörige Nomen, z. B.:
Ich gebe meinen Freunden eine Einladungskarte. (Wem ...? → Dativ)

Das Demonstrativpronomen

Jonas: Guck mal, Lena, ein Gorilla! Das ist mein Lieblingstier!
Lena: Der hat sicher ein angenehmes Leben. Schau mal, dieser leckere Obstsalat, den man ihm gebracht hat.
Jonas: Mit diesem Gorilla würde ich gerne tauschen.
Lena: Ob der so glücklich ist? Sieh mal diesen finsteren Gesichtsausdruck!
Jonas: Das sieht nur so aus, weil er diese dicken Wülste über den Augen hat.

1 a Lest das Gespräch mit verteilten Rollen.
b Beschreibt, welche Aufgabe die unterstrichenen Wörter haben.

? ist ein Pandabär,
? ist hundert Kilo schwer.

Tyrannosaurus nennt man ?
leider ziemlich fiesen Riesen.

? hungrige Hyäne
hat ganz furchtbar scharfe Zähne.

2 Schreibt die drei Tierreime ab und setzt dabei folgende Demonstrativpronomen (▶ Merkkasten) passend ein.

der diesen dieses jene

3 ●● Stellt euch gegenseitig Rätsel, in denen ihr mit einem Demonstrativpronomen auf den gesuchten Gegenstand hinweist, z. B.:
Dieser Gegenstand hat Beine, kann aber doch nicht laufen. – Lösung: der Tisch.
Oder: *In diesem Hafen ankern keine Schiffe. – Lösung: der Flughafen.*

Wissen und Können **Das Demonstrativpronomen** (hinweisendes Fürwort)

Mit Demonstrativpronomen kann man auf etwas **zeigen** oder **hinweisen.** Sie werden wie Nomen dekliniert (gebeugt).
Demonstrativpronomen sind z. B.:
– ***dieser, diese, dieses***
Beispiel: *Ich glaube, diese Tiere sind nachtaktiv.*
– ***jener, jene, jenes***
Beispiel: *Jenes Nashorn läuft den ganzen Tag im Kreis.*
– ***der, die, das,*** wenn sie im Unterschied zum bestimmten Artikel (▶ S. 211) betont sind.
Beispiel: *Das ist der kleine Elefant, der im letzten Jahr geboren wurde.*

Das Relativpronomen

Nach dem Zoobesuch besprechen die Kinder, welche Tieren sie am meisten beeindruckt haben:

Am besten gefielen mir die Seelöwen, die bei der Fütterung Kunststücke machten.
Ich habe von dem Löwen geträumt, der so laut brüllte.
Ich erinnere mich an den Eisbären, dem der Wärter Leckerbissen zugeworfen hat.
Das Gehege der Fledermäuse, das völlig dunkel war, fand ich ziemlich gruselig.

1 Überprüft, worauf sich die unterstrichenen Wörter jeweils beziehen.
Schreibt die Sätze ab und verbindet das unterstrichene Wort und das Bezugswort mit einem Pfeil.
Beispiel: *Am besten gefielen mir die Seelöwen, die bei der Fütterung Kunststücke machten.*

2 a Lest den Merkkasten unten auf der Seite.
b Verbindet die folgenden Satzpaare zu Satzgefügen (▶ S. 243) mit Relativsatz. Unterstreicht die Relativsätze. Kreist die Relativpronomen ein und verbindet sie mit dem Bezugswort im Hauptsatz.
Beispiel: *Den Orang-Utan, der faul in einer Hängematte lag, habe ich beneidet.*

Den Orang-Utan habe ich beneidet.	Er lag faul in einer Hängematte.
Die Paviane haben mir gefallen.	Sie haben sich gelaust.
Die Gorillas konnte man im Affenhaus sehen.	Ihr Freigehege wurde gerade gereinigt.
Ich habe einen Elefanten beobachtet.	Er warf sich Heu auf den Rücken.

Wissen und Können **Das Relativpronomen**

Relativpronomen leiten einen Relativsatz ein. Sie **beziehen** sich **auf** ein **Nomen im Hauptsatz.**
Der **Relativsatz** ist ein Nebensatz, der einen Bezug zu einem Nomen im Hauptsatz herstellt.

Beispiel: *Der Tiger, der heute noch kein Futter bekommen hatte, lief im Käfig auf und ab.*
Relativpronomen Relativsatz

Als Relativpronomen verwendet werden die Wörter *der, die, das, welcher, welche, welches.*

Relativpronomen können wie Nomen dekliniert werden. Den Fall, in dem sie stehen, kann man erfragen.

Beispiel: *Der Tiger, dessen Fütterung unmittelbar bevorstand, lief im Käfig auf und ab.*
Frageprobe: *Wessen Fütterung stand unmittelbar bevor?*
Antwort: *Dessen Fütterung stand unmittelbar bevor.* → Genitiv

Testet euer Wissen!

Pronomen

Lena und Jonas haben sich nach ihrem Zoobesuch im Internet genauer über Menschenaffen informiert.

Orang-Utans

Sie sind scheu, aber schlau, und ihr sympathisches Wesen fasziniert uns: Die Orang-Utans mit ihrem roten, langen Fell sind die einzigen Menschenaffen, die in Asien leben. Ihr zotteliges Fell hängt an den Armen in bis zu 50 Zentimeter langen Fransen herab. Diese dienen einem besonderen Zweck: An ihnen läuft das Regenwasser ab, das das Fell der Tiere sonst durchnässen würde.

1 Schreibt aus dem Text alle Pronomen heraus. Entscheidet, um welche Art von Pronomen es sich handelt (Personalpronomen, Possessivpronomen, Demonstrativpronomen oder Relativpronomen). Begründet eure Entscheidung, z. B.: *Sie – Personalpronomen. Begründung: Es ersetzt das Nomen „Orang-Utans".*

VORSICHT FEHLER!

Gorillas

Gorillas sind die größten und schwersten Menschenaffen. Gorillas werden bis zu zwei Metern groß und bringen dann über 200 Kilo auf die Waage. Weil die Gorillas gejagt werden und weil der tropische Regenwald, der Lebensraum der Gorillas, abgeholzt wird, hat sich der Bestand der Gorillas schon bedrohlich verringert.

2 Der Text klingt wegen der vielen Wortwiederholungen noch langweilig und muss überarbeitet werden. Schreibt ihn verbessert in euer Heft. Verwendet zur Vermeidung von Wiederholungen Pronomen.

VORSICHT FEHLER!

Schimpansen

Der Schimpanse ist unser nächster Verwandter im Tierreich. Sie faszinieren uns, weil das Verhalten des Schimpansen unseren so ähnlich ist. Der Lebensraum des Schimpansen ist sehr vielfältig: Er besiedelt den Regenwald, bewohnt aber auch Gebiete, in dem nur wenige Bäume wachsen. Typisch für Schimpansen sind ihren langen Arme, die sie zu hervorragenden Kletterern machen.

3 Der Text enthält vier Fehler bei der Verwendung von Pronomen. Schreibt die fehlerhaften Sätze berichtigt ab.

13.2 Rund ums Verb

Infinitiv und Personalform

Sie läuft dann zum Haus und springt die Verandatreppe hinauf. Schnell ? sie eine Leiter hoch, ? auf das Dach der Villa Kunterbunt, ? den Dachfirst entlang, ? auf den Schornstein, ? sich mit dem Kopf voran in einen Baum an der Giebelwand, ? auf die Erde hinunter, ? in den Holzschuppen, ? durch einen schmalen Spalt in den Garten hinaus, ? auf den Zaun, ? fünfzig Meter darauf entlang, ? in eine Eiche und ? in ihren höchsten Wipfel.

1 a Habt ihr erkannt, von wem hier die Rede ist?

b Schreibt den Text ab und füllt die Lücken, indem ihr Verben aus dem folgenden Kasten auswählt und sie in der richtigen Form einsetzt:

springen rennen laufen steigen klettern balancieren stürzen gleiten hüpfen kriechen

c Die oben genannten Verben verändern sich beim Einsetzen. Erklärt, wie und warum.

Wissen und Können **Das Verb** (das Tätigkeitswort; Plural: die Verben)

Mit Verben gibt man an, **was jemand tut** (z. B. *laufen, reden, lachen*), **was geschieht** (z. B. *regnen, brennen*) oder **was ist** (z. B. *haben, sein, bleiben*).

- Der **Infinitiv** (die Grundform) eines Verbs endet auf *-en* oder *-n*, z. B.: *rennen, sagen, antworten, rudern, lächeln.*
- Wenn man ein Verb in einem Satz verwendet, bildet man **die Personalform des Verbs.** Das nennt man **konjugieren (beugen),** z. B.: *such-en (Infinitiv) → Ich such-e den Schlüssel* (1. Person Singular). In welcher Person und in welchem Numerus ein Verb verwendet wird, bestimmt das Subjekt, z. B.: *Das Kind renn-t* (3. Person Singular). *Die Kinder renn-en* (3. Person Plural).

Tempus (Zeitform) des Verbs

Präsens und Futur

Heute besucht Svenja ihren Freund Linus Findig. Er ist ein Bastler und Tüftler. Svenja mag seine unordentliche Werkstatt, in der er an seiner neuen Zeitmaschine bastelt. Linus erklärt seiner Freundin, wie die Maschine funktioniert: „Zuerst setzt man den Steuercomputer in Gang. Er überprüft dann alle Systeme, damit sie auch funktionieren. Anschließend lädt er mein neues Zeitreise-Programm Chronos 2020. Nun identifiziert man sich mit einem Fingerabdruck und wählt die Zeit, in die man reist."

1 a Schreibt alle Verben aus dem Text heraus und bestimmt ihre Zeitform.
b Erklärt für jeden Satz des Textes, warum diese Zeitform verwendet wird.

Svenja will morgen mit Linus die Zeitmaschine ausprobieren. Ihr gehen viele Fragen durch den Kopf: „Was wird da auf mich zukommen? Werde ich mich in der anderen Zeit zurechtfinden? Sehe ich meine Familie schon morgen Abend wieder? Was ist, wenn Linus morgen eine falsche Zeit eingibt?"

2 a Vergangenheit – Gegenwart – Zukunft? Auf welchen Zeitraum beziehen sich Svenjas Fragen?
b Beschreibt anhand von Svenjas Fragen zwei verschiedene Möglichkeiten, wie man ausdrücken kann, dass man sich auf die Zukunft bezieht.

Wissen und Können | **Die Zeitformen Präsens und Futur**

Verben kann man in verschiedenen Zeitformen (Tempora) verwenden, z. B. im Präsens oder im Futur. Die Zeitformen (Tempora; Singular: das Tempus) der Verben sagen uns, wann etwas passiert, z. B. in der Gegenwart, in der Vergangenheit oder in der Zukunft.

Das Präsens (die Gegenwartsform)

1 Das Präsens wird verwendet, wenn etwas in der **Gegenwart** (in diesem Augenblick) geschieht, z. B.: *Er startet gerade den Computer.*
2 Im Präsens stehen auch **Aussagen, die immer gelten,** z. B.: *Die Zukunft ist nicht vorhersehbar.*
3 Man kann das Präsens auch einsetzen, um etwas **Zukünftiges** auszudrücken. Meist verwendet man dann eine Zeitangabe, die auf die Zukunft verweist, z. B.: *Morgen besuche ich Linus.*

Das Futur (die Zukunftsform)

Das Futur wird verwendet, um ein zukünftiges Geschehen auszudrücken, z. B.:
Ich werde Linus in seiner Werkstatt besuchen.
Das Futur wird gebildet durch: Personalform von *werden* im Präsens + Infinitiv des Verbs, z. B.:
Ich werde gehen, du wirst gehen ...

Präteritum und Perfekt

Linus programmiert die Zeitmaschine auf das Jahr 3000. Svenja und Linus staunen nicht schlecht:

Zeitreise ins Jahr 3000 (Erzählung 1)

Wir trauten unseren Augen nicht. Vor uns schwebten elegante Fahrzeuge in der Luft, die wie Flugzeuge ohne Flügel auf unsichtbaren Luftstraßen flogen. Die Gebäude waren meist hohe Türme mit Einflugschneisen für die Flugautos, die in allen möglichen Farben in der Sonne glitzerten.

Zeitreise ins Jahr 3000 (Erzählung 2)

Wir haben unseren Augen nicht getraut. Vor uns sind elegante Fahrzeuge in der Luft geschwebt, die wie Flugzeuge ohne Flügel auf unsichtbaren Luftstraßen geflogen sind. Die Gebäude sind meist hohe Türme mit Einflugschneisen für die Flugautos gewesen, die in allen möglichen Farben in der Sonne geglitzert haben.

1 a Welche der beiden Erzählweisen (Erzählung 1 oder Erzählung 2) würdet ihr für eine mündliche Darstellung der Erlebnisse wählen, welche für eine schriftliche?

b Schreibt aus beiden Texten die Verben heraus und stellt sie in einer Tabelle wie der rechts abgebildeten einander gegenüber. Beschreibt, was euch bei der Bildung der Zeitformen auffällt.

trauten	*haben getraut*
schwebten	…

2 a Lest den Merkkasten unten auf S. 223.

b Erfindet eine Fortsetzung von Svenjas und Linus' Erzählung. Schreibt im Präteritum. Verwendet einige der Verben aus dem folgenden Kasten.

staunen sehen kommen glauben schauen fahren landen gleiten

c Unterstreicht in euren Texten die regelmäßigen (schwachen) Verben blau und die unregelmäßigen (starken) Verben rot.

Linus erzählt Svenja von einer anderen Zeitreise, die er unternommen hat:

Ich ? ins Jahr 1356 ? (reisen). Es war der 17. Oktober, als ich in einem Wald ? ? (aufwachen), wo mich sofort ein Reitertrupp gefangen ? ? (nehmen). Die Reiter ? mich ? (verdächtigen), ein feindlicher Spion zu sein. Als ich im Kerker ? ? (liegen), ? mir eine Idee ? (kommen):

Ich habe mich an das große Erdbeben vom 18. Oktober 1356 erinnert. (Ich lese gerade ein Buch, das davon handelt.) Falls sie mich nicht sofort freilassen würden, so habe ich ihnen gedroht, würde ich morgen die Erde beben lassen, denn ich sei ein großer Zauberer. Als am 18. dann wirklich die Erde bebte, hat man mich tatsächlich sofort freigelassen, denn die Menschen hatten Angst, dass ich sonst weiteres Unheil anrichte. Ich habe mich mit der Zeitmaschine so schnell wie möglich wieder in unsere Gegenwart zurückversetzt.

3 a Schreibt den ersten Absatz des Textes ab. Füllt dabei die Lücken, indem ihr die in Klammern im Infinitiv angegebenen Verben in der passenden Perfektform einsetzt:
Ich bin ins Jahr 1356 gereist ...

b Schreibt aus dem zweiten Absatz des Textes (ab Z. 9) alle Perfektformen heraus, z. B.:
habe erinnert, ...

c Übertragt alle Perfektformen aus dem Text ins Präteritum: *Ich reiste, ...*

d Lest den Text vor und setzt dabei die Präteritumformen aus Aufgabe c ein.

Wissen und Können **Die Zeitformen Perfekt und Präteritum**

Das Perfekt

Wenn man mündlich von etwas Vergangenem erzählt oder berichtet, verwendet man häufig das Perfekt, z. B.: *Ich habe heute schlecht geträumt.*

Das Perfekt ist eine **zusammengesetzte Vergangenheitsform,** weil es mit einer Form von **„haben“** oder **„sein“** im Präsens (z. B. *hast, sind*) und dem **Partizip II des Verbs** (z. B. *geträumt, gefahren*) gebildet wird.

Das Partizip II beginnt meist mit *ge-*, z. B.:
gehen → gegangen; reisen → gereist.

Das Präteritum

Das Präteritum ist eine **einfache Zeitform der Vergangenheit.** Diese Zeitform wird vor allem in schriftlichen Erzählungen (z. B. in Märchen, in Geschichten) verwendet, z. B.:
Wir gingen in ein Restaurant und lasen die Speisekarte.

Man unterscheidet:

- **regelmäßige** (schwache) **Verben:** Bei den regelmäßigen Verben ändert sich der Vokal *(a, e, i, o, u)* im Verbstamm nicht, wenn das Verb ins Präteritum gesetzt wird, z. B.:
  ich reise (Präsens) → *ich reiste* (Präteritum).
- **unregelmäßige** (starke) **Verben:** Bei den unregelmäßigen Verben ändert sich im Präteritum der Vokal *(a, e, i, o, u)* im Verbstamm, z. B.:
  ich fahre (Präsens) → *ich fuhr* (Präteritum); *ich laufe* (Präsens) → *ich lief* (Präteritum).

Plusquamperfekt

Hier ein Ausschnitt aus Linus' Aufzeichnungen zu seiner Zeitreise ins Jahr 1356:

Nachdem die Männer mich gefangen genommen hatten, bekam ich große Angst. Ich hatte ihren Gesprächen entnommen, dass sie mich für einen Spion hielten. Weil die Männer bei meiner Festnahme ständig Beschwörungsformeln gemurmelt hatten, hielt ich sie für ziemlich abergläubisch. Tatsächlich hatten sie dann riesige Angst vor mir, nachdem meine Vorhersage eingetroffen war.

1 **a** Schreibt die vier Sätze in euer Heft. Lasst nach einer beschriebenen Zeile immer eine Zeile frei.

b Unterstreicht in den Sätzen jeweils den Teil rot, der die vorausgegangene Handlung erzählt, den anderen grün. Bestimmt die jeweilige Zeitform der unterstrichenen Stelle (▶ Merkkasten).
Beispiel: Nachdem die Männer mich gefangen genommen hatten, bekam ich große Angst.
(Plusquamperfekt) (Präteritum)

2 Schreibt die folgenden Sätze in euer Heft und setzt dabei die eingeklammerten Verben passend ins Präteritum oder ins Plusquamperfekt. Überlegt, in welcher Reihenfolge die Handlung geschieht.

Nachdem ich das Zeitreiseprogramm ? (starten), ? (wählen) ich eine Reise in das Jahr 3000.

Als wir uns an das merkwürdige „Deutsch 3000" ? (gewöhnen), ? (fallen) uns die Verständigung leicht.

Weil wir unsere altmodische Kleidung noch nicht durch neue ? (ersetzen), ? (betrachten) uns die Menschen auf der Straße neugierig.

Wir ? (besuchen) alle Städte, die uns der „Zeitreiseführer Chronos 2020" ? (empfehlen).

Nachdem ich das Leben im Jahr 3000 ? (kennen lernen), ? (sehnen) ich mich in meine eigene Gegenwart zurück.

Wissen und Können **Die Zeitform Plusquamperfekt**

Wenn etwas vor dem passiert, wovon im Präteritum erzählt wird, verwendet man das Plusquamperfekt. Das Plusquamperfekt wird deshalb auch **Vorvergangenheit** genannt, z. B.:
Nachdem sie den Computer gestartet hatten, wählten sie das Zeitreiseprogramm.
Das Plusquamperfekt ist wie das Perfekt (▶ S. 223) eine **zusammengesetzte Vergangenheitsform,** weil es mit einer Form von **„haben"** oder **„sein"** im Präteritum (z. B. *hatte, war*) und dem **Partizip II des Verbs** (z. B. *gelesen, aufgebrochen*) gebildet wird, z. B.:
Nachdem sie gefrühstückt hatte, fuhr Svenja zu Linus.
Nachdem sie von ihrer Reise zurückgekehrt waren, verabschiedeten sich Linus und Svenja.
Tipp: Die Konjunktion *nachdem* leitet oft einen Satz im Plusquamperfekt ein.

Testet euer Wissen!

Zeitformen der Verben

Jeff Kinney

Gregs Tagebuch (Auszug)

Dank meines großen Bruders Rodrick haben meine Sommerferien diesmal nicht so toll angefangen. Am dritten Tag der Ferien hat Rodrick mich nämlich mitten in der Nacht geweckt und mir erzählt, ich hätte die ganzen Ferien verschlafen. Doch zum Glück sei ich pünktlich zum ersten Schultag wieder aufgewacht.
Nun haltet ihr mich vielleicht für ziemlich bescheuert, dass ich auf so einen dämlichen Trick reingefallen bin. Aber Rodrick hat sich seine Schulsachen angezogen und meinen Wecker vorgestellt, damit es aussieht wie sieben Uhr morgens. Und er hatte meine Vorhänge zugezogen, damit ich nicht sehen konnte, dass es draußen noch total dunkel war.
Nachdem Rodrick mich geweckt hatte, habe ich mich also angezogen und bin zum Frühstück runtergegangen – wie an jedem anderen Schultag auch.
Allerdings habe ich wohl einen ziemlichen Lärm gemacht. Denn ehe ich mich versah, stand mein Vater in der Küche und hat mich zur Schnecke gemacht, warum ich denn ausgerechnet um 3 Uhr in der Früh Cornflakes essen müsse.
Ich habe erst nach einer Minute kapiert, was los war. Dann habe ich Vater erklärt, dass Rodrick mir einen Streich gespielt hat und dass er doch bitte *ihn* anbrüllen soll.

1 a Gregs Tagebucheintrag wirkt wie eine mündliche Erzählung. Beschreibt, woran das liegt.
b In einigen Sätzen des Textes sind Verben markiert. Schreibt die Verben in euer Heft und bestimmt jeweils Person, Numerus und Tempus, z. B.: *haben angefangen – 3. Person Plural, Perfekt.*

2 Setzt die folgenden Verben in die Formen, die in der Tabelle unten angegeben sind. Unterstreicht die regelmäßigen (schwachen) Verben blau, die unregelmäßigen (starken) Verben rot.

tragen essen fassen
schreiben machen

Infinitiv	1. Person Singular Präteritum	2. Person Plural Perfekt	3. Person Plural Plusquamperfekt
tragen	*ich trug*	…	…

3 Die folgenden Sätze enthalten Vermutungen über die Zukunft. Übertragt sie in die Zeitform Futur.

Im Jahr 3000 fahren vielleicht keine Autos mit Benzinmotor mehr. Zur Energieversorgung gibt es viel mehr Windräder und Solaranlagen als heute. Flüge sind sehr teuer, weil der Treibstoff knapp ist. Im Jahr 3000 isoliert man die Häuser viel besser gegen Kälte. Man verfügt wahrscheinlich über neue Techniken zur Energiegewinnung.

13.3 Fit in ...? – Wörter und Wortarten

In diesem Kapitel könnt ihr mit verschiedenen Arten von Aufgaben für die Grammatik-Klassenarbeit üben.

1 Sucht zu den deutschen Begriffen im linken Kasten aus den Wörtern im rechten Kasten jeweils den passenden lateinischen Fachbegriff. Schreibt die Wörter in der richtigen Zuordnung in euer Heft, z. B.: *Hauptwort – Nomen.*

Hauptwort Begleiter hinweisendes Fürwort
Tätigkeitswort persönliches Fürwort
Eigenschaftswort besitzanzeigendes Fürwort

Personalpronomen Nomen Adjektiv
Demonstrativpronomen Artikel
Verb Possessivpronomen

Bluejeans

Angefangen hat alles 1848, als der 18-jährige Levi Strauss von Deutschland nach Amerika auswanderte. Amerika war damals im Goldrausch und auch Levi zog es nach Westen in die Goldgräbercamps. Auf der Suche nach einer neuen Geschäftsidee entdeckte Levi, dass die Goldsucher strapazierfähige Hosen brauchten. Aus Segeltuch, das Levi eigentlich als Zelt- oder Wagenplane verkaufen wollte, ließ er von einem Schneider Hosen nähen. „Levi's Hosen" wurden ein voller Erfolg.
Etwa 20 Jahre später brachte der Schneider Jacob Davis an Nähten und Taschen der Hosen Nieten zur Verstärkung an. Er ging mit seiner Idee zu Levi Strauss.
Am 20. Mai 1873 meldete Levi die stabilen Nietenhosen zum Patent an. Dieser Tag gilt als Geburtsstunde der Jeans.

2 Ordnet die hervorgehobenen Wörter den in Aufgabe 1 genannten lateinischen Fachbegriffen zu. Achtung: Hervorgehoben ist auch eine in Aufgabe 1 nicht genannte Wortart, das Relativpronomen! Ordnet auch dieses zu.

3 Bestimmt den Kasus folgender im Text oben enthaltener Nomen:

die Goldsucher (Z. 7) einem Schneider (Z. 10) der Schneider (Z. 13)
der Hosen (Z. 14) Nieten (Z. 15) die Nietenhosen (Z. 18) der Jeans (Z. 19)

4 Tragt die Adjektive rechts in den richtigen Formen in eine Tabelle wie die folgende ein:

neu strapazierfähig voll spät stabil

Positiv	Komparativ (Höherstufe)	Superlativ (Höchststufe)
neu	...	...

Der Reißverschluss

Leonard Judson war es leid, sich immer umständlich mit Schnürsenkeln die Schuhe zuzubinden. Deshalb entwickelte Judson am 29. August 1893 einen „Klemmöffner und Klemmschließer für Schuhe“. Das waren Metallketten mit Schiebeverschluss. Aber diese Verschlüsse, die dann auch an Kleidern angebracht wurden, sorgten für ziemlich unangenehme Situationen:

Frauen brauchten schon mal eine Zange, um sich aus ihrem Rock zu befreien, oder Männer standen mit rutschenden Hosen auf der Straße.

Dann kam der Schwede Gideon Sundback in die USA. Er heiratete Judsons Tochter und rätselte ein Jahr lang, wie er die Erfindung seines Schwiegervaters verbessern könnte.

Das Ergebnis: Er erfand den Reißverschluss, den wir heute noch benutzen.

5 a Schreibt den zweiten Satz des Textes ab und ersetzt dabei ein Nomen durch ein Personalpronomen. Der Text muss dabei verständlich bleiben.
b Der erste Absatz des Textes enthält zwei Demonstrativpronomen. Schreibt sie heraus.
c Schreibt das Possessivpronomen aus dem zweiten Absatz heraus und bestimmt seinen Kasus.
d Schreibt die Satzgefüge mit Relativsatz aus dem Text heraus. Unterstreicht den Relativsatz und kreist das Relativpronomen ein.

6 Zeichnet den „Zug der Zeit“ in euer Heft und beschriftet die einzelnen Waggons mit neuen Beispielen, indem ihr die Sätze *„Er geht“* und *„Sie singt“* in die entsprechenden Zeitformen setzt.

Der Einkaufswagen

Weltweit rollen sie millionenfach durch die Supermärkte: Einkaufswagen in vielen Formen und Farben. Den Einkaufswagen hat vor über 70 Jahren Sylvan Goldman erfunden, der Besitzer einer amerikanischen Supermarktkette. Ihm war aufgefallen, dass seine Kunden immer dann zur Kasse gingen, wenn nichts mehr in ihren Einkaufskorb passte.

„Wir brauchen einen größeren Einkaufskorb", dachte sich der clevere Geschäftsmann und erfand 1937 den doppelten Einkaufskorb auf Rädern mit zwei übereinandergestapelten Drahtkörben.

Aus den sperrigen Urmodellen haben sich in den letzten Jahrzehnten moderne Gitterwagen entwickelt, die sich platzsparend ineinanderschieben lassen.

Wie wohl der Einkaufswagen der Zukunft aussehen wird? „Warenkörbe" im Internet gibt es ja heute schon. Vielleicht surfen wir dann mit elektronischen „Einkaufswagen" durch Onlinesupermärkte und ziehen uns die Waren per Mausklick hinein. Anschließend zahlen wir elektronisch im Internet und lassen uns die Waren nach Hause schicken.

7 **a** In welcher Form wird das Verb im ersten Satz des Textes verwendet?
- im Infinitiv
- in der 1. Person Plural Präsens
- in der 3. Person Plural Präsens
- in der 3. Person Plural Präteritum

b In welcher Zeitform wird das Verb im zweiten Satz des Textes verwendet?
- Präsens
- Präteritum
- Perfekt
- Plusquamperfekt

c Schreibt aus dem dritten Satz des Textes das Personalpronomen und die zugehörige Plusquamperfekt-Form heraus.

d Schreibt die drei Verben aus dem zweiten Absatz heraus und setzt sie jeweils in die drei in der Tabelle angegebenen Zeitformen. Verwendet die 3. Person Singular.

	Tempus	*Infinitiv: brauchen*	*Infinitiv: ...*	*Infinitiv: ...*
3. Person Singular	**Präsens**	*braucht*	...	...
	Präteritum	...	...	...
	Plusquamperfekt	...	...	...

e Welche der folgenden Aussagen ist richtig?

1 Im letzten Absatz wird die Zeitform Präsens falsch verwendet.
2 Im letzten Absatz wird vorwiegend die Zeitform Futur verwendet.
3 Im letzten Absatz wird die Zeitform Präsens ausschließlich dazu verwendet, um zukünftiges Geschehen auszudrücken.
4 Im letzten Absatz wird die Zeitform Präsens vorwiegend dazu verwendet, um zukünftiges Geschehen auszudrücken.

14 Grammatiktraining: Satzglieder und Sätze

1 Fügt die Satzbausteine aus der Abbildung zu zwei Sätzen zusammen. Achtet auf die Großschreibung der Satzanfänge. Vergleicht eure Sätze.

2 Bildet mit den folgenden Fragewörtern Fragen zu dem hier berichteten Vorfall, z. B.: *Wer stiehlt ...?* Ermittelt, zu welcher Frage die Satzbausteine jeweils Auskunft geben.

Wer? Was? Wen? Wem? Wann? Wo?

3 Beschreibt einige der Satzbausteine mit treffenden grammatischen Fachbegriffen.

14.1 Satzglieder bestimmen

Die Umstellprobe anwenden

1 a Eine Zeitungsreporterin vor Ort hat sich auf dem Zettel rechts einige Notizen gemacht. Erzählt, was vorgefallen ist.

b Am nächsten Tag steht diese Meldung im „Zwiesel-Kurier". Vergleicht den folgenden Zeitungsbericht mit den Notizen rechts. Welche Unterschiede stellt ihr fest?

- *Hotel „Schöne Aussicht"*
- *Einbruch in Zimmer von Sabrina Kleinert*
- *Schmuckkästchen aufgebrochen, Schmuck gestohlen*
- *Fensterscheibe eingeschlagen*
- *Zimmermädchen am 13.6. in Urlaub gefahren*
- *Zimmernachbar plötzlich abgereist*

Einbruch in Hotelzimmer

Gestern Abend herrschte im Hotel „Schöne Aussicht" große Aufregung. Unbekannte Täter brachen in das Hotelzimmer zweier Urlauberinnen aus Berlin ein.
Sie stahlen den teuren Schmuck von Sabrina K. Die Polizei nahm sofort die Ermittlungen auf. Der Zimmernachbar war noch am selben Abend abgereist, er konnte daher nicht mehr befragt werden.
Die Polizei erbittet sachdienliche Hinweise. Telefon 09922 527

2 Der erste Satz des Zeitungsberichts lautet:

Gestern Abend	herrschte	im Hotel „Schöne Aussicht"	große Aufregung	.

Man hätte auch so schreiben können:

Im Hotel „Schöne Aussicht"	herrschte	gestern Abend	große Aufregung	.

a Vergleicht die beiden Sätze. Was wird im ersten Satz besonders betont und was im zweiten?

b Probiert weitere Umstellungen aus. Denkt daran: Satzanfänge schreibt man groß!

c Umrahmt in euren Sätzen die Wörter, die bei allen Umstellungen zusammenbleiben.

d Stellt weitere Sätze aus dem Zeitungsbericht um. Verändert dabei nicht den Sinn.

Wissen und Können **Umstellprobe und Satzglieder**

Ein Satz besteht aus verschiedenen Bausteinen, die man **Satzglieder** nennt. Ein Satzglied kann aus **einem Wort** oder aus **mehreren Wörtern** bestehen.
Mit der **Umstellprobe** kann man feststellen, welche Wörter gemeinsam ein Satzglied bilden: Sie bleiben bei den Umstellungen zusammen.
Will man ein Satzglied besonders betonen, kann man es an den Anfang oder an den Schluss eines Satzes stellen.

3 Kennt ihr die Geschichte von Frau Pauline Pfefferkorn? – Wenn ihr aus den folgenden Wörtern und Wortgruppen Sätze bildet, erfahrt ihr etwas über sie:

Frau Pauline Pfefferkorn	seit Jahren	ein Haustier	wünschte	sich	.
schließlich	den Erfolg	eine Zeitungsanzeige	brachte	.	
Antwortbriefe	Frau Pfefferkorn	aus der ganzen Welt	bekam	.	
besuchte	alle elf Tiere	sie	.		
die zimtbraune Katze	sie	nach langem Nachdenken	wählte	.	

a Schreibt die Sätze geordnet auf. Denkt daran, die Satzanfänge großzuschreiben. Kennzeichnet die Bausteine, aus denen ihr die Sätze gebildet habt.
b Vergleicht eure Lösungen. Welche Unterschiede stellt ihr fest?

4 Die Tiere, die Frau Pfefferkorn kennen lernt, haben alle besondere Wünsche und Eigenarten:

Der Wal benötigt ein großes Schwimmbad.	Die Giraffe isst von morgens bis abends Blätter.
Im Garten gräbt das Gürteltier tiefe Löcher.	Die Fledermaus schläft den ganzen Tag.

a Bestimmt mit der Umstellprobe die Satzglieder und grenzt sie durch senkrechte Striche ab.
Beispiel: *Der Wal | benötigt | ein großes Schwimmbad.*

●● b Ermittelt und kennzeichnet auch in den folgenden drei Sätzen die Satzglieder:

Spät nachts streift der Tiger durch die Wohnung. Sein Brüllen raubt der Hausherrin den Schlaf. Er benötigt zwei Kilo Fleisch täglich.

Das Prädikat – der Kern des Satzes

Mariettas Hamster heißt Jonathan.

Jonathan wohnt während der Nacht in einem großen Käfig.

Tagsüber versteckt sich der kleine Hamster in der Wohnung.

Am letzten Donnerstag schlief er in Mariettas Lieblingspullover.

1 a Ermittelt mit Hilfe der Umstellprobe in diesen vier Sätzen die Satzglieder.
b Legt auf einem Querblatt folgende Tabelle an und ordnet die ermittelten Satzglieder ein:

1. Satzglied	2. Satzglied	3. Satzglied	4. Satzglied
Mariettas Hamster	*heißt*	*Jonathan.*	
Jonathan	*heißt*	*Mariettas Hamster.*	
Jonathan	*wohnt*	*während der Nacht*	*in einem großen Käfig.*
...	...	...	...

c Bestimmt die Wortart der Satzglieder, die an zweiter Stelle stehen. Überprüft mit Hilfe der Umstellprobe, ob ihr diese auch an eine andere Stelle verschieben könnt, ohne den Sinn des Satzes zu ändern.

Wissen und Können **Satzglieder: das Prädikat** (Plural: die Prädikate)

Der **Kern des Satzes** ist das Prädikat. Prädikate werden durch Verben gebildet.
In einem Aussagesatz steht die Personalform des Verbs (▸ S. 220) **immer an zweiter Satzgliedstelle,** z. B.: *Mein Hamster frisst gerne getrocknete Möhren.*

2 Setzt in die unvollständigen Sätze ein passendes Prädikat ein. Verwendet Verben aus dem Wortspeicher rechts. Wählt die Präsensform (▶ S. 221).

Die Katze Rosa in ihrem Katzenkorb.
Der Vorstadtköter Max in einem verwilderten Grundstück.
Die Schildkröte Polly als Schlafplatz das Salatbeet.
Wellensittich Oskar in seinem goldfarbenen Käfig.

hüpfen
wählen
hausen
streunen
schlafen
schnurren
bevorzugen
flattern

3 Lest den Merkkasten unten. Schreibt den folgenden Text ab und setzt Verben aus dem Wortspeicher rechts in der Präsensform in die Lücken. Markiert die Teile des Prädikats mit einer Prädikatsklammer.
Beispiel: Petra geht mit ihrem jungen Hund Vincent im Stadtpark spazieren.

Petra ? mit ihrem jungen Hund Vincent im Stadtpark ? .
Plötzlich ? sich der Dackel ? und verschwindet im dichten Gebüsch.
Petra ? ihm ? . Gleich darauf ? drei Gestalten aus dem Gebüsch ? : zuerst das Kaninchen, gleich darauf der Dackel, dahinter Petra.
Fast ? Vincent das Kaninchen ? , ? dann aber doch von ihm ? und ? zu Petra ? .

einholen
spazieren gehen
losreißen
herauskommen
zurückkommen
hinterherlaufen
ablassen

4 Übertragt die in Aufgabe 2 gebildeten Sätze in die Zeitform Perfekt (▶ S. 223). Markiert jeweils das Prädikat. Achtet auf die Prädikatsklammer, z. B.: *Die Katze Rosa hat in ihrem Katzenkorb geschlafen.*

Wissen und Können **Satzglieder: mehrteilige Prädikate**

Prädikate können aus mehreren Teilen bestehen, z. B.
– aus einem **Verb**, das in **zwei Bestandteile** getrennt ist: *Der Hund lief plötzlich fort. (fortlaufen)*
– bei einer **zusammengesetzten Vergangenheitsform:** *Der Hund ist plötzlich losgelaufen.*
– aus **zwei Verben:** *Petra ging mit ihrem Hund spazieren.*

Prädikatsklammer

Die zwei Teile des Prädikats bilden eine **Prädikatsklammer.** Sie klammern andere Satzglieder ein.

Das Subjekt

Tierisch gut

summen,
singen,
fauchen,
zischen,
brummen,
springen,
tauchen,
fischen.

1 So entsteht zwar ein Gedicht – aber sinnvoll ist es nicht.
Dieses „Gedicht" besteht nur aus Verben. Es wird nicht gesagt, wer oder was summt, brummt …

a Fügt Nomen (► S. 206 ff.) hinzu, sodass vollständige Sätze entstehen, z. B.: *Bienen summen* …
Es macht nichts, wenn ein Unsinnsgedicht entsteht!

b Setzt die Nomen in den Singular, z. B.: *Die/Eine Biene summt.*
Wie verändern sich die Prädikate?

Tierrekorde

- Das größte Säugetier auf dem Land hat eine Schulterhöhe von über drei Metern und wiegt beinahe sechs Tonnen.
- Im Wasser gehört er zu den größten Säugetieren. Er kann über 30 Meter lang werden.
- Auf kurzen Strecken erreicht das schnellste Tier auf dem Land zwischen 95 und 100 Kilometer pro Stunde.
- Das langsamste Tier schafft gerade mal 2,5 Meter in der Minute.
- Das Tier wird bis zu 150 Jahre alt.
- Dieser Vogel erreicht im Sturzflug 350 Stundenkilometer.

dreizehige Faultiere
Schildkröten
afrikanische Buschelefanten
Geparde
Blauwale
Wanderfalken

2 **a** Welche der rechts oben genannten Tiere halten welchen Rekord?

b Lest den Merkkasten unten. Ersetzt die unterstrichenen Subjekte in den Sätzen oben durch die Tiernamen rechts. Achtet darauf, dass sich auch die Formen der Prädikate ändern müssen, z. B.:
Afrikanische Buschelefanten haben eine Schulterhöhe von über drei Metern und wiegen beinahe sechs Tonnen.

Wissen und Können **Satzglieder: das Subjekt** (Plural: die Subjekte)

Das Satzglied, das man mit „**Wer/Was** tut etwas?" erfragen kann, heißt **Subjekt.**
Zwischen Subjekt und Prädikat besteht eine besondere Beziehung:
Die Form des Prädikats richtet sich immer nach dem Subjekt.
Beispiele: *Ich springe.* – *Du springst.* *Der Affe schläft.* – *Die Tiere schlafen.*

Die Objekte

Alltägliches

Mütter fragen
Schüler tragen
Postboten bringen
Boxer bezwingen
Männer waschen
Kinder naschen
Mäuse bewohnen
Chefs belohnen

1 **a** Auch dieses „Gedicht“ – wie das auf S. 234 – ist unvollständig.
Ergänzt in jeder Zeile ein Satzglied, damit jeweils vollständige Sätze entstehen. (Die Verse müssen sich natürlich nicht reimen!)

b Wie müsst ihr nach den Satzgliedern fragen, die ihr ergänzt habt?

2 Lest den Merkkasten unten auf der Seite.
Bildet vollständige Sätze mit den unten genannten Verben. Überlegt, welche Objekte ihr ergänzen müsst:

Ich zeige ________ ________
Wem? *Wen?/Was?*

zeigen | geben | schenken | versprechen | erklären | wegnehmen

Wissen und Können **Satzglieder: die Objekte** (Singular: das Objekt)

Manche Sätze bestehen nur aus Subjekt und Prädikat, z. B.:
Valentin schläft.

Die meisten Sätze brauchen aber weitere Satzglieder, damit sie vollständig sind:

Ich trage eine Jacke.
Wen?/Was?
Satzglieder, die man mit **Wen ...?** oder **Was ...?** erfragt, sind **Akkusativobjekte.**

Ich schreibe meiner Tante.
Wem?
Satzglieder, die man mit **Wem ...?** erfragt, sind **Dativobjekte.**

Sie bediente sich eines Vergleichs.
Wessen?
Satzglieder, die man mit **Wessen ...?** erfragt, sind **Genitivobjekte.**

3 Schreibt den folgenden Text in euer Heft und unterstreicht in den Sätzen Akkusativobjekt und Dativobjekt mit verschiedenen Farben.

Ich gebe dir mein Wort: Ich leihe niemandem mehr etwas. Gestern hat mich Bernd gefragt: „Kannst du mir dein Buch geben?“ Ich habe ihm nur geantwortet: „Du hast mir meine Taschenlampe noch nicht zurückgegeben!“
Bernd drehte sich einfach um und ging. Mich hat das geärgert. Ich brauche solche Freunde nicht. Meinem Vater darf ich das nicht erzählen. Er hat mir nämlich die Taschenlampe zum Geburtstag geschenkt. Und das Buch hat mir meine Schwester gegeben.

4 Beantwortet die nebenstehenden Fragen anhand des folgenden Textes. Antwortet in ganzen Sätzen und bestimmt in euren Antwortsätzen die Satzglieder.

Wen hat die Polizei festgenommen?

Wessen wurde Holger T. überführt?

Was hat die Polizei durchsucht?

Wem gelang die Festnahme?

Der Diebstahl im Hotel „Schöne Aussicht“ in Zwiesel ist nun aufgeklärt. Holger T. aus Neukirchen, der zur Tatzeit das Nachbarzimmer im Hotel bewohnte, wurde von der Passauer Polizei festgenommen. Er hat die Tat gestanden. Bei einer Durchsuchung des Hauses von Holger T. konnte der vermisste Schmuck sichergestellt werden.

5 ●●● Genitivobjekte werden heute nur noch selten verwendet, meistens in gehobener Sprache. Der folgende Übungstext allerdings enthält sieben Genitivobjekte. Schreibt sie heraus.

Nervenkitzel auf Burg Schreckenstein

„Schon fast zwölf Uhr! Und wir harren des Boten seit vielen Stunden!“ König Wüterich war sichtlich nervös und verärgert. Er erinnerte sich des Vorfalls im letzten Jahr, als er auch einen Boten zur Burg Schreckenstein entsandt hatte. Graf Fürchterlich, der Burgherr, hatte sich damals des Boten bemächtigt und ihn einer Kitzelfolter unterzogen. Er hatte ihn der Spionage bezichtigt und so war der Bote am Ende eines unrühmlichen Todes gestorben: Er hatte sich totgelacht. Sollte der mächtige König Wüterich auch dieses Mal wieder eines treuen Dieners beraubt werden?

Die Adverbialien – Orts- und Zeitangaben

1 a Ergänzt die Sätze auf den Schildern mit sinnvollen Angaben.
b Erfragt die Angaben, die ihr ergänzt habt, z. B. mit: Wo ...? Wann ...?
c Sortiert die ergänzten Angaben nach der Art der Frage in Gruppen.

2 Ohne Orts- und Zeitangaben könnt ihr viele Erlebnisse nicht treffend schildern.
Ergänzt die folgenden Sätze, indem ihr aus den unten genannten Angaben passende auswählt.

Die Sonne scheint. Die Menschen sitzen. Alle schwitzen. Wir schwimmen.

im Sand | seit dem frühen Morgen | am ganzen Körper | fast eine Stunde

Wissen und Können **Satzglieder: die Adverbialien** (Singular: das Adverbiale)

Um ein Geschehen genauer wiederzugeben, müssen die Umstände näher beschrieben werden. Dies geschieht mit **Adverbialien** (Umstandsbestimmungen).
Adverbialien informieren z. B. über **Ort** und **Zeit** des Geschehens.
Das Adverbiale (die Umstandsbestimmung) ist ein **Satzglied** und kann aus einem Wort oder aus mehreren Wörtern bestehen.
Man unterscheidet:
– das **Lokaladverbiale** (die Umstandsbestimmung des Ortes):
Tobias fand am Strand schöne Muscheln. Er fischte auch einen Krebs, warf ihn aber schnell wieder ins Wasser. Es gab hier wirklich viel zu entdecken.
Frageproben: **Wo ...? Wohin ...?**
– das **Temporaladverbiale** (die Umstandsbestimmung der Zeit):
Ich spiele jeden Tag am Strand zwei Stunden Volleyball. Wir sind seit einer Woche hier. Bald geht es leider wieder nach Hause.
Frageproben: **Wann ...? Wie lange ...? Seit wann ...?**

3 Bildet zum Thema „Urlaub" Sätze nach den folgenden Satzbauplänen. Verwendet keine weiteren Satzglieder und haltet die vorgegebene Reihenfolge ein:

A	Subjekt	Prädikat *wandern*	Lokaladverbiale		.
B	Temporaladverbiale	Prädikat	Subjekt *wir*	Lokaladverbiale	.
C	Subjekt	Prädikat *genießen*	Akkusativobjekt		.
D	Subjekt	Prädikat	Temporaladverbiale	Akkusativobjekt *Heimweh*	.
E	Prädikat *Fotografierst*	Subjekt	Akkusativobjekt		?

Beispiel: *A Wir / wandern / auf dem Höhenwanderweg.*

Klassenausflug an den Bodensee

Bald hatten wir die Koffer in unseren Zimmern ausgepackt. Wir mussten unsere Betten in 20 Minuten beziehen. Nach dieser Arbeit hielt uns nichts mehr in der Unterkunft. Wir wollten jetzt gleich den See sehen, über den wir so viel gehört hatten. So führte unser erster Weg an den Badestrand.

Am nächsten Tag gab es gutes Wetter. Alle Kinder durften zwei Stunden am Strand bleiben. Am späten Nachmittag wanderten wir lange am Strand entlang. Jede Gruppe baute danach ihre Sandburg. Gegen 17 Uhr kam Wind auf, und die Wellen wurden höher. Wir wollten trotzdem noch einmal schwimmen. Die Lehrer ließen uns jetzt aber nicht mehr ins Wasser gehen. Am Abend aßen wir in einem Restaurant. Leider waren die schönen Tage viel zu schnell vorbei.

4 **a** Schreibt aus dem ersten Absatz des Textes alle Adverbialien in eine Tabelle wie die folgende:

Lokaladverbiale (Wo …? Wohin …? Woher …?)	**Temporaladverbiale** (Wann …? Seit wann …? Wie lange …?)
in unseren Zimmern	*bald*
…	…

●●● **b** Ergänzt die Tabelle mit den Adverbialien aus dem zweiten Textabsatz.

Testet euer Wissen!

Satzglieder bestimmen

(1) Am vergangenen Donnerstag wurde in einem Münchner Hotel Alarm ausgelöst. **(2)** Die Polizei vermutete einen Einbruch und kam sofort. **(3)** Die Polizisten durchsuchten den Speisesaal. **(4)** Sie sahen den Täter auf einer Vorhangstange sitzen: **(5)** Ein entflogener Wellensittich hatte am Fenster den Alarm ausgelöst. **(6)** Die Polizei fing den Ausreißer ein und brachte ihn hinter Gitter.

1 Welche der folgenden Aussagen zum Text oben sind richtig? Schreibt die entsprechenden Buchstaben in euer Heft, z. B.: *A, …*

A Der erste Satz des Textes enthält ein Temporaladverbiale und ein Lokaladverbiale.
B Der zweite Satz enthält ein Lokaladverbiale.
C Der dritte Satz und der vierte Satz enthalten zwei Akkusativobjekte und ein Dativobjekt.
D Im fünften Satz steht das Subjekt an zweiter Satzgliedstelle.
E Der sechste Satz enthält ein Akkusativobjekt und ein Lokaladverbiale.
F Der erste Satz enthält ein zweiteiliges Prädikat.
G Der gesamte Text enthält drei Prädikatsklammern.

2 Stellt einen der Sätze aus dem Text oben auf dieser Seite nach folgendem Satzbauplan um:

Akkusativobjekt	Prädikat, erster Teil	Subjekt	Lokaladverbiale
Prädikat, zweiter Teil .			

3 In drei von den folgenden Sätzen ist die Unterteilung nach Satzgliedern falsch.
Schreibt diese Sätze mit der richtigen Unterteilung in euer Heft. Verwendet die Umstellprobe.

Seit Jahresbeginn 2010 fahren | in Nürnberg | automatische U-Bahnen.
Auf zwei Strecken | verkehren | die modernen Züge.
Es | gibt | keine Fahrer | in den Bahnen.
Fahrgäste | können | die vordersten | Plätze | einnehmen.
Man schaut von dort | in die dunkle Tunnelröhre.

VORSICHT FEHLER!

4 Schreibt die folgenden Sätze in euer Heft. Lasst immer eine Zeile frei.
Unterstreicht die einzelnen Satzglieder und schreibt unter jedes Satzglied den lateinischen Namen.

Der Tyrannosaurus Rex lebte vor rund 70 Millionen Jahren auf der Erde. In seinem Kiefer wuchsen 60 riesige Zähne. Die Zähne hatten kleine messerscharfe Zacken. Das Gebiss wuchs alle zwei bis drei Jahre nach.

14.2 Sätze untersuchen

Satzarten

HIER FEHLEN SATZSCHLUSS-ZEICHEN!

1 a In den Sätzen fehlen die Satzschlusszeichen. Lest die Sätze mit verteilten Rollen. Betont dabei möglichst natürlich.
b Schreibt die Sätze in den Sprechblasen ab und setzt dabei passende Satzschlusszeichen.
c Vergleicht eure Ergebnisse. Sind bei manchen Sätzen mehrere Lösungen möglich?

Satzarten
Aussagesatz: **.**
Fragesatz: **?**
Ausrufesatz/Aufforderungssatz: **!**

2 a Erfindet ein Gespräch zum Thema „Ferienbeginn" und schreibt es auf. Verwendet dabei verschiedene Satzarten.
b Tragt eure Texte vor. Macht dabei nach jedem Satz eine Pause, sodass eure Mitschüler und Mitschülerinnen die jeweilige Satzart bestimmen können.

Gehen wir heute ins Schwimmbad?

Lasst uns ins Schwimmbad gehen!

Wir können heute auch ins Schwimmbad gehen.

3 a Lest die Sätze laut vor und bestimmt die Satzarten.
b Welche Absicht haben die Sprecher oder Sprecherinnen dieser Sätze?
c Überlegt, warum Aufforderungen häufig als Frage- oder Aussagesätze ausgesprochen werden.

4 Überlegt euch weitere Situationen, in denen ein Fragesatz oder ein Aussagesatz eine andere Bedeutung hat, z. B.:
- Fragesatz als Aufforderung, Ratschlag, Warnung: *Willst du das wirklich tun?*
- Aussagesatz als Aufforderung: *Die Musik ist viel zu laut.*

Wissen und Können **Satzarten: Aussagesatz, Fragesatz, Aufforderungssatz**

Je nachdem, ob wir etwas aussagen, fragen oder jemanden auffordern wollen, verwenden wir unterschiedliche Satzarten: Aussagesatz, Fragesatz oder Aufforderungssatz.
In der gesprochenen Sprache erkennen wir die verschiedenen Satzarten oft an der Stimmführung, in der geschriebenen Sprache an den unterschiedlichen Satzschlusszeichen: Punkt, Fragezeichen und Ausrufezeichen.

1 Nach einem **Aussagesatz** steht ein **Punkt,** z. B.: *Ich gehe jetzt ins Schwimmbad.*
In einem Aussagesatz wird etwas mitgeteilt oder festgestellt. Wenn man den Satz spricht, senkt sich am Ende die Stimme.

2 Nach einem **Fragesatz** steht ein **Fragezeichen,** z. B.: *Hast du heute Nachmittag Zeit?*
In einem Fragesatz wird nach etwas gefragt. Die Stimme hebt sich zum Ende des Satzes.

3 Nach einem **Ausrufe- oder Aufforderungssatz** steht meist ein **Ausrufezeichen,** z. B.: *Vergiss die Sonnencreme nicht! Beeilt euch!*
In einem Aufforderungssatz wird eine Bitte, ein Wunsch oder eine Anweisung ausgedrückt, z. B.: *Mach das Fenster schnell zu!*
In einem Ausrufesatz wird etwas gefühlsbetont und kurz geäußert. Dabei wird die Stimme oft lauter, z. B.: *Ich habe gewonnen!*

Die Satzart muss nicht immer mit der Absicht des Sprechers oder der Sprecherin übereinstimmen. Aufforderungen können z. B. mit einem Aufforderungssatz, aber auch mit einem Fragesatz oder einem Aussagesatz ausgedrückt werden. Wie die Sätze gemeint sind, erschließen wir aus dem Tonfall oder aus dem Zusammenhang.

Beispiel	Satzart	Absicht/Bedeutung
Muss ich dir immer sagen, dass du dir die Zähne putzen sollst?	Fragesatz	Aufforderung: Putz dir die Zähne!

Die Satzreihe

Sommerferien in der Fußballschule

Jn den Sommerferien war ich in einer Fußballschule. Mit der normalen Schule hat eine Fußballschule wenig zu tun. Das Klassenzimmer wird zum Bolzplatz. Auf dem Stundenplan steht zwei Wochen lang Fußball in Theorie und Praxis.

Jn dieser Trainingszeit habe ich verschiedene Schusstechniken erlernt. Natürlich habe ich viele neue Freunde gewonnen. Ausschlafen konnten wir im Fußballcamp nicht. Morgens um sechs Uhr mussten wir aufstehen. Trotzdem hat das Fußballcamp großen Spaß gemacht. Jm nächsten Jahr will ich in den Sommerferien wieder eine Fußballschule besuchen.

1 Wart ihr auch schon einmal in einem Feriencamp oder habt ihr in den Ferien eine neue Sportart oder ein neues Spiel ausprobiert? Erzählt davon.

2 **a** Lest den Text über die Fußballschule laut vor. Wie wirkt der Satzbau auf euch? Begründet eure Meinung.

b Überarbeitet den Text, indem ihr einige der Hauptsätze (▶ Merkkasten unten) sinnvoll miteinander verknüpft. Verwendet dazu passende Konjunktionen (Bindewörter) aus dem nebenstehenden Tippkasten. Achtet auf die Kommasetzung.

Nebenordnende Konjunktionen
zur Verbindung von Hauptsätzen:

... und ... *..., denn ...*
... oder ... *..., doch ...*
..., aber ...

3 Vergleicht eure überarbeiteten Texte mit dem vorliegenden Text im Schulbuch. Beschreibt, was sich durch die Verknüpfung der Hauptsätze verändert hat.

Wissen und Können **Die Satzreihe: Hauptsatz + Hauptsatz**

- Ein **Hauptsatz** ist ein selbstständiger Satz. Er enthält mindestens zwei Satzglieder, nämlich Subjekt und Prädikat, z. B.: *Peter schwimmt.*
  Die Personalform des Verbs (das gebeugte Verb, ▶ S. 220) steht im Hauptsatz in der Regel an zweiter Satzgliedstelle, z. B.: *Peter schwimmt im See.*
- Ein **Satz,** der **aus zwei oder mehr Hauptsätzen** besteht, wird **Satzreihe** genannt. Die einzelnen Hauptsätze einer Satzreihe werden durch ein **Komma** voneinander getrennt, z. B.: *Peter schwimmt im See, Philipp kauft sich ein Eis.*
- Häufig werden die Hauptsätze durch die nebenordnenden **Konjunktionen** (Bindewörter) *und, oder, aber, denn, doch* verbunden, z. B.:
  Peter schwimmt im See, denn es ist sehr heiß.
  Nur vor den Konjunktionen *und* bzw. *oder* darf das Komma wegfallen, z. B.:
  Peter schwimmt im See und Philipp kauft sich ein Eis.

Das Satzgefüge

Auch wenn ihr in den Ferien zu Hause bleibt, müsst ihr euch nicht langweilen. Viele Städte bieten ein spannendes Ferienprogramm für Kinder an. Das Angebot reicht oft von Zirkus-Workshops über Malkurse bis hin zu Kanutouren oder Ausflügen in einen Kletterwald.

Informationen zum Ferienprogramm

Unser Tauchkurs ist in diesem Jahr im Hallenbad, ...	... obwohl das Wasser noch relativ kühl ist.
Auf unserer Kanutour verpacken wir den Proviant in wasserfeste Tonnen, ...	... weil es hier ein Tauchbecken gibt.
Beim Baden im Waldsee habt ihr viel Spaß, ...	... damit er trocken bleibt.

1 a Die Hauptsätze auf der linken Seite könnt ihr mit den Nebensätzen auf der rechten Seite verknüpfen. Verbindet immer zwei Sätze sinnvoll miteinander und schreibt sie in euer Heft.
b Umkreist in jedem Nebensatz die Konjunktion (Bindewort) und unterstreicht die Personalform des Verbs (das gebeugte Verb).
c Vergleicht, welche Satzgliedstelle die Personalform des Verbs in den Hauptsätzen und in den Nebensätzen einnimmt.

Wissen und Können **Satzgefüge: Hauptsatz + Nebensatz**

Einen Satz, der aus mindestens einem **Hauptsatz und** mindestens einem **Nebensatz** besteht, nennt man **Satzgefüge.** Zwischen Hauptsatz und Nebensatz muss **ein Komma** stehen, z. B.:

Wir gehen heute ins Schwimmbad (Hauptsatz) , *weil die Sonne scheint* (Nebensatz) .

Nebensätze haben folgende Kennzeichen:
- Ein Nebensatz kann **nicht ohne** einen **Hauptsatz** stehen.
- Der Nebensatz **ist dem Hauptsatz untergeordnet** und wird durch eine **unterordnende Konjunktion** (Bindewort) **eingeleitet,** z. B. *weil, da, obwohl, damit, dass, nachdem, während.*
- Die **Personalform des Verbs** (das gebeugte Verb) steht im Nebensatz immer **an letzter Satzgliedstelle.**

Satzgefüge	**Hauptsatz**	**+**	**Nebensatz**
Beispiel:	*Ich sprang heute vom 3-Meter-Brett*	, (Komma)	*obwohl* (Konjunktion) *ich etwas Angst hatte* (Personalform des Verbs am Satzende) .

2 Man kann Satzgefüge aus Hauptsatz (HS) und Nebensatz (NS) auch zeichnerisch in einem Satzbauplan darstellen.

a Schaut euch die folgenden Satzbaupläne an und erklärt die Unterschiede:

Tina und Florian möchten am Wochenende eine Kanutour machen, wenn die Sonne scheint.
——————— HS ———————,
——— NS ——— .

Tina und Florian möchten am Wochenende, wenn die Sonne scheint, eine Kanutour machen.
——— HS ———, — Fortsetzung HS — .
——— NS ———,

Wenn die Sonne scheint, möchten Tina und Florian am Wochenende eine Kanutour machen.
——————— HS ——————— .
——— NS ———,

b Formuliert eine Regel zur Kommasetzung in Satzgefügen.

3 **a** Zeichnet zu den folgenden Satzgefügen Satzbaupläne wie im Beispiel oben:

A In den Sommerferien haben Vico und ich einen Theaterkurs belegt, obwohl wir beide noch nie Theater gespielt haben.

B Nachdem wir zwei Wochen lang ein Stück geprobt hatten, sollte am letzten Tag des Kurses die Aufführung stattfinden.

C Als das Theaterstück anfing, war ich ziemlich nervös.

D Meine Aufregung war aber ganz grundlos, da wir fantastisch spielten.

E Die Aufführung wurde, weil alle sehr gut vorbereitet waren, ein voller Erfolg.

●●● **b** Stellt die Teilsätze in den Satzgefügen so um, dass
- in den Sätzen A und D der Nebensatz am Anfang steht,
- in den Sätzen B und C der Hauptsatz am Anfang steht und
- in dem Satz E auf den gesamten Hauptsatz der Nebensatz folgt.

4 a Verbindet die folgenden Sätze zu Satzgefügen. Wählt hierfür geeignete Konjunktionen aus dem Tippkasten rechts aus.
Achtet darauf, dass der Nebensatz durch ein Komma vom Hauptsatz abgetrennt wird und die Personalform des Verbs im Nebensatz an letzter Stelle steht.

Unterordnende Konjunktionen
zur Verbindung von Hauptsatz + Nebensatz:

weil	*dass*
da	*nachdem*
damit	*als*
wenn	*während*
sodass	*obwohl*

In einem Kletterwald kann jeder von euch Spaß haben.
Es gibt Parcours mit unterschiedlichen Schwierigkeitsstufen.

Ihr seid durch Klettergurte abgesichert.
Es kann nichts passieren.

Ihr habt einen Einführungskurs bekommen.
Ihr dürft anfangen.

Ihr rutscht nicht aus.
Ihr solltet festes Schuhwerk tragen.

Heute ist schlechtes Wetter.
Der Kletterpark ist geöffnet.

b Umkreist in den Nebensätzen die Konjunktionen und unterstreicht die Personalform des Verbs am Ende des Nebensatzes.
Markiert dann die Kommas zwischen Haupt- und Nebensatz.

5 Bei den folgenden Sätzen sind die Konjunktionen falsch verwendet worden.
a Lest die Sätze und überlegt, wie ihr die Konjunktionen sinnvoll austauschen könnt.

Ich besuche in den Ferien einen Zirkus-Workshop, obwohl ich das Jonglieren lernen möchte.

Im Kletterwald lief ich über eine 50 Meter lange Hängebrücke, damit ich etwas Angst hatte.

Bei der Kanutour trugen wir Schwimmwesten, weil uns nichts passieren konnte.

b Schreibt die Sätze mit den passenden Konjunktionen in euer Heft.
c Unterstreicht die Hauptsätze einfach und die Nebensätze doppelt. Umkreist dann die Konjunktion, die am Anfang des Nebensatzes steht.

Nebensätze: *das* oder *dass*?

1 Entscheidet bei den folgenden Sätzen, wo „das“ und wo „dass“ eingesetzt werden muss. Der Merkkasten unten auf der Seite hilft euch bei der Entscheidung.

Lina erzählte mir, 1 du in den Ferien diesmal zu Hause bleibst.
Glaubst du nicht, 2 dir langweilig wird?

Das Einzige, 3 mir nicht gefällt, ist, 4 fast alle meine Freunde verreisen.

Habe ich dir von dem Ferienlager erzählt, 5 ich letztes Jahr mitgemacht habe?

Ich glaube nicht, 6 ich da mitfahren wollte.

2 a Notiert, bei welcher der nummerierten Lücken im folgenden Text „das“ und bei welcher „dass“ einzusetzen ist.

b Verwendet die ersten Sätze des Textes für ein Partnerdiktat (▶ S. 260). Achtet besonders auf die Schreibung von „das“ oder „dass“ und auf die Kommasetzung.

Im Wald

Unsere Pfadfindergruppe unternahm einen Ausflug in das Naherholungsgebiet, 1 nicht weit von unserem Camp entfernt war. Wir freuten uns, 2 das Wetter so schön war, denn wir hatten schon befürchtet, 3 es regnen könnte. Gegen Mittag wurde es allerdings sehr heiß und wir waren deshalb froh, als wir das Wäldchen, 4 Ziel unseres Ausflugs sein sollte, endlich erreichten. Das Picknick, 5 wir dort abhielten, war einfach super!
Als wir merkten, 6 ein Gewitter kommen würde, machten wir uns auf den Heimweg. Wir waren uns alle sicher, 7 wir uns auskannten. Plötzlich endete jedoch der Weg und wir kämpften uns durch ein Dickicht, 8 kein Ende zu nehmen schien. Das Wetter machte uns Sorgen. Als wir endlich aus dem Gestrüpp herauskamen, merkten wir, 9 wir eine Abkürzung gefunden hatten. Wir waren erleichtert, 10 wir das Camp noch vor dem großen Regen erreichten.

Wissen und Können **Nebensätze: *das* oder *dass*?**

Das **Relativpronomen *das*** (▶ S. 218) und die unterordnende **Konjunktion *dass*** werden oft verwechselt. Will man die richtige Schreibweise ermitteln, hilft eine **Ersatzprobe:**
Das Relativpronomen ***das*** kann **durch *welches* ersetzt** werden, die Konjunktion *dass* nicht.

Wir treffen uns im Freibad, das in diesem Sommer neu eröffnet hat.

Ersatzprobe: *Wir treffen uns im Freibad, welches in diesem Sommer neu eröffnet hat.*

Wir freuen uns, dass wir jetzt ein Freibad in der Nähe haben.
Ersatzprobe: Der Ersatz durch *welches* ist nicht möglich.

Testet euer Wissen!

Sätze untersuchen

1 Verknüpft die folgenden Satzpaare zu sinnvollen Satzreihen. Verwendet geeignete Konjunktionen.

Marco schwimmt selten im Meer. Er baut lieber Sandburgen am Strand.

Lisa liebt Pizza. Sie mag auch Spaghetti.

2 Verknüpft die folgenden Satzpaare zu Satzgefügen. Verwendet unterordnende Konjunktionen.

Frau Müller badet lieber im Schwimmbecken. Sie hat Angst vor Haifischen.

Ole benutzt immer Sonnencreme. Er legt sich nur in den Schatten.

Anna setzt sich ihre Mütze auf. Sie bekommt keinen Sonnenstich.

(1) Die Menschen verbringen ihren Urlaub ganz unterschiedlich, denn sie haben verschiedene Vorlieben. **(2)** Martin ist in den nächsten Ferien in der Rummenigge-Fußballschule angemeldet. **(3)** Wenn er hier durch gutes Ballgefühl, Torinstinkt und Ehrgeiz auffällt, kann ihn die Schule für ein Probetraining bei einem Bundesliga-Verein empfehlen. **(4)** Etwa 1000 Schüler nehmen pro Jahr an diesem Ferienkurs teil, aber nur wenige davon werden später einmal Profispieler. **(5)** Die Schüler müssen sich daran gewöhnen, dass jeder Tag im Ferienkurs nach einem genauen Stundenplan abläuft.

3 Prüft, ob die folgenden Aussagen zum Text oben richtig oder falsch sind. Begründet in eurem Heft.

A Satz 1 ist eine Satzreihe.
B Satz 3 beginnt mit einem Nebensatz.
C Satz 4 enthält eine nebenordnende Konjunktion und besteht aus zwei Hauptsätzen.
D Satz 5 ist eine Satzreihe.

Beispiel: *Aussage A ist richtig, denn Satz 1 besteht aus zwei Hauptsätzen, die durch die nebenordnende Konjunktion „denn“ verbunden sind.*

4 Schreibt den folgenden Text ab. Achtet auf die Wort- und Satzenden und auf die korrekte Groß- und Kleinschreibung. Setzt alle fehlenden Satzzeichen.

FRÜHERDACHTEMANDASSHEIMWEHEINEKRANKHEITSEIOBWOHLWIRDAS
HEUTENICHTMEHRGLAUBENKENNENWIRFASTALLEDIESESGEFÜHLWONACH
SEHNENWIRUNSEIGENTLICHWENNWIRHEIMWEHHABENSOBALDMANVON
EINERREISEZURÜCKGEKEHRTISTISTDASGEFÜHLMEISTENSGLEICHVERFLOGEN

14.3 Fit in ...? – Satzglieder und Sätze

Satzglieder bestimmen

In diesem Kapitel könnt ihr mit verschiedenen Arten von Aufgabenstellungen für die Schulaufgabe üben.

Italien: Sonntage ohne Auto

(1) In 150 italienischen Städten lief am vergangenen Sonntag die Aktion „Sonntag zu Fuß“ an.
(2) Rund 18 Millionen Italiener ließen ihre Autos von 10 bis 18 Uhr stehen.
(3) In den Innenstädten waren Tausende Fahrradfahrer und Inlineskater unterwegs.
(4) In Rom spazierten Zehntausende zwischen Kolosseum und Vatikan.
(5) Der italienische Umweltminister fuhr an diesem Tag selbst mit dem Fahrrad durch Rom.
(6) Er beurteilte die Aktion insgesamt positiv.
(7) Jetzt sind jährlich autofreie Sonntage geplant.
(8) Die Polizei wird dann in den Innenstädten das Fahrverbot überwachen.

1 a Notiert die beiden Wörter, die in Satz 1 eine Prädikatsklammer bilden.
b Stellt den zweiten Satz nach folgendem Satzbauplan um:

Temporaladverbiale	Prädikat (1. Teil)	Subjekt	Akkusativobjekt	Prädikat (2. Teil)	.

c Schreibt aus Satz 3 und 4 jeweils ein Lokaladverbiale heraus.
d „In Satz 5 steht das Subjekt an zweiter Satzgliedstelle.“
Begründet, warum diese Aussage falsch ist.
e „In Satz 6 steht hinter dem Prädikat ein Akkusativobjekt.“
Begründet, ob diese Aussage richtig oder falsch ist.
f Schreibt die Sätze 7 und 8 in euer Heft. Lasst nach jeder geschriebenen Zeile eine Leerzeile. Unterstreicht die Satzglieder einzeln und schreibt jeweils den lateinischen Namen darunter.

Sätze untersuchen

Vasco da Gama

(1) Weil der Vater von Vasco da Gama den Seeweg nach Indien nicht finden konnte, übertrug der portugiesische König schließlich dem Sohn diese Aufgabe.
(2) Die Erkundung eines Seewegs nach Indien war wichtig, denn die wertvollen Gewürze sollten möglichst schnell nach Portugal gebracht werden.
(3) König Manuel wollte Portugal zur „Nummer eins“ im Gewürzhandel machen, sodass er Vasco da Gama eine sehr gute Mannschaft bezahlte.
(4) Etwa 170 Mann wurden für die vier Schiffe angeheuert und am 8. Juli 1497 lief die Flotte nach Indien aus.
(5) Vasco da Gama fuhr zuerst Richtung Westen, damit er die guten Westwinde ausnutzen konnte.

1 a Woran erkennt man, dass der erste Satz mit einem Nebensatz beginnt? Nennt zwei Begründungen.
b Zeichnet einen Satzbauplan zu Satz 2.
c Schreibt aus Satz 3 die unterordnende Konjunktion und die Personalformen der Verben heraus.
d Begründet, ob es sich bei Satz 4 um ein Satzgefüge oder um eine Satzreihe handelt.
e Vertauscht in Satz 5 die Position von Haupt- und Nebensatz. Schreibt den Satz in euer Heft.

(6) Ende November 1497 hatte die Flotte die afrikanische Westküste erreicht. Sie umsegelte anschließend die Südspitze Afrikas.
(7) Die Seeleute ankerten nahe der Südspitze. Sie konnten frische Vorräte aufnehmen.
(8) Ein ostafrikanischer Lotse half bei der Überfahrt. Die Schiffe erreichten im Mai 1498 Indien.
(9) Die Seeleute wollten mit Zimt, Ingwer, Pfeffer und anderen wertvollen Dingen an Bord zurückkehren. Die Winde standen ungünstig.
(10) An Bord brachen Krankheiten aus. Viele Matrosen verloren auf der Rückfahrt ihr Leben.

2 Formt die Satzpaare (6)–(10) jeweils in Satzgefüge um. Verwendet dabei der Reihenfolge nach die folgenden unterordnenden Konjunktionen. Achtet auf die Kommasetzung.

nachdem	damit	sodass	als	weil

3 Notiert in eurem Heft, in welche der Lücken im folgenden Text „das“ und in welche „dass“ eingesetzt werden muss.

Vasco da Gamas Reise war das Ereignis, 1 Portugals Vorherrschaft im Gewürzhandel begründete. Besonders Pfeffer war ein Gut, 2 zeitweise mit Gold aufgewogen wurde. Es war bekannt, 3 Pfeffer ein Mittel ist, 4 ebenso wie Salz Speisen nicht nur wohlschmeckender, sondern auch länger haltbar machen kann. 5 Pfeffer zudem als Heilmittel angesehen wurde, machte das Gewürz noch kostbarer.

Gemischte Aufgaben: Satzglieder und Sätze

Erdbeeren

(1) Fast niemandem ist heute noch bewusst, dass unsere heutigen Erdbeerenarten von weit her nach Europa gekommen sind.
(2) Im Mittelalter wurden auf großen Flächen einheimische Walderdbeeren angebaut.
(3) Weil die Ernte mühsam und wenig ergiebig war, wollte man schon früh die Fruchtgröße der aromatischen Winzlinge steigern.
(4) Französische Siedler fanden in Amerika eine neue Erdbeerenart mit sehr großen Früchten.
(5) In Europa verdrängte die neue Sorte bald die heimische Walderdbeere.
(6) Nachdem aus Chile hühnereigroße Erdbeeren nach Europa gebracht worden waren, züchteten Gärtner in Amsterdam weitere Arten.
(7) Weil die Früchte schon damals sehr beliebt waren, gab es bereits 1820 ungefähr 70 verschiedene Sorten.

1 a Schreibt die unterstrichenen Satzglieder heraus. Erfragt und benennt sie.
Beispiel: *Fast niemandem – Wem ist heute noch bewusst, dass ...? → Dativobjekt*

b Ermittelt, zu welchen Sätzen im Text oben dieser Satzbauplan passt:

——— NS ———, ——— HS ———.

c Zeichnet einen Satzbauplan zu Satz 1.

d Stellt den sechsten Satz um, indem ihr den Nebensatz ans Ende stellt und die Satzgliedreihenfolge im Hauptsatz ändert.

e Formt Satz 7 in eine Satzreihe um. Verwendet die Konjunktion „denn".

2 Die Fehler im nächsten Text könnt ihr mit eurem grammatischen Wissen aus Kapitel 14 korrigieren. Überprüft Satzzeichen, Satzbau und Rechtschreibung. Schreibt den Text richtig in euer Heft:

VORSICHT FEHLER!

(1) Wusstest du das die Erdbeere gar keine richtige Beere ist, sondern zu den Rosengewächsen gehört. **(2)** Der rote Teil der Erdbeere ist obwohl wir ihn am leckersten finden eigentlich keine Frucht. **(3)** Die Biologen nennen diesen Teil Scheinfrucht, weil die eigentlichen Früchte sind die harten, gelbbraunen Kügelchen auf der Oberfläche. **(4)** Die Erdbeeren schmecken sehr gut. **(5)** Das liegt daran das sie über 300 verschiedene Geschmacksstoffe enthalten.

Satz 1 enhält drei Fehler,
Satz 2 zwei Fehler,
Satz 3 einen Fehler,
Satz 5 zwei Fehler.

15 Rechtschreibtraining

1 Betrachtet das Bild und besprecht, was euch auffällt.

2 Mit welcher Absicht hat jemand dieses Wort in den Sand geschrieben? Sammelt eure Vermutungen.

3 **a** Sollte man auf die Rechtschreibung achten, auch wenn man nur für sich alleine und zum eigenen Vergnügen schreibt? Begründet eure Meinungen.
b Bei welchen Gelegenheiten ist es besonders wichtig, die Rechtschreibregeln einzuhalten? Nennt Gründe für eure Ansichten.

4 Kennt ihr Tricks, die euch helfen, Fehler zu vermeiden? Sprecht über eure Erfahrungen.

15.1 Tipps und Techniken anwenden

Tipps: Wie finde ich die richtige Schreibweise?

Wissen und Können **Tipp 1: Deutlich sprechen – genau hinhören**

Sprecht euch das Wort, das ihr schreiben wollt, deutlich vor. Sprecht dabei jeden Buchstaben einzeln.

- Achtet darauf, ob der **betonte Vokal kurz** gesprochen wird (z. B. *Kamm*) **oder lang** (z. B. *kam*). Ihr könnt als Hilfe bei einem langen Vokal mit beiden Händen ein unsichtbares Gummiband auseinanderziehen. Bei einem kurzen Vokal klatscht ihr in die Hände.
- Unterscheidet deutlich **harte** und **weiche Konsonanten** (z. B. *er tankt/er dankt*).

1 a Sprecht die Wörter rechts deutlich aus. Bildet Wortpaare und schreibt sie in eine Tabelle:

langer Vokal	kurzer Vokal
beten	*Betten*

beten Bahn kann Hütte Ofen
Kehle reden Laden Kelle
Betten Ratten Hüte retten Latten
offen raten Bann Kahn

b Bildet mit den Wortpaaren kurze (lustige) Sätze. Sprecht die Vokale deutlich.
Beispiel: *In der Hütte hängen viele Hüte.*

2 a Prüft in der Tabelle oben, wie viele Konsonanten jeweils nach dem betonten Vokal stehen.
b Formuliert anhand eurer Ergebnisse aus Aufgabe 2a eine Regel.

3 a In die markierten Lücken passt jeweils sowohl der harte als auch der weiche Konsonant. Macht den Unterschied durch klare Aussprache deutlich.

G oder *K?*	*b* oder *p?*	*D* oder *T?*
die ? rippe	das Ge ? äck	der ? ank
der ? reis	? acken	die ? aten

b Bildet Sätze, in denen die unterschiedliche Bedeutung der Wörter deutlich wird.

Wissen und Können **Tipp 2: Auf Wortbausteine achten**

In verschiedenen Wörtern kommen oft gleiche **Wortbausteine** vor.
Wer diese Bausteine kennt, macht weniger Fehler.
Der Grundbaustein eines Wortes heißt **Wortstamm.**
Wörter mit dem gleichen Wortstamm bilden eine **Wortfamilie.**

Vorsilben	Wortstamm	Endungen
	geb	en
an	geb	en
Er	geb	nis

1 a Bildet mit dem Wortstamm **nehm** und allen angegebenen Vorsilben und Endungen Wörter.

Vorsilben	Endungen
ab- auf- be- ver- vor- zu-	-en -t -e -st

b Wählt einen anderen Wortstamm aus und bildet Wörter mit Vorsilben und Endungen:
Wortstämme: zieh, geh, sag, hol.

2 a Ordnet die Wörter rechts in drei Wortfamilien.
b Unterstreicht jeweils den Wortstamm.
c Beschreibt, was euch auffällt.
d Sammelt weitere Beispiele dafür, wie sich ein Wortstamm in einer Wortfamilie ändern kann.

Helferin helfen singen backen Sänger
gebacken Bäcker hilfsbereit Gesang
sie half Gehilfe geholfen gesungen

3 Mit den Endungen rechts werden viele Nomen gebildet. Man erkennt an ihnen, dass man das Wort großschreiben muss (▶ S. 264).
Bildet mit diesen Endungen und den folgenden Wörtern Nomen:

-heit -keit -ung

frei sauber klar aufmerksam krank heiter Zahl richtig ehrlich

4 Die rechts genannten Endungen sind typisch für Adjektive. Schreibt aus dem folgenden Text Adjektive mit diesen Nachsilben heraus. Achtet auf die Kleinschreibung.

-ig -isch -lich -sam

Wir machten in diesem Spiel alles richtig. Die Abwehr war aufmerksam und vermied unsportliche Fouls. Gleich in der zwölften Minute schoss Marc ein herrliches Tor. Heiko hatte im Mittelfeld ein brasilianisches Dribbling hingelegt und alle Gegenspieler umkurvt. Seine fantastische Flanke landete direkt auf Marcos Fuß und gleich darauf im Tor.

Wissen und Können | **Tipp 3: Verwandte Wörter suchen**

Wenn du unsicher bist, ob ein Wort mit *ä* oder *e* geschrieben wird, dann hilft oft die **Suche nach** einem **verwandten Wort mit *a*.**
Gibt es eins, dann schreibt man **ä,** z. B.: *St ? ngel* → *Stange* → *Stängel.*
Gibt es keins, schreibt man meistens **e,** z. B.: *Gel ? enk* → ? → *Gelenk.*
Dasselbe gilt für **äu** und **eu,** z. B.: *M ? se* → *Maus* → *Mäuse.*

Diese Suche nach einem verwandten Wort nennt man **Ableitungsprobe.**

1 Überprüft die Schreibweise der folgenden Wörter mit **ä** oder **äu,** indem ihr zu jedem ein verwandtes Wort mit **a** oder **au** sucht, z. B.: *gefährlich – die Gefahr.*

gefährlich   Nähe   schädlich   schätzen   nachträglich   äußerlich
Gebäude   käuflich   Fläche   tatsächlich   glänzend   auffällig
aufwändig   sie hält   er fährt   es hätte   ich wäre   ich bräuchte   er fällt

Die Sonnenblumen

Ferhat fand die Straße, in der er wohnte, unfr ? undlich und h ? sslich. Die H ? user standen so eng, dass die Sonne nicht h ? ufig in die Fenster schien. Ferhat wollte etwas ? ndern und ging in sein G ? rtchen. Er bearbeitete die ganze Fl ? che. Als die Glocken l ? uteten, war Ferhat fertig. „Warum hat er sein G ? rtchen so sorgf ? ltig ges ? ubert und bearbeitet?“, fragten sich die Nachbarn. Ferhat kümmerte sich nicht um das Geschw ? tz. Er wünschte sich nur, dass die Pflanzen, die er ges ? t hatte, wachsen und den Menschen Fr ? ude bringen würden. Eines Tages waren die kr ? ftigen St ? ngel tats ? chlich höher als Ferhat und die Blütenbl ? tter l ? uchteten wie die Sonne. An diesem Morgen l ? chelten die Nachbarn in ihren Fenstern. „Die Sonne scheint in unsere Straße!“, riefen sie. Dabei waren es Ferhats Sonnenblumen.

2 Hier fehlen **ä** oder **e.** Schreibt die unvollständigen Wörter richtig in euer Heft. Verwendet die Ableitungsprobe.

Der Text eignet sich auch gut für ein Partnerdiktat (► S. 260).

3 **a** Bei einigen Wörtern gibt es keine Ableitungsmöglichkeit. Deshalb müsst ihr sie euch einprägen. Schreibt die folgenden Wörter in euer Heft:

Käfig   Geländer   dämmern   ungefähr   Lärm   Märchen
erzählen   während   allmählich   Krähe   Käse   gähnen   Säge

b Formuliert Sätze, in die ihr möglichst viele dieser Wörter einbaut.

Wissen und Können **Tipp 4: Wörter verlängern**

Am Wortende klingt
- **b** wie **p:** *gel ?* ,
- **g** wie **k** oder **ch:** *Krie ?* , *wichti ?* ,
- **d** wie **t:** *Gel ?* .

Wenn du die Wörter verlängerst und deutlich aussprichst, hörst du, welchen Buchstaben du schreiben musst.
Bilde
- bei Nomen den Plural: *Gelder* → *Geld,*
- bei Adjektiven die Steigerungsform: *wichtiger* → *wichtig* oder beuge mit einem Nomen: *die gelbe Kugel,*
- bei Verben eine andere Verbform, z. B. den Infinitiv: *hupen* → *er hupt*.

Dieses Verfahren nennt man **Verlängerungsprobe.**

1 **d** oder **t, b** oder **p, g** oder **k** – Wie endet das Wort? Macht die Verlängerungsprobe. Schreibt die Wörter mit ihren Verlängerungen auf, z. B.: *Münder* → *Mund*.

Mun-, Hun-	Sta-, Gra-	Flu-, Zu-	Kin-, Rin-	Die-, Hie-
Gra-, Pfa-	Ran-, San-	Ber-, Zwer-	Bil-, Schil-	Gel-, Hel-

2 Welche Buchstaben fehlen bei den folgenden Wörtern? Macht je nach Wortart die geeignete Verlängerungsprobe.

Erfol ? blin ? har ? gro ? völli ? rau ? t
pfle ? t frem ? run ? lachen ? star ?
wir ? t spä ? Hel ? schlan ?

Wissen und Können **Tipp 5: Silbentrennung**

Mehrsilbige Wörter trennt man nach **Sprechsilben,** die sich beim langsamen, deutlichen Vorlesen ergeben: *Spa-zier-gang, Welt-meis-ter, er-zäh-len, Trak-tor, Recht-schrei-bung, kom-men.*
Von mehreren Konsonanten kommt **nur einer** in die **neue Zeile:**
Git-ter, müs-sen, Kat-ze, knusp-rig, stärks-te.
Aber Achtung: **ch, ck** und **sch** bleiben immer zusammen:
pa-cken, drü-cken, wa-schen, lau-schen.
Einzelne Buchstaben werden **nicht abgetrennt:** *Abend, Ofen.*
Zusammengesetzte Wörter und Wörter mit Vorsilbe (▶ S. 253) trennt man **zwischen** den **Wortbausteinen** (▶ S. 253): *Rast-platz, Ab-sprung, Tief-schlaf, Trenn-strich, Ver-trag, be-stellt.*

1 **a** Lest die folgenden Wörter so, dass man die Sprechsilben deutlich hört:

Erdbeere Richtung Autofahrer Apfelsine Herbstferien Pferdestall
Geburtstag Mittagessen Zucker oben Schwierigkeit Ebene
Hausaufgabe Weihnachten notwendig Gelegenheit versprechen

b Schreibt die Wörter mit allen möglichen Trennstrichen auf, z. B. *Erd-bee-re.*

2 Silbenspiel: Baut eine Wortreihe, in der das neue Wort mit der letzten Silbe des vorherigen Wortes beginnt, z. B.: *Fir-ma, ma-ger, ger-ne, Ne-bel* ...

3 Löst das folgende Silbenrätsel. Schreibt die Lösungswörter mit allen möglichen Trennstrichen untereinander. Die ersten Buchstaben von oben nach unten gelesen ergeben das Lösungswort: eine beliebte Nascherei.

BE – CKER – ER – ERB – FOR – GI – IN – KER – LI – LUNG – MA – MUT – NACH – ON – PE – PICH – RE – RER – SE – SPI – TE – TEP – TER – TI – TROM – ZÄH – ZAU

1. jemand, der magische Kräfte hat
2. Beruf, der mit Computern zu tun hat
3. ein Elternteil
4. Blechblasinstrument
5. unerlaubtes Hilfsmittel bei Tests
6. Bodenbelag
7. Hülsenfrucht
8. ein Unterrichtsfach
9. Aufsatzart

4 Erstellt selbst ein kleines Silbenrätsel für einen Mitschüler/eine Mitschülerin.

Arbeitstechniken für das Rechtschreibtraining

Wissen und Können **Arbeitstechnik 1: Richtig abschreiben**

Für das Rechtschreibtraining ist es wichtig, Wörter sorgfältig und fehlerfrei abzuschreiben. So macht ihr beim Abschreiben von schwierigen Wörtern keine Fehler:
- **Lest** das Wort **langsam** und ganz **genau.**
- **Überlegt,** was daran **schwierig** ist.
- **Gliedert** lange Wörter in Teile: *Recht-schreib-trai-ning*.
- **Prägt** euch das Wort **ein** und deckt es dann ab.
- **Schreibt** das Wort **auswendig** auf.
- **Vergleicht** eure Schreibung Buchstabe für Buchstabe **mit der Vorlage.**
- **Vergleicht** noch einmal **rückwärts,** also vom Wortende zum Wortanfang.

Mit Texten könnt ihr ähnlich verfahren. Schreibt dabei nicht immer ganze Sätze ab. Teilt sie in kürzere, sinnvolle Abschnitte ein und schreibt diese auf. Vergleicht am Ende Wort für Wort.

1 Schreibt die folgenden Wörter ab. Verwendet dabei die Arbeitstechnik 1.

irgendwo außerdem plötzlich spazieren ziemlich draußen
nichts meistens Angst herauskommen zurückgeben abends
nirgends erwidern bisschen Lehrerin hinterher mittlerweile

Wissen und Können **Arbeitstechnik 2: Lesbar schreiben**

Für das Einüben der Rechtschreibung ist eine gute Handschrift wichtig. Schreibt alle Buchstaben deutlich. Achtet darauf, dass man die kleingeschriebenen Buchstaben deutlich von den großgeschriebenen unterscheiden kann. Denkt daran: Andere müssen eure Schrift gut lesen können.

2 a Schreibt die Erklärung von Arbeitstechnik 2 möglichst sauber und gut lesbar ab.
b Tauscht die Hefte untereinander. Markiert mit Bleistift, welche Buchstaben deutlicher geschrieben werden müssen.

Wissen und Können **Arbeitstechnik 3: Im Wörterbuch nachschlagen**

Um ein Rechtschreibprofi zu werden, muss man den Umgang mit dem Wörterbuch üben. Hier kann man schwierige Wörter nachschlagen.
Die Wörter im Wörterbuch sind **alphabetisch** nach Anfangsbuchstaben **geordnet.** Bei gleichem Anfangsbuchstaben entscheidet der zweite Buchstabe über die Reihenfolge (manchmal sogar der dritte). Das gefundene Wort schreibt man mit Hilfe der Arbeitstechnik 1 auf (► S. 257).

1 a Ordnet diese Tiernamen nach dem Alphabet:

Gepard Jaguar Delfin Ochse Uhu Buntspecht Pferd Libelle Nachtigall
Turmfalke Marder Kiebitz Robbe Auerochse Hamster Yak Qualle Fischotter

b Welche Anfangsbuchstaben sind nicht vertreten? Ergänzt dazu Tiernamen.

●●● c Schreibt ein ABC mit Personennamen.

2 Schreibt auch diese Tiernamen in alphabetischer Reihenfolge untereinander. Achtet dabei auf den zweiten oder wo nötig den dritten oder vierten Buchstaben. Markiert den Buchstaben, der die Reihenfolge bestimmt.

Stier Star Storch Stockente Stubenfliege Scholle Sau
Stabheuschrecke Seehund Siebenschläfer Stinktier Specht Sumpfschildkröte
Salamander Schimpanse Steinadler Schwalbe Schaf

3 a Stellt euch in der Klasse in der alphabetischen Reihenfolge eurer Nachnamen auf.
b Wechselt nun eure Position nach der alphabetischen Reihenfolge der Vornamen.

4 Tragt die folgenden Verbformen in eine Tabelle wie die unten abgebildete ein:

schrieb gefunden aß floss hängte verloren kamen fiel
schlich erfroren gerannt lies gib empfand schwömme

Personalform	Infinitiv	gefunden auf S. ...
schrieb	*schreiben*	...

Verben findet man im Wörterbuch nur im Infinitiv (► S. 220). Hier müsst ihr auch nach der gebeugten Form (► S. 220) suchen, z. B. „flöge" unter „fliegen".

Festival — **Fischerin**

Fes|ti|val [fä̜ßtiwel] das *engl.*, die Festivals: Festspiele mit der Aufführung von Konzerten, Opern, Schauspielen, Filmen
Fe|te die *franz.*, die Feten: *ugs. für* ein kleines Fest; gestern lief eine tolle Fete
Fe|tisch der *franz.*, die Fetische: Gegenstand mit magischen Kräften, Götzenbild; das Auto war sein Fetisch
fett am fettesten; **Fett** das, des Fett(e)s, die Fette: er setzt Fett an (wird dicker); **fett|arm; fet|ten; fett|frei; fett ge|druckt / fett|gedruckt; fet|tig; Fett|näpf|chen** das: ins Fettnäpfchen treten (Anstoß erregen); **Fett|säu|ren** die: Hauptbestandteil von tierischen oder pflanzlichen Fetten; **Fett|trop|fen** der
Fe|tus / Fö|tus der *lat.*, des Fetus(ses) / Fötus(ses), die Fetusse / Fötusse / Feten: menschliche Leibesfrucht ab dem 3. Schwangerschaftsmonat
Fet|zen der, die Fetzen: ein billiger Fetzen (schlecht sitzendes oder zerissenes Kleidungsstück), das wird bald in Fetzen gehen (sich auflösen)
feucht am feuchtesten; **feucht|fröh|lich** die Stimmung war feuchtfröhlich; **Feuch|tig|keit** die; **feucht|kalt**
feu|dal *lat.*: aristokratisch, vornehm, prunkvoll; sie aßen in einem feudalen (vornehmen) Restaurant; **Feu|da|lis|mus** der: Gesellschaftsform, in der die Herrschaft von der aristokratischen Oberschicht ausgeübt wird; **Feu|dal|staat** der
Feu|er das, die Feuer: sie waren wie Feuer und Wasser (grundverschieden), er war zwischen zwei Feuer geraten (wurde von zwei Seiten gleichzeitig bedrängt), die Hand für jemanden ins Feuer legen (für ihn garantieren), Öl ins Feuer gießen (anstacheln); **feu|er|fest** feuerfestes Baumaterial; **Feu|er|lö|scher** der; **Feu|er|mel|der** der; **feu|ern** sie feuerten (schossen) gleichzeitig, er feuerte (schleuderte) die Zeitung in die Ecke, sein Freund war gefeuert (entlassen) worden; **feu|er|rot; Feu|er spei|end / feu|er|spei|end** ein Feuer speiender / feuerspeiender Vulkan, der Feuer speiende / feuerspeiende Drache; **Feu|er|ver|si|che|rung** die: Versicherung gegen Brandschaden; **Feu|er|wehr** die; **Feu|er|werk** das; **feu|rig** leidenschaftlich, temperamentvoll

Feuerwerk

Feuil|le|ton [föjetõ / föjetõ] das *franz.*, des/die Feuilletons: Unterhaltungs- und Kulturteil in Zeitungen
ff 1. *Abk. für* fortissimo *ital.*: sehr laut, kräftig 2. *Abk. für* sehr fein; **Eff|eff** etwas aus dem Effeff (*ugs.* sehr gut und mühelos) können
ff. *Abk. für* folgende (Seiten)
Fi|as|ko das *ital.*, die Fiaskos: Fehlschlag, Reinfall; ein Fiasko erleiden
Fi|bel die: 1. Lesebuch für Schulanfänger, Lehrbuch 2. mittelalterliche Gewandspange
Fi|ber die *lat.*, die Fibern: Kunstfaser, z. B. Glasfiber
Fich|te die: Nadelbaum
fi|del *lat.*: gut gelaunt, fröhlich
Fie|ber das *lat.*; **fie|ber|frei; fie|ber|haft; fie|ber|heiß; fie|be|rig / fieb|rig**
Fie|del die *lat.*, die Fiedeln: *veraltet für* Geige; **fie|deln**
fies sie behandelte ihn ganz fies (gemein), das schmeckt fies (ekelhaft); **Fies|ling** der
Fi|dschi *oder* Fid|schi: **Fi|dschi|a|ner** *oder* Fidschi|a|ner der/die; **Fi|dschi|a|ne|rin** *oder* Fidschi|a|ne|rin die, die Fidschianerinnen; **fi|dschi|a|nisch** *oder* fid|schi|a|nisch
Fi|gur die *lat.*, die Figuren: eine gute Figur machen; **fi|gür|lich**
Fik|ti|on die *lat.*, die Fiktionen: Einbildung, Unterstellung, Erdichtung; **fik|ti|o|nal** auf Erdachtem beruhend; ein fiktionaler Text; **fik|tiv** erdacht

144

Fi|let [file] das *franz.*, die Filets: zartes Fleischstück von der Lende des Rindes oder des Schweines
Fi|li|a|le die *lat.*, die Filialen: Zweigniederlassung, Zweigbetrieb
fi|lig|ran *oder* fi|li|gran: feingliedrig, zart; **Fi|lig|ran** *oder* Fi|li|gran das *ital.*, die Filigrane: kunstvolles Geflecht, z. B. aus Silber- oder Golddraht
Film der *engl.*, des Film(e)s; **fil|men; Film|schau|spie|ler** der/die; **Film|schau|spie|le|rin** die, die Filmschauspielerinnen; **Film|star** der, die Filmstars
Fil|ter der *oder* das: Gerät zum Zurückhalten von festen Teilchen oder Strahlen, z. B. Kaffeefilter, Rotfilter; **fil|ter|fein; fil|tern**
Filz der, des Filzes, die Filze: Faserstoff, *auch* Vetternwirtschaft; **filz|ar|tig; fil|zig**
Fim|mel der: Vorliebe, kleine Verrücktheit
Fi|nal [fainel] das *engl.*: Endspiel (Sport); **Fi|na|le** das *lat.*, des Finales, die Finale: Höhepunkt, Endspiel, Schlussteil; **Fi|na|list** der, die Finalisten; **Fi|na|lis|tin** die, die Finalistinnen: Teilnehmerin an einer Endausscheidung
Fi|nanz|amt das: Steuerbehörde; **Fi|nan|zen** die *Pl.*: Geldmittel, staatliches Vermögen; **finan|zi|ell; fi|nan|zie|ren** mit Geld unterstützen; **Fi|nan|zie|rung** die
Fin|del|kind das; **fin|den** du findest, er fand, gefunden, er fände: wer sucht, der findet; **Fin|der** der/die; **fin|dig** gewitzt, schlau; **Find|ling** der: 1. ausgesetztes Baby 2. allein stehender, von Gletschern herantransportierter Felsblock

Findling

Fi|nes|se die *franz.*, die Finessen: Spitzfindigkeit, Trick, verfeinerte Technik
Fin|ger der, die Finger: lange Finger machen (stehlen), sich etwas aus den Fingern saugen (etwas frei erfinden), den Finger auf die Wunde legen (auf einen Missstand hinweisen); **fin|ger|breit** ein fingerbreiter Riss; *aber:* vier Finger breit; **fin|ger|dick; fin|ger|fer|tig** geschickt; **Fin|ger|food / Fin|ger-Food** [-fud] das *engl.*: kleine Speisen, meist nur ein Bissen, der ohne Teller und Besteck gegessen wird; **fin|gern** er fingerte ein Geldstück aus der Tasche; **Fin|ger|pup|pe** die: kleine Puppe, die auf den Finger gesetzt und bewegt wird; **Fin|ger|spit|zen|ge|fühl** das; **Fin|ger|zeig** der: ein nützlicher Hinweis
fin|gie|ren *lat.*: erdichten, vortäuschen; ein fingierter (frei erfundener) Brief, der Überfall war fingiert (vorgetäuscht)
Fink der, des/die Finken: Singvogel
Finn|land: Fin|ne der, die Finnen; **Fin|nin** die, die Finninnen; **fin|nisch**
fins|ter am finstersten: es wird finster, er sagte das ganz finster (unfreundlich), wir tappen im Finstern (haben keine Anhaltspunkte); **Fins|ter|nis** die: totale Dunkelheit
Fin|te die *ital.*, die Finten: Vorwand, Täuschung, Scheinhieb, z. B. beim Fechten
Fir|le|fanz der: wertloses Zeug, dummes Gerede, Albernheit
firm *lat.*: sattelfest, sicher, kenntnisreich
Fir|ma die *ital.*, die Firmen, *Abk.* Fa.; **fir|mie|ren** einen bestimmten Geschäftsnamen führen
Fir|ma|ment das *lat.*, die Firmamente: Himmel
fir|men; Firm|ling der, die Firmlinge; **Fir|mung** die: katholisches Sakrament
Firn der, des Firn(e)s: alter, harter Schnee
Fir|nis der *franz.*, des Firnisses, die Firnisse: Anstrich aus schnell trocknendem Öl oder Lack
First der, des First(e)s, die Firste: oberste Dachkante
Fisch der, des Fisch(e)s, die Fische: stumm wie ein Fisch; **fisch|arm; fisch|äu|gig; fi|schen; Fi|scher** der/die; **Fi|sche|rin** die, die

145

A B C D E **F** G H I J K L M N O P Q R S T U V W X Y Z

5 Erklärt, wozu die Angaben auf den oberen Seitenrändern dieses Wörterbuchs dienen.

6 a Erläutert die Bedeutung der folgenden blau unterstrichenen Angaben:

Fisch der, des Fisch(e)s	**Finale** das *lat.*, des Finales, die Finale
Fin|ger|pup|pe	**finden** du findest, er fand, gefunden, er fände
Firmament das	**fies** sie behandelte ihn ganz fies (gemein)
finster am finstersten	**Filet** [file] das *franz.*

b Nennt weitere Arten von Angaben, die in euren Wörterbüchern enthalten sind.

7 Entwerft für einen Partner/eine Partnerin eine Wörterbuch-Rallye mit fünf Suchaufträgen, z. B.:
(1) Welches Wort steht zwischen „Firma" und „firmen"? (2) Aus welcher Sprache stammt „Film"? (3) …

Wissen und Können **Arbeitstechnik 4: Mit Diktaten üben**

Eigendiktat
- Lest den Diktattext von Anfang bis Ende.
- Wenn ihr etwas noch nicht verstanden habt, lest es noch einmal. Wenn ihr ein Wort nicht versteht, schlagt es im Wörterbuch nach.
- Prägt euch einen Satz oder einen zusammenhängenden Teil eines Satzes ein. Sprecht dabei leise vor euch hin.
- Deckt den Textabschnitt ab und schreibt ihn auswendig auf. Sprecht dabei jedes Wort deutlich mit.
- Schreibt mit großem Zeilenabstand. Dann könnt ihr später bequem Fehler berichtigen.
- Nachdem ihr den Text vollständig aufgeschrieben habt, vergleicht ihr ihn Wort für Wort mit der Vorlage.
- Berichtigt eure Fehler.

Partnerdiktat
- Lest zuerst gemeinsam den gesamten Diktattext durch und achtet auf schwierige Wörter.
- Diktiert abwechselnd Abschnitt für Abschnitt.
- Helft euch gegenseitig:
  - Wer schreibt, fragt bei schwierigen Stellen nach.
  - Wer diktiert, macht den Schreibenden/die Schreibende auf Fehler aufmerksam.
- Am Ende kontrolliert jeder seinen Text und anschließend den des anderen.

Laufdiktat
- Der Diktattext wird an einer gut zugänglichen Stelle ausgelegt, z. B. auf der Fensterbank.
- Prägt euch einen Satz oder Satzteil ein.
- Sprecht ihn auf dem Rückweg zu eurem Platz leise vor euch hin.
- Nachdem ihr das Diktat vollständig aufgeschrieben habt, müsst ihr es Wort für Wort mit der Vorlage vergleichen.
- Berichtigt jeden Fehler.

1 Texte für Eigen-, Partner- oder Laufdiktate findet ihr hier im „Deutschbuch" oder in euren Lieblingsbüchern, in Zeitungen oder Zeitschriften.
Sucht Texte aus, die interessant sind, aber nicht zu lang oder zu schwierig.

Wissen und Können | **Arbeitstechnik 5: Mit der Feuerliste üben**

Mit Hilfe der Feuerliste kann man Rechtschreibfehler langsam, aber sicher aus den Köpfen „brennen“.
- Legt euch auf einem DIN-A4-Blatt eine Tabelle wie die unten abgebildete an. Schreibt **alle** eure **Fehlerwörter** aus Diktaten, Aufsätzen und Hefteinträgen **richtig** in die linke Spalte.
- Notiert in der mittleren Spalte, welcher Tipp oder welche Regel euch helfen kann, den Fehler zu vermeiden.
- Ergänzt rechts ein verwandtes Wort, das euch hilft (Wortfamilie, Verlängerung).

Nun könnt ihr ganz unterschiedlich üben. Benutzt ein Übungsheft:
- Schreibt die Wörter als Eigendiktat (▶ S. 260) oder lasst sie euch von jemandem diktieren.
- Hängt euch die Liste in euer Zimmer und führt ein Laufdiktat durch.

Habt ihr das Wort richtig geschrieben, dürft ihr in der Feuerliste einen Haken dahintersetzen. Bei drei Haken braucht ihr das Wort nicht mehr zu üben. Ist es jedoch irgendwann wieder falsch, kommt es erneut in die Feuerliste.

Fehlerwort mit Fehlerstelle	Rechtschreibregel oder Tipp	Wortfamilie ...
mu<u>ss</u>te	*doppelter Konsonant nach kurzem Vokal*	*müssen, ich muss*
Wan<u>d</u>	...	...

1 Legt eine Feuerliste für eure persönlichen Fehlerwörter an.

Testet euer Wissen!

Tipps und Techniken

1 Legt mit den Wörtern rechts eine Feuerliste an. Füllt alle Spalten der Tabelle aus. Verwendet die Tipps 1 bis 5 von S. 252–256.

Abend hatte wichtig verreist
Freundlichkeit Gemäuer Gabelstapler
säuerlich drü-cken Erlebnis

2 Schreibt den Text rechts ab und ergänzt die unvollständigen Wörter. Überlegt jeweils, welcher Tipp (▶ S. 252–256) euch hilft.

1. b oder p?
2. l oder ll?
3. l oder ll?
4. e oder ä?
5. d oder t?
6. r oder rr?
7. p oder pp?
8. s oder ss?

Die Tricks der Polarfüchse

Der Wind fegt über das Eis der Arktis. Die Tem 1 eraturen fa 2 en auf minus 30 Grad. Fast a 3 e Tiere wechseln jetzt in eine w 4 rmere Gegen 5 . Nicht so der Polarfuchs. Wenn sein Magen knu 6 t, sucht er nach Eisbären. Die könnte er natürlich niemals erlegen. Aber er kann ihnen manchmal ihr Futter wegschna 7 en, zum Beispiel eine Robbe. Dabei muss er aber aufpa 8 en, nicht selbst als Nachtisch verspeist zu werden.

15.2 Rechtschreibregeln üben

Groß- und Kleinschreibung

Nomen schreibt man groß

Essen mit Verantwortung

Ganz schön schwer, das Mittagessen! Mit vereinten Kräften schleppen die beiden Mädchen einen metallenen Eimer aus der Schulküche. In der Yasu-Grundschule der japanischen Stadt Hiroshima geht das jeden Mittag so: Riesige Mengen Reis, Nudeln, Gemüse, Fisch oder Fleisch werden von Schülern auf Rollwagen gewuchtet und vor die Klassenzimmer geschoben. Und weil dabei alles sauber zugehen muss, tragen die Kinder weiße Kittel und Mundschutz. Jeweils vier bis sechs Kinder pro Klasse sind reihum zum Küchendienst eingeteilt. Sie holen das Essen ab, teilen die Portionen aus und machen dabei ganz nebenbei ein paar einfache, aber wichtige Erfahrungen: Regelmäßige Mahlzeiten in der Gemeinschaft erziehen zu gutem Benehmen, Fairness, Rücksichtnahme und Verantwortung.

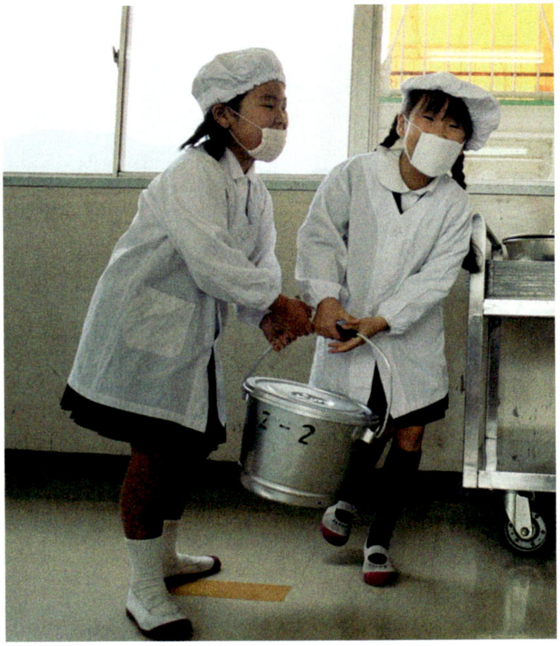

1 Findet ihr es gut, das Essen in der Schule so zu organisieren? Begründet eure Ansichten.

2 Der Zeitungsartikel enthält viele Nomen (▶ S. 206 ff.), deren Merkmal die Großschreibung ist. Manche von ihnen stehen mit, andere ohne Artikel (▶ S. 211).

a Sucht die Nomen heraus und ordnet sie in eine Tabelle wie die folgende ein:

> Manchmal stehen zwischen dem Artikel und dem zugehörigen Nomen noch andere Wörter, z. B. *die (beiden) Mädchen*.
> Achtung: Nicht alle Artikel und Nomen stehen im Nominativ!

Nomen mit Artikel	Nomen ohne Artikel
das Mittagessen	*Essen*

b Ergänzt in der rechten Spalte den Nominativ (▶ S. 210) mit Artikel, z. B.: *Essen – das Essen.*

c Ergänzt in der linken Spalte bei allen Nomen, die nicht im Nominativ stehen, den Nominativ, z. B.: *der Yasu-Grundschule – die Yasu-Grundschule.*

3 a Wie werden die folgenden Wörter geschrieben: groß oder klein? Macht die Artikelprobe (► Merkkasten unten auf der Seite), ohne die Wörter zu verändern.

FREI URLAUB AUTOREISEZUG
ABFLUG PÜNKTLICH SONNIG
KLAR RUCKSACK AUFSTIEG
WEIT STRAND SCHÖN

b Verwendet die Wörter in Wortverbindungen aus Artikel, Adjektiv (► S. 211 f.) und Nomen.
Beispiel: *die freie Zeit*

Urlaubsreise

Im Urlaub fuhren wir zum Mittelmeer. Vom Abend bis zum nächsten Morgen sind wir durchgefahren, denn wir wollten nicht schon am ersten Tag im Stau stecken bleiben. Weil ich im Auto nicht schlafen kann, wurde ich schrecklich müde und dachte zum Schluss nur noch ans Bett im Hotel. Am frühen Morgen machten wir länger Rast. Ich legte mich einfach ins Gras und schlief sofort ein. Ich wünsche mir, beim nächsten Mal im Flugzeug zu verreisen. Da ist man schneller am Ziel.

4 Manchmal sind die Artikel nicht gleich zu sehen oder fehlen völlig. Im Text oben haben sie sich „versteckt". Schreibt sie mit dem dazugehörigen Nomen heraus, z. B.:
im (= in dem) Urlaub.

Wissen und Können | **Satzanfänge, Namen und Nomen schreibt man groß**

Nomen sind Wörter, vor die man einen Artikel setzen kann.
Mit der **Artikelprobe** kann man prüfen, ob ein Wort ein Nomen ist und folglich großgeschrieben werden muss:
Auto → das Auto, ein Auto.

In Sätzen steht der Artikel nicht immer direkt vor dem Nomen:
das neue Auto.

Manchmal fehlt der Artikel, aber das Wort **könnte** mit Artikel stehen:
Auf den Autobahnen ist viel Verkehr → der Verkehr.

Großmeister

Den weißen Turm zwei Felder vor und mit dem NÄCHSTEN Zug den schwarzen Bauern schlagen. Wenn Magnus Carlsen Schach spielt, schauen selbst Weltklassespieler bei diesem ER-EIGNIS genau hin. Der 13-jährige Norweger gilt als Supertalent. Als ZWEITJÜNGSTER Spieler aller Zeiten hat er sich im vorigen Jahr mit ÜBERLEGENHEIT den Titel eines „Großmeisters" erspielt. Das ist die HÖCHSTE AUSZEICHNUNG des Schach-Weltverbandes und Lohn für viel ÜBUNG. Schon im Alter von acht Jahren hat der Junge aus der Nähe von Oslo mit Schachspielen begonnen. Denken, rechnen, mit GENAUIG-KEIT Strategien entwickeln – dann ist seine BEGEISTERUNG groß. Die Schule aber langweilt Magnus: Keine Aufgabe ist ihm KNIFFLIG genug. Seine Klassenkameraden vermisst er trotzdem auf den Reisen zu Turnieren rund um die Welt: „Da ist wenig Zeit für FREUNDSCHAFTEN. Aber zu Ostern konnte ich mit meinen Freunden endlich wieder Fußball spielen", schwärmt der kleine Großmeister, dem KAMERADSCHAFT sehr wichtig ist. König, Dame und Turm haben große BEDEU-TUNG für Magnus, aber nicht nur: Sein NEUESTES Hobby sind alte Wikingersagen. Viele Bücher dieser Art besitzt er.

5 Könnt ihr Schach spielen? Berichtet von euren Erfahrungen mit dem Schachspiel.

6 a Mehrere Wörter sind in Großbuchstaben gedruckt. Schreibt die Wörter in der richtigen Groß- und Kleinschreibung in euer Heft. Beachtet dabei den Merkkasten unten und die Artikelprobe.

b Füllt die Tabelle in eurem Heft mit passenden Nomen aus dem Zeitungsartikel oben.

-heit	-keit	-nis	-schaft	-ung
...	...	...	...	...

c Ergänzt jeweils drei weitere Nomen mit diesen typischen Endungen.

7 a Bildet aus den Wörtern rechts Nomen mit typischen Endungen (► Merkkasten unten).

●●● b Bildet zu den Nomen aus Aufgabe a die Pluralform. Achtung: Nicht alle Nomen haben eine Pluralform, z. B.: *die Fröhlichkeit*. Kontrolliert mit dem Wörterbuch.

geheim reich anstrengen
gefangen fröhlich gesund
hoffen erlauben traurig
faul verwandt eigen

Wissen und Können **Großschreibung: Nomen an Wortendungen erkennen**

Wörter mit den Endungen **-heit, -keit, -nis, -schaft, -ung, -tum** sind **Nomen** und werden **großgeschrieben,** z. B.: *Schönheit, Süßigkeit, Ereignis, Mannschaft, Zeichnung, Eigentum.*

Adjektive schreibt man klein

Marienkäfer – meisterhaft

Ein typisches Merkmal haben alle Käfer gemeinsam: ihre Deckflügel. Wenn etwa der kugelige Marienkäfer losfliegen will, lupft er zuerst seine zwei roten Flügel. Darunter werden die dünnen Flugschwingen sichtbar. Nach der Landung werden diese empfindlichen Schwingen sorgsam zusammengefaltet. Gepanzert wie ein winziger Ritter, kann er nun durch Dornen oder enge Spalten krabbeln – fast unverletzbar. Sollte er bedroht werden, setzt er seine „chemische" Waffe ein, indem er eine stinkende Flüssigkeit aus seinen Beingelenken drückt – ziemlich unangreifbar!
Der Marienkäfer ist in jedem Garten willkommen. Ruhelos verputzt er täglich bis zu 150 Blattläuse – wirklich meisterhaft!

1 Habt ihr schon Erfahrungen mit Marienkäfern oder anderen Käfern gemacht? Erzählt davon.

2 „Wie findet ihr die krabbeligen Käfer: hässlich oder liebenswürdig?"
In diesem Satz wird der Käfer mit drei Wörtern beschrieben, mit drei Adjektiven (▶ S. 212 f.).
Schreibt diese Adjektive in euer Heft und unterstreicht die für Adjektive typischen Endungen.
Verwendet den Merkkasten unten auf der Seite.

3 a Legt mit den sieben Adjektivendungen aus dem Merkkasten unten eine Tabelle in eurem Heft an und tragt alle Beispiele aus dem Text oben ein.
b Ergänzt in allen Spalten weitere Beispiele.
c Verwendet die Adjektive zur näheren Beschreibung eines Gegenstands.
Beispiele: *wichtiges Spiel, schwarze Sporttasche*

Achtung: Oft sind die Endungen erweitert: „krabbelige".

4 a Bildet aus den Wörtern rechts Adjektive mit typischen Adjektivendungen.
●● b Findet heraus, welche dieser Wörter sich mit drei verschiedenen typischen Adjektivendungen verbinden lassen.
Beispiel: *farbig, farblich* ...

Geiz Farbe England Fehler wirken
Zorn Dank brauchen sparen Bild
sorgen Türkei Natur Gefahr schweigen
Ruhe Hilfe Schuld Traum Durst

Wissen und Können **Kleinschreibung: Adjektive an Wortendungen erkennen**

Wörter mit den Endungen **-ig, -sam, -lich, -isch, -bar, -haft, -los** sind **Adjektive** und werden **kleingeschrieben,** z. B.: *winzig, biegsam, ähnlich, neidisch, sichtbar, schreckhaft, planlos.*

Testet euer Wissen!

Groß- oder Kleinschreibung?

Immer der Nase nach – der Ameisenbär

Eine große Schönheit ist er wahrlich nicht – der Ameisenbär. Das Fell ist borstig und hat Ähnlichkeit mit einer drahtigen Fußmatte. Der schmale Kopf gleicht einer länglichen Röhre, erstaunliche 30 cm lang. Maul und Augen sind winzig und Zähne nennt er nicht sein Eigentum – dafür aber eine bewegliche, 60 cm lange Zunge, für die es eine leichte Übung ist, bis zu 160 Mal in der Minute hervorzuschnellen! Wenn das seltsame Tier durch das üppige Gras der südamerikanischen Wildnis streift, muss man schon genau hinsehen, um zu erkennen, wo beim Ameisenbär vorn und hinten ist! Und eine Sensation ist es, wenn der wundersame Ameisenfresser in Gefangenschaft – im Zoo – Junge zur Welt bringt.

1 a Schreibt die Nomen aus diesem Text im Nominativ in eine Tabelle wie die folgende:

Nomen mit (verstecktem) Artikel	Nomen ohne Artikel
die Nase	*Ähnlichkeit*

b Ergänzt in der rechten Spalte die fehlenden Artikel – im Nominativ, z. B.: *die Ähnlichkeit*.

c Unterstreicht die für Nomen typischen Endungen.

2 Schreibt die Adjektive mit typischen Endungen aus dem Text in eine Tabelle:

-lich	-ig	-sam	-isch
wirklich	…	…	…

3 Welche Wörter sind gemeint? Schreibt sie in der richtigen Groß- und Kleinschreibung in euer Heft. Macht die Artikelprobe und achtet auf die Wortbausteine.

? iegsam	? eisterschaft	? iebisch	? eduldig	? ankbarkeit
? ankbar	? inheit	? iellos	? rfolglos	? nfängerhaft
? efängnis	? efährlich	? eugnis	? rgiebig	? ufregung

4 Bildet aus folgenden Wörtern Nomen. Verwendet die für Nomen typischen Endungen, z. B.: *Bezahlung*.

bezahlen	tapfer	reinigen	hindern	wissen	frech

STAUS AUF AUTOBAHNEN

EINE WICHTIGE URSACHE FÜR STAUS SIND DIE HOHEN GESCHWINDIGKEITEN AUF DER ÜBERHOLSPUR. MANCHMAL ÜBERHOLT EIN AUTO EINEN LANGSAMEN LASTZUG. FÄHRT EIN SCHNELLERES AUTO ZU DICHT AUF UND BREMST ZU SPÄT, MÜSSEN DIE FOLGENDEN FAHRER EBENFALLS DER REIHE NACH AUF DAS BREMSPEDAL TRETEN. IRGENDWANN BLEIBT DER VERKEHR DANN STEHEN. DER GRUND FÜR EINEN STAU SIND ALSO DIE UNTERSCHIEDLICHEN GESCHWINDIGKEITEN. DAS IDEALE TEMPO AUF DEN MEISTEN AUTOBAHNEN IST 80 KM PRO STUNDE.

5 Schreibt den Text in richtiger Groß- und Kleinschreibung auf.
Verbindet den Artikel und das dazugehörende Nomen mit einem Pfeil, z. B.:
Eine wichtige Ursache für Staus sind …

Probiert bei anderen Wörtern ohne Artikel aus, ob ein Artikel ergänzt werden könnte:
Staus → die Staus.

Kurze Vokale – Doppelkonsonanten

Saigas, die mit dem Rüssel

In den Steppen Russlands und Kasachstans ziehen Herden wundersamer Wesen umher: Saigas. Sie sehen aus, als hätte sie jemand aus Teilen vieler verschiedener Tierarten gemixt.

Nein, bei einem Schönheitswettbewerb hätte dieses Tier wahrlich keine Chance. Irgendwie scheint bei ihm nichts zusammenzupassen. Diese Nase – weich und rüsselartig wie bei einem Tapir. Die Beine – schlank wie bei einer Gazelle. Die Augen – rund wie die einer Ziege. Und das Geblöke – wie von einem Schaf. Ehrlich gesagt: Saigas kommen ein wenig so daher, als habe sie jemand aus den Resten im Ersatzteillager der Natur zusammengeflickt.
Aber wie merkwürdig sie auch aussehen mögen – für ihre Heimat, die kargen Steppen Russlands und Kasachstans, könnten die Saigas gar nicht besser ausgerüstet sein.
Mit ihren „Ziegenaugen" etwa erkennen sie einen Wolf auf 1000 Meter Entfernung; und mit Hilfe ihrer Gazellenbeine erreichen sie auf der Flucht locker ein Tempo von 70 km/h. Ihr „Nasensack" ist sogar ein richtiger Multifunktionsapparat: Wenn die Saigas einatmen, filtert er den lästigen Staub aus der Steppenluft. Und im Winter, bei minus 40 Grad Celsius, wärmt und befeuchtet der Nasensack die eiskalte Atemluft. Im brütend heißen Sommer dagegen rettet er das Hirn der Saigas vor Überhitzung: Das viel zu warme Blut, das in Richtung Hirn soll, muss erst durch das feuchtkalte Rüsselinnere fließen; dort wird es um wenige Grad abgekühlt, bevor es wohltemperiert ins Oberstübchen gelangt.

1 Aus welchen Tieren scheint eine Saiga zusammengesetzt zu sein?

2 a Lest den Merkkasten unten auf S. 269.
b Schreibt aus dem Text oben alle Wörter mit einem kurzen betonten Vokal heraus, auf den doppelte Konsonanten folgen. Markiert den kurzen Vokal mit einem Punkt und unterstreicht den folgenden doppelten Konsonanten, z. B.: Rüssel.

3 Schreibt aus dem Text auf S. 268 zehn Wörter heraus, die einen kurzen betonten Vokal haben, auf den mehrere verschiedene Konsonanten folgen, z. B. *schlank*.

4 a Lest die folgenden Wörter laut vor:

Sommer Schmetterling hell Butter Fass Schwimmbad Beginn dumm
Schall Füller Löffel bitter voll doppelt Teppich stumm Flamme Bälle

b Sortiert die Wörter in eine Tabelle wie die folgende ein. Markiert den kurzen betonten Vokal mit einem Punkt und unterstreicht den folgenden Doppelkonsonanten.

a/ä	e	i	o/ö	u/ü
Fass	…	…	…	…

5 Übertragt die folgende Tabelle in euer Heft und ergänzt möglichst viele Reimwörter mit kurzem Vokal und doppeltem Konsonanten oder *ck*:

nennen	hatten	Kanne	gucken	Bissen
H?????	R?????	P????	j?????	K?????
k?????	M?????	W????	d?????	r?????
br?????	s?????	T????	r?????	W?????
…	…	…	…	…

6 Bildet zu den Verben rechts jeweils drei Präteritumformen (▶ S. 223). Achtet darauf, dass dabei der Doppelkonsonant aus dem Infinitiv (▶ S. 220) erhalten bleibt.
Unterstreicht den Doppelkonsonanten.
Beispiel: *müssen → er musste, wir mussten, ihr musstet*

müssen wollen können
rennen wissen fassen

Wissen und Können **Doppelkonsonanten hinter kurzem betontem Vokal**

Nach **kurzem betontem Vokal** folgen fast immer **zwei Konsonanten.**
In den meisten Fällen kann man die beiden Konsonanten bei deutlichem Sprechen gut unterscheiden, z. B.: *Hund, Topf, Karte, singen, wandern.*

Wenn nach einem kurzen Vokal nur ein Konsonant zu hören ist, wird dieser beim Schreiben meist **verdoppelt,** z. B.: *knabbern, Brunnen, Pudding, Koffer, Bagger, schwimmen, Suppe, irren, vergessen.*

Ausnahmen: Statt verdoppeltem **k** schreibt man **ck** und statt verdoppeltem **z** schreibt man **tz,** z. B.: *backen, Nacken, Ecke, Katze, Netz, Hitze.*

Lange Vokale

1 Lest die folgenden Wörter laut. Achtet dabei auf den lang gesprochenen Vokal.

Dame Faden Maler Abend Qual Span Tal klar haben

2 a Bildet mit Hilfe des folgenden Wörtersterns Wörter mit lang gesprochenem **u**:

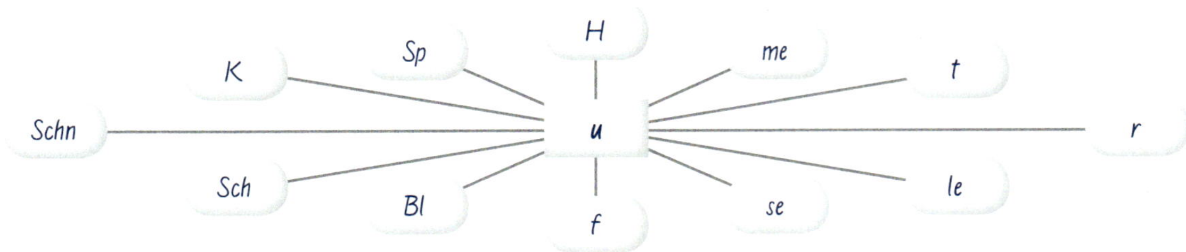

b Prüft in Aufgabe 1 und 2a, wie viele Konsonanten jeweils hinter dem langen Vokal stehen.

3 Sammelt zu den folgenden Wörtern mit lang gesprochenem **e** und **o** verwandte Wörter, z. B.:
schwer – schwerfällig, Schwerkraft ...
Ihr könnt das Wörterbuch zu Hilfe nehmen.

schwer verloren Ofen Hose kleben holen Rose schweben Leben

Wissen und Können **Einfacher Konsonant hinter langem Vokal**

Die langen Vokale **a, e, o, u** und die Umlaute **ä, ö, ü** werden oft nur mit einem einfachen Buchstaben geschrieben, z. B.: *Wagen, leben, Bogen, klären, Flöte, Gemüse.*
Nach einem **langen Vokal** und **nach *ä, ö, ü*** steht **meist nur *ein* Konsonant,** z. B.:
haben, geben, oben, rufen, Käse, mögen, grüßen.

Lange Vokale – Doppelvokale

Ferienplanung

Die Familie sitzt gemütlich beim Sonntagsfrühstück. Kaffee und Tee dampfen in den Bechern. Plötzlich fragt die Mutter: „Was wollen wir eigentlich im nächsten Urlaub unternehmen?“ Der Vater nickt: „Ich denke, da uns die Dolomiten im Schnee so gut gefallen haben, sollten wir sie auch im Sommer kennen lernen: ein hübscher See, in dem sich die Berge spiegeln; Spaziergänge durch den schattigen Wald auf moosweichem Boden. Wir finden bestimmt ein paar Himbeeren oder Brombeeren, die wir direkt vom Strauch essen können. Oder wir wandern auf die Almen, wo glückliche Kühe ihren Klee fressen ...“

Svenja stehen allmählich die Haare zu Berge. „Das ist doch alles doofer Kinderkram!“, mault sie. „Da können wir ja gleich zu Hause bleiben und in den Streichelzoo gehen. Ich habe eine viel bessere Idee: Wir fahren ans Meer und nehmen unser Schlauchboot mit. Und wenn ich ein Paar neue Flossen kriege, kann ich vom Boot aus schnorcheln.“
Die Mutter stellt ihren leeren Kaffeebecher ab und erklärt: „Ich finde Svenjas Gedanken verlockend. Morgen gehe ich ins Reisebüro und hole ein paar Kataloge. Dann werden wir weitersehen.“

1 a Welche Reiseziele locken Vater, Mutter und Tochter? Welches Ziel würde euch locken?
b Schreibt aus dem Text alle Wörter mit Doppelvokal in eine solche Tabelle:
c Lest die Wörter vor. Achtet besonders auf die lang gesprochenen Vokale.

aa	ee	oo
...	*Kaffee*	...
...	...	...

2 a In diesem Suchrätsel sind senkrecht und waagrecht 24 verschiedene Wörter mit doppeltem Vokal versteckt. Schreibt sie heraus.
b Sucht für jedes Wort verwandte Wörter: *Haar – Haarausfall, behaart.* Ihr könnt ein Wörterbuch als Hilfe verwenden.

M	E	P	T	E	E	R	C	L	X	G	U	A	A	H
E	X	Q	Q	L	C	O	S	P	A	A	R	A	L	V
E	A	H	A	A	R	N	N	T	E	E	M	L	L	I
R	K	H	B	B	G	Z	Z	B	K	J	M	U	E	R
B	M	G	O	Q	O	O	S	C	H	N	E	E	S	E
E	E	Y	O	R	W	O	A	K	K	C	X	U	D	E
L	L	T	T	P	A	S	A	A	L	N	S	F	E	I
B	E	E	T	A	A	N	T	F	O	V	E	L	R	D
E	E	R	B	J	G	D	S	F	Y	F	E	E	R	E
M	T	S	E	E	E	K	M	E	M	T	L	E	I	E
O	P	E	E	A	L	L	E	E	T	H	E	R	G	C
O	B	A	R	U	H	G	M	G	E	L	E	E	G	I
R	E	B	E	F	W	P	M	O	O	S	H	A	B	E

3 Schreibt eine kurze Geschichte, in der möglichst viele Wörter mit Doppelvokal vorkommen (z. B. solche aus dem Suchrätsel rechts): *Ein Ehepaar geht auf einer Allee spazieren ...*

Wissen und Können **Wörter mit Doppelvokal**

In einigen Wörtern wird der lange Vokal mit Doppelbuchstaben geschrieben, z. B.:
- **aa:** *Aal, Aas, Haar, paar, Paar, Saal, Saat, Staat, Waage*
- **ee:** *Beere, Beet, Fee, Heer, Klee, Schnee, See, Seele, Teer*
  Dazu kommen einige Wörter, die ursprünglich aus einer anderen Sprache stammen, mit *ee* am Wortende:
  Armee, Idee, Kaffee, Klischee, Tee, Tournee, Püree
- **oo:** *Boot, doof, Moor, Moos, Zoo*

Lange Vokale mit h

Der Koalabär auf dem Foto wirkt ganz zahm, fast wie ein Kuscheltier. Die Aufnahme entstand aber in einem der zahlreichen Koala-Reservate in Australien. Dort standen die einst sehr verbreiteten Tiere vor etwa 100 Jahren kurz vor der Ausrottung. Und zwar nur deshalb, weil sie ebenso harmlos wie wehrlos sind und ihre schönen dichten Felle in der Modewelt sehr begehrt waren.
Heute wird man in der Heimat der Tiere ungern an die Sünden der Vergangenheit erinnert. Zählen die Koalas doch neben den Kängurus zu den weltweit bekanntesten Wahrzeichen Australiens.

1 Warum standen die Koalabären kurz vor der Ausrottung?

2 In diesem Artikel stehen Wörter mit der Buchstabenfolge **langer Vokal + *h*** oder **Umlaut + *h*.** Schreibt sie heraus und markiert die beiden Buchstaben, z. B. *wahre*.

3 a Schreibt aus der folgenden Wörtersammlung die Reimwörter nebeneinander ins Heft, z. B.: *Bohne – ohne.*

Bohne gewöhnen fühlen Fahne Hahn kehren Lohn Wahl
froh Schuh kahl versöhnen Kuh kühlen Zahn Sohn Rohr
Sahne ohne Floh Ohr lahm lehren zahm

b Schreibt zu allen Verben eine Personalform (► S. 220), z. B.: *fühlen – du fühlst.*
c Bildet zu den Nomen Zusammensetzungen, z. B.: *Bohne – Kaffeebohne, Bohneneintopf …*
d Ermittelt, welche Konsonanten oft nach dem **h** stehen.

4 Schreibt die Wörter vervollständigt in euer Heft:

vergleichbar: äh ?????	etwa: ????? äh ?	nicht da sein: ? eh ???
mitteilen: ??? äh ???	greifen: ? eh ???	aussuchen: ? äh ???
männlicher Nachkomme: ? oh ?	unterrichten: ? eh ???	Transportschiff: ? äh ??

Wissen und Können | **Langer Vokal + *h***

Manchmal steht **hinter** einem **langen Vokal** ein **h,** z. B.: *zahm, Sehne, wahr, gestohlen.*
Das **h** erscheint nach langem Vokal besonders **oft vor** den Buchstaben **m, n, r** und **l.**

Langes i

Bienen lieben Flieder

Die Bienen fliegen auf die niedlichen Blütenkelche des Fliederbusches, wo sie ihren Oberkörper hin und her wiegen. Damit dringen sie tief in die Blüte ein. Mit einem Saugrohr am Unterkiefer ziehen die Insekten den Nektar aus der Blüte. Danach fliegen die Tiere zur nächsten Nektarquelle weiter.

1 a Vielleicht ist es euch aufgefallen: Dieser Informationstext enthält ungewöhnlich viele Wörter mit einem i-Laut. Prüft jeweils, ob der Vokal kurz oder lang gesprochen wird, und schreibt alle Wörter mit lang gesprochenem i-Laut in euer Heft.

b Findet heraus, wie der lange i-Laut meistens geschrieben wird.

2 Ergänzt die Tabelle in eurem Heft mit möglichst vielen Reimwörtern.

biegen	Bier	Sieg	tief	lieb
siegen	…	…	…	…
…	…	…	…	…

3 Bildet aus den folgenden Nomen verwandte Verben. Beispiel: *Marsch – marschieren*

Marsch Beton Telefon Reparatur Buchstabe Kopie Programm
Kontrolle Interesse Stolz Alarm Kompost Diskussion Applaus

4 ●●● Tragt die folgenden Verben in eine Tabelle wie die abgebildete ein:

reiben bleiben halten
laufen fallen stoßen
schlafen schreiben

Präsens	Präteritum	Perfekt
ich reibe	*ich rieb*	*ich habe gerieben*
…	…	…

Wissen und Können **Langer i-Laut – meistens *ie***

Das lang gesprochene *i* wird meistens **ie** geschrieben, z. B.: *Dieb, hier, blieb, kriechen.*
Die Verbindung **ih** findet man bei Pronomen, z. B.: *ihm, ihn, ihr.*
Manchmal wird das lange *i* nur durch den Einzelbuchstaben **i** wiedergegeben, z. B.: *dir, mir, Biber, Igel, Maschine.*

Testet euer Wissen!

Kurze und lange Vokale

1 Einfach oder doppelt? Fügt den angegebenen Buchstaben in der richtigen Anzahl ein und schreibt die Wörter vollständig in euer Heft.

sie wo ? en **(l)**	er ma ? t **(l)**	du rei ? est **(t)**	sie ko ? en **(m)**
wir mü ? en **(s)**	er mu ? **(s)**	ihr mü ? t **(s)**	er ko ? t **(m)**
wir ge ? en **(b)**	sie ho ? en **(l)**	wir e ? en **(s)**	ihr e ? t **(s)**

2 **a** Lest die Wörter rechts laut. Achtet darauf, ob die Vokale kurz oder lang gesprochen werden.

b Die lang gesprochenen Vokale werden verschieden geschrieben. Sortiert die Wörter in eine Tabelle wie die folgende ein. Unterstreicht den lang gesprochenen Vokal:

Bohne liegen Ton fahren
Fee lieb Hahn Tal Meer
Stuhl Saal Spiele wahr
Wiege Probe Mut Tiere
fließen Boot tief

einfacher Vokal, ohne h	Vokal + h	Doppelvokal	ie
Ton	…	…	…

c Tragt in jede Spalte zwei weitere, selbst gefundene Wörter ein. Kontrolliert eure Einträge mit dem Wörterbuch.

3 Schreibt die Lückenwörter aus dem folgenden Text vervollständigt in euer Heft:

Ein junger Seehund wird etwa v 1 r bis sechs Wochen lang von seiner Mutter mit n 2 rhafter Milch gesäugt. Danach ern 3 rt er sich, wie seine erwachsenen Artgenossen, von Fischen. Seehunde j 4 gen unter Wasser. Sie haben g 5 te Augen und können daher 6 re Beute s 7 r leicht auch in trübem Wasser fangen. V 8 le Seehundforscher verm 9 ten n 10 mlich, dass sich die Seehunde, 11 nlich wie Delfine, am Echo ihrer Laute orientieren. Das Echo wird von Hindernissen, zum Beisp 12 l einem B 13 t, zurückgeworfen. Die Ultraschalllaute können vom menschlichen 14 r allerdings n 15 mals w 16 rgenommen werden.

Schreibung der s-Laute

1 a Im Hochdeutschen wird der s-Laut in manchen Fällen stimmhaft (summend), in anderen Fällen stimmlos (zischend) ausgesprochen. Sprecht die Wörter rechts sehr deutlich. Versucht, den Unterschied hörbar zu machen.

also Straße Amsel wissen
böse Größe Bremse
Fässer Hase

b Schreibt die Wörter in eine Tabelle wie die folgende:

stimmhaftes s (summend)	stimmloses s (zischend)
also	*Straße*

c Formuliert eine Rechtschreibregel für das stimmhafte **s.**

2 a Sortiert die Wörter nach **s/ß** in einer Tabelle. Bildet zu jedem Wort eine Verlängerung.

Gras Gruß Fels groß Spaß Maus Preis Floß
dies süß Kloß Los heiß Fuß Ausweis Eis

s am Wortende	ß am Wortende
Gras – Gräser	*Gruß – Grüße*

b Lest die Wörter und ihre Verlängerung vor. Achtet auf die Aussprache der s-Laute.

c Wann schreibt man am Wortende **s,** obwohl der s-Laut stimmlos gesprochen wird? Formuliert eine Regel.

3 a Ein Fall für Rechtschreibdetektive: Sucht aus den folgenden Wörtern die Infinitive (▶ S. 220) heraus und teilt sie nach der Schreibung des s-Lautes in zwei Gruppen ein.

essen sie lässt es verschleißt es gießt verschleißen verlassen es reißt
es sprießt sie vergisst messen er schließt er frisst fressen er vergaß
er verlässt lassen er aß sie maß er biss beißen sie riss er schloss
er beißt er verschliss er misst sprießen vergessen er isst es goss gießen
reißen es fraß sie verließ schließen er ließ es spross

b Kennzeichnet in den Infinitiven kurze Vokale mit einem Punkt, z. B.: *essen.*
Unterstreicht lange Vokale und Diphthonge (Doppelvokale). Beschreibt, was euch auffällt.

c Sucht aus den Wörtern oben zu jedem Infinitiv eine Präsensform und eine Präteritumform. Kennzeichnet die kurzen und die langen Vokale, z. B.: *essen – er isst – er aß.*

d Erklärt den Zusammenhang zwischen der Aussprache der Vokale und der Schreibung des folgenden s-Lautes.

4 ●●●
Ordnet die Wörter in zwei Wortfamilien.
Kennzeichnet dann die kurzen und die langen Vokale vor dem s-Laut.
Erklärt nun, wann sich die Schreibung des s-Lautes im Wortstamm ändert.

Wissenschaft   Messung   ich weiß
er maß   wissbegierig   sie wusste
messen   bewusst   Maßband

Wissen und Können **Der s-Laut**

1. Im Hochdeutschen spricht man den s-Laut entweder stimmhaft oder stimmlos. Ist im Dialekt der Unterschied nicht zu hören, muss man sich die richtige Schreibweise einprägen.
2. Der **stimmhafte s-Laut** wird **mit einfachem *s*** geschrieben, z. B.: *Hase, Riese, eisig*.
3. Der stimmlose s-Laut wird mit einfachem *s* geschrieben, wenn sich beim Verlängern des Wortes ein stimmhaftes *s* ergibt, z. B.: *Gras – Gräser, Haus – Häuser.*
   Bei gebeugten Verben bildet man die Grundform, z. B.: *reiste – reisen.*
4. Den **stimmlosen s-Laut nach langem Vokal** oder **nach Diphthong** *(au, äu, ei, eu)* schreibt man **ß,** wenn er bei der **Verlängerungsprobe stimmlos** bleibt, z. B.: *Fuß – Füße , weiß – weißer.*
5. **Nach** einem **kurzen betonten Vokal** wird ein **stimmloser s-Laut** meist **ss** geschrieben, z. B.: *Fass, Biss, sie muss, er hasst, hässlich.*

Testet euer Wissen!

Schreibung der s-Laute

Franz Hohler

Der tragische Tau?endfü?ler

Der alte Tau?endfü?ler sa? vor seiner Höhle und wollte endlich einmal seine Fü?e zählen. Sein ganzes Leben lang hatte er das schon vorgehabt, aber immer war ihm etwas dazwischengekommen. Jetzt hatte er endlich ein bi?chen Zeit und begann seine Fü?e zu zählen. Aber das Tau?endfü?lerleben ist hart. Als er beim 218ten Fu? war, mu?te er sich mit einem Sprung vor einer Haubenmei?e retten. Dabei wäre das gar nicht nötig gewe?en, denn wie jeder wei?, sind Haubenmei?en vegetarisch gesinnt. So mu?te der alte Tau?endfü?ler ärgerlich von Neuem mit Zählen beginnen und kam bis 432, da juckte es ihn am 810ten Fu? so fürchterlich, dass er sich mit dem folgenden Dutzend daran kratzte, was ihn so verwirrte, dass er drausfiel und wieder beginnen mu?te. Die?mal kam er bis 511, da brachte ihm seine Frau die Schuhmacherrechnung. Wütend schmi? er das Papier zu Boden, trat es mit Fü?en und ging dann wieder vor die Höhle, entschlo?en, sich durch nichts mehr stören zu la?en. Als ihn die Haubenmei?e fra? (irrtümlich, das ist ja das Tragische), war er erst bei 203, und so hat er nie erfahren, wie viele Fü?e er eigentlich hatte.

1 Lest den Text laut. Schreibt die Lückenwörter in richtiger Rechtschreibung in euer Heft.

„das" oder „dass"?

? kleine Bilderrähmchen, ? ich Weihnachten von meiner Patentante geschenkt bekam, liegt noch immer leer in meinem Regal. ? finde ich schlimm, da es ? Rähmchen war, ? ich mir selbst ausgesucht habe. Aber damals wusste ich noch nicht, ? es mir so schwerfallen würde, ? entsprechende Foto dafür zu finden.
Also legte ich meinen Eltern die zehn schönsten Bilder vor und hoffte, ? sie mir bei der Auswahl helfen könnten. ? stellte aber auch Mama und Papa vor große Probleme, so ? sie ? Au-pair-Mädchen fragten. Aber auch ? konnte sich nicht entscheiden. Meine Hoffnung, ? ich eines Tages zufällig ? richtige Bild entdecken würde, hat sich auch nicht erfüllt. Und so steht ? Rähmchen weiter in meinem Regal und verstaubt allmählich.

1 Setzt beim Abschreiben des Textes in die Lücken **das** oder **dass** ein. Begründet eure Entscheidung mit Hilfe des Merkkastens unten.

Wissen und Können **das oder dass?**

Mit einem **s** geschrieben wird das Wort **das** als
- **bestimmter Artikel** (▸ S. 211), z. B.: *Ich kaufe das Buch.*
- **Demonstrativpronomen** (▸ S. 217), z. B.: *Das ist mein Lieblingsbuch.*
  Das Demonstrativpronomen ***das*** kann **durch *dieses* ersetzt** werden.
- **Relativpronomen** (▸ S. 218), z. B.: *Ich lese das Buch, das Maja mir geliehen hat.*
  Das Relativpronomen ***das*** kann **durch *welches* ersetzt** werden.

dass ist ein Bindewort (▸ S. 242 f.) und wird mit **Doppel-s** geschrieben. Man erkennt es daran, dass es **nicht durch *dieses* oder *welches* ersetzt** werden kann, z. B.:
Ich glaube, dass ich das Buch schon kenne.

Kommasetzung

Mönch mit zehn Jahren

Es ist kalt, neblig und dunkel. Der zehnjährige Phou schwingt sich von seinem klapprigen Bett, schlüpft in einen orangefarbenen Umhang und schaut in die Nacht. Es ist erst vier Uhr morgens, doch der Gong hat schon geschlagen. Das heißt, dass jetzt Phous Arbeitstag beginnt. Nach dem Aufstehen kommt Phou, der erst seit einem halben Jahr Mönch ist, mit den anderen Mönchen zum Singen zusammen. Die Tempelbrüder, die zusammen singen, tragen ganz einfache, orangefarbene Umhänge. Sie leben in Laos, das ist ein Land in Südostasien. Die meisten Menschen dort sind Buddhisten, sie glauben an die Lehren des Buddha.

1 Begründet die Kommasetzung in diesem Text mit Hilfe des Merkkastens auf S. 278.

Stadt der Mönche

VORSICHT FEHLER!

Mehrere Gebäude bilden eine Tempelanlage in der die Mönche leben. Das wichtigste ist die Versammlungshalle. Meist hat sie ein hohes spitzes Dach das in bis zu acht verschiedene Ebenen unterteilt ist. Gegen sechs Uhr marschieren die Mönche durch die Stadt weil sie sich ihr Frühstück erbetteln müssen. Das klingt seltsam aber die Mönche haben kaum Besitz und die Einwohner der Stadt geben recht gern etwas. Buddhisten glauben nämlich dass man nach dem Tod wiedergeboren wird. Und die Menschen die einem Mönch helfen werden dafür im nächsten Leben belohnt. So ziehen die 25 Mönche durch die Stadt. Der älteste geht vorweg der jüngste folgt am Schluss. Mit seinen zehn Jahren ist Phou einer der jüngsten deshalb ist er fast ganz hinten. Nach dem Frühstück muss Phou zur Schule. Dort lernt er z. B. Japanisch weil viele Touristen in die Stadt kommen. Diese brauchen Übersetzer die ihnen die Speisekarten Tempelinschriften und Paläste erklären.

2 Warum schenken die Stadtbewohner den Mönchen ihr Frühstück?

3 **a** Schreibt den Text ab und setzt mit Hilfe des Merkkastens unten die fehlenden Kommas.
b Unterstreicht Hauptsätze blau und Nebensätze grün.

Wissen und Können **Kommasetzung**

- Zwischen den einzelnen Teilen einer **Aufzählung** steht ein **Komma,** wenn diese nicht durch *und* oder *oder* verbunden sind, z. B.:
  Morgens stehe ich auf, putze mir die Zähne, frühstücke und fahre zur Schule.
- Einen Satz, der aus zwei oder mehr Hauptsätzen (▶ S. 242) zusammengesetzt ist, nennt man **Satzreihe** (▶ S. 242). Wenn die Hauptsätze nicht durch *und* oder *oder* verbunden sind, müssen sie durch ein **Komma** voneinander abgetrennt werden, z. B.:
  Lene kommt mit dem Fahrrad zur Schule, aber Ole nimmt den Bus.
- **Nebensätze** (▶ S. 243) werden durch **Komma** vom Hauptsatz getrennt. Eingeleitet werden sie meist durch
  - ein **Bindewort** (▶ S. 242 f.), z. B. *weil, dass, nachdem, wenn, obwohl,*
  - ein **Relativpronomen** (▶ S. 218), z. B. *der, die, das, welche, dessen.*

  In den Hauptsatz **eingeschobene Nebensätze** (▶ S. 244) werden durch zwei Kommas abgetrennt, z. B.: *Der Bus, der vor der Schule hält, fährt nur werktags.*

15.3 Fit in ...? – Rechtschreiben

An persönlichen Fehlerschwerpunkten arbeiten

Lieber Herr Käge, *Landshut, den 16.10.20XX*

jetzt habe ich Sie schon drei monate nicht mehr gesehen.
Hofentlich geht es Jhnen gut!
Jch bin jetzt in der 5a. Meine neue Klassenlehrerin heist Frau Nolte.
Sie scheint sehr net zu sein. Wir haben bei ihr Deutsch, Englisch und Ertkunde.
Mit meinen neuen Mitschülern gibt es viel Spas
und mein neuer Freund Moritz ist echt cool.
Er macht die Tollsten Sprüche.
Sind Sie mit Jhren neuen Schülern auch zufriden?
Bite schreiben Sie mir balt!

Vile Grüse
Ole

Oles früherer Lehrer hat sich über den Gruß gefreut – aber nicht über die zwölf Rechtschreibfehler!

Groß- und Kleinschreibung	doppelte Konsonanten	langes i	s-Laute	gleich oder ähnlich klingende Laute
2 Fehler	*3 Fehler*	*2 Fehler*	*3 Fehler*	*2 Fehler*
...	...	...	...	...

1 a Übertragt die Tabelle in euer Heft und schreibt Oles Fehlerwörter berichtigt in die entsprechenden Spalten.
b Erklärt, welcher Tipp oder welche Regel euch geholfen hat, die richtige Schreibung zu finden.

2 Erstellt eine ähnliche Tabelle mit euren eigenen Fehlerwörtern. Es können auch weitere Spalten nötig sein, z. B. „Trennung" oder „langer Vokal + *h*". Tragt eure Wörter berichtigt ein.
– Fehlerwörter findet ihr z. B. in eurem letzten korrigierten Aufsatz, in kurzen Texten, die ihr euch diktieren lasst, in eurer Feuerliste (▶ S. 261) ...
– Wiederholt die Tipps und Regeln aus Kapitel 15, die euch bei der Korrektur eurer Fehlerwörter helfen.

Verschiedene Aufgabentypen bearbeiten

Die Rechtschreibung kann in einer Schulaufgabe ganz unterschiedlich überprüft werden. Auf dieser Seite findet ihr Beispiele für verschiedene Arten von Aufgaben.

MARTINISTWÜTEND
JETZTREICHTESWARUMME
CKERTDIEUNGERECHTELEH
RERINIMMERANIHMHERUMIN
MARTINBRODELTESGEWAL
TIGERBALLTDIEFÄUSTEUND
BRÜLLTDASSERDOCHGAR
NICHTSGETANHAT

Benutzt eine Folie und markiert zunächst die Wortgrenzen durch senkrechte Striche. Überlegt dann, wo ein Satz zu Ende ist und um welche Satzart (▶ S. 241) es sich jeweils handelt. Setzt die Satzzeichen.
Überlegt, welche Wörter ihr großschreiben müsst, und schreibt dann erst den Text ab.

1 Schreibt den Text oben ab. Setzt alle fehlenden Satzzeichen und achtet auf die korrekte Groß- und Kleinschreibung.

Ärgern ist menschlich
Zun ? chst einmal sind Wut und Ärger keine schlechten Gef ? le. Sie geben uns oft die Kraft und den M ? t, uns durchzusetzen – etwa we ? wir ungerecht behandelt werden oder aber etwas ? ndern wollen. Wir mü ? en aber lernen, diese „Ärger-Energ ? " in uns richtig zu nutzen! Um nicht zu explod ? ren, kann es uns helfen, tief durchzuatmen, die Augen zu schl ? en und bis z ? n zu z ? len (oder auch bis 50). Oder man re ? t eine Runde um den Block. Bewegung an frischer L ? ft ist gut gegen Wut!

Überlegt zunächst, wie die Lückenwörter vervollständigt heißen. Prüft dann, wie die Wörter zu schreiben sind. Verwendet dabei die Rechtschreibtipps und -regeln, die ihr gelernt habt.

2 Im Text „Ärgern ist menschlich" fehlen pro Lücke ein, zwei oder drei Buchstaben. Schreibt den Text ab und ergänzt die fehlenden Buchstaben.

VORSICHT FEHLER!

Sündenbock
Wenn Menschen wütent sind, kann fiel passieren. Zum Beispiel kommt es vor, dass sie unüberlegte Dinge tun. Martin kennt dass aus eigener Erfahrung. Er wuste genau, das seine Schwester Marion nichts dafür konnte, dass sein Computer nicht mehr funktionirte. Aber er brülte sie an und warf ihre Puppe gegen die Wand. Erst als in Marion dann mit grosen Augen traurig anblikte, erkannte er seinen Fehler.

Benutzt für diese Aufgabe zunächst eine Folie. Unterstreicht die falsch geschriebenen Wörter.

3 Schreibt den Text richtig in euer Heft und unterstreicht die korrigierten Wörter.

16 Lernen mit Methode

1 Betrachtet die Bilder genau und macht euch dazu Notizen.
- Auf welche Arten wird hier gelernt?
- Wie, meint ihr, macht das Lernen mehr Spaß?

2 Denkt über euer eigenes Lernverhalten nach und besprecht es mit eurem Banknachbarn.
- Macht euch das Lernen Spaß?
- Was lernt ihr gerne? Was gefällt euch nicht so?

16.1 Das Lernen lernen

Lernen mit allen Sinnen

Zum Lernen brauchen wir unsere Sinne. Wir ...

– sehen 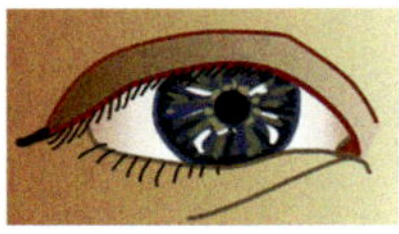

– fühlen 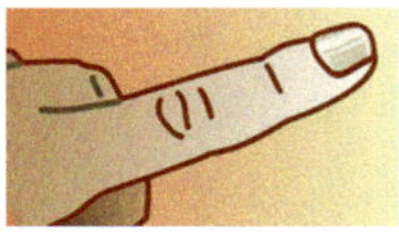

– und schmecken. 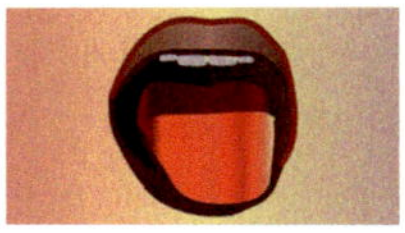

– hören 

– riechen 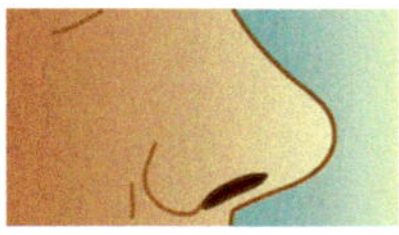

Über Nervenbahnen kommen die Meldungen in unser Gehirn. Hier werden sie zu Informationen verarbeitet und abgespeichert. Je mehr Sinne daran beteiligt sind, desto besser gelingt der Lernvorgang.
Beim Lernen können wir also mehr behalten, wenn wir verschiedene **Lernwege** gehen.

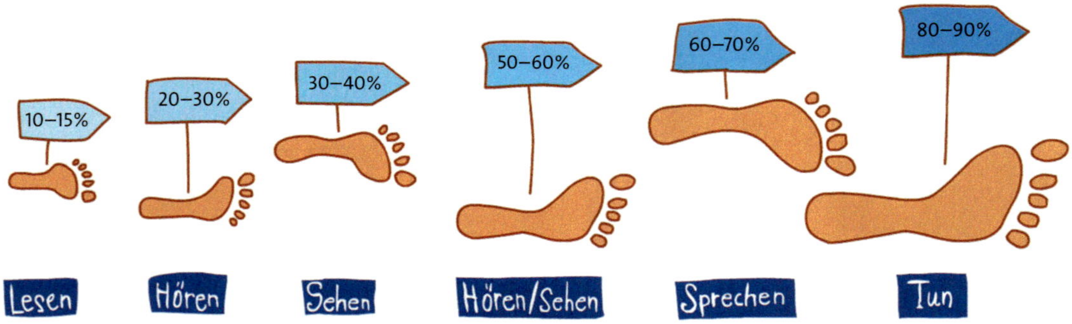

1 Nutzt ihr manchmal beim Lernen verschiedene Sinne? Berichtet davon.

2 In dem folgenden Experiment könnt ihr ermitteln, auf welchem Weg ihr am leichtesten lernt. Wertet nach jeder Aufgabe aus, wie viele Treffer ihr habt. So erkennt ihr den für euch besten Lernweg.

- **Lesen und behalten:** Lasst euch die Bezeichnung von zehn Gegenständen an die Tafel schreiben. Lest die Wörter. – Jetzt werden sie verdeckt. – Schreibt die Wörter aus dem Gedächtnis auf.
- **Hören, sehen und behalten:** Lasst euch zehn weitere Gegenstände zeigen und laut benennen. – Dann werden die Gegenstände verdeckt. – Schreibt alle Gegenstände auf, an die ihr euch erinnert.
- **Sprechen und behalten:** Euer Testpartner wählt zehn Gegenstände aus und legt sie auf den Tisch. Ihr dürft sie in die Hand nehmen und etwas dazu erzählen. – Dann werden sie verdeckt. – Schreibt wieder auf, an welche Gegenstände ihr euch erinnert.

3 Lest den folgenden Text gründlich durch. Versucht, euch so viel wie möglich zu merken. Geht dabei *euren* Lernweg.

- **Lesen und behalten:** Lest den Text mindestens dreimal gründlich und laut durch.
- **Hören, sehen und behalten:** Lasst euch den Text vorlesen. Malt zu Stichpunkten, die ihr euch merken wollt, Symbole, z. B. für diesen Text eine Sprungfeder.
  Ihr könnt auch einen Cluster (▶ S. 290) anlegen.
- **Sprechen und behalten:** Erzählt jemandem, was ihr gerade gelesen habt.

Der Katzenkörper – schleichen, strecken, schreiten

Der Körperbau unserer Katzen ist auf Grund seiner Beweglichkeit und Geschicklichkeit äußerst faszinierend. Das Skelett verleiht der Katze Stabilität. Die besondere Bauweise und spezielle Aufhängungen von Sehnen und Muskeln geben ihr eine enorme Sprungkraft. Aus dem Stand heraus schafft eine Katze einen um fünf Körpergrößen höheren Sprung. Und dabei sieht jede Bewegung leicht und einfach aus. Daneben kann sie aber auch langsam und elegant schreiten, angespannt vor einem Mauseloch stundenlang verharren oder sich ausgedehnt strecken, was nach einem kleinen Nickerchen den Kreislauf anregt. Hinzu kommt die faszinierende Beweglichkeit, die es einer Katze unter anderem erlaubt, durch jedes Loch zu schlüpfen, durch das auch ihr Kopf passt. Das Fell einer Katze ist nicht nur Spiegel von Seele und Gesundheit. Es dient auch dem Schutz vor Nässe, Verletzungen und Kälte. Mit aufgestellten Nacken- und Schwanzhaaren signalisiert eine Katze ihrem Gegenüber Angst oder Aggression. „Explodiert“ das Fell regelrecht in alle Richtungen, will sie sich dem Feind gegenüber besonders groß machen. Nach überstandener Aufregung wird schließlich jedes einzelne Haar wieder an die richtige Stelle geputzt. Dies pflegt, wirkt entspannend und kühlt zugleich.

Wissen und Können | **Lernwege**

Egal, was man lernt, es ist immer gut, auf Vorwissen zurückzugreifen. Überlegt also, was ihr schon über das Thema, zu dem ihr lernen wollt, wisst.
Sucht den für euch besten Lernweg und beteiligt möglichst viele Sinne beim Lernen.
- Lest Wichtiges laut.
- Legt Zeichnungen, Tabellen und Cluster an, sodass ihr den Lernstoff gut mit den Augen erfassen könnt.

Sprecht mit anderen über das Gelernte. So könnt ihr Zusammenhänge erkennen.

16.2 Die eigene Arbeit organisieren

Das Heft ordentlich führen

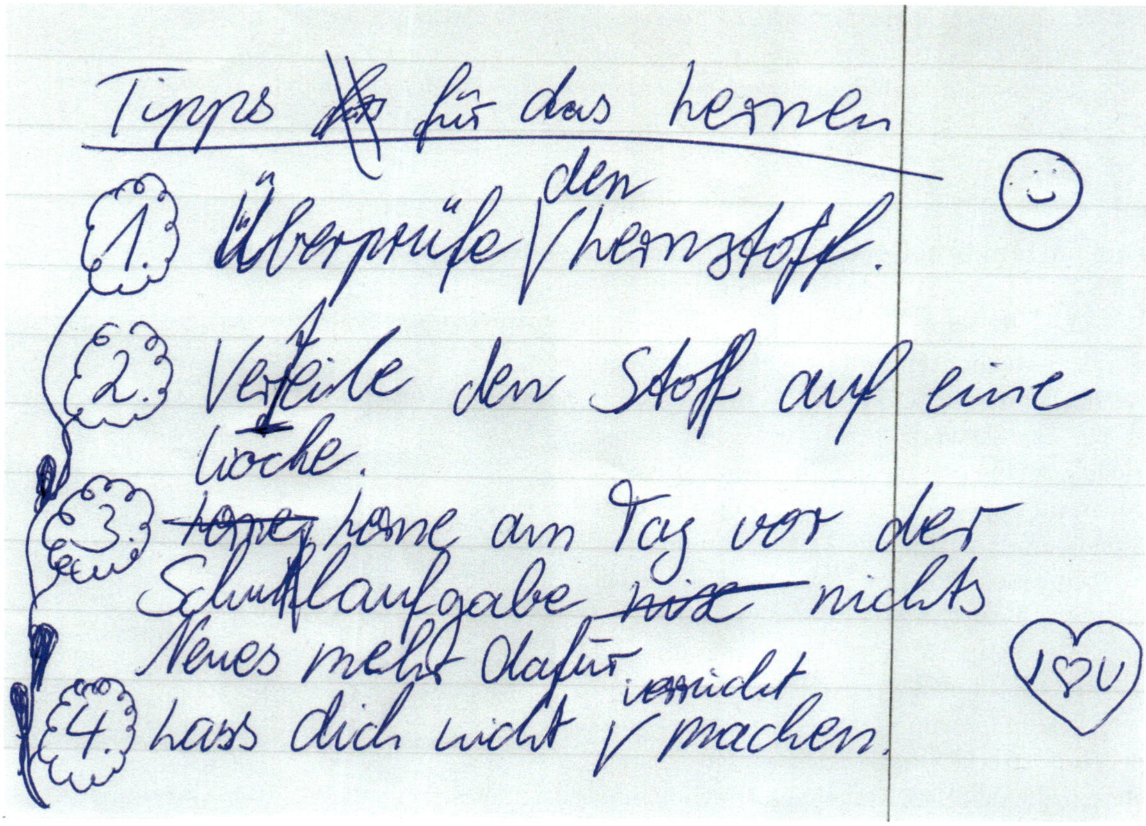

1 a Seht euch den Hefteintrag genau an und überlegt, was daran nicht gelungen ist.
b Schreibt den Hefteintrag anschließend sorgfältig in euer Heft.
c Notiert euch darunter als Tipps, was ihr verbessert habt.
Beginnt so:

Bei einem ordentlichen Hefteintrag soll
– sauber geschrieben werden
– …
– …

Wissen und Können **Heftführung**

Ihr könnt euch den Lernstoff besser merken und wiederholen, wenn ihr ihn ordentlich im Heft aufgeschrieben habt.

Hausaufgaben mit Verstand

Den richtigen Zeitpunkt feststellen

1 Hausaufgaben macht man am besten mit wachem Verstand. Wertet das folgende Schaubild aus. Wann solltet ihr am besten eure Hausaufgaben erledigen?

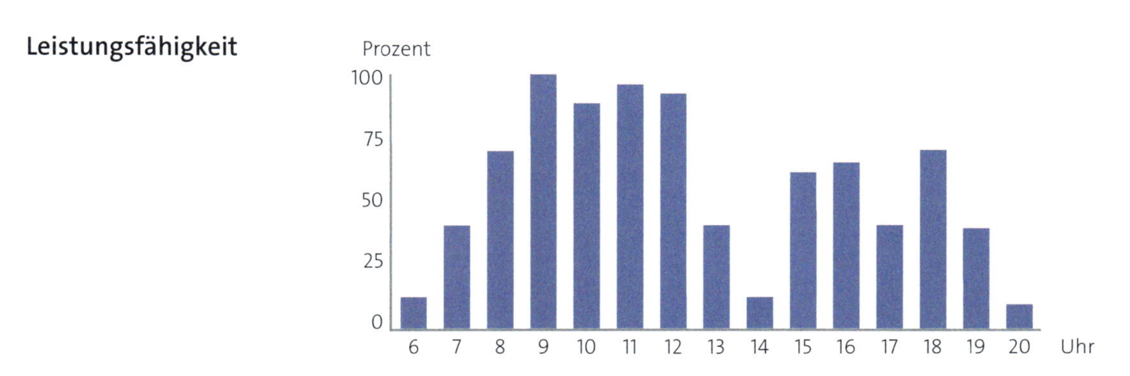

Den Arbeitsplatz vorbereiten

2 Wertet das Bild aus: Übertragt die Tabelle in euer Heft und notiert die Dinge, die ihr für eure Hausaufgaben wirklich braucht, und die, die ihr besser wegpacken solltet.

Das brauche ich für die Hausaufgaben	Das muss ich wegpacken
…	…

Wissen und Können **Platz zum Lernen schaffen**

- Räumt alles weg, was ihr nicht zum Arbeiten benötigt.
- Achtet darauf, dass euer Arbeitsplatz über genügend Licht verfügt und ihr auf einem ordentlichen Stuhl, der für eure Größe geeignet ist, sitzt: Eure Füße sollten auf dem Boden stehen können und eure Oberschenkel waagrecht aufliegen.

Was ist zu tun? – Hausaufgabenheft und Stundenplan befragen

	Fach	Montag, den 17.10.2011	
Genau aufschreiben	Englisch:	Vokabeln lernen (bis Dienstag)	Auch Mündliches aufschreiben
	Mathe:	Buch, S. 3, Nr. 6a (bis zur nächsten Stunde)	Wichtiges markieren
Auch Aufgaben auf Arbeitsblättern aufschreiben	Deutsch:	Verben auf AB unterstreichen (bis Dienstag)	
	Religion:	Hefteintrag lernen	Was stimmt hier nicht?

3 a Vergleicht eure Hausaufgabenhefte: Wie schreibt ihr bisher eure Aufgaben auf?
b Besprecht, welche Vor- und Nachteile die verschiedenen Vorgehensweisen haben.
c Überlegt euch Zeichen, mit denen ihr Aufgaben markieren könnt (z. B. Stift für schriftlich).

4 a Findet heraus, was beim letzten Eintrag in dem Beispiel oben nicht gelungen ist.
b Ein weiterer Eintrag ist nicht gut. Welcher?

Wissen und Können **Den Überblick behalten – Hausaufgabenheft**

- Schiebt das Aufschreiben nicht auf später (z. B. nach der Pause) und schreibt alles genau auf.
- Markiert die verschiedenen Aufgaben farbig oder mit Symbolen.
- Hakt erledigte Aufgaben ab.
- Es gibt verschiedene Arten, sich die Aufgaben aufzuschreiben. Entweder ...
  - ihr notiert sie an dem Tag, an dem ihr sie aufbekommt, und schreibt dazu, bis wann ihr sie erledigen sollt, oder
  - ihr notiert sie jeweils zu dem Tag, an dem sie erledigt sein müssen.

  Entscheidet euch für eine Art und behaltet sie bei.

5 Plant eure Aufgaben, damit ihr eure Zeit nicht aus den Augen verliert.
a Untersucht den Stundenplan und den Eintrag aus dem Hausaufgabenheft oben. Welche Aufgaben müssen am Montagnachmittag erledigt werden? Schreibt alle Aufgaben auf:
Das muss ich heute erledigen.
b Besprecht, welche Bücher, Hefte und sonstige Materialien auf dem Schreibtisch bereitliegen sollten.

	Mo.	Di.	Mi.	Do.	Fr.
1	Deutsch	Englisch	Religion	Mathe	Sport
2	Deutsch	Biologie	Englisch	Musik	Sport
3	Englisch	Deutsch	Werken	Deutsch	Erdkunde
4	Religion	Mathe	Werken	Deutsch	Biologie
5	Mathe	Mathe	Werken	Englisch	Englisch
6	Mathe	Erdkunde	-	-	Musik

Die Zeit einteilen

6 a Beschreibt das folgende Schaubild. Klärt dabei, was die Buchstaben „S“ und „M“ bedeuten. Wie lässt sich die Kurve erklären?
b In welcher Reihenfolge sollten die Aufgaben eurer Liste (Aufgabe 5a, ► S. 286) bearbeitet werden? Nummeriert sie entsprechend.
c Versucht, für eure Hausaufgaben am heutigen Nachmittag ein ähnliches Diagramm zu erstellen.

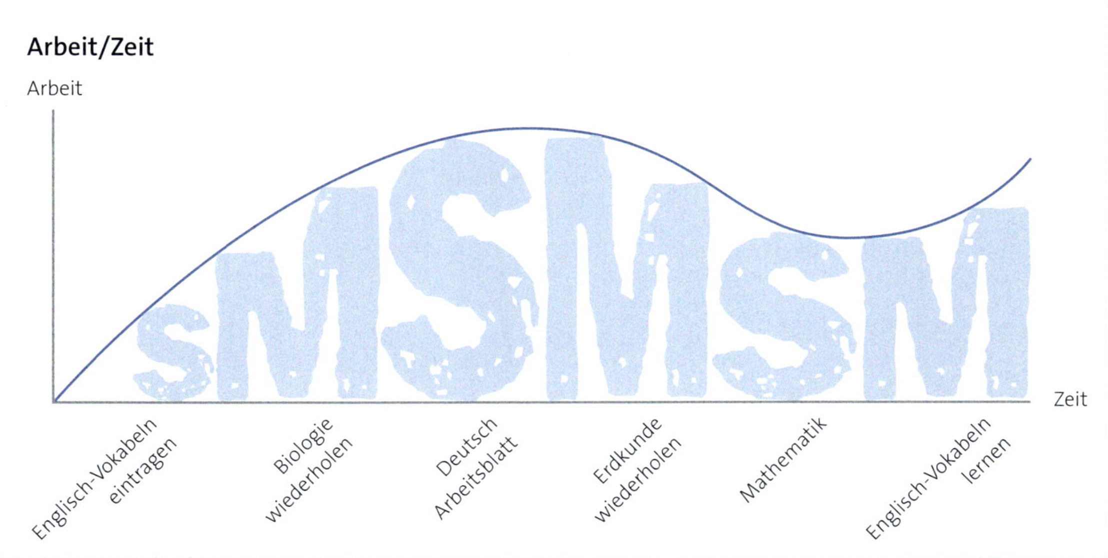

7 Legt Pausen ein, sonst vergesst ihr das vorher Gelernte. Euer Gehirn kann sich nur eine begrenzte Zeit konzentrieren.
a Lest die Grafik: Nach wie viel Zeit sollte man ungefähr das Lernen unterbrechen?
b Überlegt, wie man eine Lernpause sinnvoll gestalten kann.

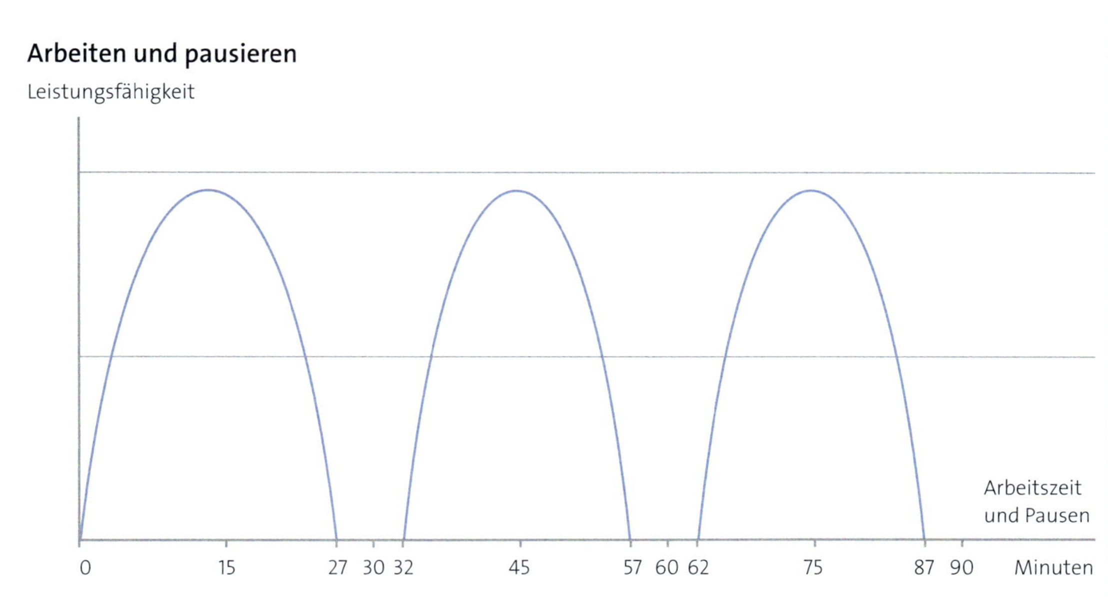

Zeitdiebe können euch euren Zeitplan ganz schön verderben.

8 a Welche Zeitdiebe haben sich auch bei euch eingeschlichen?
b Tauscht euch darüber aus, welcher euch am meisten ärgert.

Wissen und Können **Hausaufgaben zielgenau erledigen**

- Beginnt mit dem, was euch leichtfällt.
- Erledigt eure Hausaufgaben zwischen 15 und 18 Uhr.
- Plant eure Aufgaben. Wechselt zwischen mündlichen und schriftlichen Aufgaben ab.
- Haltet euch von Zeitdieben fern.
- Legt kleine Bewegungspausen ein, z. B. jede halbe Stunde ungefähr fünf Minuten.
- Vermeidet als Pause Fernsehen oder Computerspiele.

Die Schultasche packen

1 An der Realschule müsst ihr nicht jeden Tag alle eure Bücher und Hefte zur Schule mitnehmen. Leert eure Schultasche heute Nachmittag komplett aus und notiert, welche Dinge ihr heute wirklich gebraucht habt und welche nicht.
Beginnt so:

Was ich gebraucht habe	Was ich unnötig dabeihatte
Federmäppchen	…

Wissen und Können **Planvoll die Schultasche packen**

Wenn ihr gut vorbereitet in die Schule gehen möchtet, müsst ihr jeden Tag eure Schultasche richtig einräumen. Am besten legt ihr euch dazu den Stundenplan bereit und vergleicht die Fächer. Prüft auch mit Hilfe eures Hausaufgabenhefts, ob ihr alle Aufgaben für den nächsten Tag erledigt habt.

Testet euer Wissen!

Rund um die Hausaufgaben

1 Bringt dieses Durcheinander in Ordnung und schreibt die Sätze richtig in euer Heft.

Der Schreibtisch zu Hause ist vorbereitet mit …

Alles, was nichts mit meinen Hausaufgaben zu tun hat, …

Am Ende der Hausaufgaben …

Wenn eine Hausaufgabe beendet ist, …

Beim Packen prüfe ich mit Hilfe von Hausaufgabenheft und Stundenplan, …

Mein Hausaufgabenheft …

Wenn die Hefteinträge ordentlich sind, …

… packe ich die Tasche für den nächsten Tag.

… packe ich die Materialien in die Büchertasche ein oder räume sie weg.

… kann ich mir den Lernstoff besser merken.

… führe ich ordentlich und regelmäßig.

… den benötigten Heften, Büchern und Materialien für die Hausaufgabe.

… welche Materialien/unterschriebenen Zettel ich am nächsten Tag brauche.

… räume ich weg, da es mich vom Lernen ablenkt.

16.3 Themen erschließen und Texte auswerten

Der Cluster

Ein Cluster (engl. = Haufen, Menge) ist eine geordnete Menge von Stichworten zu einem Thema.

1 a Schreibt in die Mitte eines Blattes z. B. das Wort *Zeit* und kreist es ein.
b Was fällt euch zum Begriff *Zeit* ein? Schreibt alle Stichworte, die euch dazu einfallen, in lockerem Abstand um den Mittelpunkt herum auf und kreist sie ebenfalls ein.
c Verdeutlicht die Beziehungen der ergänzten Begriffe durch Verbindungslinien.
Wie hängen sie mit dem Ausgangswort *Zeit* zusammen?
Welche der Begriffe stehen untereinander in Zusammenhang?

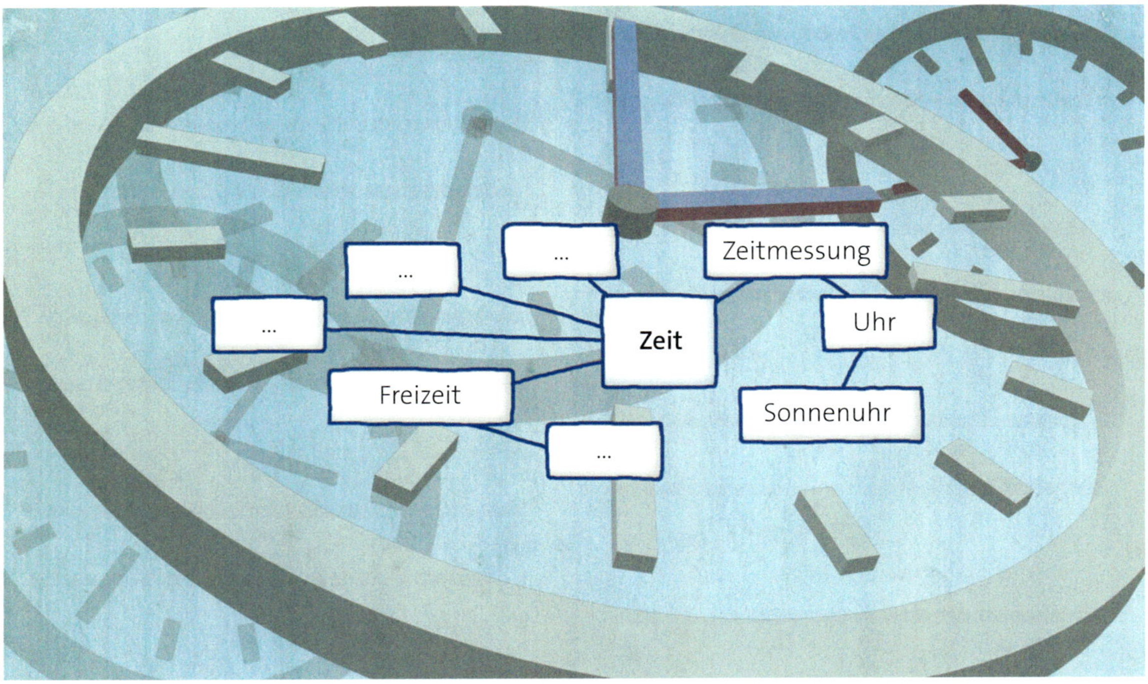

2 Vergleicht eure Cluster.
– Welche Stichworte haben mehrere von euch gefunden?
– Inwiefern unterscheiden sich die Verbindungslinien? Ergänzt fehlende Gedanken.

Wissen und Können **Einen Cluster anlegen**

Die Cluster-Technik könnt ihr anwenden,
– wenn ihr Ideen zu einem Thema sammelt, z. B. für einen Aufsatz oder ein Projekt,
– wenn ihr erste Eindrücke aus einem Text herausschreibt.
Wenn ihr einen Cluster auf einem großen Bogen Papier anlegt, könnt ihr ihn im Klassenzimmer aufhängen.

Texte markieren und Notizen anfertigen

Die Geschichte unserer Zeitmessung

Wenn ihr heute wissen wollt, wie spät es ist, müsst ihr nur noch auf eure Armbanduhr schauen und die Zeit einfach ablesen. Doch wie war es früher? Unsere Vorfahren hatten die unterschiedlichsten Methoden, um die Zeit bestimmen zu können. Man nutzte Wasser, Sand, Blumen, Feuer und noch vieles mehr! Doch die Sonne war das allererste Hilfsmittel, um die Zeit zu bestimmen. Die erste Sonnenuhr gab es schon vor 3000 Jahren in Babylonien. Ein Stock, senkrecht in der Erde, wirft einen Schatten, der im Laufe des Tages wandert, je nachdem, wie die Sonne gerade steht. Um den Stock herum ist ein Zifferblatt angebracht, auf dem die Stunden abgelesen werden können. Das war eine gute Methode, doch was war, wenn keine Sonne schien, also nachts und bei Regen? Dann funktionierte die Sonnenuhr nicht. Daher gab es noch viele weitere Erfindungen wie die Wasseruhr, um die Zeit zu messen.

1 **a** Untersucht, wie der Text bearbeitet wurde. Welche Informationen sind markiert?
b Besprecht, welche Stellen im Text noch markiert werden müssen.

Wissen und Können **Wichtiges markieren**

Man kann in einem Text verschieden markieren, z. B. wichtige Textstellen
- unterstreichen,
- mit einem Textmarker farbig kennzeichnen,
- am Rand mit Strichen oder Zeichen markieren. Wenn einem das Buch nicht gehört, kann man solche Randmarkierungen auf ablösbaren Klebezetteln vornehmen.

2 Jetzt schreibt ihr Notizen auf ein Blatt oder auf ein Kärtchen. Das hilft dabei, euch die markierten Informationen einzuprägen. Versucht es mit dem Text oben und notiert euch das Wesentliche in Stichpunkten in euer Heft, z. B.:
- *Sonnenuhr: ältestes Hilfsmittel zur Zeitmessung*
- ...

Wissen und Können **Zu einem Text Notizen anfertigen**

Gute Notizen sollten
- leserlich geschrieben, kurz und verständlich sein,
- in Stichpunkten verfasst werden,
- vor allem bei schwierigen oder langen Informationen in eigenen Worten abgefasst werden, damit man sich den Inhalt besser merken kann,
- auch durch Zeichnungen ergänzt werden.

Am Abend könnt ihr euch eure Kärtchen noch einmal vornehmen und den Stoff wiederholen. Versucht es beim nächsten Test. Bestimmt erreicht ihr mit dieser Lernmethode tatsächlich bessere Ergebnisse.

Die Fünf-Schritt-Lesemethode

1 Lest die einzelnen Schritte gründlich durch. Versucht euch die Symbole neben den Schritten zu merken.

Wissen und Können — **Die Fünf-Schritt-Lesemethode**

Die Fünf-Schritt-Lesemethode könnt ihr zum besseren Verstehen vieler Texte anwenden, vor allem wenn ihr unbekannte Texte selbstständig erschließen wollt. Auch Klassenarbeiten lassen sich damit vorbereiten.

1. Schritt

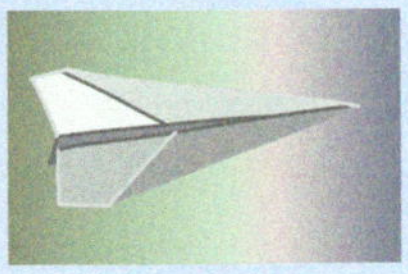

Grob überfliegen und Thema erfassen
Achtet beim Überfliegen dabei vor allem auf Überschriften, Hervorhebungen, Satzanfänge und einzelne Abschnitte.
Hier sollt ihr einen groben Überblick, einen ersten Eindruck von Inhalt und Aufbau des Textes bekommen.
Der Text wird nicht Wort für Wort, sondern diagonal gelesen.

2. Schritt

Fragen stellen
Was wisst ihr schon über das Thema des Textes?
Was möchtet ihr noch wissen?
Stellt die W-Fragen an den Text. (Wer? Wo? Wann?)

3. Schritt

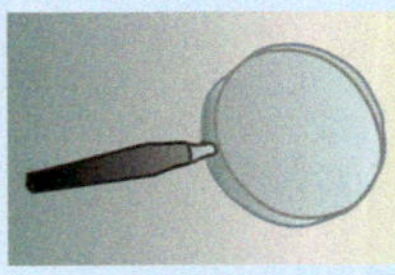

Gründlich lesen und Schlüsselwörter unterstreichen
Klärt unbekannte oder schwierige Wörter aus dem Textzusammenhang, durch Nachdenken oder durch das Nachschlagen in einem Wörterbuch.
Markiert sparsam Schlüsselwörter. Das sind oft die Wörter, an denen ihr beim Überfliegen des Textes mit euren Augen hängen bleibt. Meist geben die Schlüsselwörter die Antworten auf die W-Fragen.
Denkt beim Lesen immer wieder an die Fragen.
Legt kleine Lesepausen ein, in denen ihr euch immer wieder erinnert und zu verstehen versucht, was ihr gelesen habt.

4. Schritt

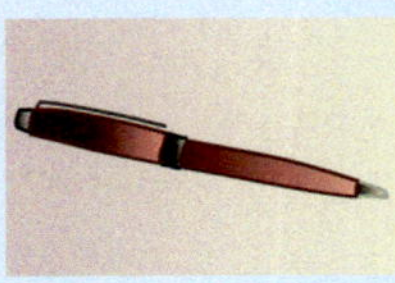

Wichtiges zusammenfassen
Findet Überschriften in eigenen Worten für die einzelnen Abschnitte, die den Inhalt knapp zusammenfassen.
Verwendet dazu die unterstrichenen Schlüsselwörter.
Prüft, ob die Überschrift zum Inhalt des Textes passt.

5. Schritt

Wiederholen
Wenn ihr den Text gelesen habt, dann wiederholt den Inhalt nochmals mit Hilfe eurer Notizen. Denkt auch dabei an eure Fragen von Schritt 2.
Ihr könnt den Inhalt in Gedanken wiederholen oder ihn wie in einem Selbstgespräch laut vor euch hin sprechen.

2 Informiert andere über das Leben des Maulwurfs.

a Erschließt dafür den folgenden Text mit der Fünf-Schritt-Lesemethode. Wendet jeden einzelnen Schritt an.

b Vergleicht anschließend eure Ergebnisse.

c Versucht nun, eine mündliche Zusammenfassung des Textes zu geben.

Der Maulwurf

Die Haufen auf der Wiese lassen darauf schließen, dass unterirdisch gearbeitet wird. Es kann der Maulwurf sein, der auf der Suche nach Nahrung die Erde durchwühlt. Je weniger Regenwürmer, Larven, Insekten und Schnecken der Maulwurf findet, desto fleißiger muss er graben.

Beim Graben entstehen direkt über seinen unterirdischen Gängen lockere Erdhaufen mit einem kleinen Loch in der Mitte. Dadurch dringt Atemluft in den Maulwurfsbau ein. Die ausgehobene Erde befördert er mit seinen Schaufelhänden senkrecht nach oben.

Für diese schwere Arbeit muss der Maulwurf viel fressen. Mit seiner feinen Nase und seinem guten Gehör spürt er seine Nahrung auf. Das 12 bis 15 cm große Tier verzehrt täglich so viel Nahrung, wie es selber wiegt. Das sind etwa 75 bis 85 g. Wenn er etwa vier Stunden gegraben hat, ist der Maulwurf müde und legt sich schlafen, bis ihn nach weiteren vier Stunden der Hunger weckt. Als Wintervorrat lagert der Maulwurf in einer Vorratskammer in seinem Bau Regenwürmer ein. Durch einen Biss in den Kopf sind diese nicht tot, sondern nur gelähmt und halten sich wie eine Konserve.

Der Maulwurf ist ein Einzelgänger. Nach der Paarung im Frühjahr jagt das Weibchen das Männchen weg und zieht die drei bis vier Jungen alleine auf.

Die spitzen Zähne des Maulwurfs sind nach etwa drei Jahren so abgeschmirgelt, dass er nur mit Mühe seine Nahrung zerkleinern kann und deshalb verhungert.

Viele Tiere sterben aber schon früher, wenn sie an der Erdoberfläche von Greifvögeln, Katzen oder Hunden gejagt werden. Auch die Menschen jagen den Maulwurf mit Fallen, weil sie die Erdhaufen stören.

Grundwissen

Sprechen, zuhören und schreiben

Gesprächsregeln

► S. 24

Gespräche, in denen verschiedene Meinungen oder Wortbeiträge ausgetauscht werden, sollten nach bestimmten Regeln ablaufen, damit die Verständigung erleichtert wird.
Die wichtigsten Gesprächsregeln sind:

- Jede/Jeder äußert sich nur zu dem Thema, um das es geht.
- Wir melden uns zu Wort und reden nicht einfach los.
- Wir hören den anderen Gesprächsteilnehmern aufmerksam zu.
- Wir fallen den anderen Gesprächsteilnehmern nicht ins Wort.
- Niemand wird wegen seiner Äußerungen beleidigt, verspottet oder ausgelacht.
- Wir befolgen die Hinweise des Moderators oder der Moderatorin (Gesprächsleiter).

Meinungen begründen

► S. 28 f.

Gut ist es, wenn man seine Meinung klar und sachlich äußert: *Ich finde das richtig!*
Besser ist es aber, seine **Meinung auch zu begründen:** *Ich bin dagegen, weil ...*
Sprachlich drückt man diese Begründung oft in einem Nebensatz (► S. 308) aus, der mit einem Verknüpfungswort wie *weil, denn, da* eingeleitet wird.

Standardsprache – Umgangssprache – Jugendsprache – Dialekt

► S. 26 f.

Fast alle Menschen verwenden unterschiedliche **Sprachebenen.** Es kommt darauf an, mit wem und worüber sie sprechen. Es gibt:

- gutes, sprachlich richtiges Deutsch mit abwechslungsreichem Wortschatz (wird im Aufsatz und in Büchern verwendet). Das nennen wir **Standardsprache** (Hochsprache).
- eine einfachere Ausdrucksweise: *kriegen* statt *bekommen, rumhängen* statt *faulenzen*. Manches wird abgekürzt, z. B. *rauf* statt *hinauf, mal* statt *einmal* usw. Das nennen wir **Umgangssprache** (Alltagssprache). Im Aufsatz sollte sie nicht verwendet werden.
- die **Jugendsprache,** die besondere Ausdrücke enthält. Sie ist der Mode unterworfen und die Ausdrücke stammen häufig aus dem Englischen, z. B. *cool* oder *checken*.
- verschiedene Mundarten (ortsgebundene Sprachen). In Bayern sind das v. a. bairische, schwäbisch-alemannische und fränkische Mundarten. Diese ortsgebundene Sprache nennt man auch **Dialekt.**

Informationen an andere weitergeben – Wege beschreiben

▶ S. 16

Wege beschreiben wir für jemanden, der den Weg nicht kennt, ihn aber leicht finden soll.
Beschreibt deshalb den Weg **in der Reihenfolge, in der man ihn geht:**
Beginnt am Ausgangspunkt und listet Schritt für Schritt den weiteren Weg genau auf.
Denkt daran, auf markante, auffällige Stellen hinzuweisen, z. B.: das Treppenhaus oder die Turnhalle der Schule, draußen z. B. Kreuzungen, besondere Gebäude oder Bäume. Diese markanten Stellen müssen unbeweglich sein, also: *der Parkplatz vor dem Supermarkt,* nicht *der große rote Lieferwagen,* denn der Lieferwagen ist vielleicht schon längst weitergefahren.

Persönliche Briefe schreiben

▶ S. 37–49

Einen Brief schreiben wir an eine Person oder an eine Gruppe, der wir etwas mitteilen oder von der wir etwas wissen möchten. Man nennt sie Adressat oder Empfänger.
Inhalt und Wortwahl des Schreibens hängen vom Empfänger ab. Einen Brief an euren Opa könnt ihr anders formulieren als den an eure Lehrerin oder euren Lehrer.

Briefkopf
Ort und Datum

Anrede
Nach der Anrede setzt ihr entweder ein Ausrufezeichen und beginnt danach groß oder ihr setzt ein Komma und schreibt klein weiter. Wenn ihr jemanden siezt, schreibt ihr die Anredepronomen groß, z. B.: *Sie, Ihnen, Ihr* usw. Sonst könnt ihr sie kleinschreiben, z. B.: *dir, dein, euch, euer.*

Brieftext
- Im **Einleitungsteil** sprecht ihr den Empfänger direkt an und nennt den Anlass des Schreibens.
- Der **Hauptteil** ist der eigentliche Kern des Briefes. Hier steht oft ein besonderes Erlebnis im Mittelpunkt.
- Im **Schlussteil** könnt ihr den Empfänger durch Fragen oder Aufforderungen zum Antworten anregen.
- Wenn ihr einen **Brief beantwortet,** ist es wichtig, dass ihr auf Fragen des Briefpartners eingeht.

Grußformel und Unterschrift
Die Grußformel und die Unterschrift stehen jeweils in einer eigenen Zeile. Am Ende setzt man weder Punkt noch Ausrufezeichen.

Gunzenhausen, den 1. Oktober 20XX

Sehr geehrte Frau Aigner,	*Lieber Rudi!*
sicher wollen Sie wissen, wie es mir geht.	*sicher bist du neugierig, wie es bei mir so läuft.*

Vielen Dank für ...
Zu deinem Geburtstag ...
Jch habe mich so über ... gefreut

Die letzten Wochen waren ...
Mir gefällt ...

Wie war die erste Woche bei dir?
Du wolltest wissen, ob ...
Deine Frage nach ...
Jch hoffe, du meldest dich bald.

Herzliche Grüße	*Liebe Grüße*
Viele Grüße	*Bis bald*
Jhre Marie	*dein Manuel*

Erzählen

Von Erlebnissen erzählen

► S. 55–67

Das Erlebnis, von dem ihr erzählt, sollte sich so ereignet haben.
Wenn ihr euch das Erlebnis ausdenkt, muss es wahrscheinlich sein, so als hätte es tatsächlich stattgefunden.

Aufbau einer Erlebniserzählung

► S. 58–60

- Die **Einleitung** führt in das Erlebnis ein und gibt Antwort auf die wichtigsten W-Fragen: **Wer** sind die Hauptfiguren? **Wann** hat sich das Erlebnis ereignet? **Wo** spielt es?
  Ein **Köder** macht neugierig auf den Hauptteil.
- Der **Hauptteil** besteht aus mindestens drei oder vier Erzählschritten, die logisch aufeinander aufbauen **(Handlungstreppe).**
  Besonders interessant wird eure Erzählung, wenn sie einen anschaulich ausgestalteten **Höhepunkt** hat. Manchmal gibt es auch mehrere Höhepunkte.
- Der **Schluss** rundet die Geschichte ab. Hier kann man noch einmal auf den Anfang der Geschichte zurückkommen oder auch eine Frage offenlassen.

Anschaulich erzählen

► S. 61–63

- Verwendet **abwechslungsreiche Verben:** nicht *sagte*, sondern *jammerte*.
- Sucht **treffende Adjektive.** Oft sind zusammengesetzte Adjektive ausdrucksstark, z. B. nicht *kalt*, sondern *eisig* oder *eiskalt*.
- Achtet auf **unterschiedliche Satzanfänge:** nicht *dann ... dann, als ... als* verwenden.
- Denkt daran, auch **Sinneseindrücke** der Beteiligten wiederzugeben: Was sehen, hören, riechen, schmecken oder fühlen sie?
- Ihr könnt in der **Ich-Form schreiben:** Hier gelingt es euch leichter, euch in die Geschichte hineinzuversetzen. Bei der **Er- oder Sie-Form** habt ihr die Möglichkeit, die Gefühle mehrerer Personen zu schildern.

Wörtliche Rede verwenden

► S. 61

Wörtliche Rede lässt den Leser die Ereignisse hautnah miterleben. Sie muss aber so eingesetzt sein, dass sie auch für die Handlung von Interesse ist.
Die Regeln zur Zeichensetzung bei wörtlicher Rede findet ihr auf S. 312.

Die Tempusformen beim schriftlichen Erzählen

► S. 64

Beim schriftlichen Erzählen verwendet man in der Regel das **Präteritum** (► S. 306):
Emil und ich machten die Judo-Übungen gemeinsam.
Wenn man deutlich machen möchte, dass ein Ereignis bereits vor dem erzählten Geschehen stattgefunden hat, verwendet man das **Plusquamperfekt** (► S. 306).
Weil mir Emil ein Bein gestellt hatte, fiel ich unsanft auf die Matte.

Zu einem Sprichwort erzählen

▶ S. 73–81

Wenn ihr zu einem Sprichwort erzählen sollt, müsst ihr seine Bedeutung gut verstanden haben. Überlegt dazu, in welcher Situation ihr das Sprichwort vielleicht schon einmal gehört habt.
Der Inhalt eurer Erzählung soll **zum Sprichwort passen.** Diesen Bezug macht ihr am besten deutlich, wenn ihr das **Sprichwort als Überschrift** für euren Text verwendet und es **im Schluss** noch einmal aufgreift, z. B. in einer wörtlichen Rede, z. B. *„Habe ich es nicht gleich gesagt?", freute sich mein Cousin. „Der frühe Vogel fängt den Wurm!"*
Der Aufbau und die Regeln für die sprachliche Gestaltung entsprechen der Erlebniserzählung (▶ S. 296).

Zu Bildern erzählen

▶ S. 82–87

Die vorgegebenen Bilder zeigen nur die wichtigsten Momente im Ablauf der Handlung, also einzelne Handlungsschritte. Macht euch klar, was auf den einzelnen Bildern geschieht. Achtet vor allem auf die Mimik (Gesichtsausdruck) und Gestik (Körpersprache) der Figuren. Sie geben Hinweise auf deren Gedanken und Gefühle.
Damit eine Geschichte entsteht, müsst ihr weitere Handlungsschritte oder Überleitungen sinnvoll ergänzen – wie bei einem Puzzle. Überlegt genau, in welchem Bild der Höhepunkt liegt.
Entscheidet, ob ihr die Geschichte in der Er- oder Ich-Form verfasst.
Die Regeln für die sprachliche Gestaltung entsprechen der Erlebniserzählung (▶ S. 296).

Nach Reizwörtern erzählen

▶ S. 87–89

Beim Schreiben einer Reizwortgeschichte müsst ihr Folgendes beachten:

- Alle Reizwörter müssen in eurer Geschichte sinnvoll verwendet werden und für die Handlung eine wichtige Rolle spielen; in der Einleitung müssen sie noch nicht vollständig angeführt sein.
- Die Reihenfolge der Reizwörter darf umgestellt werden.
- Die Überschrift muss die Reizwörter nicht unbedingt enthalten, sie muss jedoch einen echten Bezug zu der erzählten Geschichte haben.
- Der Aufbau und die Regeln für die sprachliche Gestaltung entsprechen der Erlebniserzählung (▶ S. 296).

Nacherzählen

▶ S. 136–144

Oft erzählen wir einen Film oder eine Geschichte für jemanden, der das Original nicht kennt. Dabei erzählen wir so wie in der Vorlage, z. B. stellen wir eine Detektivgeschichte spannend dar, einen Streich lustig. Beachtet auch die folgenden Punkte:

- Erzählt die einzelnen **Handlungsschritte** in der gleichen **Reihenfolge** wie im Original.
- Wenn es im Original einen **Höhepunkt** gibt, wird dieser auch in der Nacherzählung besonders ausgestaltet.
- Erfindet **nichts Neues** hinzu (z. B. Orte, Figuren).
- Erzählt **mit eigenen Worten.** Nur wichtige Kernstellen dürft ihr wörtlich wiedergeben. Solche Kernstellen sind z. B. lustige Wortspiele oder wörtliche Reden, die missverstanden werden.
- Erzählt in der **Zeitstufe des Originals,** meistens im Präteritum.

Über Sachtexte informieren

▶ S. 195–204

Wenn ihr schriftlich über einen Sachtext informieren sollt, sind euch häufig schon bestimmte Fragen dazu vorgeben, die ihr beantworten sollt. Beachtet dabei folgende Hinweise:

Aufbau

▶ S. 197–199

- Schon in der **Einleitung** solltet ihr folgende Informationen geben: **Textsorte, Titel, Autor, Quelle** (Erscheinungsort + Erscheinungsdatum), **Thema** in ein bis zwei Sätzen (Worum geht es?).
- Achtung: Nicht immer sind alle Informationen zu einem Text angegeben! Dann könnt ihr auch darauf hinweisen, dass die Quelle nicht bekannt ist, z. B. *Das Erscheinungsdatum ist nicht angegeben.*
- Im **Hauptteil** beantwortet ihr die vorgegebenen Fragen oder fasst den Inhalt des Textes knapp zusammen. Achtung: In der Aufgabenstellung werden die einzelnen Fragen zwar durchnummeriert. In eurem Aufsatz sollen die Zahlen aber nicht mehr vorkommen.
- Wenn ihr am **Schluss** zum Text Stellung nehmen sollt, müsst ihr eure Antwort sachlich und aus dem Text heraus begründen.

Sprachliche Gestaltung

▶ S. 197, 199

Schreibt in der Zeitform **Präsens** und verwendet möglichst **eigene Worte.** Denkt an einen **abwechslungsreichen Satzbau.**

Texte überarbeiten

▶ S. 66 f., 88 f.

Wenn man gemeinsam an Texten arbeiten will, bietet sich dafür die **Schreibkonferenz** an (▶ S. 66 f.). Es geht aber auch allein, wenn man weiß, worauf man achten muss.

Umstellen, Weglassen, Ersetzen

▶ S. 88 f.

Ein eintöniger Satzbau lässt sich durch **Umstellen** vermeiden. Man kann zum Beispiel die wichtigste Aussage an den Satzanfang stellen:
Uns *gefiel der Nachmittag bis dahin. Uns durchfuhr jedoch ein großer Schreck ...*
→ ***Uns*** *gefiel der Nachmittag bis dahin. Ein großer Schreck durchfuhr uns jedoch ...*
Durch das **Weglassen** unpassender und überflüssiger Wörter kann ein Text verbessert werden:
~~Also~~, wir mussten ~~tatsächlich~~ die Feuerwehr rufen, ~~und wir~~ mussten aber nur ~~voll~~ kurz auf sie warten.
Wörter, die sich wiederholen, kann man durch ähnliche Begriffe oder durch Pronomen **ersetzen:**
Wie aus dem Nichts tauchte ein großer Hund auf. Der Hund wollte sich auf Tiffy stürzen.
→ *Wie aus dem Nichts tauchte ein großer Hund auf. Er/Das Tier wollte sich auf Tiffy stürzen.*

Textverbesserung durch Satzverknüpfungen

▶ S. 89

Mit **Satzreihen** (SR, ▶ S. 308) oder **Satzgefügen** (SG, ▶ S. 308) könnt ihr eure Texte abwechslungsreicher formulieren. Außerdem könnt ihr Zusammenhänge deutlich machen:
Der Feuerwehrmann legte uns Tiffy in die Arme. Wir waren glücklich.
→ *Der Feuerwehrmann legte uns Tiffy in die Arme und wir waren glücklich. (SR)*
→ *Als der Feuerwehrmann uns Tiffy in die Arme legte, waren wir glücklich. (SG)*

Mit Texten und Medien umgehen

Literarische Texte erschließen

▶ S. 68 f., 95–100

Erzählschritte in einer Geschichte

▶ S. 95–97

Jede Geschichte besteht in der Regel aus mehreren Erzählschritten, die man auch Handlungsschritte nennt. Ein neuer Erzählschritt beginnt häufig dann, wenn z. B.:

- der Ort der Handlung wechselt, z. B.: *Bei Lisa angekommen ...*
- ein Zeitsprung stattfindet, z. B.: *Am nächsten Morgen ...*
- eine neue Figur auftaucht, z. B.: *„Tag!", sagte jemand, als Frieda gerade verschwinden wollte.*
- die Handlung eine Wendung erfährt, z. B.: *Auf einmal ...*

Die Figuren

▶ S. 95–97

Die Personen, die in einer Geschichte vorkommen bzw. handeln, nennt man Figuren. Sie haben bestimmte Eigenschaften und Absichten. In vielen Geschichten gibt es eine Hauptfigur, über die der Leser besonders viel erfährt. Um eine Geschichte zu verstehen, solltet ihr euch ein klares Bild von den einzelnen Figuren machen.

Ich-Erzähler oder Er-/Sie-Erzähler

- Ein Ich-Erzähler ist selbst als handelnde Figur in das Geschehen verwickelt und schildert die Ereignisse aus seiner persönlichen Sicht, z. B.: *Meine Schwester hatte ...*
- Der Er-/Sie-Erzähler ist nicht am Geschehen beteiligt. Er/Sie erzählt von allen Figuren in der Er-Form bzw. in der Sie-Form, z. B.: *An diesem Tag geschah etwas, dass David nie für möglich gehalten hätte. Seine Schwester hatte ...*

Erzählweisen erkennen

▶ S. 98–100

Spannend wird erzählt, wenn z. B.:

- Zeit und/oder Ort unheimlich wirken.
- von einer gefährlichen Situation erzählt wird.
- Rätselhaftes geschieht oder der Ausgang eines Geschehens ungewiss bleibt.
- spannungssteigernde Wörter und Wendungen verwendet werden, z. B.: *schlagartig, auf unheimliche Weise.*

Schelmenstreiche und Schwänke

▶ S. 129–136

Schelme sind listige, einfallsreiche Menschen, die oft außerhalb der Gesellschaft stehen. Ihre Streiche richten sich meist gegen die Mächtigen, Angesehenen und Reichen. Geschichten wie die von den Schelmenstreichen von Eulenspiegel, Goha usw. nennt man Schwänke. Ein Schwank erzählt von einem lustigen Einfall oder Ereignis und gipfelt in einem überraschenden Schluss, einer Pointe. Diese beruht häufig auf Sprachwitz. Durch Schwänke sollen häufig menschliche Schwächen wie Dummheit, Eitelkeit oder Geiz bloßgestellt werden.

Märchen

▶ S. 109–120

Märchen haben wiederkehrende Merkmale, an denen man sie gut erkennen kann.
Dabei sind natürlich nicht in jedem Märchen alle diese Merkmale zu finden.

- **Ort** und **Zeit** der Handlung sind nicht genau festgelegt, z. B.: *im Wald, vor langer Zeit.*
- Es treten **typische Figuren** auf, wie z. B.: *König und Königin, Prinz und Prinzessin, Handwerker und Bauern, die böse Stiefmutter,* aber auch **fantastische** Figuren wie *sprechende Tiere, Feen, Hexen, Riesen, Zwerge, Zauberer, Drachen* usw.
- Die Figuren sind häufig auf **wenige Eigenschaften** festgelegt, z. B.: *die gute Fee, die böse Hexe.*
- Meist **siegt** am Ende das **Gute** und das **Böse** wird **bestraft.**
- Der Held/Die Heldin muss **Prüfungen** bestehen oder **Aufgaben** erfüllen (häufig drei).
- Im Märchen geschehen **wundersame Dinge:** Tiere können sprechen, es gibt magische Gegenstände (z. B. *einen Wundertisch, ein Zauberkästchen*) und Zauberei.
- Oft enthalten Märchen **feste sprachliche Formeln,** z. B.: *Es war einmal, Und wenn sie nicht gestorben sind ...*
- Die **magischen Zahlen** 3, 7 und 12 spielen häufig eine besondere Rolle, z. B. *drei Wünsche, sieben Zwerge, zwölf Gesellen.*
- Oft gibt es **(magische) Verse oder Zaubersprüche,** z. B.: *Ach wie gut, dass niemand weiß, dass ich Rumpelstilzchen heiß.*

Kreativ mit Texten umgehen

▶ S. 68–70, 122–128

Um **einen Text stimmig fortsetzen** zu können, muss man ihn gut verstanden haben:

- **Wo** spielt die Geschichte und **wann**?
- **Aus der Sicht welcher Figur** wird erzählt? Oder gibt es einen **Er-/Sie-Erzähler**?
- Was erfährt man über die Stimmung oder Eigenschaften der Hauptfigur?
- Gibt es andere **wichtige Figuren**?

Gehört der Text einer bestimmten **Textsorte** an? Ist er z. B. ein Märchen, müssen in eurer Fortsetzung natürlich auch **typische Merkmale** der Textsorte vorkommen (s. oben).

Gedichte

▶ S. 145–160

- Ein wichtiges Merkmal in vielen Gedichten ist der Reim. Wenn zwei Wörter vom letzten betonten Vokal an gleich klingen, nennt man das Endreim, z. B. in *im Stillen – Widerwillen.* In Gedichten könnt ihr verschiedene Reimformen erkennen.
  - Wenn zwei aufeinanderfolgende Verse sich reimen, spricht man von einem **Paarreim:** *aabb.*
  - Reimen sich der 1. und 3. sowie der 2. und 4. Vers (über Kreuz), so nennt man das **Kreuzreim:** *abab.*
  - Wird ein Paarreim von zwei Versen „umarmt“, die sich ebenfalls reimen, so heißt das **umarmender Reim:** *abba.*
- Eine Gedichtzeile heißt **Vers.**
- Mehrere zusammengehörige Verse bilden eine **Strophe.** Mehrere Strophen werden durch Leerzeilen voneinander getrennt.

Sachtexte

▶ S. 185–193, 292 f.

Sachtexte finden wir in unterschiedlichen Bereichen. So zählen folgende Beispiele zur Gruppe der Sachtexte: Texte in Sachbüchern, journalistische Sachtexte (z. B. Zeitungsberichte), Lexikonartikel, Kochrezepte, Bastel- und Spielanleitungen, Schaubilder und Diagramme (z. B. Klimadiagramm in Erdkunde).
Sachtexte informieren über bestimmte Themen. Manche Sachtexte wollen auch zu etwas anleiten oder auffordern.
Die Sprache im Sachtext ist klar und sachlich. Gefühle oder Gedanken finden sich hier in der Regel nicht.
Sachtexte lassen sich mit der Fünf-Schritt-Lesemethode gut erschließen:

1. Schritt

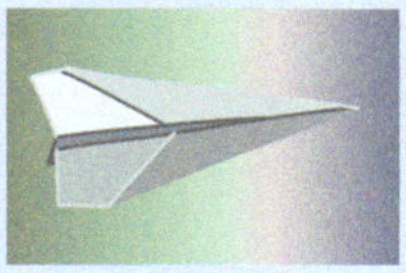

Grob überfliegen und Thema erfassen
Achtet beim Überfliegen dabei vor allem auf Überschriften, Hervorhebungen, Satzanfänge und einzelne Abschnitte.
Hier sollt ihr einen groben Überblick, einen ersten Eindruck vom Inhalt und Aufbau des Textes bekommen.
Der Text wird nicht Wort für Wort, sondern diagonal gelesen.

2. Schritt

Fragen stellen
Was wisst ihr schon über das Thema des Textes?
Was möchtet ihr noch wissen?
Stellt die W-Fragen an den Text. (Wer? Wo? Wann?)

3. Schritt

Gründlich lesen und Schlüsselwörter unterstreichen
Klärt unbekannte oder schwierige Wörter aus dem Textzusammenhang, durch Nachdenken oder durch das Nachschlagen in einem Wörterbuch.
Markiert sparsam Schlüsselwörter. Das sind oft die Wörter, an denen ihr beim Überfliegen des Textes mit euren Augen hängen bleibt. Meist geben die Schlüsselwörter die Antworten auf die W-Fragen.
Denkt beim Lesen immer wieder an die Fragen.
Legt kleine Lesepausen ein, in denen ihr euch immer wieder erinnert und zu verstehen versucht, was ihr gelesen habt.

4. Schritt

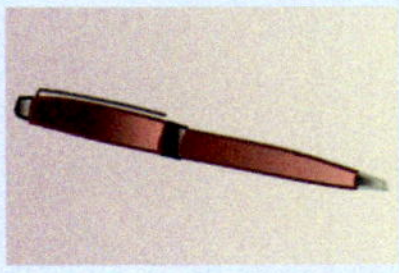

Wichtiges zusammenfassen
Findet Überschriften in eigenen Worten für die einzelnen Abschnitte, die den Inhalt knapp zusammenfassen.
Verwendet dazu die unterstrichenen Schlüsselwörter.
Prüft, ob die Überschrift zum Inhalt des Textes passt.

5. Schritt

Wiederholen
Wenn ihr den Text gelesen habt, dann wiederholt den Inhalt nochmals mit Hilfe eurer Notizen. Denkt auch dabei an eure Fragen von Schritt 2.
Ihr könnt den Inhalt in Gedanken wiederholen oder ihn wie in einem Selbstgespräch laut vor euch hin sprechen.

Über Sprache nachdenken

Wortarten

Das Nomen (Hauptwort/Substantiv; Plural: die Nomen) ▶ S. 206–210

Die meisten Wörter in unserer Sprache sind Nomen. Sie werden immer **großgeschrieben.**
Nomen bezeichnen:
- **Lebewesen,** z. B.: *Frosch, Baum, Hund, Mädchen,*
- **Gegenstände,** z. B.: *Haus, Schreibtisch, MP3-Player,*
- **Begriffe** (Gedanken, Gefühle, Zustände ...), z. B.: *Angst, Mut, Freude, Ferien, Freundschaft.*

Sie werden häufig von **Wörtern begleitet,** an denen wir sie erkennen können, z. B. einen **Artikel** *(der Hase, eine Uhr)* oder ein Adjektiv *(blauer Himmel, fröhliche Menschen).*

Genus (grammatisches Geschlecht; Plural: die Genera) ▶ S. 207

Jedes Nomen hat ein Genus (ein grammatisches Geschlecht), das man **an** seinem **Artikel erkennen** kann. Ein Nomen ist entweder
- ein **Maskulinum** (männliches Nomen), z. B.: *der Stift, der Regen, der Hund,*
- ein **Femininum** (weibliches Nomen), z. B.: *die Uhr, die Sonne, die Katze* oder
- ein **Neutrum** (sächliches Nomen), z. B.: *das Buch, das Eis, das Kind.*

Das **grammatische Geschlecht** eines Nomens stimmt **nicht immer** mit dem **natürlichen Geschlecht** überein, z. B.: *das Mädchen, das Kind.*

Numerus (die grammatische Zahl; Plural: die Numeri) ▶ S. 208

Nomen haben einen Numerus, d. h. eine Anzahl. Sie stehen entweder im
- **Singular** (Einzahl), z. B. *der Wald, die Jacke, das Haus,* oder im
- **Plural** (Mehrzahl), z. B. *die Wälder, die Jacken, die Häuser.*

Nur bei wenigen Wörtern ist entweder nur eine Singularform oder eine Pluralform möglich, z. B.: *der Regen, die Ferien.*

Der Kasus (Fall; Plural: die Kasus, mit langem *u* gesprochen) ▶ S. 209 f.

In Sätzen erscheinen Nomen immer in einem bestimmten Kasus, das heißt in einem grammatischen Fall. **Im Deutschen gibt es vier Kasus.** Nach dem Kasus richten sich die Form des Artikels und die Endung des Nomens. Man kann den **Kasus** eines Nomens **durch Fragen ermitteln.**

Kasus	Kasusfrage	Beispiele
1. Fall: **Nominativ**	*Wer oder was ...?*	*Der Junge liest ein Buch.*
2. Fall: **Genitiv**	*Wessen ...?*	*Das Buch des Jungen ist spannend.*
3. Fall: **Dativ**	*Wem ...?*	*Ein Mädchen schaut dem Jungen zu.*
4. Fall: **Akkusativ**	*Wen oder was ...?*	*Sie beobachtet den Jungen genau.*

Meist ist der Kasus am veränderten Artikel des Nomens erkennbar, manchmal auch an der Endung des Nomens, z. B: *des Mannes, des Mädchens, den Kindern.*
Wenn man ein Nomen in einen Kasus setzt, nennt man das **deklinieren** (beugen).

Der Artikel (Begleiter, Geschlechtswort; Plural: die Artikel)

► S. 211

Das Nomen tritt selten allein auf, sondern wird häufig von einem Artikel begleitet. Man unterscheidet zwischen dem bestimmten Artikel *(der, die, das)* und dem unbestimmten Artikel *(ein, eine, ein)*, z. B.:

	bestimmter Artikel	**unbestimmter Artikel**
männlich	*der Stift*	*ein Stift*
weiblich	*die Uhr*	*eine Uhr*
sächlich	*das Buch*	*ein Buch*

Das Adjektiv (das Eigenschaftswort; Plural: die Adjektive)

► S. 212 f.

Adjektive drücken aus, **wie** etwas ist. Mit Adjektiven können wir die **Eigenschaften** von Lebewesen, Dingen, Vorgängen, Gefühlen und Vorstellungen **genauer beschreiben,** z. B.:
der starke Wind, der schwache Wind, der eiskalte Wind.
Adjektive werden **kleingeschrieben.** Adjektive, die vor einem Nomen stehen, haben den gleichen Kasus wie das Nomen: *der kalte See, die kalten Seen, des kalten Sees.*

- **Steigerung der Adjektive**
  Die meisten Adjektive kann man steigern (z. B.: *schön – schöner – am schönsten*). So kann man, z. B. Dinge und Lebewesen miteinander vergleichen. Es gibt drei Steigerungsstufen:

Positiv (Grundform)	**Komparativ (Höherstufe)**	**Superlativ (Höchststufe)**
Lars ist groß.	*Stefan ist größer.*	*Fabian ist am größten.*

Die Konjunktion (das Bindewort; Plural: die Konjunktionen)

► S. 242–245

Konjunktionen verbinden Satzteile oder Teilsätze miteinander, z. B.:
Es gab Donner und Blitz.
Er konnte nicht an der Wanderung teilnehmen, weil er sich den Fuß verstaucht hatte.
Die häufigsten Konjunktionen sind: *und, oder, weil, da, nachdem.*
Konjunktionen sind nicht veränderbar: Man kann sie nicht beugen (in einen Kasus oder eine Personalform setzen).
Man unterscheidet zwischen nebenordnenden und unterordnenden Konjunktionen.

nebenordnende Konjunktionen
Peter schwimmt im See, denn es ist sehr heiß.
— Hauptsatz 1 — Konjunktion — Hauptsatz 2 —

unterordnende Konjunktionen
Ich sprang heute vom 3-Meter-Brett, obwohl ich etwas Angst hatte.
— Hauptsatz 1 —
Konjunktion — Nebensatz —

Das Pronomen (Fürwort; Plural: die Pronomen)

▶ S. 215–218

Das Pronomen ist ein Stellvertreter oder Begleiter; es vertritt oder begleitet ein Nomen.
Es gibt verschiedene Arten von Pronomen.

- **Das Personalpronomen** (persönliches Fürwort)
  Mit den **Personalpronomen** *(ich, du, er, sie, es, wir, ihr, sie)* kann man **Nomen und Namen ersetzen,** z. B.:

  Die Katze möchte ins Haus. Sie miaut. Schnell lassen wir sie herein.

  Paul rennt zum Bus. Er hat verschlafen und weiß, dass der Busfahrer nicht auf ihn wartet.

  Personalpronomen werden wie die Nomen **dekliniert** (gebeugt):

	Singular			Plural		
Kasus	**1. Pers.**	**2. Pers.**	**3. Pers.**	**1. Pers.**	**2. Pers.**	**3. Pers.**
1. Fall: **Nominativ**	*ich*	*du*	*er/sie/es*	*wir*	*ihr*	*sie*
2. Fall: **Genitiv**	*meiner*	*deiner*	*seiner/ihrer/seiner*	*unser*	*euer*	*ihrer*
3. Fall: **Dativ**	*mir*	*dir*	*ihm/ihr/ihm*	*uns*	*euch*	*ihnen*
4. Fall: **Akkusativ**	*mich*	*dich*	*ihn/sie/es*	*uns*	*euch*	*sie*

- **Das Demonstrativpronomen** (hinweisendes Fürwort)
  Mit Demonstrativpronomen kann man auf etwas **zeigen** oder **hinweisen.**
  Sie werden wie Nomen dekliniert (gebeugt). Demonstrativpronomen sind z. B.:
  - ***dieser, diese, dieses;*** Beispiel: *Ich glaube, diese Tiere sind nachtaktiv.*
  - ***jener, jene, jenes;*** Beispiel: *Jenes Nashorn läuft den ganzen Tag im Kreis.*
  - ***der, die, das,*** wenn sie im Unterschied zum bestimmten Artikel (▶ S. 303) betont sind.
    Beispiel: *Das ist der kleine Elefant, der im letzten Jahr geboren wurde.*

- **Das Relativpronomen**
  Relativpronomen leiten einen Relativsatz ein. Sie **beziehen** sich **auf** ein **Nomen im Hauptsatz.**
  Der Relativsatz ist ein Nebensatz, der einen Bezug zu einem Nomen im Hauptsatz herstellt.
  Beispiel: *Der Tiger, der heute noch kein Futter bekommen hatte, lief im Käfig auf und ab.*

  Relativpronomen Relativsatz

  Als Relativpronomen verwendet werden die Wörter *der, die, das, welcher, welche, welches.*
  Relativpronomen können wie Nomen dekliniert werden. Den Fall, in dem sie stehen, kann man erfragen.

  Beispiel: *Der Tiger, dessen Fütterung unmittelbar bevorstand, lief im Käfig auf und ab.*
  Frageprobe: *wessen Fütterung stand unmittelbar bevor?*
  Antwort: *Dessen Fütterung stand unmittelbar bevor. → Genitiv*

- **Das Possessivpronomen** (besitzanzeigendes Fürwort)
  Possessivpronomen *(mein/meine – dein/deine – sein/seine, ihr/ihre – unser/unsere – euer/eure – ihr/ihre)* **geben an, zu wem etwas gehört,** z. B.: *mein Buch, deine Tasche, unsere Lehrerin.*
  Possessivpronomen begleiten meist Nomen und stehen dann in dem gleichen Kasus (Fall) wiedas dazugehörige Nomen, z. B.:
  Ich gebe meinen Freunden eine Einladungskarte. (Wem ...? → Dativ)

Das Verb (das Tätigkeitswort; Plural: die Verben)

▶ S. 220–225

Mit Verben gibt man an, **was jemand tut** (z. B. *laufen, reden, lachen*), **was geschieht** (z. B. *regnen, brennen*) oder **was ist** (z. B. *haben, sein, bleiben*). Verben werden kleingeschrieben.

- Der **Infinitiv** (die Grundform) eines Verbs endet auf *-en* oder *-n*, z. B.: *rennen, sagen, antworten, rudern, lächeln.*
- Wenn man ein Verb in einem Satz verwendet, bildet man **die Personalform des Verbs.** Das nennt man **konjugieren (beugen),** z. B.: *such-en* (Infinitiv) → *Ich such-e den Schlüssel* (1. Person Singular). Die Personalform des Verbs wird aus dem Infinitiv des Verbs gebildet. An den Stamm des Verbs wird dabei die passende Personalendung gehängt, z. B.: *sprech-en* (Infinitiv) → *Er spricht* (3. Person Singular).

Die Tempora (Zeitformen) der Verben

▶ S. 221–225

Verben kann man in verschiedenen Zeitformen (Tempora) verwenden, z. B. im Präsens, im Präteritum, im Futur. Die Zeitformen (Tempora; Sg.: das Tempus) der Verben sagen uns, wann etwas passiert, z. B. in der Gegenwart, in der Vergangenheit oder in der Zukunft.

- **Das Präsens** (die Gegenwartsform)
  1 Das Präsens wird verwendet, wenn etwas in der **Gegenwart** (in diesem Augenblick) geschieht, z. B.: *Er schreibt gerade einen Brief.* (Es geschieht in diesem Augenblick.)
  2 Im Präsens stehen auch **Aussagen, die immer gelten,** z. B.: *Suppe isst man mit dem Löffel.* (Es ist immer gültig.)
  3 Man kann das Präsens auch verwenden, **um etwas Zukünftiges auszudrücken.** Meist verwendet man dann eine Zeitangabe, die auf die Zukunft verweist, z. B.: *Morgen gehe ich ins Kino.*
- **Das Futur** (die Zukunftsform)
  Das Futur wird verwendet, um ein zukünftiges Geschehen auszudrücken, z. B.: *In den Sommerferien werde ich häufig ins Freibad gehen.*
  Das Futur wird gebildet durch: Personalform von *werden* im Präsens + Infinitiv des Verbs, z. B.: *Ich werde anrufen, du wirst anrufen ...*
- **Das Perfekt** (2. Vergangenheit)
  Wenn man mündlich von etwas Vergangenem erzählt oder berichtet, verwendet man häufig das Perfekt, z. B.: *Ich habe gerade etwas gegessen. Er ist nach Hause gekommen.*
  Das Perfekt ist eine **zusammengesetzte Vergangenheitsform,** weil es mit einer Form von **„haben"** oder **„sein"** im Präsens (z. B. *hast, sind*) und dem **Partizip II des Verbs** (z. B.: *gesehen, aufgebrochen*) gebildet wird.
  - Das Partizip II beginnt meist mit *ge-*, z. B.: *lachen → gelacht; gehen → gegangen.*
  - Wenn das Verb schon eine Vorsilbe hat (*ge-, be-* oder *ver-*), bekommt das Partizip II keine mehr, z. B.: *gelingen → gelungen; beschweren → beschwert; verlieren → verloren.*

- **Das Präteritum** (1. Vergangenheit)
  Das Präteritum ist eine **einfache Zeitform der Vergangenheit.** Diese Zeitform wird vor allem in schriftlichen Erzählungen (z. B. in Märchen, in Geschichten) und in Berichten verwendet, z. B.: *Sie lief schnell nach Hause, denn es regnete in Strömen.*
  Man unterscheidet:
  - **regelmäßige** (schwache) **Verben:** Bei den regelmäßigen Verben ändert sich der Vokal *(a, e, i, o, u)* im Verbstamm nicht, wenn das Verb ins Präteritum gesetzt wird, z. B.: *ich lache* (Präsens) → *ich lachte* (Präteritum),
  - **unregelmäßige** (starke) **Verben:** Bei den unregelmäßigen Verben ändert sich im Präteritum der Vokal *(a, e, i, o, u)* im Verbstamm, z. B.: *ich singe* (Präsens) → *ich sang* (Präteritum); *ich laufe* (Präsens) → *ich lief* (Präteritum).
- **Das Plusquamperfekt** (3. Vergangenheit)
  Wenn etwas vor dem passiert, wovon im Präteritum oder im Perfekt erzählt wird, verwendet man das Plusquamperfekt. Das Plusquamperfekt wird deshalb auch **Vorvergangenheit** genannt, z. B.: *Nachdem er den Computer ausgeschaltet hatte, verließ er das Zimmer.*
  Das Plusquamperfekt ist wie das Perfekt (► S. 223) eine **zusammengesetzte Vergangenheitsform,** weil es mit einer Form von **„haben“** oder **„sein“** im Präteritum (z. B. *hatte, war*) und dem **Partizip II des Verbs** (z. B. *gelesen, aufgebrochen*) gebildet wird, z. B.: *Nachdem wir etwas gegessen hatten, gingen wir in den Zoo. Nachdem wir alle pünktlich angekommen waren, ging es los.*
  Tipp: Die Konjunktion *nachdem* leitet oft einen Satz im Plusquamperfekt ein.

Satzglieder

Wortart und Satzglied

Beachtet den Unterschied zwischen Wortarten und Satzgliedern: Einzelne Wörter kann man nach ihrer Wortart bestimmen, Satzglieder sind die Bausteine in einem Satz. Oft besteht ein Satzglied aus mehreren Wörtern. Man merkt das, wenn man versucht, die Satzglieder eines Satzes umzustellen (Umstellprobe, ► S. 254, 334).

Nomen	Verb	Pronomen	Präposition	Nomen	**Wortarten**
Thomas	*trifft*	*ihn*	*zu*	*Hause.*	
Subjekt	Prädikat	Akkusativobjekt	Lokaladverbiale		**Satzglieder**

Satzglieder erkennen: Die Umstellprobe

► S. 230 f.

Ein Satz besteht aus verschiedenen Satzgliedern. Diese Satzglieder können aus einem einzelnen Wort oder aus mehreren Wörtern (einer Wortgruppe) bestehen.
Mit der **Umstellprobe** könnt ihr feststellen, wie viele Satzglieder ein Satz hat. Wörter und Wortgruppen, die bei der Umstellprobe immer zusammenbleiben, bilden ein Satzglied, z. B.:
Unbekannte Täter stahlen nachts den teuren Schmuck.
Nachts stahlen unbekannte Täter den teuren Schmuck.

Das Prädikat (Plural: die Prädikate)

▶ S. 232 f.

Der **Kern des Satzes** ist das Prädikat (Satzaussage). Prädikate werden durch Verben gebildet. In einem Aussagesatz steht die Personalform des Verbs (der gebeugte Teil, ▶ S. 305) **immer an zweiter Satzgliedstelle,** z. B.: *Der Hamster schläft in seinem Käfig. Er isst gerne Möhren.*
Prädikate können **aus mehreren Teilen** bestehen, z. B. aus

- **einem Verb,** das in **zwei Bestandteile** getrennt ist: *Der Hund lief plötzlich fort.*
- **Personalform** und **Partizip:** *Der Hund ist plötzlich losgelaufen.*
- **zwei Verben:** *Petra ging mit ihrem Hund spazieren.*

Die zwei Teile des Prädikats bilden eine Prädikatsklammer. Sie klammern andere Satzglieder ein:
Petra hat den Hund später auf dem Nachbargrundstück gefunden.

Prädikatsklammer

Das Subjekt (Satzgegenstand; Plural: die Subjekte)

▶ S. 234

Das Satzglied, das angibt, wer oder was etwas tut, veranlasst, handelt ..., heißt Subjekt.

- Ihr könnt das Subjekt mit der Frage **„Wer oder was ...?“** ermitteln: *Ich schlafe.* → *Wer schläft?*
- Es kann aus mehreren Wörtern bestehen, z. B.: *Tim schläft. – Mein treuer Hund Tim schläft.*

Die Objekte (Singular: das Objekt)

▶ S. 235 f.

- **Akkusativobjekt:** Das Objekt, das im Akkusativ steht, heißt Akkusativobjekt. Ihr ermittelt es mit der Frage: **„Wen ... oder was ...?“,** z. B.: *Wen oder was leiht sie mir? Sie leiht mir das Buch.*
- **Dativobjekt:** Das Objekt, das im Dativ steht, heißt Dativobjekt. Ihr ermittelt es mit der Frage: **„Wem ...?“,** z. B.: *Wem leiht sie das Buch? Sie leiht das Buch mir.*
- **Genitivobjekt:** Das Objekt, das im Genitv steht, heißt Genitivobjekt. Ihr ermittelt es mit der Frage: **„Wessen ...?“,** z. B.: *Wessen gedachten die Menschen? Sie gedachten der Opfer.*

Objekte können aus einem oder aus mehreren Wörtern bestehen.

Die Adverbialien (Singular: das Adverbiale; Umstandsbestimmung)

▶ S. 237 f.

- Adverbialien sind Satzglieder, die über den Ort **(Lokaladverbiale)** oder über die Zeit **(Temporaladverbiale)** eines Geschehens oder einer Handlung informieren.
- Adverbialien können aus einem oder aus mehreren Wörtern bestehen.
- Durch die Frageprobe kann man ermitteln, welches Adverbiale vorliegt.

Frageprobe	Satzglied	Beispiel
Wo ...? Wohin ...? Woher ...?	**Lokaladverbiale**	*Wo fand Nils den Krebs?* *Nils fand den Krebs am Strand.*
Wann ...? Wie lange ...? Seit wann ...?	**Temporaladverbiale**	*Wie lange regnete es?* *Es regnete zwei Tage lang.*

Sätze

Satzarten

► S. 240 f.

Je nachdem, ob wir etwas aussagen, fragen oder jemanden auffordern wollen, verwenden wir unterschiedliche Satzarten: Aussagesatz, Fragesatz und Aufforderungssatz.
In der gesprochenen Sprache erkennen wir die verschiedenen Satzarten oft an der Stimmführung, in der geschriebenen Sprache an den unterschiedliche Satzschlusszeichen: Punkt, Fragezeichen und Ausrufezeichen.

1 Nach einem **Aussagesatz** steht ein **Punkt,** z. B.: *Ich gehe jetzt ins Schwimmbad.*
2 Nach einem **Fragesatz** steht ein **Fragezeichen,** z. B.: *Hast du heute Nachmittag Zeit?*
3 Nach einem **Ausrufe- oder Aufforderungssatz** steht meist ein **Ausrufezeichen,** z. B.: *Vergiss die Sonnencreme nicht! Beeilt euch!*

Die Satzreihe: Hauptsatz + Hauptsatz

► S. 242

Hauptsätze haben folgende Kennzeichen:

- Ein **Hauptsatz** ist ein selbstständiger Satz. Er kann alleine stehen.
- Er enthält mindestens zwei Satzglieder, nämlich Subjekt und Prädikat, z. B.: *Peter schwimmt.*
- Die Personalform des Verbs (das gebeugte Verb, ► S. 305) steht im Hauptsatz in der Regel an zweiter Satzgliedstelle, z. B.: *Peter schwimmt im See.*

Ein **Satz,** der **aus zwei oder mehr Hauptsätzen** besteht, wird **Satzreihe** genannt. Die einzelnen Hauptsätze einer Satzreihe werden durch ein **Komma** voneinander getrennt, z. B.:
Peter schwimmt im See, Philipp kauft sich ein Eis.
Häufig werden die Hauptsätze durch die nebenordnenden **Konjunktionen** (Bindewörter) *und, oder, aber, denn, doch* verbunden, z. B.: *Peter schwimmt im See, denn es ist sehr heiß.*
Nur vor den Konjunktionen *und* bzw. *oder* darf das Komma wegfallen, z. B.: *Peter schwimmt im See und Philipp kauft sich ein Eis.*

Satzgefüge: Hauptsatz + Nebensatz

► S. 243–246

Nebensätze haben folgende Kennzeichen:

- Ein Nebensatz kann **nicht ohne** einen **Hauptsatz** stehen.
- Der Nebensatz **ist dem Hauptsatz untergeordnet** und wird durch eine unterordnende **Konjunktion** (Bindewort) **eingeleitet,** z. B. *weil, da, obwohl, damit, dass, sodass, nachdem, während.*
- Die **Personalform des Verbs** (das gebeugte Verb) steht im Nebensatz immer **an letzter Satzgliedstelle.**

Einen **Satz,** der **aus** mindestens einem **Hauptsatz und** mindestens einem **Nebensatz** besteht, nennt man **Satzgefüge.** Zwischen Hauptsatz und Nebensatz muss **immer ein Komma** stehen, z. B.:
Wir gehen heute ins Schwimmbad, weil die Sonne scheint.
Hauptsatz Nebensatz

In einem Satzgefüge kann der Nebensatz vor, zwischen oder nach dem Hauptsatz stehen (► S. 312).

Tipps zum Rechtschreiben

▶ S. 252–256

Tipp 1: Deutlich sprechen – genau hinhören

▶ S. 252

Sprecht euch das Wort, das ihr schreiben wollt, deutlich vor. Sprecht dabei jeden Buchstaben einzeln. Achtet darauf, ob der **betonte Vokal kurz** gesprochen wird (z. B. *Kamm*) oder **lang** (z. B. *kam*). Unterscheidet deutlich **harte** und **weiche** Konsonanten (z. B. *er* ***t****ankt*/*er* ***d****ankt*).

Tipp 2: Auf Wortbausteine achten

▶ S. 253

In verschiedenen Wörtern kommen oft gleiche **Wortbausteine** vor. Wer diese Bausteine kennt, macht weniger Fehler. Der Grundbaustein eines Wortes heißt **Wortstamm.**

Vorsilben	Wortstamm	Endungen
	geb	*en*
an	***geb***	*en*
Er	***geb***	*nis*

Tipp 3: Verwandte Wörter suchen

▶ S. 254

Wenn ihr unsicher seid, ob ein Wort mit *ä* oder *e* geschrieben wird, hilft oft die **Suche nach** einem **verwandten Wort mit *a*.**

Gibt es eins, dann schreibt man **ä,** z. B.: *St ? ngel* → *Stange* → *Stängel.*

Gibt es keins, schreibt man meistens **e,** z. B.: *Gel ? enk* → ? → *Gelenk.*

Dasselbe gilt für **äu** und **eu,** z. B.: *M ? se* → *Maus* → *Mäuse.*

Diese Suche nach einem verwandten Wort nennt man **Ableitungsprobe.**

Tipp 4: Wörter verlängern

▶ S. 255

Am Wortende klingt **b** wie **p:** *gel ?* , **g** wie **k** oder **ch:** *Krie ?* , *wichti ?* und **d** wie **t:** *Gel ?* .
Wenn ihr die Wörter verlängert und deutlich aussprecht, hört ihr, welchen Buchstaben ihr schreiben müsst. Dieses Verfahren nennt man **Verlängerungsprobe.** Bildet

- bei **Nomen** den Plural: *Gelder* → *Geld,*
- bei **Adjektiven** die Steigerungsform: *wichtiger* → *wichtig* oder beugt mit einem Nomen: *die gelbe Kugel* → *gelb,*
- bei **Verben** eine andere Verbform, z. B. den Infinitiv: *hupen* → *er hupt.*

Tipp 5: Silbentrennung

▶ S. 256

Mehrsilbige Wörter trennt man nach **Sprechsilben,** die sich beim langsamen, deutlichen Vorlesen ergeben: *Spa-zier-gang, Welt-meis-ter, er-zäh-len, Recht-schrei-bung, kom-men.*

Von mehreren Konsonanten kommt **nur einer** in die **neue Zeile:** *Git-ter, Kat-ze, knusp-rig.*

Aber: **ch, ck** und **sch** bleiben immer zusammen: *pa-cken, drü-cken, wa-schen, lau-schen.*

Einzelne Buchstaben werden **nicht abgetrennt:** *Abend, Ofen.*

Zusammengesetzte Wörter und Wörter mit Vorsilbe trennt man **zwischen** den **Wortbausteinen:** *Rast-platz, Ab-sprung, Tief-schlaf, Trenn-strich, Ver-trag, be-stellt.*

Rechtschreibregeln

► S. 262–256

Großschreibung

► S. 262–277

Satzanfänge, Namen und **Nomen** schreibt man groß.
So kann man Nomen erkennen:

- Nomen sind Wörter, vor die man einen Artikel setzen kann. Mit der **Artikelprobe** kann man prüfen, ob ein Wort ein Nomen ist und folglich großgeschrieben werden muss:
  Auto → das Auto, ein Auto.
  In Sätzen steht der Artikel nicht immer direkt vor dem Nomen: *das neue Auto.*

Manchmal fehlt der Artikel, aber das Wort **könnte** mit Artikel stehen:
Auf den Autobahnen ist viel Verkehr → der Verkehr.

- Wörter mit den Endungen **-heit, -keit, -nis, -schaft, -ung, -tum** sind **Nomen** und werden **großgeschrieben,** z. B.: *Schönheit, Süßigkeit, Ereignis, Mannschaft, Zeichnung, Eigentum.*

Kleinschreibung

► S. 265

Die meisten Wortarten werden kleingeschrieben, z. B.

- alle Verben, z. B.: *malen, tanzen, gehen,*
- alle Adjektive, z. B.: *freundlich, sonderbar, rostig;* viele Adjektive kann man an typischen Adjektivendungen erkennen: **-ig, -sam, -lich, -isch, -bar, -haft, -los,**
- alle Pronomen (Fürwörter), z. B.: *ich, du, er/sie/es, wir, ihr, sie, mich, dich, mein, dein, euer, dieser, diese, dieses, der, die das.*
  Tipp: Eine Sonderregelung gibt es bei den Anredepronomen in Briefen und E-Mails: Wenn ihr jemanden siezt, schreibt ihr die Anredepronomen groß, z. B.: *Sie, Ihnen, Ihr.* Die vertraute Anrede *du* kann man kleinschreiben, z. B.: *dir, dein, euch, euer.*

Kurze Vokale – doppelte Konsonanten

► S. 268 f.

Nach **kurzem betontem Vokal** folgen fast immer **zwei oder mehr Konsonanten.**

- In den meisten Fällen kann man die Konsonanten bei deutlichem Sprechen gut unterscheiden, z. B.: *Hund, Topf, Karte, singen, wandern.*
- Wenn nach einem kurzen Vokal nur ein Konsonant zu hören ist, wird dieser beim Schreiben meist **verdoppelt,** z. B.: *knabbern, Brunnen, Pudding, Koffer, Bagger, schwimmen, Suppe, irren, vergessen.*
  Ausnahmen: Statt verdoppeltem **k** schreibt man **ck** und statt verdoppeltem **z** schreibt man **tz,** z. B.: *backen, Nacken, Ecke, Katze, Netz, Hitze.*

Lange Vokale

▶ S. 270–275

- **Einfacher Konsonant hinter langem Vokal**
  Die langen Vokale **a, e, o, u** und die Umlaute **ä, ö, ü** werden oft nur mit einem einfachen Buchstaben geschrieben, z. B.: *Wagen, leben, Bogen, klären, Flöte, Gemüse.*
  Nach einem **langen Vokal** und nach **ä, ö, ü** steht meist **nur *ein* Konsonant,** z. B.:
  haben, geben, oben, rufen, Käse, mögen, grüßen.
- **Wörter mit Doppelvokal**
  In einigen Wörtern wird der lange Vokal mit Doppelbuchstaben geschrieben, z. B.
  - **aa:** *Aal, Aas, Haar, paar, Paar, Saal, Saat, Staat, Waage,*
  - **ee:** *Beere, Beet, Fee, Heer, Klee, Schnee, See, Seele;* ursprünglich aus einer anderen Sprache stammen Wörter wie: *Armee, Idee, Kaffee, Klischee, Tee, Tournee, Püree,*
  - **oo:** *Boot, doof, Moor, Moos, Zoo.*
- **Langer Vokal + *h***
  Manchmal steht hinter einem langen Vokal ein **h,** z. B.: *zahm, Sehne, wahr, gestohlen.*
  Das **h** erscheint nach langem Vokal besonders oft vor den Buchstaben **m, n, r** und **l.**
- **Langer i-Laut**
  Das lang gesprochene **i** wird meistens **ie** geschreiben, z. B.: *Dieb, hier, blieb, kriechen.*
  Die Verbindung **ih** findet man bei Pronomen, z. B.: *ihm, ihn, ihr.*
  Manchmal wird das lange **i** nur durch den Einzelbuchstaben **i** wiedergegeben, z. B.:
  dir, mir, Biber, Igel, Maschine.

Schreibung des s-Lauts

▶ S. 275–277

Im Hochdeutschen unterscheidet man in der Aussprache den **stimmhaften s-Laut** vom **stimmlosen s-Laut.** In vielen Dialekten hört man den Unterschied nicht. In diesem Fall muss man sich die Schreibweise einprägen oder im Wörterbuch nachschlagen.

- Der **stimmhafte s-Laut** wird **mit einfachem s** geschrieben, z. B.: *Hase, Riese, eisig.*
- Der **stimmlose s**-Laut wird mit einfachem **s** geschrieben, wenn sich beim Verlängern des Wortes ein stimmhaftes *s* ergibt, z. B.: *Gras – Gräser, Haus – Häuser, reiste – reisen.*
- Den **stimmlosen s-Laut nach langem Vokal** oder nach **Diphthong** *(au, äu, ei, eu)* schreibt man **ß,** wenn er bei der **Verlängerungsprobe stimmlos** bleibt, z. B.: *weiß – weißer.*
- **Nach** einem **kurzen betonten Vokal** wird ein **stimmloser s-Laut** meist **ss** geschrieben, z. B.: *Fass, Biss, sie muss, er hasst, hässlich.*
- ***das*** **oder** ***dass?***
  Mit einem einfachen **s** geschrieben wird das Wort **das** als
  - **bestimmter Artikel,** z. B.: *Ich kaufe das Buch.*
  - **Demonstrativpronomen** (kann durch **dieses** ersetzt werden), z. B.: *Das ist mein Lieblingsbuch.*
  - **Relativpronomen** (kann durch **welches** ersetzt werden), z. B.: *Ich lese das Buch, das mir gefällt.*

  dass ist eine Konjunktion (Bindewort, ▶ S. 303) und wird mit **Doppel-s** geschrieben. Man erkennt es daran, dass es **nicht durch *dieses* oder *welches*** ersetzt werden kann, z. B.:
  Ich glaube, dass ich das Buch schon kenne.

Zeichensetzung

▶ S. 61, 277 f.

Kommasetzung

▶ S. 277 f.

- Zwischen den einzelnen Teilen einer **Aufzählung** steht ein **Komma,** wenn diese nicht durch *und* oder *oder* verbunden sind, z. B.: *Ich spiele Hockey, Fußball, Völkerball und Karten.*
- Zwischen den Hauptsätzen in einer **Satzreihe** (▶ S. 308) müssen Kommas stehen, wenn die Hauptsätze nicht durch *und* oder *oder* verbunden sind, z. B.:
  Lene kommt mit dem Fahrrad zur Schule, aber Ole nimmt den Bus.
  Vinzenz geht zu Fuß, Clara wird gebracht und Anton kommt mit den Zug.
- **Nebensätze** (▶ S. 308) werden durch **Komma** vom Hauptsatz getrennt.
  Eingeleitet werden sie meist durch
  - eine **Konjunktion** (Bindewort, ▶ S. 303), z. B. *weil, dass, nachdem, wenn, obwohl, oder*
  - ein **Relativpronomen** (▶ S. 304), z. B. *der, die, das, welche, dessen.*

Tina muss das Fahrrad nehmen, wenn sie am Wochenende zur Theater-AG fährt.

——— HS ———,
——— NS ———.

Als sie sich einmal auf den Schulbus verlassen hat, wurde sie enttäuscht.

——— HS ———.
——— NS ———,

Der Schulbus, der vor der Schule hält, fährt nur werktags.

–HS (1. Teil)– —— HS (2. Teil) ——.
,——— NS ———,

Zeichensetzung bei wörtlicher Rede

▶ S. 61

- Was jemand redet oder denkt, steht in **Anführungszeichen.**
- Steht der Redebegleitsatz **vor der wörtlichen Rede,** wird er mit einem **Doppelpunkt** von der wörtlichen Rede abgetrennt:
  Wir riefen: „Wir sind schneller!“ – Ich dachte: „Wenn das mal gut geht.“
- Steht der **Redebegleitsatz in der Mitte oder nach der wörtlichen Rede,** wird er durch Komma abgetrennt. Dabei **verliert** der Aussagesatz den **Schlusspunkt. Fragezeichen** und **Ausrufezeichen bleiben stehen:**
  „Haltet mehr Abstand“, mahnte Uwe uns.
  „Markus“, warnten unsere Klassenkameraden, „hör auf damit!“
  „Warum denn?“, antwortete Markus übermütig. „Es passiert doch nichts.“
  „Vorsicht, wir kentern!“, schrien die anderen in diesem Moment.

Vielfalt und Wandel der Sprache

► S. 61, 277 f.

Sprichwort

► S. 74 f.

Sprichwörter sind kurze, einprägsame Sätze, die (meist) eine **Lebensweisheit** (Erfahrung, Urteil, Meinung, Warnung oder Vorschrift) enthalten.
Sie werden immer in demselben Wortlaut gebraucht **(unveränderlich).** Ihre **Bedeutung** ist **festgelegt.** Meist muss man sie kennen, um das Sprichwort zu verstehen, z. B.
Morgenstund hat Gold im Mund → Wer früh mit der Arbeit beginnt, erreicht viel.
Viele Sprichwörter stammen aus bekannten Texten oder aus dem Alltag (v. a. im Mittelalter).

Wortfeld

► S. 84

Wörter mit ähnlicher Bedeutung bilden ein Wortfeld:
klein: winzig, zwergenhaft, gering ...
fliegen: schweben, flattern, gleiten ...
Mit Wörtern aus einem Wortfeld kann man abwechslungsreich und aussagekräftig formulieren.

Wortfamilie

► S. 253

Der Grundbaustein eines Wortes heißt **Wortstamm.** Wörter mit dem gleichen Wortstamm bilden eine **Wortfamilie.** Sie können verschiedenen Wortarten angehören, z. B.
freuen, die Freude, freudig, erfreuen ...
kennen, erkennen, die Kenntnis ...

Fremdwörter aus dem Englischen

► S. 284

Im heutigen Deutsch finden wir viele Fremdwörter, also Wörter, die ursprünglich aus einer anderen Sprache stammen.
Heutzutage werden meist Fremdwörter aus dem Englischen ins Deutsche übernommen, v. a. in den Bereichen Medien, Mode, Wissenschaft und Wirtschaft/Handel.
Man sieht oder hört diesen Wörtern ihre Herkunft aus dem Englischen an, z. B.
Notebook, Gameboy, Shopping, Sale ...
Man nennt sie Anglizismen.

Arbeitstechniken und Methoden

Die eigene Arbeit organisieren

Informationen/Ideen sammeln und auswerten

Texte überarbeiten ► S. 66 f., 88 f.

Arbeitsergebnisse aufbereiten und präsentieren

Textartenverzeichnis

Autoren- und Quellenverzeichnis

ASPETSBERGER, FANNI
191 Delfine – Clowns mit Köpfchen
aus: Geolino 3/2007. Verlag Gruner + Jahr, Hamburg 2007, S. 15–19

ENGLERT, SYLVIA (*1970)
188 Warum schwimmen Wale im Meer, obwohl sie keine Fische sind?
aus: Frag doch mal ... die Maus! Wale und Delfine. Mit Illustrationen von Johann Brandstetter. CBJ Verlag, München 2009, S. 6 f.

FERRA-MIKURA, VERA (1923–1997)
154 Regenschirme
aus: Gelberg, Hans-Joachim (Hrsg.): Die Stadt der Kinder. Gedichte für Kinder in 13 Bezirken/mit vielen Bildern von Janosch. Hrsg. und mit einem Vorw. vers. von Hans-Joachim Gelberg. Beltz & Gelberg Verlag (Gulliver), Weinheim 1999

GAARDER, JOSTEIN (*1952) und HAGERUP, KLAUS (*1946)
50 Bibbi Bokkens magische Bibliothek (1)
52 Bibbi Bokkens magische Bibliothek (2)
aus: Bibbi Bokkens magische Bibliothek. Aus dem Norwegischen von Gabriele Haefs. Carl Hanser Verlag, München und Wien 2001, S. 7–9 (1), 10 f. (2)

GERNHARDT, ROBERT (1937–2006)
145 Die weißen Riesenhasen
aus: Wenn die weißen Riesenhasen abends übern Rasen rasen. Carl Hanser Verlag, München und Wien 1998, S. 81

GOETHE, JOHANN WOLFGANG (1749–1832)
147 Die Frösche
aus: Goethes Werke. Hamburger Ausgabe. Hrsg. von Erich Trunz. C. H. Beck Verlag, München 1978, S. 366

GRIMM, JACOB (1785–1863) UND WILHELM (1786–1859)
110 Jorinde und Joringel (1)
114 Die weiße Schlange (2)
aus: Grimm, Jacob (Hrsg.): Grimms Märchen. Loewe Verlag, Bindlach 1997 (1)
aus: Grimm, Jacob (Hrsg.): Grimms Märchen. Vollständige Ausgabe. Illustrationen von Otto Ubbelohde. Anaconda Verlag, Köln 2009, S. 101–105 (2)

HALBEY, HANS ADOLF (1922–2003)
153 Urlaubsfahrt
aus: Hans-Joachim Gelberg (Hrsg.): Menschengeschichten. 3. Jahrbuch der Kinderliteratur. Beltz & Gelberg Verlag, Weinheim und Basel 1975

HERBERTH, ROMAN (*1955)
154 Regen, Regen, Regen
aus: Die Deutsche Gedichtebibliothek. Gesamtverzeichnis deutschsprachiger Gedichte. URL: http://gedichte.xbib.de/Herberth%2C+Roman_gedicht_Regen%2C+Regen%2C+Regen.htm; Stand: 20.12.2010

HODSCHA, NASREDDIN (13./14. Jahrhundert)
133 Eine unerfahrene Nachtigall
aus: 202 Witze von Nasreddin Hodscha. Minyatür Yayinlari No. Id. Übersetzt von Atilla Yakut. Verlag Yvonne Landeck, Kassel 2000

HOHLER, FRANZ (*1943)
276 Der tragische Tausendfüßler
aus: Borchers, Elisabeth (Hrsg.): Das große Lalula. H. Ellermann Verlag, München 1971, S. 90 f.

JATZEK, GERALD (*1956)
160 Kirschkerne spucken
aus: Der Lixelhix. Verlag Jugend und Volk, Wien und München 1986

KÄSTNER, ERICH (1899–1974)
130 Wie Eulenspiegel einem Esel das Lesen beibrachte (1)
144 Ein Schildbürgerstreich (2)
aus: Till Eulenspiegel erzählt von Erich Kästner. Atrium Verlag Zürich, 1991 (1)
aus: Die Schildbürger. Erich Kästner erzählt. Mit Illustrationen von Horst Lemke. C. Dressler Verlag, Hamburg/Atrium Verlag Zürich, 2006 (2)

KINNEY, JEFF (*1971)
225 Gregs Tagebuch
nach: Kinney, Jeff: Gregs Tagebuch – Von Idioten umzingelt. Baumhaus Verlag, Frankfurt am Main 2008, S. 11–13

KRIEGER, MAXIMILIAN
151 Baurarechln – racht und schlacht
aus: Mal so – mal so ...: Gedichte und Sprüche. Mit Zeichnungen von Curd Lessig. Stürtz Verlag, Würzburg 1987

KUSZ, FITZGERALD (*1944)
152 Gänseblümmlä
aus: Der Vollmond über Nämberch. Verlag Ars vivendi, Cadolzburg 2009, S. 122

LANGEN, ANNETTE
37 Briefe von Felix
aus: Briefe von Felix. Ein kleiner Hase auf Weltreise. Coppenrath Verlag, Münster 1994

LENZ, SIEGFRIED (*1926)
76 Schissomirs großer Tag
aus: So zärtlich war Suleyken. Masurische Geschichten. Verlag Hoffmann und Campe, Hamburg 197714, S. 62–69

LOBE, MIRA (1913–1995)
149 Der verdrehte Schmetterling
aus: Das Sprachbastelbuch. Hans Domengo u. a. Verlag Jugend und Volk, Wien 1975, S. 78

MAAR, PAUL (*1937)
31 In der neuen Klasse (1)
146 Tier-Zweizeiler (2)
158 Ein Baum (3)
aus: Robert und Trebor. Oetinger Verlag, Hamburg 1985 (1)
aus: JAguar und NEINguar. Gedichte von Paul Maar. Bilder von Anna Luchs. Oetinger Verlag, Hamburg 2007, S. 103 ff. (2), 95 (3)

MORGENSTERN, CHRISTIAN (1871–1914)
209 Der Werwolf
aus: Gesammelte Werke. Herausgegeben von M. Morgenstern. Piper Verlag, München 1965

MOSER, ERWIN (*1954)
154 Gewitter
aus: Hans-Joachim Gelberg (Hrsg.): Überall und neben dir. Gedichte für Kinder in sieben Abteilungen. Beltz & Gelberg Verlag (Gulliver), Weinheim und Basel 1989

MURRAY, MARTINE (*1951)
68 Stinky geht verloren
nach: Murray, Martine: Meine nicht ganz wahre Geschichte. Aus dem australischen Englisch von Cornelia Krutz-Arnold. Ravensburger Buchverlag, Ravensburg 2004, S. 17–35

RINGELNATZ, JOACHIM (1883–1934)
146 Ohrwurm und Taube
149 Die Ameisen
153 Der Stein
aus: Das Gesamtwerk. Bd. 1. Hrsg. von Walter Pape. Henssel Verlag, Berlin 1994

SCOTT, MICHAEL (*1959)
196 Gute und schlechte Zeiten für Lemminge (1)
198 Überleben in der Wüste (2)
aus: Young Oxford – Die Natur. Beltz & Gelberg Verlag, Weinheim 2000, S. 65 (1), 91 (2)

SHEHADA, GISELA und SHEHADA, HAZEM
134 Gohas Besuch beim König
aus: Goha, der alte orientalische Spaßvogel. Verlag Orient, Trier 2002

SIEGE, NASRIN (*1950)
20 Sombo in der neuen Schule
aus: Wie der Fluss in meinem Dorf. Beltz & Gelberg Verlag, Weinheim 1994, S. 36 f. und 40 f.

SPOHN, JÜRGEN (1934–1992)
148 Warum der Rollmops sauer ist
aus: Drunter und drüber. Bertelsmann Verlag, München 1980, S. 104

ULRICHS, TIMM (*1940)
158 ordnung
aus: konkrete poesie. Reclam Verlag, Stuttgart 1972

WENDT, IRMELA (*1916)
34 Uli und ich
aus: Hans-Joachim Gelberg (Hrsg.): Geh und spiel mit dem Riesen. Geschichten, Bilder, Gedichte, Rätsel, Texte, Spiele, Szenen, Comics. Beltz & Gelberg Verlag, Weinheim, Berlin und Basel 1971, S. 12

WÖLFEL, URSULA (*1922)
19 Hannes fehlt
aus: Die grauen und die grünen Felder. Beltz & Gelberg Verlag, Weinheim 1970, S. 45–49

ZEEVAERT, SIGRID (*1960)
95 Mehr als ein Spiel (1)
98 Mehr als ein Spiel (2)
aus: Mehr als ein Spiel. C. Dressler Verlag, Hamburg 1999, S. 40–45 (1), 103–106 (2)

Unbekannte/ungenannte Autorinnen und Autoren

94 Mehr als ein Spiel – Frieda ist sauer
Klappentext zu Zeevaert, Sigrid: Mehr als ein Spiel. C. Dressler Verlag, Hamburg 1999

105 Zunächst ist Angelito verstört
Klappentext zu Pausewang, Gudrun: Das Tor zum Garten der Zambranos. Ravensburger Buchverlag, Ravensburg 2009

118 Der Brückenbauer und der Dämon
aus: Japanische Volksmärchen. Hrsg. von Horst Hammitzsch. Diederichs Verlag, Düsseldorf 1964, S. 40 f.

138 Ein Eulenspiegelstreich
nach: Kästner, Erich: Till Eulenspiegel erzählt von Erich Kästner. Atrium Verlag Zürich, 1999, S. 21–25

151 Auf am Tirmle
aus: Ruoß, Siegfried (Hrsg.): Schwäbische Kinderverse. Silberburg-Verlag, Tübingen 2001

180 Unterhaltung/Doku/Kinder
aus: Funkuhr, Heft 45 vom 05.11.2010, S. 70

181 ARD/3SAT/KIKA
aus: Hörzu, Heft 45 vom 13.11.2010, S. 72/75

183 Gerätebesitz 6- bis 13-Jähriger
Quelle: KIM-Studie 2010; www.mpfs.de; Basis: alle Haupterzieher, n=1214; Hg.: mpfs (Medienpädagogischer Forschungsverbund Südwest); Autoren: Sabine Feierabend und Thomas Rathgeb

186 Mit Delfinen schwimmen,
http://focus.de/intern/archiv perth-rockingham_aid_11570.html; Stand: 20.12.2010

202 Schwanger – Tiermamas und ihre Babys. Ein Beitrag aus der Sendung „radioMikro" (Bayern 2)
nach: http://www.br-online.de/kinder/fragen-verstehen/wissen/2004/00487/; Stand: 20.12.2010

219 Gorillas
aus: Oli's wilde Welt. URL: http://www.kindernetz.de/oli/tierlexikon/gorilla/-/id=74994/nid=74994/did=83536/1ncmk1z/index.html; Stand: 20.12.2010

219 Orang-Utans
aus: Oli's wilde Welt. URL: http://www.kindernetz.de/oli/tierlexikon/orang-utan/-/id=74994/nid=74994/did=145570/1qxp80e/index.html; Stand: 20.12.2010

219 Schimpansen
aus: Oli's wilde Welt. URL: http://www.kindernetz.de/oli/tierlexikon/schimpanse/-/id=74994/nid=74994/did=158600/qvluf1/index.html; Stand: 20.12.2010

226 Bluejeans
nach: Kindernetz. URL: http://www.kindernetz.de/infonetz/jeans/-/id=173204/nid=173204/did=34034/1mm8z00/index.html; Stand: 20.12.2010

227 Der Reißverschluss
nach: Kindernetz. URL: http://www.kindernetz.de/infonetz/reissverschluss/-/id=173204/nid=173204/did=33140/22p274/index.html; Stand: 20.12.2010

228 Der Einkaufswagen
nach: Kindernetz. URL: http://www.kindernetz.de/infonetz/einkaufswagen/-/id=173204/nid=173204/did=33388/1a7rhv4/index.html; Stand: 20.12.2010

259 Festival
aus: Von Wort zu Wort. Schülerwörterbuch mit Basiswissen Deutsch. Herausgegeben von Heinrich Pleticha und Hans Peter Thiel. Cornelsen Verlag, Berlin 2008, S. 144

262 Essen mit Verantwortung
aus: GEOlino Nr. 2/2005. Verlag Gruner + Jahr, Hamburg 2005, S. 8

264 Großmeister. Turm schlägt König
aus: GEOlino Nr. 2/2005. Verlag Gruner + Jahr, Hamburg 2005, S. 6 f.

265 Marienkäfer – meisterhaft
aus: GEOlino Nr. 3/2005. Verlag Gruner + Jahr, Hamburg 2005, S. 22 f.

268 Saigas, die mit dem Rüssel
aus: GEOlino Nr. 11/2004. Verlag Gruner + Jahr, Hamburg 2004. S. 25 f.

272 Der Koalabär
aus: Das tierische Poster. Kalendarius, Goerler Werbeges., Essen 2003

277 Mönch mit 10 Jahren

278 Stadt der Mönche
nach: Dein SPIEGEL 3/2010: Die Kloster-Kids. SPIEGEL-Gruppe, Hamburg 2010, S. 12–15

283 Der Katzenkörper – Schleichen, strecken, schreiten
nach: http://www.wasistwas.de/natur-tiere/alle-artikel/artikel/link//11111/article/der-katzenkoerperbrschleichen-strecken-schreiten.html; Stand: 20.12.2010

Bildquellenverzeichnis

S. 13, 17, 22, 23, 25, 26, 73, 102, 103, 162, 166, 168, 169: Thomas Schulz, Teupitz; **S. 28:** © picture alliance / dpa / Zentralbild / Patrick Pleul; **S. 30:** © STOCK4B; **S. 37:** © Fotolia / khorixas; **S. 37:** Annette Langen, Briefe vom Hasen Felix. Ein Hase auf Weltreise. Illustriert von Constanza Dropp, Coppenrath Verlag, Münster 1994; **S. 38, links:** © A 1 PIX / Your Photo Today; **S. 38, rechts:** © OKAPIA / Helga Lade Fotoagentur GmbH; **S. 55 links:** © blickwinkel / F. Hecker; **S. 55 rechts:** ©gezett.de / C.Bach; **S. 68, 70:** Illustrationen von Martine Murray; aus: Meine nicht ganz wahre Geschichte. Ravensburger Buchverlag Otto Maier, Ravensburg 2004; **S. 93:** Archiv Mehrl / © Ulrich Baumgarten / vario images; **S. 94:** Cover von: Sigrid Zeevaert, Mehr als ein Spiel. Deutscher Taschenbuch Verlag. München 2007; Umschlagbild: Sabine Wilharm, Umschlagkonzept: Balk & Brumshagen; **S. 105:** Cover von: Gudrun Pausewang, Das Tor zum Garten der Zambranos. Ravensburger Buchverlag Otto Maier, Ravensburg 2009; **S. 120 oben links:** Cover von: 1000 und eine Nacht. Droemersche Verlagsanstalt, München 1953; **S. 120 oben rechts:** Cover von: Russische Märchen. Königsfurt-Urania, Krummwisch; **S. 120 Mitte:** Cover von: Helmut Brackert, Das große deutsche Märchenbuch. Artemis & Winkler, Düsseldorf und Zürich 1994; **S. 120 unten links:** Cover von: Hans Christian Andersen Märchen. Beltz & Gelberg, Weinheim, Basel; Illustration von Nikolaus Heidelbach; **S. 129:** © Fotoservice Volkmann / emo-pictures; **S. 161:** © picture alliance / zb; **S. 173:** © ACTION PRESS / Zinken, Paul; **S. 174 links:** © NDR; **S. 174 rechts oben:** © Cinetext / Haeselich; **S. 174 unten rechts:** © picture alliance / Ursula Düren; **S. 175, 176 rechts oben, 176 Mitte:** © Saxionia Media Filmproduktion / MDR / Neugebauer; **S. 176 links:** © Saxionia Media Filmproduktion / Ricarda von Tresckow; **S. 177, 178 oben:** © picture-alliance / dpa; **S. 178 unten:** © picture alliance / dpa / Zentralbild / Matthias Hiekel; **S. 185:** © Biosphoto / Gérard Soury; **S. 186:** © Doug Perrine / Peter Arnold; **S. 189 links, 190 links:** © OKAPIA / Mark Spencer / Auscage / SAVE; **S. 189 rechts, 190 rechts:** © Okapia / imagebroke / Terry Whittaker / FLPA; **S. 194 Mitte:** © OKAPIA / imagebrocker / Neil Bormann / FLPA; **S. 194 unten:** © OKAPIA / imagebrocker / Michael Krabs; **S. 196 links:** ©Wildlife / D.J.Cox; **S. 196 rechts:** © Wildlife / M.Blachas; **S. 198 links:** © Okapia / imagebroker / Stefan Auth; **S. 198 rechts:** © Arco Images / NPL; **S. 199:** © argum Fotojournalismus / Andrea Bahmann; **S. 202, 203 unten, 283, 293:** © Juniors Bildarchiv; **S. 203 oben:** © OKAPIA / Hans Reinhardt; **S. 220:** © picture alliance / Manfred Rutz; **S. 248:** © picture alliance / dpa / ANSA Filippo Monteforte; **S. 250:** © Fotolia / vizafoto; **S. 251:** Archiv Mehrl / © Westend61 / vario images; **S. 261:** © Wildlife / E.Kats; **S. 262:** © Andreas Meichsner, Berlin; **S. 263:** © Fotolia / mirpic; **S. 264:** © Buchcover.com / Alfred Buellesbach; **S. 265:** © blickwinkel / J. Meul-Von Cauteren; **S. 266:** © Wildlife / A. Shau; **S. 267:** © Kai-Uwe Gundlach, Hamburg / Jung & Matt; **S. 268** © NPL / Arco Digital Images; **S. 272:** © Voller Ernst / Roland Marske; **S. 273:** © ullstein bild – iT; **S. 274:** © Voller Ernst / Thomas Raese; **S. 278:** © argusfoto.de / Hartmut Schwarzbach; **S. 279:** Ansichtskartenverlag Feldbauer, Schliersee; **S. 281 oben:** © Fotex / Picture Partners; **S. 281 unten rechts:** © Gottfried Stoppel

Nicht in allen Fällen war es möglich, die Rechteinhaber der Abbildungen ausfindig zu machen. Berechtigte Ansprüche werden im Rahmen der üblichen Vereinbarungen abgegolten.

Sachregister

Kniffelige Verben im Überblick

Infinitiv	Präsens	Präteritum	Perfekt
befehlen	du befiehlst	er befahl	er hat befohlen
beginnen	du beginnst	sie begann	sie hat begonnen
beißen	du beißt	er biss	er hat gebissen
bieten	du bietest	er bot	er hat geboten
bitten	du bittest	sie bat	sie hat gebeten
blasen	du bläst	er blies	er hat geblasen
bleiben	du bleibst	sie blieb	sie ist geblieben
brechen	du brichst	sie brach	sie hat gebrochen
brennen	du brennst	es brannte	es hat gebrannt
bringen	du bringst	sie brachte	sie hat gebracht
dürfen	du darfst	er durfte	er hat gedurft
einladen	du lädst ein	sie lud ein	sie hat eingeladen
erschrecken	du erschrickst	er erschrak	er ist erschrocken
essen	du isst	er aß	er hat gegessen
fahren	du fährst	sie fuhr	sie ist gefahren
fallen	du fällst	er fiel	er ist gefallen
fangen	du fängst	sie fing	sie hat gefangen
fliehen	du fliehst	er floh	er ist geflohen
fließen	du fließt	es floss	es ist geflossen
frieren	du frierst	er fror	er hat gefroren
gehen	du gehst	sie ging	sie ist gegangen
gelingen	es gelingt	es gelang	es ist gelungen
genießen	du genießt	sie genoss	sie hat genossen
geschehen	es geschieht	es geschah	es ist geschehen
greifen	du greifst	sie griff	sie hat gegriffen
halten	du hältst	sie hielt	sie hat gehalten
heben	du hebst	er hob	er hat gehoben
heißen	du heißt	sie hieß	sie hat geheißen
helfen	du hilfst	er half	er hat geholfen
kennen	du kennst	sie kannte	sie hat gekannt
können	du kannst	er konnte	er hat gekonnt
kommen	du kommst	sie kam	sie ist gekommen
lassen	du lässt	sie ließ	sie hat gelassen
laufen	du läufst	er lief	er ist gelaufen
lesen	du liest	er las	er hat gelesen